本书系国家社会科学基金一般项目

"论'中'：泰州学派美学范畴研究"

（项目编号09BZX061）结项成果，

扬州大学出版基金、文学院出版基金资助

黄石明　著

论「中」
泰州学派
美学范畴研究

中国社会科学出版社

图书在版编目（CIP）数据

论"中"：泰州学派美学范畴研究/黄石明著. —北京：中国社会科学
出版社，2024.4
ISBN 978 - 7 - 5227 - 3246 - 6

Ⅰ.①论…　Ⅱ.①黄…　Ⅲ.①泰州学派—美学思想—思想史—研究
Ⅳ.①B248.35②B83 - 092

中国国家版本馆 CIP 数据核字（2024）第 052107 号

出 版 人	赵剑英
责任编辑	郭晓鸿
特约编辑	杜若佳
责任校对	师敏革
责任印制	戴　宽

出　　版	中国社会科学出版社
社　　址	北京鼓楼西大街甲 158 号
邮　　编	100720
网　　址	http://www.csspw.cn
发 行 部	010 - 84083685
门 市 部	010 - 84029450
经　　销	新华书店及其他书店

印　　刷	北京明恒达印务有限公司
装　　订	廊坊市广阳区广增装订厂
版　　次	2024 年 4 月第 1 版
印　　次	2024 年 4 月第 1 次印刷

开　　本	710×1000　1/16
印　　张	25.5
插　　页	2
字　　数	363 千字
定　　价	139.00 元

凡购买中国社会科学出版社图书，如有质量问题请与本社营销中心联系调换
电话：010 - 84083683

目　录

绪　论

一　研究现状

以儒家思想为本，融合道家、佛家思辨成果的宋明理学，影响了中国近千年。作为宋明理学思想重要组成部分的理学美学是中国古典美学的重要内容之一，其伦理主旨的本体构建和思辨追求，以及相应的心性境界化育之工夫理论，较为典型地凸显了基于中国古代哲学传统的美学品格。在宋明理学美学领域，朱熹集成宋代理学美学，王阳明则独创明代心学美学，就理论的思辨特征而言，阳明心学美学更切近美学。而作为王阳明高足的王艮是中国早期启蒙①思想的先驱者，他所创立的泰州学派是中国思想史上第一个具有早期启蒙色彩的学派。泰州学派的哲学美学思想在 16—17 世纪的中国社会产生过很大影响，至今仍具有积极的启发和借鉴意义，在中国思想史上占有重要地位②。但在相当长的一个时期以来，我国学术界由

---

① 康德这样解释"启蒙"："启蒙运动就是人类脱离自己加之于自己的不成熟状态。不成熟状态就是不经别人的引导就对运用自己的理智无能为力。当其原因不在于缺乏理智，而在于不经别人的引导就缺乏勇气与决心去加以运用时，那么这种不成熟状态就是自己加之于自己的了。见［德］康德《历史理性批判文集》，何兆武译，商务印书馆 1991 年版，第 22 页。

② 北京大学张学智教授认为："泰州学派是明代思想史中一个十分重要的环节，自王艮创立以来，以"百姓日用即道"为标揭，中经王襞、徐樾、颜山农、何心隐、罗汝芳、焦竑、周汝登、陶望龄等的播扬，在明代思想史上发出前所未有之声光，对明代中后期思想界有深刻影响。"见《对泰州学派的研究亟待加强》，《中国文化研究》2004 年春之卷。

于种种原因，对泰州学派给予的关注不够，尤其是对泰州学派除王艮外的其他人物如王栋、王襞、颜钧、何心隐、罗汝芳等的研究很少，评价不高。如果从以下三个维度对泰州学派王艮、王栋、王襞、颜钧、何心隐、罗汝芳等的历史地位进行评判：一是其思想自身的价值（包括丰富性、深刻性和原创性）；二是其思想对后代影响的程度（包括时间之长远与空间之广阔）；三是其受现代学术界重视的程度。那么笔者认为泰州学派王艮、王栋、王襞、颜钧、何心隐、罗汝芳等远未得到其应该具有的历史地位评价。北京大学张学智教授认为："我们对泰州学派的认识和研究就很不够。""这在很大程度上削弱了我们对整个明代历史的认识。"① 明代自正德、嘉靖之后，在唐宋以来城市规模不断扩大的基础上，城市工商业在整个经济中的比重不断提高，市井生活成了全社会注目的中心，文化中心下移，整个社会向近世化趋进。此百余年乃社会各方面变动甚速甚大之时，其中时代风气、思想变迁折射于理论趋向之迹甚为明显，研究泰州学派从创立、兴盛到衰落的历史，从中可以窥见整个明代社会思想变迁的大趋势。

由于泰州学派的著作现在整理出版的不多，而且泰州学派的文献资料比较分散，这给我们的研究造成比较大的困难。黄宗羲《明儒学案·泰州学案》所记不过18家（其中王襞条目下附录有朱恕、韩贞、夏廷美三人的简介，共计21人），清末民初袁承业所编列的泰州学派弟子名录（附录于《淮南王氏三贤全书》中），大多无事迹乡贯，对研究泰州学派诸人的思想帮助不大。泰州学派诸人的思想资料除已刊刻的文集之外，在地方志中保留的亦为数不少，需要做细致的披沙拣金工作从中辑出。经过前期的资料检索与收集，笔

---

① 张学智认为："泰州学派最有资格作为明代学术诸特点如心性与理气并重、学理与行动并重，儒家与异端并重等特点的代表，这个方面亦未有较为清晰的研究。"见《对泰州学派的研究亟待加强》，《中国文化研究》2004年春之卷。

者发现前贤对于"泰州学派"的研究多从学术史、思想史、文化史角度深入，从版本学、校勘学、目录学、哲学、社会学、政治学、经济学等层面展开论述，整理出版了一批著作如《心斋先生全集》、《淮南王氏三贤全书》、《明儒王心斋先生全集》（清末民初袁承业编）、《何心隐集》（容肇祖整理）、《颜钧集》（附录《韩贞集》，黄宣民整理）、《澹园集》（焦竑）、《泰州学派》（杨天石）、《新泰州学案》（柳诒徵）、《王艮评传》（龚杰）、《罗汝芳评传》（吴震）、《焦竑评传》（李剑雄）、《李贽》（陈洪）、《李贽思想演变史》（许建平）、《袁宏道评传》（周群）、《汤显祖评传》（徐朔方）、《王畿评传》（方祖猷）、《王艮与泰州学派》（林子秋、马伯良、胡维定）、《泰州学派的经济诠释》（刘华）、《泰州学派的创新精神》（张树俊）、《泰州学派的主体精神》（胡维定）、《泰州学派通论》（蔡文锦、杨呈胜）、《明代王学研究》（鲍世斌）、《泰州学派新论》（季芳桐）、《泰州学派思想研究》（吴震）、《真：泰州学派美学范畴》（胡学春）、《泰州学派美学思想史》（姚文放）、《泰州学派研究》（周群）等，翻译出版了日本学者的《王阳明与明末儒学》（冈田武彦）、《明代思想研究》（荒木见悟）、《中国前近代思想的屈折与展开》（沟口雄三）等，发表了约二百篇学术论文，如《略论王艮的哲学思想》《王艮和泰州学派》《罗汝芳的哲学思想》《何心隐的哲学思想》等，基本上都没有从美学角度来研究泰州学派①。有学者在

---

① 截至 2022 年，据笔者在中国知网输入关键词"泰州学派"检索，国内有 19 篇博士学位论文与泰州学派相关，其中只有 4 篇是从哲学美学角度来研究的，如童伟《论"狂"——泰州学派与明清美学范畴研究》（2006 年）、邵晓舟《泰州学派美学范畴研究——论"百姓日用"》（2006 年）、胡学春《"真"：泰州学派美学范畴研究》（2006 年）、黄石明《论"中"：泰州学派美学范畴研究》（2011 年）；有 15 篇是从哲学角度来研究泰州学派思想的，如马晓英《颜钧思想研究》（2003 年）、张路园《王艮思想研究》（2007 年）、王宝峰《儒教社会中的独行者：李贽儒学思想研究》（2007 年）、王振华《见心与践心——罗汝芳哲学思想研究》（2011年）、韩建夫《个体与真——李贽哲学研究》（2013 年）、周素丽《耿定向与李贽论争研究》（2013 年）、李云涛《李贽"童心"说与阳明心学》（2014 年）等。有 59 篇硕士学位论文是从哲学或史学角度来研究泰州学派思想的，如王强芬《王艮哲学思想研究》（2005 年）、刘建如《一代狂儒何心隐的思想意蕴》（2005 年）、龙晓英《焦竑研究》（2005 年）、（转下页）

研究阳明心学时关注到了泰州学派的思想，如《宋明儒学论》（陈来）、《宋明理学》（陈来）、《有无之境——王阳明哲学的精神》（陈来）、《王学通论——从王阳明到熊十力》（杨国荣）、《明代哲学史》（张学智）、《王学与晚明的师道复兴运动》（邓志峰）、《阳明学的形成与发展》（钱明）、《浙中王学研究》（钱明）、《阳明后学研究》（吴震）《江右思想家研究》（郑晓江）、《明代王学研究》（鲍世斌）、《晚明思潮》（龚鹏程）、《阳明学综论》（吴光）、《江右王学通论》（徐儒宗）等，也有学者在综合研究文化与文学思潮关系时或多或少涉及泰州学派诸人的思想，如《理学文化与文学思潮》（韩经太）、《儒释道与晚明文学思潮》（周群）、《佛教与晚明文学思潮》（黄卓越）、《王学与中晚明士人心态》（左东岭）、《李贽与晚明文学思想》（左东岭）、《晚明士人心态及文学个案》（周明初）、《心学与文学论稿——明代嘉靖万历时期文学概观》（宋克夫、韩晓）、《宋明理学与文学》（马积高）、《明代文学复古运动研究》（廖可斌）、《公安派的文学批评及其发展》（周质平）、《公安派研究》（钟林斌）、《汤显祖与晚明文化》（郑培凯）等。

　　这一局面在 2005 年以后得到了较大改观。在吾师姚文放教授的引领下，我们几位博士生尝试着从哲学美学角度来解读泰州学派各

（接上页）刘海英《颜钧哲学思想研究》（2006 年）、胡雪琴《何心隐聚和思想研究》（2007 年）、李彬《论焦竑的史学》（2008 年）、周荣华《颜钧"放心体仁"思想研究》（2008 年）、朱洁《罗汝芳仁学思想研究》（2009 年）、吕诗尧《论明末儒学的民间转向——以王艮为诠释视角》（2011 年）、李霖《试论泰州学派"百姓日用即是道"思想之发展》（2012 年）、王强《王艮思想研究》（2013 年）、刘佳《王艮哲学思想研究》（2013 年）、刘静《王艮思想研究》（2014 年）、姚龙生《王艮心学研究》（2014 年）、李倩倩《颜钧伦理思想研究》（2014 年）、陈诗师《何心隐伦理思想研究》（2014 年）、杨斌《罗汝芳哲学思想探究》（2014 年）等。有 25 篇硕士学位论文研究李贽，其中只有 10 篇是从美学或文学角度来研究的，如高千秋《论李贽美学思想的"尚俗"观》（2006 年）、窦传美《论李贽美学思想中的生命意识》（2006 年）、杜婕欣《李贽文学思想研究》（2007 年）、付晓琳《绝假纯真——从李贽生平看其崇尚自然的文艺美学观》（2007 年）、谢艳花《李贽小说美学思想研究》（2008 年）、纪蕾《李贽"童心说"美学思想研究》（2014 年）等。

位思想家的美学思想，取得了一批实际成果①。2006 年 10 月 22—24
日在扬州大学召开了一次"泰州学派哲学美学思想及其现代意义"学
术研讨会，来自北京、上海、浙江、福建以及江苏南京、扬州、泰州
的四十多名专家学者与会，研讨会涉及三大主题：一是泰州学派的和
谐思想；二是泰州学派的哲学美学思想及其现代意义；三是泰州学派
的综合研究。学术研讨会特邀阳明学研究专家钱明（浙江省社会科学
院研究员）主持，钱明作了《阳明学派的门户特征》的发言。左东岭
（首都师范大学教授）作了题为《泰州学派的性质、归属及研究方法》
的精彩演讲，左东岭认为，泰州学派的文学思想、美学思想可以归属
于性灵文学思潮，其思想源头是王阳明的"良知说"，泰州学派美学
思想天然地存在着矛盾，即内在自由个性的表达与外在审美形态的矛

---

① 姚文放主编：《泰州学派美学思想史》（笔者撰写其中的第二、三两章，共约 6 万
字），社会科学文献出版社 2008 年版，胡学春著《真：泰州学派美学范畴》，社会科学文献出
版社 2009 年版；博士学位论文《论"狂"——泰州学派与明清美学范畴研究》（童伟，2006
年），《论"百姓日用"：泰州学派美学范畴研究》（邵晓舟，2006 年），《论"中"：泰州学派
美学范畴研究》（黄石明，2011 年）；发表学术论文 20 多篇：姚文放《宋明思想大潮中的泰
州学派美学》（《学术月刊》2007 年第 12 期）、《鱼化为龙：王艮的平民主义美学思想》（《学
术月刊》2006 年第 9 期）、《李贽的自然人性论美学思想》（《学习与探索》2007 年第 6 期）、
《"须道尊身尊，才是至善"——论王艮的"尊身论"》（《江苏社会科学》2006 年第 4 期），
姚文放、沈玲《游走在心学与文学之间的诗歌创作——泰州学派王氏三贤诗歌研究》（《江苏
社会科学》2005 年第 1 期），姚文放、童伟《狂：泰州学派的审美归趋》（《学术月刊》2006
年第 3 期），童伟《纵横任我，生意活泼——罗汝芳对"狂禅"的整合与改造》（《扬州大学
学报》2006 年第 2 期）、《作为践履之美的狂侠》（《学习与探索》2006 年第 3 期），胡学春
《论泰州学派人物的出位之思》（《学习与探索》2006 年第 1 期）、《论王艮的几个哲学命题对
中晚明文学思潮的影响》（《扬州大学学报》2006 年第 2 期），邵晓舟《论泰州学派美学中的
"下"范畴》（《中国文化研究》2008 年第 3 期），沈玲《试论罗汝芳"圣贤精神不离当下"
的实践美学思想》（《华侨大学学报》2009 年第 4 期）、《颜钧的审美人格论》（《南昌大学学
报》2010 年第 1 期）、《颜钧"孔仁颜乐"的审美境界论》（《扬州大学学报》2011 年第 4
期）、《高扬的赤子本真之美——论罗汝芳的"赤子之心"说的美学意蕴》[《华侨大学学报》
（哲学社会科学版）2012 年第 1 期]、《王艮"义利"思想研究》（《扬州大学学报》2013 年第
1 期），黄石明《试论泰州学派王襞诗歌的内美》（《扬州大学学报》2008 年第 1 期）、《论
"乐"：泰州学派韩贞美学思想的审美模式》（《扬州大学学报》2011 年第 4 期）、《论"和"：
泰州学派何心隐美学思想的核心范畴》（《中国中外文艺理论研究》中国社会科学出版社 2012
年版）、《论"质美"：泰州学派王栋的人格美学思想》（《扬州大学学报》2013 年第 1 期）、
《泰州学派王襞的审美人格思想》（《扬州大学学报》2014 年第 6 期）、《论"修身慎德"：泰
州学派王栋的哲学美学思想》[《南京晓庄学院学报》（哲学社会科学版）2015 年第 2 期] 等。

盾。周群（南京大学教授）作了《龙溪、近溪易学思想异同论》的发言，他认为，"易学"思想对泰州学派的影响应该引起学界的重视，认为罗汝芳思想的重要特征就是"以生代心"，强调"生生之学"，认为其思想比较完整地体现了泰州学派的理论特色，典型地代表了阳明后学的理论特色。吾师姚文放（扬州大学教授）作了《鱼化为龙：王艮的平民主义美学思想》的报告，认为王艮的民间化、平民化的美学思想主要体现在"全美""大人""中""乐学"等美学范畴之中，认为"外全形气，内保其天"是王艮所追求的人生最高境界，王艮的"全美"说与其"格物"论密切相关，而"尊身"论又是其"格物"论的主要内涵："安其身而安其心者，上也；不安其身而安其心者，次之；不安其身又不安其心者，斯其为下矣。"也就是说，王艮以人的生命和身体为本位，将其悬为"修身齐家治国平天下"的根本，王艮以尊身、保身、安身为上的"尊身"论思想是充满人间情怀、贴近百姓大众的平民主义美学思想，并且从中西哲学美学比较的视域出发，精辟地揭示了王艮美学思想的现代意义。① 笔者提交《泰州学派王栋的修身论美学思想》论文一篇，并且在会上作了交流发言。

二 选题意义

尽管明代特别是晚明思想的研究十分活跃，出现了一批涵盖各个学科的研究成果，我们对明代社会的广阔画面有了越来越清晰的认识。但目前的研究仍多是各个学科分门别类地进行，学科间的壁垒没有打破，联合不同学科攻克大题目的机制尚未形成，存在一些研究上的薄弱环节②。尽管我们从哲学美学角度考察泰州学派诸人的

---

① 此前曾于1986年11月16—18日在江苏省泰州市召开了一次"泰州学派学术讨论会"；2001年10月11日召开了"泰州学派国际学术研讨会"，主要涵盖王艮与泰州学派的历史价值、王艮与泰州学派新论、泰州学派的思想渊源、泰州学派的历史影响、泰州学派的继承发展等内容，均从哲学、历史、伦理等角度展开讨论，未涉及哲学美学内涵。

② 张学智：《对泰州学派的研究亟待加强》，《中国文化研究》2004年春之卷。

思想取得了较大进展，比如姚老师认为，王艮的民间化、平民化的美学思想主要体现在"全美""大人""中""乐学"等美学范畴之中①，胡学春从"真"、童伟从"狂"、邵晓舟从"百姓日用"等范畴入手研究泰州学派的美学思想，分别写出了一篇博士学位论文并通过答辩。笔者以为泰州学派美学思想研究除了以上美学范畴，还有一个重要的美学范畴"中"值得深入研究。泰州学派诸儒的思想貌似"狂""怪""俗"，却实际上符合"中"的原则，这是与前贤的研究迥异的观点，这也是本书的理论创新之处。因为中国是一个尚"中"的国度，中国哲学是一种"中"的哲学。"中"是中国古代哲学美学思想的一个重要核心范畴，"中"的思想在中国有着源远流长的文化传统，"中"渗透在中华民族的古老文化心理结构中，成为中华民族人文精神的核心，成为国民性的一个突出表征。胡适认为，"中庸哲学，可说是一般中国人的宗教"②梁漱溟说："中国文化是以意欲自为调和、持中为其根本精神的。"③ 二者的说法是否确当暂且不论，但他们至少有一点是共通的，即认为"中"是中国传统文化的根本特征。事实上，中国哲学作为一种完备的思想体系，其精髓就是"中"。"中"也是泰州学派哲学美学思想中的核心范畴，体现在泰州学派思想家如王艮、王栋、王襞、颜钧、罗汝芳、何心隐等的哲学观、道德观、宗教观、审美观中。从美学角度对"中"范畴进行哲学、美学、伦理学的交叉系统研究，可以说是一个全新的视角，目前学术界仍不多见④，此乃选题的理论意义之其一。

---

① 姚文放主编：《泰州学派美学思想史》，社会科学文献出版社2008年版，第23—55页。

② 胡适：《中国哲学史大纲》，河北教育出版社2001年版，第213页。

③ 梁漱溟：《中西文化及其哲学》，商务印书馆2003年版，第63页。

④ 从《全国报刊书目索引》检索统计，全国中文核心期刊1978—2022年间刊载的从哲学角度研究"中"或"中和"、"中庸"的论文有125篇，只有10篇论文是研究"中"范畴的，而没有直接从美学角度来研究"中"的论文。另据笔者从"中国期刊全文数据库"输入关键词"泰州学派"检索，1978—2022年全国中文核心期刊共发表有关泰州学派的学术论文461篇，其中从哲学美学角度研究的只有28篇。

其二，阐释泰州学派哲学美学范畴"中"的内涵，具有较大的理论难度与实际意义。因为"中"范畴具有多义性与模糊性的特点，"中"范畴经过历代传承，儒、道、佛等多家阐释，泰州学派诸儒对"中"的理解既有传承又有变易、既灵活又随意；"中"既是哲学美学本体论，又是哲学美学工夫论，"中"在泰州学派诸儒的思想中具体嬗变为"道""诚""和""庸""时中"等子范畴，彰显了泰州学派的思想精义。透视、甄别泰州学派美学范畴"中"所蕴含的美学内涵，并梳理其内在逻辑结构，这是本书的理论创新与理论价值之所在。其三，泰州学派哲学美学思想是晚明乃至清朝的哲学美学思潮与艺术思潮发生重大转型的理论关键与先导，梳理"中"在其中所起的作用与影响，从而更深入地把握中国古代哲学美学流变的内在机制，具有一定的开拓性与创新性，这也是本书的理论意义与实际意义之所在。

三　主要内容与研究方法

（一）主要内容

首先，从宏观的角度，历史和逻辑相统一地对"中"这一概念的内涵做历时性考察，并在此基础上阐明这一概念所体现的哲学、伦理、宗教、心理、美学等文化意义以及它成为泰州学派美学思想核心概念的原因。

其次，从综合比较的角度，历史和逻辑相统一地梳理"中"在泰州学派思想家王艮、王栋、王襞、颜钧、何心隐、罗汝芳等思想中的具体嬗变如"道""诚""和""庸""时中"等。历代哲学家、美学家孜孜以求的就是这种具有"中"之道的人生境界或审美境界，从而使"中"成为中国古代哲学美学观的集中体现，影响和决定中国古代哲学美学的发展，形成积淀在中华民族文化心理结构中的思维定式。

再次，从现实的角度，客观地分析泰州学派哲学美学范畴"中"

对构建当代和谐社会核心价值观的现实意义。"中"是创新的灵魂，创新是一个民族的灵魂，是一个民族兴旺发达的不竭动力。"中"的本质是"和"，史伯说："夫和实生物，同则不继。以他平他谓之和。故能丰长万物而归之，若以同裨同，尽乃弃矣。"① 管子说："和乃生，不和不生"，"以五味以调口"，"以六律以聪耳"。② 中华民族文化的精髓就是这种生生不息的"中"之道。中华民族生生不已、绵绵不绝、博厚广大、物物化育的强大生命力正根植于"中"之精神。中华民族的伟大复兴源于与时俱进的创新，而与时俱进的创新就是建基于中国古代哲学美学的"时中"精神。泰州学派哲学美学范畴"中"既是本体论，又是工夫论，展示了与众不同的学术思路和人文传统，为构建当代中国和谐社会的核心价值观提供了深刻的理论资源。

本书将突破的主要难题是：（1）透视、甄别泰州学派哲学美学范畴"中"所蕴含的哲学美学内涵，并梳理其逻辑结构；（2）分析泰州学派哲学美学范畴"中"在中国古代哲学美学中的意义；（3）比较泰州学派哲学美学范畴"中"的思想与西方哲学美学"中"的思想在本体论及方法论的差异及可会通处，以此彰显东方哲学美学思维之独特；（4）揭示泰州学派哲学美学范畴"中"对构建中国当代和谐社会的理论价值。

（二）研究方法

本书采用的研究方法如下。

1. 训诂与阐述相结合的方法。本书的研究要以大量的古文献资料为基础，必须进行训诂式的研究，以获得相应的最基本的材料，并在此基础上进行阐发和论述，此其一。其二，我们要对哲学美学范畴"中"进行现代诠释，而不是以古释古，难度很大，根本问题

---

① 左丘明：《国语·郑语》，上海书店 1987 年版。

② 管仲：《管子·内业》，浙江人民出版社 1987 年版。

在于古今思维方式的差异。现代思维方式基本上采用的是西方的思维方式，因此在诠释中往往很难找到对应的现代语汇，而且要把它纳入现代逻辑的理论框架，便感到力不从心，方枘圆凿、扞格难通。尽管如此，我们知其不可而为之，从知识考古学角度，从泰州学派思想家王艮、王栋、王襞、颜钧、何心隐、罗汝芳等的论著文本和明朝的历史语境出发研究其美学思想范畴"中"的具体内涵，尽量避免用现代思想资源和学术语汇肤浅比附泰州学派王艮、王栋、王襞、颜钧、何心隐、罗汝芳等的思想，而是从原始文献和内在思想脉络出发来揭示"中"的美学内涵。

2. 历史与逻辑相统一的方法。我们以为，对任何思想观念的研究和描述都不能脱离其本身所处的宏观历史背景，并且只有结合历史语境加以考察，才能使研究结果具有现实性和前瞻性。基于这样的基本认识，本书的研究将按照逻辑与历史相统一的方法展开。在阐释泰州学派哲学美学范畴"中"的复杂内涵时，尽可能结合泰州学派诸位思想家的历史背景、思维方式与文化传统，尽可能切近历史原貌、符合逻辑，作出比较准确的诠释。

3. 综合比较的方法。本书主要采用综合比较的方法研究哲学美学范畴"中"在泰州学派思想家王艮、王栋、王襞、颜钧、何心隐、罗汝芳等思想中的具体嬗变如"道""诚""和""庸""时中"等。详尽辨析"中"即"道"、"中"即"诚"、"中"即"和"、"中"即"庸"四种历史形态，阐释其各自命题的特殊蕴含，在此基础上，通过综合比较揭示"中"范畴之历史地位与现代价值。

四　文献综述

（一）"中"的字源学考察

在古代典籍中，"中"是出现频率极高的一个文字符号。从字源学来看，"中"字有着复杂的起源。甲骨文和金文中目前被认定为"中"的符号有多种书写形态，学者们对早期"中"字所代表的意义也有不同的理解。根据"中"字的字形，郭沫若的解释是："金文凡中央之中均作￥，乃指事字，一竖之上下各作二斿或三斿而围其中部，意谓其所圈处，适当其中；伯仲之中则作中，即射箭中的之中，一圈示的，一竖示矢，乃会意字。"① 根据郭沫若的解释，"中"有两层含义。

其一是"射箭命中"。因为在甲骨文、金文中，"中"的字形写作"中"，像箭正中靶心形。在《说文通训定声》中，"中"被训为"以矢著正"。这里对"中"字本义的解释是符合原始社会的生产情况的。在原始狩猎经济时代，弓箭是最高技术成就，是当时生产力的代表。而且古代有以射箭水平的高低选拔部落首长的习俗。所以，"射箭中的"为"中"是对这一历史事实的真实反映。而从"射箭中的"这层意思来说，"中"字就具有了"准确无误""恰好""不偏不倚""中间""中正"等意思。

其二是"方位在中央"。这是由它在甲骨文、金文中的另一种写法"￥"引起的。这个形状像旌旗竖立，"中"代表的是"一杆旗帜"，中间一直画是旗杆，向右侧弯曲的四条线是旗帜上的飘带。关于"中"，唐兰在《殷虚文字记》中作了详细的解释：

> 余谓中者，最初为氏族社会中之徽帜，……古时用以集众，周礼大司马教大阅，建旗以致民。……盖古者有大事，聚众于旷地，先建中焉，群众望见中而趋附，群众来自四方，则建中之地为中央矣。列众为陈，建中之酋长或贵族，恒居中央，而群众左之右之，望见中之所在，即知为中央矣（若为三军，则中军也）。然则中本徽帜，而其所立之地，恒为中央，遂引申为

---

① 郭沫若：《扶风齐家村器群铭文汇释》，转引自周法高主编《金文诂林》（第一册），香港：香港中文大学出版社1974年版，第322页。

中央之义，因更引申为一切之中。①

唐兰认为，氏族联盟的首领立"中"位、执旗帜以号令指挥，因而"中"具有"中央之义"，而且还把它引申为一切事物之"中"。这也为后来的"执中"观念提供了认识依据，把"中"从具体的中央观念抽象成公正、不偏。原始社会的部落联盟首领就是我国封建社会君王的前身，于是"中"的思想在封建君王制这里，就成了君王必立中。《荀子·大略》曰："故王者必居天下之中，礼也。"君王在召集民众时要立于中位，久而久之，"中"就象征了君位所在，表示"一切之中"。而古代君王莫不标榜"君权神授"，称他们是"受命于天"的。而天命永远都是正确的，所以，君王的命令也就是正确的。于是，"中"就有了"正"的含义。《论语·尧曰》"允执其中"的"中"就表示"正"。"中"的这种含义被推广到礼仪、道德行为中，君王的一言一行都要遵"中"而行。于是"中"就被推而广之，表示为"一切之中"。它具有无限威力，规范了人们的思想行为，"守中"思想在人们的观念中被牢固地确立下来。

关于"中"字的这种解释，还有一个有争议的地方，那就是"中"字中间的那个圆形是什么意思？一种说法是盛血的器皿。在古代，有什么大事，常常要歃血，以此来表示团结一心。孔颖达疏《春秋左传·隐公元年》："凡盟礼，杀牲歃血，告誓神明，若有背违，欲令神加殃咎，如此牲也。"古人盟誓，要用一个器皿盛上誓血，指向日月，以示其志。因此，"盟"字，是一个盛血的四方形的器皿。血代表了众志合一，是众志与神合一的符号。所以说，把盛血的器皿系在旗杆上，旗杆指向天空。因为在古代召集众人商议重要事务时，需要大家齐心协力，共同做一件事情，"中"与盟誓的意

---

① 唐兰：《殷虚文字记》，中华书局 1981 年版，第 53—54 页。

义就相符了。可见，"中"在这个时候，就已经包含了一定的求"和"的意味。另一种说法是，"中"字中间的那个圆形是鼓。立旗击鼓来召集群众。这样，"中"就和音乐联系在一起了。原始仪式以旗帜柱杆为中心进行，仪式过程中，不可缺少的是饮食器皿和音乐。所以，以上两种关于"中"字中间那个圆形物的说法都有一定的道理。音乐和器皿在古代都是服务于仪式的。

以上两种对"中"字的解释，不论是"射箭中的"之"中"，还是"方位在中央"之"中"，都包含了"中"字的基本含义，即"中间""中正""正确"的意思。《说文解字》曰："中，内也。从口｜，上下通。"①《说文》所指的从"口"，并非口舌之"口"，而应该是"射箭中的"之"的"，或是旗杆执中的某一符号。所以说，"中"的本义当为不偏不倚，处于正中。"中"就是朝着这个方向，由旗杆之正，中的之矢，逐渐演变为人伦规范、准则、法度，糅合了统治者的意志而深化了原始之"中"的内涵，并在强调长久可行、恒定不易的意义时，已暗示着"中"与"庸"的并用，这为孔子"中庸"观的问世提供了字源学的依据和理论的前提。

（二）先秦时期对"中"的诠释

"中"作为一种伦理道德观念，最早出现于商代遗文《尚书·盘庚》："各设中于乃心"。"中"即正确合理之意。除《盘庚》之外，《尚书·酒诰》中也有："尔克永观省，作稽中德。"这是"中"行之于德；《尚书》中的《立政》《吕刑》记载的"中罚""中"则体现了"中"行之于刑。《尚书》中的"中"或"中正"、"中德"等，其基本意思都是指正确合理。从先秦典籍看，虽然由于当时人们理论思维水平的局限，尚未将"中"上升到哲学高度，但对它的

---

① （东汉）许慎《说文解字》："中，别于外之辞也，别于偏之辞也，亦合宜之辞也"；"中，正也"。

褒举之意①却如实反映了这一时期较为普遍的"尚中""执中"的思维倾向。总之，先秦时期的"中"已具有政治、伦理范畴的特点。②

在孔子之前，"中"作为一个有哲学意味的概念已被使用。《论语·尧曰》中记载了尧对舜讲的一段话，这虽未必真为尧所讲，却大致可信其为孔子之前流传的典籍中所存。其云："咨！尔舜！天之历数在尔躬，允执其中。四海困穷，天禄永终。"③《尧曰》之"中"字，朱熹释为"无过不及之名"④。从上下文看，"中"是指在处理政事时恰如其分，既无过激，又无不及。这是"中"从一个方位概念演化为哲学概念后最初的含义。此时的"中"可以说是一个政治哲学的概念，是指"不偏不倚、恰到好处"的政治措施。

在孔子之前还有从哲学本体论意义上使用"中"的，《左传·成公十三年》载刘康公之言云："吾闻之，民受天地之中以生，所谓命也。是以有动作礼义威仪之则，以定命也。"孔颖达疏云："天地之中，谓中和之气也。民者，人也，言人受此天地中和之气以得生育。所谓命也，命者教命之意，若有所察受之辞。"⑤此处所谓"中"异于《尧曰》之"中"，乃指外在于人的"天地中和之气"，它是人之生命得以产生的依据。人察受天地中和之气而生，此乃天命使然。

由上可知，"中"作为哲学概念有两层含义：一是政治哲学之义，即政治措施的恰当适度，无过无不及；二是哲学本体论之义，即天地之间存在的本根之物，乃为人与万物生命之源，亦即宇宙生命之运演。"中"的这两层含义经孔子、孟子及荀子的阐释之后，"中"便由一个哲学概念演变成为蕴含丰富的伦理学概念。

---

① 曾翠萍：《王艮论"中"》，《船山学刊》2003 年第 4 期。
② 王冬：《古代"中和"观及其现实意义》，《天津师大学报》2000 年第 2 期。
③ 《虞书·大禹谟》有"人心惟危，道心惟微，惟精惟一，允执厥中"之语，但因《大禹谟》乃后人伪托，故不能视为孔子之前的文字。《大禹谟》之"允执厥中"大约乃由《尧曰》之"允执其中"而来。
④ 朱熹：《四书集注》，(怡府藏版影印本)，巴蜀书社 1985 年版。
⑤ (清) 阮元校刻：《十三经注疏·春秋左传正义》卷二十七，中华书局 1980 年版。

孔子继承了前贤尚"中"的思想，并以此为出发点，首先提出了"中庸"这一概念。"中"即"中正""中和"，"庸"即"用"也、"常"也。孔子把"中"衍化为"中庸"，因此中庸的含义是"用中为常道也"，成为儒家的最高伦理道德准则。其云："中庸之为德也，其至矣乎！民鲜久矣。"① 朱熹注云："中者，无过、无不及之名也。"又引二程之释云："不偏之谓中，不易之谓庸。中者，天下之正道，庸者，天下之定理。"② 这是后世儒者对"中"最通行的解释，基本符合孔子原意。孔子又说："不得中行而与之，必也狂狷乎！"③朱熹注云："盖圣人本欲得中道之人而教之，然既不可得，……故不若得此狂狷之人，犹可因其志节而激厉裁抑之，以进于道，非与其终于此而已也。"④ 刘宝楠《论语正义》引包咸注云："中行，行能得其中者。"刘之"正义"云："中行者，依中庸而行也。"由此可知，"中行"即指人能"中道而行"，即依"中庸"而行，做到不偏不倚，无过无不及。"中"在这里被孔子衍化为"中庸""中行"，其含义亦发生了很大变化。它既不同于《尧曰》的政治哲学之义，又不同于《左传》的哲学本体论之义，而是被赋予了伦理道德价值，从而变为一个伦理学概念。"中庸""中行"之"中"是指人的一切行为都中规中矩——处处符合儒家的伦理道德规范。

孟子将"中"阐释为"执中"，成为一个纯粹的伦理学概念。其云："中也，养不中；才也，养不才，故人乐有贤父兄也。如中也弃不中，才也弃不才，则贤不肖之相去，其间不能以寸。"⑤ 此处之"中"是指能"中道而行"，或行"中庸之道"的人而言，亦即有德之人，就是一个伦理学概念了。又云："杨子取为我，拔一毛而利天

---

① 孔子：《论语·雍也》，见朱熹《四书集注》，（怡府藏版影印本），巴蜀书社 1985 年版。
② 朱熹：《四书集注》，（怡府藏版影印本），巴蜀书社 1985 年版。
③ 孔子：《论语·子路》，见朱熹《四书集注》，（怡府藏版影印本），巴蜀书社 1985 年版。
④ 朱熹：《四书集注》，（怡府藏版影印本），巴蜀书社 1985 年版。
⑤ 孟子：《离娄下》，见朱熹《四书集注》，（怡府藏版影印本），巴蜀书社 1985 年版。

下，不为也。墨子兼爱，摩顶放踵利天下，为之。子莫度于二者之间而执其中，执中为近之。执中无权，犹执一也。所恶执一者，为其贼道也，举一而废百也。"① 又云"汤执中，立贤无方"②，此处论述是从政治学、伦理学角度将"中"阐释为"执中"，杨朱为我，墨子兼爱，前者无君无父，后者爱无等差，均不合于儒家之道。子莫主张"执中"，与儒家之道相近。与此同时，孟子除了强调"执中"，还特别强调"权变"。其举例说明"男女授受不亲"，是古礼中一条重要规定，通常情况下谁也不得违反。这本身就是"中"，因为古人说："夫礼，所以制中也。"③ 礼法之规定是必须取不偏不倚之中道的，但是遇到特殊情况如嫂溺怎么办？孟子说："嫂溺援之以手。"这亦是"中"，"嫂溺不援，是豺狼也。"为什么前后都是"中"呢？孟子说："男女授受不亲，礼也；嫂溺援之以手者，权也。"④ 前者是一般性，相当于"喜怒哀乐之未发"的"中"，后者属于特殊性，相当于"发而皆中节"的"和"。"执中"而无权变，反而有害于道。朱熹《集注》引二程之释云："中不可执也。识得则事事物物皆有自然之中，不待安排，安排则不中矣。"⑤ 盖以孟子观之，事事物物皆有各自之"中"，人欲"中道而行"则须识得各事各物之"中"而执之。倘不如此，而以为万事万物唯有一"中"，而执此"中"于事事物物之上，则恰恰与"中"之本义相悖。孟子有关"执中"的论述是对孔子"中庸""中行"之说的补充发展，后世儒者多言"时中"，其中就含有"权"的意思了。

荀子以"礼义"释"中"，意近孔孟而又略有不同。其云："先王之道，仁之隆也，比中而行之。曷谓中？曰：礼义是也。"又云：

---

① 孟子：《尽心上》，见朱熹《四书集注》，（怡府藏版影印本），巴蜀书社1985年版。
② 孟子：《离娄下》，见朱熹《四书集注》，（怡府藏版影印本），巴蜀书社1985年版。
③ 戴圣：《礼记·仲尼燕居》，见（清）朱彬撰，沈文倬、水渭松校点《礼记训纂》，浙江大学出版社2010年版。
④ 孟子：《离娄上》，见朱熹《四书集注》，巴蜀书社1985年版。
⑤ 朱熹：《四书集注》，（怡府藏版影印本），巴蜀书社1985年版。

"凡事行，有益于理者，立之；无益于理者，废之；夫是之谓中事。凡知说，有益于理者，为之；无益于理者，舍之；夫是之谓中说。事行失中谓之奸事，知说失中谓之奸道。奸事、奸道，治世之所弃而乱世之所以服也。"① 其直接以"礼义"释"中"，可以说是符合孔子、孟子"中庸""中行""中道而立"之本义的。然荀子又有"中事""中说""奸事""奸道"之谓，并以"治世""乱世"衡量之，则其所谓"中"与孔子、孟子主要就个体道德行为言"中"之本义又有距离。盖荀子之"中"又带有政治哲学概念之色彩了。这大约与荀子融儒法而为学的思想体系有关。

《中庸》② 赋予"中"以多重意义，既有伦理价值意义，又有哲学本体意义。其云："喜怒哀乐之未发，谓之中；发而皆中节，谓之和。中也者，天下之大本也；和也者，天下之达道也。致中和，天地位焉，万物育焉。"③ 此处之"中"至少有四层意义。其一，"中"是一种个体心理状态，即尚未产生任何情感向度的浑然状态。其二，"中"之外在显现为"和"。当它"发"为喜怒哀乐之情感时，只要这种情感表现适当（"中节"，即无过无不及），即称之为"和"。其三，"中"是"天下之大本"，即天地万物之根本。其四，"中"的外在显现"和"，是"天下之达道"，即天地万物共同遵守的大道。倘能推及"中和"于天下，则天地万物各正其位，一切生灵得以孕育繁衍。如此看来，"中"既是一种"中性"的个体内在世界的存在形态（即未发之"中"），又是一种个体精神价值之实现（即已发并"中节"之"中"），同时它还是天地万物存在之本原、运演之法则。也就是说，"中"既具主观个体性，又具客观规律性；既有认知

---

① 荀子：《儒效》，见（清）王先谦撰《荀子集解》，中华书局1988年版。
② 《礼记》中有《中庸》一篇，古人以为是孔子之孙子思（孔伋）所作。近现代学者经过考证，基本确定其为战国中后期的产物。《中庸》所阐述的思想与《孟子》甚近，因此学界一般以二者为"思孟学派"之代表作。
③ 朱熹：《四书集注·中庸》，（怡府藏版影印本），巴蜀书社1985年版。

性，又有价值性；既是功能性的，又是本体性的。而其内在的逻辑又是如何贯通的呢？

为此，我们可从以下几个层面来辨析。

其一，《中庸》赋予"中"以多重含义的逻辑前提是天人合一、物我一体的观念。这是儒家，乃至整个中国古代哲学的一个基本观念。在《中庸》看来，人之所存均为天之所予，故发挥人之主体力量亦可赞化天地之运演。"中"既存之于人心，又具之于天地万物，所以，"中"可以是心理学、伦理学范畴，也可以是哲学本体论、实践（工夫）论范畴。这恰恰是中国古代哲学范畴的一大特色。

其二，"中"即是"道"。《中庸》篇首云："天命之谓性，率性之谓道，修道之谓教。"① 可知"性"与"道"本为一物。而"性"就是"未发之中"，即禀于天而有之物。《中庸》引孔子之言云："道之不行也，我知之矣；知者过之，愚者不及也。"可知"道"即是"无过无不及"，即是"中"。朱熹亦注云："道者，天理之当然，中而已矣。"② "道"只是一物，或存于天地万物，或存于人心，其所存之处不同、表现方式各异，而其理则一般无二。但人察天地之灵气而生，自不会同于动植物，故而人能知"道"既存于万物，又存于人心，因此，人能努力去顺应、发扬大道，使之内外相和。故《中庸》云："成己，仁也；成物，知也。性之德也，合外内之道也，故时措之宜也。"③ 此"成己成物"与"合外内之道"可以说是《中庸》的核心精神。因此，"中"作为"性""道"之异名，自是存于内而显于外了。

其三，"中"即是"诚"。何以见得呢？首先，二者同为天地万物存在之依据："中也者，天下之大本也"，"诚者，物之终始，不诚无物。"④ 其次，人之心理状态及万事万物自然而然、浑然未化之情状："喜怒

---

① 朱熹：《四书集注·中庸》，（怡府藏版影印本），巴蜀书社1985年版。
② 朱熹：《四书集注·中庸》，（怡府藏版影印本），巴蜀书社1985年版。
③ 朱熹：《四书集注·中庸》，（怡府藏版影印本），巴蜀书社1985年版。
④ 朱熹：《四书集注·中庸》，（怡府藏版影印本），巴蜀书社1985年版。

哀乐之未发，谓之中。""诚者不勉而中，不思而得，从容中道，圣人也。""诚者自成也，而道自道也。"① 这都是在讲一种人与物的自在本然性，可知"中"即"诚"。《中庸》论"诚"即是以"合外内之道"为指向的，认为"诚"是人与万物相通之品性，亦是人靠个体人格修养及主观努力而参赞天地化育的必要条件。

其四，"中""诚""道"作为相通的概念，其价值指向都是人与万物之生命存在。《中庸》讲"成己成物""能尽人之性，则能尽物之性""合外内之道""赞天地之化育"等，其最终目的是要人与宇宙万物各得其所、人与宇宙万物生机勃勃、和谐运演。而其作为深层的动机则是企盼社会秩序井然、人人怡然自得的审美理想。

总之，《中庸》赋予了"中"以多重意义，从而使其成为儒家最复杂而又最重要的一个核心范畴。程伊川说："中字最难识，须是默识心通。"② 此言不为无据。《中庸》言"中"可以说是二元论的："中"既各具人心而自足，是为个体伦理价值范畴，属主观道德领域；同时又是天地万物之本根，无物不有，是为哲学宇宙论、本体论范畴，属客观存在领域。

《易传》赋予"中"以"刚""正""直"等内涵。《易传》是先秦儒家典籍中言"中"最多的一部，如《师·彖》云："师，众也。贞，正也。能以众正，可以王矣。刚中而应，行险而顺，以此毒天下，而民从之，吉又何咎矣。"张载《横渠易说》云："刚正、刚中，则是大人圣人，得中道也"。"刚"，意为刚健，"中"，意为中正无邪。这是以儒家的道德观念来解读"师"之卦辞、卦象。又同卦"六五"爻辞有"长子帅师"句，《象传》释曰："长子帅师，以中行也"。"中行"即"中道而行"，亦即合理的行动。又如《比》之卦辞有"永贞无咎"之语，意为占问无害，其《象传》释云：

① 朱熹：《四书集注·中庸》，（怡府藏版影印本），巴蜀书社 1985 年版。
② 程颢、程颐：《河南程氏遗书·伊川语四》（朱熹编），商务印书馆 1935 年版。

"永贞无咎，以刚中也。"此"刚中"意为刚健而能行于中道，同样是以儒家观念来解读卦辞。又如《同人》之卦辞有"同人于野，亨。利涉大川"句，《象传》释云："文明以健，中正而应，君子正也。唯君子为能通天下之志。"这也是依据卦辞之意与卦中各爻所处位置来阐释儒家思想。

《易传》可以说是"究天人之际"的学问，其主旨是借宇宙万物大化流行、生生不息的特点来标举一种积极进取、自强不息的君子人格精神。因此，《易传》中之"中"概念便常常与"刚""正""直"等概念相联。与孔、孟相比，《易传》之"中"似乎阳刚之气更多一点。

在道家思想里，"中"不是一个核心的观念，并且与儒家的"中庸""中和"思想异同互见。道家的"中"，其含义大致有四。一是从事物的本质规律上着眼，"中"即"正"。"正"即正道，为自然中正的必行之路，属于道之用。二是从事物的发展变化上讲，"中"即为"度"。要知止知足，行为有所节制和限度。三是从空间角度看，"中"为"虚"。"中"即"道"以虚无为用，虚无中蕴含生机。四是从时间角度看，"中"为"机"。"中"要"动善时"，"不得已"而为之①。《老子》对此有相关阐述，如"天之道，损有余而补不足"（第七十七章），"知足不辱，知止不殆"（第四十四章），"自见者不明；自是者不彰；自伐者无功；自矜者不长"（第二十四章），"去甚，去奢，去泰"（第二十九章），"大直若屈，大巧若拙，大辩若讷"（第四十五章），"挫其锐，解其纷，和其光，同其尘"（第五十六章），"兵强则灭，木强则折"（第七十六章），"果而勿矜，果而勿伐，果而勿骄，果而不得已，果而勿强"（第三十章），"保此道者，不欲盈"（第十五章）等均是对"中"范畴的最好注释，其要旨则可以用"守中"来概括。《老子》第五章有谓："天地之间，

---

① 倪南、冯涛：《"中"论——一个字所体现的中国哲学思想精髓》，《西安交通大学学报》（社会科学版）2000 年第 4 期。

其犹橐龠乎！虚而不屈，动而愈出，多言数穷，不如守中"。又说：
"道，冲而用之或不盈"（第四章）。以上所引充分反映道家对"中"
的与众不同的理解。老子"说的'中'字，是有'中空'的意思，
好比橐龠没被人鼓动时的情状，正象征着一个虚静无为的道体。"①
《老子》河上公注中也说："道匿名藏誉，其用在中"。由此可见，
在道家看来，"中"是"道"的体现，守"中"即是守"道"。内丹
学家更是将"中"理解为元气、为丹田、为玄关一窍，即《河上公
老子章句》所谓："除情去欲，守中和，是谓知道要之门户也"。因
此，"守中致和"为道学第一要义。

　　在佛教中，"中"即不偏、不二之义，绝待之称，双非双照之
目。与"中"相关联的核心观念是所谓的"中道"。"中道"即用不
偏不倚、不落"两边"的观点和方法来理解佛教真理。"中道"一
词虽然也被儒学屡屡使用，作为行中正之道的"中行"的同义语，
但在汉译佛典文献中却有着特定的含义。在佛教的历史中，各个教
派对"中道"的理解不尽相同，小乘佛教一般称按照"八正道"修
行，或悟观"十二因缘"之理为"中道"；大乘中观学派以"八不
中道"为"中道"；大乘瑜伽行派则以非空非有为"中道"。各派对
"中道"的解释尽管不同，但普遍把它当作佛教的最高真理，与真如、
法性、实相、佛性并提。在这些学说中，以中观学派的"中道"最具
典型意义，"中道"观是佛教般若学说的核心观念。般若（Prajñā），
又称般若波罗蜜（Prajñā Pāramitā），在佛教中专指一种超常体验的
特殊智慧，这种智慧不同于世俗及佛教中其他的一般智慧，但又与
这些智慧有一定的关联。

　　般若被认为是引导人们超脱烦恼、邪见、无明等各种痛苦，达
到佛教的最高境界——涅槃或解脱的圣上智慧。般若思想包括无分

---

① 胡孚琛、吕锡琛：《道学通论——道家·道教·仙学》，社会科学文献出版社 1999 年
版，第 67 页。

别观念、空的观念、中道思想、二谛理论、否定形态的思维方法等内容。它有很深的思想渊源，与印度早期的婆罗门教及原始佛教和小乘部派佛教的一些思想有着明显的传承关系。般若思想的系统化阐述肇始于各种《般若经》的形成，《般若经》产生之后的印度佛教在吸收《般若经》思想的同时，又对般若学说作了进一步的丰富和发展，其成果集中体现在中观派的学说中。中观派得名于其主要创立人龙树所倡导的"中道"观。"中道"是中观派整个理论体系的核心，是一种特殊的思维方式。在中观学看来，世界上一切事物都依赖一定的条件而存在，其本身没有任何不变的实体。龙树将这种存在称为"空"，并认为这种"空"并非"虚无"或"空无"，而是一种不可描述的存在，是一切事物最高的存在形式，是一切事物的本原。运用这种观点看待事物，就能不着于"有""无"两边，而达到"非有，非无，非有无，非非有，非非无"的"中道"，即一种不能用语言分别，不能用概念表述的最高存在。这一思想在中观派理论的代表作——《中论》中有精辟的阐述："众因缘生法，我说即是空，亦为是假名，亦是中道义。"[①] 此偈概括了中观学派的缘起理论，表述了因缘、空、假名和中道四者的内在关联。其中因缘是出发点，由此而表现为空和假名，空和假名是同一缘起法的两个方面，两者密切联系。因为是空才有假设，因为假设才是空，以空假合观来看待缘起就是"中道"。因此，"中道"之"中"，是对"空"的认识的进一步发展，是对虚无的"空"的观念否定的同时，对无自性的"空"的肯定。在方法论上，"中道"是通过著名的"八不"来体现的："不生亦不灭，不常亦不断，不一亦不异，不来亦不出，能说是因缘，善灭诸戏论，诸说中第一。"[②] "生灭""常

---

① 龙树：《中论·观四谛品》，（李润生导读本），香港：博益出版集团有限公司1996年版。

② 龙树：《中论·观因缘品第一》，（李润生导读本），香港：博益出版集团有限公司1996年版。

断""一异""来出"等概念是所谓"外道"对世界的形成、存在的形态等方面的片面认识，而真正真实和全面的事物性状的获得，是必须通过对这些偏见的否定来实现的，即通过否定有无，以显示亦有亦无的"中道实相"。"龙树的中道论，不外乎不著名相与对待（宗归一实），综贯性相及空有（教申二谛）"。"中道"之"中"的要义如印顺所总结的那样，一是"如实"，二是"圆正"，它体现的是"正见为导的中道，即是从正见人生的实相中，增进、净化此人生以及解脱、完成"，其中"不苦不乐是行的中道，不有不无是理的中道"①。

以龙树的这些中观思想为根本依据之一的中国佛教，对中道理论又有所拓展和深化。其中三论宗把"八不中道"归为佛性，并结合真俗二谛论，提出所谓的四种"中道"；天台宗则提出"圆融三谛"说，认为"中道"是现象的"空""假"的结合；法相宗以三性解释诸法实相，说明"非有非空"是为"中道"，认为人的认识由"依他起"（非空）而产生"遍计执"（非有），只有破除此二者，才能达到空有不偏的"中道"；华严宗以法界为中道，以"十相无碍""四法界"来说明一心产生一切事物为"中道实相"。

通过以上的简要梳理和分析可以看出，以"中和""中庸""时中""守中""中道"等核心观念构成的"中"范畴在儒、道、佛三家的思想体系中占据中心的地位。由于各家立学的旨趣不同，使得"中"在各家的相关论述中有着明显不同的指向。如果说儒以治世、道以治身、佛以治心是各家的典型特征的话，这些特征在各家对"中"的阐述中有着集中的体现。在儒家看来"中"虽然具有本体论的意义，但其根本还在于对"中"的运用，即"执中"上，而这个所执之"中"在现实生活里是以执"善"来彰显的。而道家所守之"中"则更具工夫（方法）论的意味，它是"道"（本体）之用，

---

① 印顺：《中观今论》，台湾：正闻出版社 1988 年版，第 7—12 页。

是个人超凡入仙的门径。相较之下，佛学中的"中道"理论显得更加精深，在这里"中"既是本体所在又是工夫（方法）所用，应该说"中"的哲理构建在般若中道思想里达到了顶峰，并对禅宗、道教、宋明理学尤其是心学产生了重大的影响①。

（三）宋明时期对"中"的阐释

程氏兄弟一方面认为，"中"具有不可言说性。《河南程氏遗书》记载：

> 或曰：喜怒哀乐未发之前，求中可否？曰：不可。既思于喜怒哀乐之前求之，又却是思也。既思即是已发，才发便谓之和，不可谓之中也。②

也就是说，"中"不能作为"思"——自省、内省、自我追问的对象，因为人之"思"一旦及之于"中"，则已变为"已发"，即是"和"了。这实际上便判定了"中"的不可言说性。另一方面，程氏兄弟又把"中"作为儒家的道德准则。其云："喜怒哀乐未发谓之中，只是言一个中体（一作本体），既是喜怒哀乐未发，那里有个甚么？只可谓之中。如乾体便是健，及分在诸处，不可皆名健，然

---

① 《中和集·赵定庵问答》中有关于"中"的不同理解的比较："所谓中者，非中外之中，亦非四维上下之中，不是在中之中。释云不思善不思恶，正恁么时，即是自己本来面目，此禅家之中也。道曰念头不起处谓之中，此道家之中也。儒曰喜怒哀乐未发谓之中，此儒家之中也"。从表象来看，儒、道、佛关于"中"之论述旨趣确有差异；但细细推究却可以发现，在不同的现实指向背后，此三家之"中"都有一个相同的立足点——"心"，即个体之思想和体悟；无论是对"无过无不及"的把握，还是对"空灵虚静"的修炼，还是对"不落二边"的超越，都是通过"心"来体验和实现的；它们所依托的是理性与直觉相结合的个体实践工夫，其所要达致的目标则是具有鲜明中国思想特色的精神境界。概括而言，作为中国古代哲学精髓凝练而成的"中"，是人的个体精神与物理之"中"——"心"所生发出的、与世间万物相和谐的一种"独知"，儒家所谓"诚""敬"，道家所谓"坐忘""心斋""涤除玄览"，佛家所谓"禅""止观"，在这个意义上而言，皆同出异名而已。参见倪南、冯涛《"中"论——一个字所体现的中国哲学思想精髓》，《西安交通大学学报》（社会科学版）2000年第4期。

② 程颢、程颐：《河南程氏遗书》（朱熹编），商务印书馆1935年版。

在其中矣。天下事事物物皆有中，发而皆中节谓之和，非是谓之和便不中也。言和则中在其中矣。"① 也就是说，那个"未发之中"并非现实存在物，而是一个形上本体，只存于人的观念中。因此，对它无法再予追问。至于"已发之中"，则不独于人，于万事万物俱有一个"中"在，它就存在于"和"之中。用现代哲学话语言之，则"中"可以看作万事万物正常生长之可能性；在人，则是其成为善良仁德之人的可能性。也就是说，"中"是使万物成其为特定之物的内在规定性，是使人成其为人的内在规定性，它也就是"性"。人与万物循此规定性而生成演化则称为"和"。二程云："不偏之谓中，不易之谓庸。中者天下之正道，庸者天下之定理。"② 又说"敬而无失，便是喜怒哀乐未发之谓中也。敬不可谓之中，但敬而无失即所以中也。"③ 如此，则"中"又被理解为儒家的道德准则了。它又从哲学本体之"中"转化为伦理价值之"中"了，所以程颐说："中即道也。"④

二程的高足吕大临是从天人相通的角度来界说"中"的。他认为："'天命之谓性'即所谓中，'修道之谓教'即所谓庸。中者，道之所由出也；庸者，由道而后立。盖中者，天道也、天德也，降而在人，人察而受之，是之谓性。《书》曰：'惟皇上帝，降衷于下民。'《传》曰：'民受天地之中以生。'此人性所以必善，故曰'天命之谓性。'性与天道，本无有异，但人虽受天地之中以生，而梏于蕞然之形体，常有私意小知，挠乎其间，故与天地不相似，所发遂至于出入不齐，而不中节。如使所得于天者不丧，则何患不中节乎？故良心所发，莫非道也。"⑤ 此处论述侧重在"天之中"方面，我们

① 程颢、程颐：《河南程氏遗书》（朱熹编），商务印书馆 1935 年版。
② 程颢、程颐：《河南程氏遗书·二先生语七》（朱熹编），商务印书馆 1935 年版。
③ 程颢、程颐：《河南程氏遗书·二先生语二上》（朱熹编），商务印书馆 1935 年版。
④ 程颢、程颐：《河南程氏遗书·论道篇》（朱熹编），商务印书馆 1935 年版。
⑤ 吕大临著，陈俊民辑校：《蓝田吕氏遗著辑校》，中华书局 1993 年版，第 271 页。

理解有以下三层意思。其一，"中"即"天道"。"中"是天地自我生成、自我衍化的"天道"，同时也是人类产生的依据。其二，"中"即"人道"。"中"不独生成人类，而且还规定了人之所以为人的特性，或者说是给人以内在规定性。人人心里都有一个"中"存在，只是由于各种私欲的影响，故而其禀受于天的"中"，在其"已发"时，就表现得参差不齐，人的良莠贤愚也就因此而分。其三，"中"即"性"。"天地之中"降于人身则成为"恻隐、羞恶、辞让、是非"之"性"，"中"也就是先验道德理性或仁义道德之潜在可能性。"中"既是"天道"，又是"人道"；二者"在物之分，则有彼我之殊；在性之分，则合乎内外、一体而已"①。

吕大临又云："情之未发，乃其本心，元无过与不及，所谓'物皆然，心为甚'，所取准则以为中者，本心而已。由是而出，无有不合，故谓之和。非中不立，非和不行，所出所由，未尝离此大本根也。……喜怒哀乐未发之前，反求吾心，果何为乎？《易》曰："'寂然不动，感而遂通天下之故。'《语》曰：'子绝四：毋意，毋必，毋固，毋我。'《孟子》曰：'大人者，不失赤子之心。'此言皆何谓也？'回也其庶乎，屡空'，唯空然后见乎中，空非中也，必有事焉。……由空然后见乎中，实则不见也。"②此处论述侧重在"人之中"方面，这里是在强调"中"为人本有之心，其存在与发用俱为自然而然之事。倘若人能任其本心自然发用，无丝毫私欲存于其间，则人的行为就会"中节"，就会"和"。因此，人心之"中"必须于"空"处求得。所谓"空"即是摒除私欲之意，"实"则是心为私欲占据之意。只有"空"方可使本然心体澄然显露，人才能"中道而立"。孔子的"四绝"、孟子的"不失赤子之心"、颜回的"屡空"，

---

① 吕大临：《关学宗传》卷四，陈俊民辑校《蓝田吕氏遗著辑校》，中华书局1993年版，第275页。
② 吕大临：《关学宗传》卷四，陈俊民辑校《蓝田吕氏遗著辑校》，中华书局1993年版，第273—274页。

均指人能够通过主观努力而使一己之心还原于"中"。

朱熹亦从"天""人"相契合处论"中"。具体而言，其是将"中庸"之"中"与"中和"之"中"分别阐释。其论"中庸"之"中"云："中者，不偏不倚，无过不及之名"，又论"中和"之"中"云："喜怒哀乐，情也。其未发，则性也，无所偏倚，故谓之中。"①　此处尚不见有异于二程及吕氏之释。朱熹独具慧眼之处在于以"体用"之说释"中"之含义。其云："未发之中是体，已发之中是用。""中和之中，专指未发而言，中庸之中，则兼使用而言。"②　朱熹认为，"体"之"中"是指人的情感未生之时的浑然心体而言，其时情无所动，故心无所偏，因此称为"中"。朱熹认为，"用"之"中"则是情感发动之后所应守之"节"而言，它使情感有所引导、规范而不至于泛滥。因其乃未发之"中"在"已发"之后的自我保留，故"用"之中又含有"体"，是"兼体用而言"的。"体""用"之分，其实也就是"形上""形下"之分。"体"之"中"是"未发"，正因其"未发"，故而在经验中是感知不到的，它只存在于逻辑推理之中，属于形而上层面；"用"之"中"则可通过内省而自我觉察并自我恪守，是一种道德自律，因而是经验范围的事，属于形而下层面。朱熹以"体""用"释"中"之含义，的确较前人更为细密精审，学理亦更圆融。

明代儒学前期仅守成程、朱，了无建树。明中叶之后，自陈白沙至王阳明则偏于心学一脉，其言"中"自然在人心之"中"。白沙云："夫天下之理，至于中而止矣。中无定体，随时处宜，极吾心之焉耳。③"此处言"中"乃天下之至理，但它并无一成不变的法则，而是表现为人的"随时处宜"之中，衡量"中"与"不中"的

① 赵顺孙纂疏：《四书纂疏·中庸纂疏》，华东师范大学出版社 1992 年版。
② 赵顺孙纂疏：《四书纂疏·中庸纂疏》，华东师范大学出版社 1992 年版。
③ 陈白沙：《与朱都宪二》，见《陈献章集》卷二，中华书局 1987 年版。

标准是在"吾心之安"与否。"中"已不再有"天之中"那种自在性、本然性特征了。到了王阳明，则更直接地将"中"归之于心了。其云："良知，心之本体，即所谓性善也，未发之中也，寂然不动之体也，廓然大公也。何常人皆不能而必待于学耶？中也，寂也，公也，既以属心之体，则良知是矣。今验之于心，知无不良，而中寂大公实未有也。岂良知复超然于体用之外乎？""性无不善，故知无不良。良知即是未发之中，即是'廓然大公、寂然不动之本体，人人所同具者也'。"①"中"即是"良知"，即是"本体"，即是"廓然大公，寂然不动"的浑然心态。它本身并非道德价值，但它却是一切道德价值产生的根本依据，是万善之源。泰州学派创始人王艮继承了王阳明的观点，因此，在王艮的话语体系中，"中""良知""性"与"道"都是异名同实的范畴，详细论述请见本书第一章。

（四）1978—2022 年对"中"的研究概况

如前所述，"中""中庸"是中国哲学史上的重要概念，尤其是"中庸"所表述的观念长期以来多为人们所歧解。在中国古代，"中""中庸"被誉为"至德"，备受推崇。而到了近现代，"中""中庸"则被视为明哲保身，饱受非议。历史在几经褒贬抑扬之后，也许才能见其真相。20 世纪 70 年代末期以来，学术界对"中""中庸"进行了再认识和再评价，在学术期刊上总共发表八十多篇学术论文②；国内外学者总共出版了研究"中庸"的学术专著三十余部③。认真

---

① 王阳明：《答陆原静书》，见《传习录中》，《王阳明全集》卷二，上海古籍出版社 2015 年版，第 54—55 页。

② 据笔者在《全国报刊目录索引》及中国学术期刊全文数据库检索，1978—2022 年间，直接论述"中"范畴的只有李春青、倪南、张立波、雷庆翼、钱钢、郭德茂、陈荣捷、曾翠萍等学者撰写的 10 篇论文，其余 70 多篇论文从不同角度、在比较视域中阐述"中"与"中庸"的含义、本质特征及历史价值等。

③ 1978—2022 年间国内外出版了以下 33 部学术著作：吴怡《中庸诚的哲学》（1984），高柏园《中庸形上思想》（1988），陈满铭《中庸思想研究》（1989），（美）陈慰中《中庸辩证法》（1989），曾为惠《老子中庸思想》（1990），谭宇权《中庸哲学研究》（1995），（转下页）

梳理四十多年来关于"中""中庸"研究的情况，对进一步深化中国传统哲学研究、深化中西文化比较研究，无疑具有重要的历史和现实意义。以下拟对四十多年来"中"的研究概况作扼要的介述。

首先，关于"中""中庸"观念的形成和发展问题研究。"中""中庸"滥觞于何时？在历史上曾经如何发展？表现为哪些基本形态？以及各形态有何特点？追踪四十多年来研究者有关论述，大致有如下四种主张。

其一，"中"的观念发端于原始社会末期。早在尧舜时代，"执中"就是部落联盟首长调整与成员关系的办事原则。到了商周时期，这一传统被保留下来，成为古代君主的治民之道与修身之德，具有政治与伦理范畴的特点。到了春秋时代，孔子继承发展了这一"先王之道"，把它提升到"至德"的高度而名之为"中庸"，并对它作了"过犹不及"的表述，这说明"中庸"开始作为哲学范畴出现。在孔子那里，"中庸"具有朴素辩证法特点；至董仲舒，被赋予唯心主义性质；至程朱，更以"不易"之"道"出现，遂使"中庸"逐步走向僵化。①

（接上页）萧兵《中庸的文化省察——一个字的思想史》（1997），（美）陈慰中《中庸经济学》（1997），刘成纪《中庸的理想》（2001），毛宽伟《中庸集义评释》（2003），徐儒宗《中庸论》（2004），于建福《孔子的中庸教育哲学》（2004），陈赟《中庸的思想》（2007），李民《中庸精义》（2007），萧天石《大学中庸贯义》（2007），杨润根《发现中庸》（2008），（美）杜维明《〈中庸〉洞见》（段德智译，2008），师为公《中庸深解》（2009），夏可君《〈中庸〉的时间解释学》（2009），黄秋韵《中庸哲学的方法性诠释》（2010），王聪明《〈中庸〉形上思想研究》（2010），晁乐红《中庸与中道》（2010），郑熊《宋儒〈中庸学〉研究》，安乐哲、郝大维《切中伦常：〈中庸〉的新诠与新译》（2011），吴旻雁《中庸与调和：儒家和阿拉伯伊斯兰思想的比较研究》（2015），张卉《朱熹〈中庸学〉研究》，谢清果《中庸的传播思想》（2018），冯学成《中庸二十讲》（2019），唐文治、顾实《中庸讲疏两种》（2019），杜旌、段承瑶《中庸研究探寻现代组织管理中的传统文化力量》（2019），许辉《执中与守正》（2019），郑熊《〈中庸学〉与儒家形而上学关系研究》（2021），钱钧华《中庸的大众哲学》（2022）等。

① 参见罗祖基《试论我国儒家中庸与希腊中庸之异同》，《吉林大学社会科学学报》1987年第2期；李春青《论"中"在儒学思想中的核心位置》，《北京师范大学学报》（哲学社会科学版）1996年第2期；宋治平《中庸之"中"探微》，《重庆邮电学院学报》（社会科学版）2006年第1期。

其二，"中""中庸"观念萌芽于三代，后几经发展，几度更新，形成了三种基本形态，即政治形态的"中庸"、伦理形态的"中庸"与哲学形态的"中庸"。三代之"中庸"讲治国之道，是处理统治者与被统治者的关系的原则，故属政治形态。孔子宣布"中庸"为"至德"，使之从政治形态转化为伦理形态。子思对此加以继承和发扬，把伦理性的"中庸"提升为宇宙法则，从而形成了儒家的伦理本体论。迄于宋代，理学家对"中庸"作了完整的界说，并把"中庸"与一分为二联系起来。这样，理论思维经过千百年的积淀，哲学形态的"中庸"得以形成。①

其三，"中""中庸"观念始自殷商，成于战国。确切地说，盘庚开始提出"中"的概念，周公发展为"中德"，孔子提高为"中庸"，子思完善为"中和"。盘庚的"中"集中体现统治者个人的意志。周公的"中德"将其扩大为一种施政道德，主要反映在刑罚上。孔子的"中庸"是对"中德"的改造和升华，是基于历史经验建立起来的一个哲学范畴。子思的"中和"既是对"中庸"的一个重要补充，也是把孔子的经验性"中庸"发展为哲理化"中庸"的标志。②

其四，孔子首先将"中""庸"并用，作为"至德"的伦理范畴，体现为坚守中正的原则，不断调和与"礼"相异的矛盾，达到"和"。《中庸》在此基础上，要求"尽合乎中"，强调"固执"，忽视变通。孟子以"权""义"为中心范畴，强调以"权"应变与以"义"制宜。《荀子》以"礼、义"为中心范畴，主张"分""别"，追求"兼""一""以分求一""从别到兼""各得其宜"，从而达到"万举不过"。《易传》的中庸观是在《荀子》"各得其宜"的"和一"之道的基础上，通过贯穿于"穷变通久"的"位"、调和于

---

① 宋德宣：《中国古代的矛盾学说——中庸》，《社会科学辑刊》1988 年第 4 期；宋德宣：《论中庸的发展及其在儒学中的地位》，《孔子研究》1991 年第 2 期。

② 洪家义：《中庸思想的形成及其产生的历史根源》，《江海学刊》1987 年第 4 期。

"分阴分阳"的"中"、警惕于"否极泰来"的"时"完善而深化的。由孔子、《中庸》，而孟子，而《荀子》，而《易传》，结束了儒家中庸思想哲理化的历史进程。[①]

其次，关于"中""中庸"范畴的基本内涵研究。

（1）关于"中""中庸"的词义。《尚书·大禹谟》中曾出现"中"的概念，在《皋陶谟》中又出现"庸"一词。孔子将两者结合起来，提出了"中庸"的观念。然而，无论是孔子，还是子思，乃至整个先秦儒家，对"中庸"一词均未做明确的界说。因此，后世两千余年对这一概念的理解一直众说纷纭。一般认为，自古至今关于"中庸"的解释最为权威的有郑玄、程颐、朱熹三家[②]。据此，中庸研究者多认为，"中庸"的"中"即中正、适当、合宜、正确，无过无不及而恰到好处之义；系与"偏颇"和"两端"相对而言。"中庸"的"庸"有"用、常、平常"三义。"中""庸"合称，即中道之实用、中道为常道、中道可常行之义。这三层含义相互关联，构成了"中庸"一词的字面意义[③]。然而，也有学者只取上述"庸"之三义中的一二，或在三义之上再加一义，与"中"结合，以释"中庸"。如金景芳、吕绍纲等认为，三家释义，唯郑玄训"庸"为"用"，是不可移易的确诂。程颐释"庸"为"不易"，朱熹释"庸"为"平常"，皆未得"中庸"之真谛。"中庸"的本义只在"用中"，"中庸"即"中之为用"[④]。孙实明、匡亚明等取"庸"之"用""常"二义，释中庸为"中正而经常可用"，所谓"中庸之道"正是

---

① 邓红蕾：《试论先秦儒家中庸范畴的哲理化》，《孔子研究》1987年第3期。

② 郑玄说："名曰中庸者，以其记中和之为用也。庸，用也。"（《释文》及《礼记正义》引）又说："庸，常也。用中为常道也。"（郑注《礼记·中庸》）程颐说："不偏之谓中，不易之谓庸。中者，天下之正道；庸者，天下之定理。"（《河南程氏遗书·第七》）朱熹说："中者，不偏不倚，无过不及之名。庸，平常也。"（《四书集注·中庸章句》）

③ 雷庆翼：《"中"、"中庸"、"中和"平议》，《孔子研究》2000年第3期。

④ 金景芳、吕绍纲：《论〈中庸〉——兼析朱熹"中庸"说之谬》，《孔子研究》1994年第2期。

指一种中正不偏、经常适用的方法。① 美籍华人陈慰中则在"庸"之三义上又加一义，认为"庸"并不是用来折半以取中，而是用来"致中和"，故"庸者，又和也"。不仅如此，"中"与"庸"也是分不开的，"中""庸"属于同一个概念，其目标是"中和"②。美籍华人陈荣捷认为，"中"字有两种意义：一者关于存在，为形上，为体，为名词；一者关于行为与价值，为形下，为用，为形容词。由此衍生"中"字六说："心；空；太极；中央；无过不及；中正之道"。前三项为名词，指存在而言，重在体；后三项为形容词，形容位置或道，重在用。以上六说，互为体用，实可相通。③ 高中理认为，"庸"主要有以下义项："用；常；用常；国名；民功"。"庸"和人庄敬的观念密切相连，它参与表达的是重大中正的、或广泛或恒常或二者兼具的实践活动、实践境界、实践的事功。至与"中"组合，使"庸"找到了充分尽其蕴含的用所。④

（2）关于"中""中庸"的内涵。

其一，认为"中""中庸"的内涵不外乎"尚中""尚和"两方面。"尚中"，即推崇中正不偏，包括三层含义：一是"执两用中"，把握两头，取用中间；二是"以礼制中"，使"用中"具有鲜明的原则性；三是"因时而中"、权变与损益，使"用中"的原则性和灵活性有机地结合起来。"尚和"，即强调矛盾对立事物的统一、和谐，恰到好处。具体说来，包括"和为贵"的矛盾统一方法，"以礼为节"的中节方法，"以直错枉"的克服方法，"过勿惮改"的自我修养方法和"忠恕之道"的推己及人方法。⑤ 张岱年认为，"所谓'中庸之为德'就是经常遵守一定的标准，既不过，亦不是不及，这

---

① 孙实明：《论孔孟的中庸之道》，《理论探讨》1994 年第 4 期。
② ［美］陈慰中：《中庸辩证法》，学苑出版社 1989 年版，第 105—106 页。
③ 陈荣捷：《儒家"中"的概念之检讨》，《孔子研究》1989 年第 3 期。
④ 高中理：《孔子"中庸"解》，《学术界》1992 年第 3 期。
⑤ 刘宗碧：《中庸辨惑》，《孔子诞辰 2540 周年纪念与学术讨论会论文集》，1992 年。

是中庸的品德。"① 杨庆中认为，孔子的"中庸"思想有其内在的逻辑："尚中"是中庸的逻辑起点，"时中"是中庸的内在本质，"中正"是中庸的规范准则，"中和"是中庸的理想目标。"尚中"的基本内涵是"无过无不及"，"时中"的基本内涵是"无可无不可"，"中正"的基本内涵是"礼义"，"中和"的基本内涵是天人和谐之美。其中，"尚中"观念为传统固有，为孔子所继承。"时中"、"中正"及"中和"的观念是孔子对传统"尚中"观念的丰富和发展，也是孔子"中庸"思想的核心之所在。②

其二，认为"中庸"概念的核心是"中"，"中"的原则体现于人的现实行为，就是"用中"或者"中庸"。通观先秦儒家所论，"中"的含义有三：一曰中礼或中道；二曰时中；三曰适中。"中礼"或"中道"即合乎内在的道德法则，讲的是"中"的标准或尺度。但"中礼合道"不是机械的、教条式的符合，它的根本特征是"时中"。故"时中"强调要在不同的时空条件下，随时变通以合于"中"。至于"适中"，则是不偏执，不走极端，恰到好处，它是"中"在人的行为和人格风范上的具体体现。③ 董根洪认为，儒家"时中"观是"中和"世界观和"中庸"方法论的统一，"时中"的内涵实质就是依时而中、与时俱进，儒家的"时中"观包含着深刻的唯物辩证思想，包含着强烈的适应进取精神，蕴含着鲜明的知识理性内容。"时中"是儒家的真精神，也是中华民族的真精神，更是实现中华民族伟大复兴的真精神。④ 田广清认为，"中庸也是对人的基本道德要求和最高的道德境界"⑤。庞朴认为，"其实所谓的中，就是第

---

① 张岱年：《中国文化的基本精神》，见刘雪飞编《现代新儒学研究》（代序），中华书局 2003 年版。

② 杨庆中：《论孔子中庸思想的内在逻辑》，《齐鲁学刊》2004 年第 1 期。

③ 李景林：《先秦儒学"中庸"说本义》，《吉林大学社会科学学报》1994 年第 4 期。

④ 董根洪：《儒家真精神——"时中"》，《孔子研究》2003 年第 4 期。

⑤ 田广清：《中庸：实现社会和谐的正确思想方法》，《孔子研究》2000 年第 3 期。

三者；承认二分又承认中庸，也就在事实上承认了一分为三"①。

其三，认为"中庸"是"中"与"庸"的辩证统一。"中"既有宇宙本原的含义，又是事物两个既对立又互补的方面处于协调和谐状态的一种表现。因此，"中"是指物质世界对立双方动态平衡的客观法则。"庸"的前提条件是"毋意、毋必、毋固、毋我"，具体操作要求则是"用中、时中、权中"。所以，"庸"是指事物的客观法则对认识主体所提出的行为要求。"中""庸"并用，其含义是指物质世界对立双方动态平衡的客观法则及其对认识主体的行为要求。② 郑先兴认为，"中庸"误读为"折衷、调和"，系唐宋社会经济发达、政治平民化与文化上佛教传入等外在因素，与人的欲求不断膨胀等主观因素相融合的产物。③

再次，关于"中""中庸"的评价研究。"中庸"既是儒家的伦理道德标准，又是其实践工夫（方法）论。"中庸"作为一种工夫（方法），通常称为"中庸之道"。四十多年来，学术界对"中庸之道"的研究，在实质内容、价值评估上都出现了不同的，甚至截然相反的意见分歧。大体说来，有以下三种基本评价。

（1）基本肯定的评价。持这种意见的有杜道明、庞朴、王成儒、张锡勤、孙实明、宋德宣、洪家义、朱志凯、张立波等学者。他们认为，"中庸"既非折衷主义、调和主义，也不是死板的教条，而是原则性与灵活性的统一。因为折衷主义没有原则，不讲是非；调和主义无视矛盾，追求绝对同一。"中庸"则不然，它以"礼"制"中"，是非分明；承认矛盾对立，主张"和而不同"。因此，"中庸"与折衷主义、调和主义有原则区别。此外，所谓"中"并非一成不变的东西，它随着时间、条件的不同而不同，表现为"权"

---

① 庞朴：《中庸与三分》，《文史哲》2000 年第 4 期。
② 朱云明：《孔子"中庸"的唯物论和辩证法思想》，《上海大学学报》（社会科学版）1994 年第 5 期。
③ 郑先兴：《论中庸》，《广西师范大学学报》（哲学社会科学版）2003 年第 2 期。

"时""义"（宜）的灵活性，从而又与教条主义、墨守成规大相径庭。①"中庸"的本义在于"执中""适度"，反对"过"与"不及"，因此，它具有普遍的方法论意义。"中庸"用现在的话语说，也就是执行政策要正确、适当，既不"左"，也不"右"。从具体问题具体分析的观点来看，"中"强调"时中""权变"，亦即在坚持原则的前提下，顺应时宜，灵活处置。这对于处理我国当前改革开放面临的复杂问题，尤其具有现实意义。②

王成儒认为，"中庸之道"采用了一种适度的思维方式，它旨在通过对事物作两端的分析思考，寻觅一种两极的折衷、偏倚的公允，从而达到完满的同一，双方的融洽、调和。基于任何事物无不存在着矛盾对立的双方，折衷以求双方的协调，这种适度思维方式，不失为解决矛盾的一种方法。③张锡勤、孙实明等认为，"中庸之道"是一种包含辩证法因素的工夫（方法）论，其要点是在对立面互相制约的统一中把握行为的度。它蕴含着"度"的思想和对立面统一、转化的思想，渗透着具体问题具体分析的精神。"中庸之道"尽管在实际运用中牵涉到一些具体思想内容，有时代的阶级的局限性，但作为一种方法论的抽象，却是一种有普遍意义的、合理的东西，至今仍可在社会生活的广泛领域中，用作反对思想片面性和僵化性的有效武器。④

宋德宣认为，"中庸"是中国古代的矛盾学说，具有如下几个基本观点：世界上一切事物无不包含有"相反相和"的"两端"；"相反"双方的"相和"是事物的规定性；"相反"双方"相和"的关节点是"中"，"中"即对立面统一的"度"；随着"相反"双方的"势"的消长，双方可以易位；掌握"相反"双方"势"的消长，可

① 杜道明：《有关"中庸"的几个问题》，《中国文化研究》1998 年第 1 期。
② 张立波：《论"中"》，《湖北大学学报》（哲学社会科学版）2006 年第 6 期。
③ 王成儒：《智慧之光——儒学思维艺术》，四川人民出版社 1995 年版，第 142 页。
④ 张锡勤、孙实明、饶良伦：《中国伦理思想通史》，黑龙江教育出版社 1992 年版，第 57、244 页。

以防止双方对立激化；"相反"双方达到"中和"，即对立双方和谐统一是"位天地、育万物"的法则——宇宙普遍法则。因此，"中庸"在一定程度上符合辩证法，可以视其为对立统一学说的古代表述。[①]

朱志凯认为，孔子"中庸"方法可与古希腊赫拉克利特辩证法相媲美。赫氏强调"变"，孔子则强调"中"，各自从不同层次、不同方面对辩证法进行了深入研究，做出了伟大的发现。诚然，"中庸"范畴并非以矛盾的同一性概念来表述的，它是通过"中"、"和"来显示对立面的统一和质量互变的关节点的，所以，不妨说"中庸"是辩证法的矛盾同一性、质量互变关节点的中国表现形态，是具有中国古代文化特征的辩证思维方法的一种体现。从矛盾存在和解决方式的多样性来看，在一个以非对抗性矛盾为主的社会里，"和而不同"仍是解决矛盾的基本方式之一。人类社会的大多数矛盾都不是用你死我活的方式解决的，而是通过包容对立面、在矛盾双方之间寻找中介这种中庸方式加以解决的。朱志凯认为"中庸之道"对现时代仍有重要意义，肯定了它在当今社会发展中的积极作用。[②]但它忽略了对立面的斗争与转化，看不到事物的自我否定和质变，这是"中庸"观的主要缺陷。[③]

（2）基本否定的评价。1919年"五四"新文化运动以后，特别是1949年以后一个较长的时期，"中庸"遭受了种种责难，被批判得一无是处。20世纪80年代以来，伴随着对中国传统文化和儒学的反思，对"中""中庸"的肯定性评价日益增多，但倾向否定的意见依然存在。如冯友兰批评"中庸""既是这样，又是那样，貌似全面，其实还是折衷主义"，"是形而上学反辩证法的观点"。[④] 任继愈

---

① 宋德宣：《中国古代的矛盾学说——中庸》，《社会科学辑刊》1988年第4期。
② 朱志凯：《孔子中庸方法的义蕴及其价值》，《孔子诞辰2540周年纪念与学术讨论会论文集》，1989年。
③ 杜道明：《有关"中庸"的几个问题》，《中国文化研究》1998年第1期。
④ 冯友兰：《中国哲学史新编》（第一册），人民出版社1982年版，第141—142页。

也认为,"中庸即是折衷调和"。① 这种意见基本代表了以往大多数中国哲学史论著和教科书的提法,如孙叔平、肖萐父、唐凯麟、朱伯崑、北京大学中哲史教研室等编撰的《中国哲学史》《伦理学史》均持此说。而刘蔚华对"中庸"的思想方法更是给予全面的否定②。其认为,"中庸之道"是无矛盾原理和形式发展观。在孔子学说中,并没有以肯定的态度表述过矛盾概念。"叩两而竭"只是他解答疑难的一种具体方法;"过"与"不及"虽接近于矛盾概念,但终究被"允执厥中"否定;"中庸"的"中",被看成是个十分确定的、绝对的、完全消除了矛盾的"中"。而否定矛盾的原理,同时也是抹杀运动发展的理论。"中庸之道"就是从求"中"不偏而达到取"庸"不变的。孔子所谓"损益",不过是一种微小的形式的变化,其实质则是历史不变论。其认为,"中庸之道"的思维特征是形而上学的。"中庸"为了维护"无过无不及"的原则,对不可调和的矛盾双方强求"用中",不可避免地要把调和、折衷搞成主义,"用折衷主义代替辩证法"。因此,折衷主义、调和主义是"中庸之道"的基本的思维特征。刘蔚华文章的观点,代表了反对派长期以来的意见。

(3)肯定与否定兼具的评价。介乎上述两种意见之间,有学者认为,"中庸"瑕瑜互见,是精华与糟粕的杂糅体。持此说者有夏乃儒、匡亚明、刘宗碧、韦感恩、罗祖基、王棣棠、商国君等学者。他们认为,"中庸"既含有承认事物对立面相互依存,在一定条件下相互转化的辩证法因素,又具有保持其限度以避免事物转化的消极一面。"中庸"在维护矛盾的同一性上有突出的理论贡献,但只强调统一,忽视斗争,又存在着严重缺陷。"中庸"虽不排斥事物的发展变化,但本质上却倾向于只承认量变,而否认质变。"中庸"方法论

① 任继愈:《中国哲学发展史》(先秦编),人民出版社1983年版,第181页。
② 刘蔚华:《中庸之道是反辩证法的思想体系》,《武汉大学学报》(人文科学版)1980年第5期。

用来分析解决非对抗性矛盾时，通常比较符合客观规律，而用来处理对抗性矛盾，特别是阶级矛盾时，所提出的主张则背离了社会发展规律，打上了深刻的没落阶级的烙印。

商国君认为，"中庸"思想具有一定的辩证因素，应予以充分肯定，并应进一步深化认识，在新形势下予以适当地批判继承。至于有人认为它是折衷、调和乃至取消矛盾斗争，或认为其缺少发展观念等，则是"蔽于一曲"。①

邓红蕾等认为，我们很难将"中庸"的思维特征简单地归结为辩证法或形而上学。如果说形而上学以否认矛盾、变化、差异为特征的话，"中庸"则以承认矛盾、变化、差异为特色。如果说辩证法以承认矛盾、变化、差异为特征的话，"中庸"强调的又恰恰是矛盾的定位、变不逾常和变多为一。因此，儒家"中庸"观是一种特殊形态的矛盾发展观，具有既区别于一般形态的形而上学，又不等于一般形态的辩证法的特征。其短长优劣，需以马克思主义的科学分析的态度，借助当代世界文明的参照系去审慎地估价，使窒息于形而上学框架之中的辩证、合理因素，在世界文化重新走向融合中发挥作用②。"中庸之道"在化解当前人与自然、人与社会、人与人以及身与心的激烈冲突中，具有无限魅力和生命力。③

综上所述，从学者们的论述来看，对"中""中庸"的阐释存在以下三点缺憾。

一是对"中""中庸"含义的矛盾理解。在对"中庸"的阐释中，虽然存在这样或那样的歧见，但也有两方面共识：其一，"中庸"的本义是要适度掌握原则，把握分寸，恰到好处，无过无不及；其二，由此为基点认为，"中庸"不是折衷主义，不是无原则地妥协

---

① 商国君：《"中庸"思想辨析》，《陕西师范大学学报》（哲学社会科学版）1997年第3期。

② 邓红蕾：《试论先秦儒家中庸范畴的哲理化》，《孔子研究》1987年第3期。

③ 张立文：《儒家和合文化人文精神与二十一世纪》，《学习与探索》1998年第2期。

调和。"孔子的'中庸'具有折衷性，但决不是折衷主义。折衷主义没有原则，不讲是非。'中庸'决不然，既有原则，也讲是非。"① 但这两点共识仍可商榷。既然"中庸"是坚持适度，无过无不及，那不是折衷主义是什么呢？有学者认为"折衷"和"折衷主义"不是一个概念。"折衷"是全面地、综合地分析事物，从而寻找到一个适合各方面情况的原则或方法，而"折衷主义"则是"指没有自己独立的观点，只把各种不同的思潮、观点、理论无原则地、机械地拼凑在一起的哲学观点。"② 实际上，无论是有主见地全面地分析事物，或是无原则地"拼凑"各种观点，表现的无不是（当然是在主观上）博采众长，调和折衷，此一亦是非，彼一亦是非，仍然是折中主义。所以，有学者干脆指出："调和主义、折中主义是中庸之道的基本思维特征。"③ 因此，说"中庸"是坚持适度，无过无不及，又说"中庸"不是折中主义，这显然是一个自相矛盾的说法。考其矛盾之因，自然是因为孔子说"中庸"是"至德"，孔子自己要"狂狷"不要"乡愿"。而这种阐释的矛盾恰恰说明，这种对"中庸"的理解，距孔子的本义还有比较大的差距，还需要我们进一步地探讨，真正把握"中庸"之含义。

二是没有考察"中""中庸"产生的历史语境。唯物主义历史观要求我们在分析任何事物时，都要把它放在一定的历史条件下来进行。脱离了历史条件，脱离了事物赖以生存的历史环境，"六经注我"式地谈论问题，就会众说纷纭，莫衷一是。"中""中庸"作为人类跨越时空的财富，更容易为我所用。所以，对于"中""中庸"的研究更要放在它所赖以生存的环境中去考察，方能领悟其奥秘所在。遗憾的是，在众多"中""中庸"阐释论著中，人们很少去分析"中""中

---

①　洪家义：《中庸思想的形成及其产生的历史根源》，《江海学刊》1987 年第 4 期。

②　雷庆翼：《"中""中庸""中和"平议》，《孔子研究》2000 年第 3 期。

③　刘蔚华：《中庸之道是反辩证法的体系》，《武汉大学学报》（哲学社会科学版）1980年第 5 期。

庸"所产生的历史语境。对于"中""中庸"的含义、意义、价值、形式、途径，人们津津乐道、肆情想象、任意发挥。每一篇论著都为我们展现了一个关于"中"与"中庸"的意义世界，只可惜这个世界是想象的，虚拟的，与历史语境不尽相符。正如有学者指出的："研究只是停留于'概而论之'的'设想'水平上，缺乏具体的、深入的研究。""研究忽视了中国的政治、经济以及其他意识形态对"中庸"理论的影响，因而缺乏历史感。"① 也有学者考察"中""中庸"观念的发展，甚至分析"中""中庸"产生的历史根源。但这种考察和分析是建立在对"中"、"中庸"与"折中"理解的基础之上，所以，没有正确说明"中"与"中庸"发展的阶段性特点，更没有科学地解释"中"与"中庸"观念与历史发展的关系。

三是没有将"中""中庸"与《礼记》放在一起来考察。"中""中庸"观念主要保存在子思的《中庸》里，而《中庸》又是《礼记》中的一篇。但学者们在阐释中只把"中""中庸"作为孔子和子思的思想来考察分析，很少讲到《礼记》，更无人将《中庸》与《礼记》联系起来，分析、揭示《中庸》在《礼记》中的位置，进而阐释"中庸"的意义。其原因可能是认为《礼记》成书于西汉，不值得考虑。但 1993 年在湖北荆门郭店楚简的考古发现，使我们知道《礼记》在战国时即已成书。虽然我们还不知道当时《中庸》是否已收在《礼记》中，但至迟在二戴时《中庸》已成了《礼记》中的一部分了。据学者介绍，郭店楚简中的《性自命出》篇属于子思的作品，其中的"论述完全可以看作《中庸》之注脚"②。因此，在考察"中庸"的含义时，应该从《礼记》的角度，从礼制实施中去分析认识。详细论述请见本书第四章。

---

① 邓红蕾：《中庸思想研究》，《哲学动态》1988 年第 2 期。

② 姜广辉：《郭店楚简与〈子思子〉——兼谈郭店楚简的思想史意义》，《哲学研究》1998 年第 7 期。

第一章 "中"即"道"

第一节 王艮、王栋论"中"

王艮（1483—1541），字汝止，号心斋，泰州安丰场（今江苏东台县）人，泰州学派的创始人。在王艮的思想体系中，"中"是一个非常重要的核心范畴。他继承和发展了前人论"中"的思想。王艮思想体系中的"中"包含如下几层含义。其一，作为哲学本体论的"中"。"中"指最高本体，是"道""良知""性"等概念的别名。其二，作为哲学工夫论（方法论）的"中"。"中"指一种生活态度或政治态度，或者说一种处世之道。其三，作为审美范畴的"中"。"中"即"全美"，"中"即"质美"，"中"即"内美"。

一 作为本体论的"中"

王艮继承了《中庸》思想中以"中"为本体的哲学思想。王艮把"中"与"道"相提并论，并且把"中"提升到"道"本体的高度加以认识，认为所谓"中"，是指那种恬淡虚静、无思无虑，各种情感欲望尚未发动但处处合乎规律、合乎目的的原初心理本体。他认为："中也者，天下之大本也。""中"与"良知"、"道"等名虽异而实一，"道一而已矣。中也，良知也，性也，一也。识得此理则现现成成，自自在在。"① "中"虽然与"道""性""良知"在同一

---

① 王艮：《答问补遗》，《明儒王心斋先生遗集》卷一。

本体层面上，但"中"又是它们的综合与有机统一。作为本体的"中"有以下两方面的内涵。

（一）"中"即"性"

"中"即人的本性，它是先天的，人心固有的，是上天所赋予的。其云：

> "惟皇上帝，降中于民"，本无不同。鸢飞鱼跃，此中也。譬之江淮河汉，此水也；万紫千红，此春也。保合此中，无思也，无为也，无意必，无固我，无将迎，无内外也。何邪思，何妄念？惟百姓日用而不知。故曰："君子存之，庶民去之。"[①]
>
> 良知之体，与鸢飞鱼跃同一活泼泼地。当思则思，思通则已。[②]

"惟皇上帝，降中于民"一说本于《尚书·商书·汤诰》，原文为"惟皇上帝，降衷于下民"，意为皇皇上帝，降福于民。此处"衷"是指善事、福祉。王艮将其改为"中"，指人的心理本体，"中"即人的本性，"中"即"良知"。"良知"的观念源出于《孟子》，其云："人之所不学而能者，其良能也；所不虑而知者，其良知也。孩提之童无不爱其亲者，及其长也，无不敬其兄也。"[③] "良知"意即人不依赖于环境、教育而自然具有的道德意识与道德情感。"不学"表示其先验性，"不虑"表示其直觉性，"良"即兼此二者而言。当然，"良知"的先验性并不意味着人一出生就可以获得它的全体，它有一个从潜在而发展、最终全部实现的过程，正如人的某些生理本能也是由潜在而逐步实现一样。王阳明继承了孟子的思想，其云："知是心的本体，心自然会知，见父自然知

---

① 王士纬：《心斋先生学谱》，见《王心斋全集》，江苏教育出版社2001年版，第96页。
② 王艮：《语录》，《明儒王心斋先生遗集》卷一。
③ 孟子：《孟子·尽心上》，巴蜀书社1985年版。

孝，见兄自然知悌，见孺子入井自然知恻隐，此便是良知，不假外求。"① 其把"良知"看作是主体本有的内在特征，而不是外在的东西内化的结果。

王艮继承了王阳明的观点，因此在王艮的话语体系中，"中""良知""性""道"都是异名同实的范畴。"中"如自然界中的鸢飞鱼跃、江淮河汉的流水、万紫千红的春天等自然现象一样，是与生具有的，它无须通过人的各种实践活动去获得，也无须经由人的思维活动去掌握。"活泼泼地"被形容为是"当思则思，思则通之"、"自然天则，不着人力安排"等，属于一种自然简易之道。王艮认为，"中""道""良知"不仅原来就是存在的，也是生动活泼的，就像鸢一样自由飞翔，就像鱼一样自由游动，它的活动与自然的规则即"天则"相一致，没有丝毫的隔碍，更不需要任何人为。这一点在王艮"天人一体"的论域视野中获得了更为有力的支持，其云："此人之天，即天之天。此天不昧，万理森然。动则俱动，静则同焉。天人感应，同体同然。天人一理，无大小焉。"② 又曰："天性之体本自活泼，鸢飞鱼跃便是此体。"人性之体便是天性之体，而天性之体又是活泼泼的，自然而然的，那么人性之体即"良知"则相应具有此品格。天人同体，天人一理，因而王艮慨叹"我知天，何惑之有？我乐天，何忧之有？我同天，何惧之有？"③

在王艮族弟、一传弟子王栋的著作中也有"中"的相关论述。王栋（1509—1581），字隆吉，号一庵，泰州姜堰人。其著作《王一庵集》于嘉庆二十三年经族人集版刻印，下卷已半残缺。明天启四年又经其裔孙辑为《王一庵先生遗集》二卷刊印。清末民初东台袁承业按原刻本重新编校，附于《明儒王心斋先生遗集》之后刊行。

① 王阳明：《传习录》（上），见《王阳明全集》，上海古籍出版社 2015 年版，第 6 页。
② 王艮：《孝箴》，《明儒王心斋先生遗集》卷二。
③ 王艮：《语录》，《明儒王心斋先生遗集》卷一。

另有《诚意问答》未辑入《遗集》，但被收入《泰州学案》，此外，还有《易说》《祠堂记事》等著作，均已散佚。王栋的思想在泰州学派中虽不如颜钧、何心隐、李贽等那样的激进，没有他们那种"赤手以搏龙蛇"，欲"掀翻天地"的精神，但他和王襞却是王艮的左膀右臂，在继承、维护和阐述王艮思想上起了极其重要的作用。王栋在《会语续集》中对"中"是这样论述的：

> 先儒发变化气质之论，于学者极有益，但若直从气质偏处矫之，则用功无本，终难责效。故只反身格物，以自认良知，寻乐养心，而充满和气，则自然刚暴者温，柔懦者立，骄矜者巽，简傲者谦，鄙吝者宽，惰慢者敬，诸所偏重，咸近于中矣！以是知学必涵养性源为主本，而以气质变化为征验。变化气质，本是后来效验，今人皆作工夫用。悦乐心体，本是见在工夫，今人反作效验看。二者辨之弗明，是耽阁了。①

由以上论述可知，在王栋的话语体系中，"中"既是本体，又是工夫。王栋认为通过"反身格物"，体认"良知"，"寻乐养心"，就可以形成"中"的人生态度或人格美境界，"中"即人的心理本体，"中"即"良知"，"中"即"性"。

而作为伦理本体的"中"，最早出现于《周易》中的"中行"，主要是指人道准则，即处理事物上的恰到好处。《礼记·中庸》将"中"概括为处理万事万物的根本："中也者，天下之大本也。"《左传》中的"中声"与伶州鸠提出的"中音"，都是指明音乐不能违背人的生理、心理基础，要有适度，给人以快感，而不能引起心理不适。《左传》记载吴国季札至鲁观乐，对《颂》评论时说："五声和，八风平，节有度，守有序，盛德之所同也。"其"五声和"等，

---

① 王栋：《会语续集》，《明儒王一菴先生遗集》卷一。

实际上与"中声""中音"一脉相承，既不过高，也不过低，但又有所发展，也就是从事物自身适度的"中"发展为事物之间各种对立关系处理恰当的"和"，这样不失其序、不相予夺的"中"与"和"，正好表现了周之"盛德"。王艮关于"中"的论述，其认为，《中庸》"本文自有明解，不消训释"。① 王艮援引了《中庸》的两段话，其一，"喜怒哀乐之未发，谓之中"；其二，"中也者，天下之大本也。"对于这两段话，唐孔颖达疏："'喜怒哀乐之未发，谓之中'者，言喜怒哀乐缘事而生，未发之时澹然虚静，人无所虑而当于理，故谓之中。""'中也者，天下之大本也'者，言情欲未发，是人性初本。"总之，王艮与王栋所谓"中"，是指那种恬淡虚静、无思无虑，各种情感欲望尚未发动但处处合乎规律、合乎目的的原初心理本体。

不过必须指出的是，王栋在这里使用的"中"不仅仅是一种原初心理本体，而且是指一种人生修养工夫，是一种审美人格的境界。王栋认为要修养到"中"这样的审美人格境界，不能只是"从气质偏处矫之"，而是要"反身格物，以自认良知，寻乐养心，而充满和气"。也就是说，王栋认为"良知"是实现"中"的前提，"反身格物""寻乐养心"是实现"中"的途径与工夫。王栋说："吾儒之学，主于经世，合下便在裁成天地辅相万物上用功。日用间一切明物察伦，齐家治国，主张学术，植立人材，莫非裁成辅相之用，任大责重，如此苟无和顺悦乐胸怀，则其天理大公之体，竟埋没于自私自利物欲堆中，何处出头干办公事？故其汲汲行乐，盖欲导养中和，以立天地万物之本耳。"② 他认为，具有"中和"胸怀的人才能够不"埋没于自私自利物欲堆中"，才能够"裁成天地辅相万物"，"齐家治国"。应该说，王栋对"中"这一审美修养工夫与审

---

① 王艮：《语录》，《明儒王心斋先生遗集》卷一。
② 王栋：《会语正集》，《明儒王一菴先生遗集》卷一。

美人格境界进行了恰到好处的诠释，详细论述请见本书第二章"中"即"诚"。

（二）"中"即"道"

"中"即人的本体，"中"即"道""良知"。王艮认为，普通百姓的自然心理即"中"，出于"中"而在日常生活中表现的言行举止，都与"道""良知"相契。反之，如果是刻意而为，则不足以成为"中"，而只是"妄"了。王艮将"百姓日用而不知"解释为"中"，这就把"百姓日用"亦即饥食渴饮、乏歇困眠之类平常事提升到本体的高度来加以肯定。王艮不仅继承与发展了王阳明的"良知"说，凸显了良知"自然无执""现成自在"之品格以及对人伦日用的关注，而且体认了"百姓日用"的本体意义，从而将日常生活纳入"道"中，消解了"道"的形上超越品格。王艮对"道"的这一创造性理解与创新性转化，形成了王艮思想体系建构的基点，并以此开启了儒学平民化的转向。《语录》记载王艮的一段答问：

> 或问"中"，先生曰："此童仆之往来者，'中'也。"曰："然则百姓之日用即'中'乎？"曰："孔子云：'百姓日用而不知'，使非'中'，安得谓之道？特无先觉者觉之，故不知耳。若'智者见之谓之智，仁者见之谓之仁'，有所见，便是妄。妄则不得谓之'中'矣。"①

> 往年有一友问心斋先生云："如何是无思而无不通？"先生呼其仆，即应，命之取茶，即捧茶至。其友复问，先生曰："才此仆未尝先有期我呼他的心，我一呼之便应，这便是无思无不通。"是友曰："如此则满天下都是圣人了。"先生曰："却是日

---

① 王艮：《语录》，《明儒王心斋先生遗集》卷一。

用而不知，有时懒困着了，或作诈不应，便不是此时的心。"①

王艮认为，这个"中"无人不有，无间贤愚，又是无时不在，无所不包，无所不能。他借程颢的话说："一刻不存非，中也；一事不为非，中也；一物不该非，中也。知此可与究'执中'之学。"②甚至连"童仆之往来"这类日常事也是"中"。童子捧茶，一呼即应，不假思索，前不拟议，后不滞留。所谓"中""道""良知"，就是这种现现成成、自自然然的东西，无须矫饰，出之便合天则。这一思想在陆九渊处即可见其端倪："某（詹子南）方侍坐，先生（陆象山）遽起，某亦起。先生曰：'还用安排否？'"③可以说，以"现成""当下""见在"等来描述王艮"中""道"的理论特点，在一定程度上把握到了他的理论旨归。泰州学派后学也大都沿此路径来倡导"道"的自然品格。如颜钧认为："性如明珠，原无尘染，有何睹闻？着何戒惧？平时只是率性，所行纯任自然，便谓之'道'。"④在颜钧看来，"道"就是没有任何造作的自然流行。

概而言之，王艮的"中"即"道"具有以下含义。

其一，"道"即"性""良知"。王艮指出："道也者，性也，天德良知也，不可须臾离也。率此良知，乐与人同，便是充拓得开。天地变化，草木蕃，所谓易简而天下之理得，而成位乎其中矣。"⑤道即是性，即是良知。只要"率此良知"，便能使天地变化、草木滋生。在这里，"道"与"良知"就是世界万物的本体。王艮还以孔子"一以贯之"的话来解释"道"与"良知"的关系。他说："孔子曰：'吾道一以贯之。'一者，良知之本也，简易之道也；贯之，

① 黄宗羲：《江右王门学案一》，《明儒学案》卷十六，中华书局2008年版，第352页。
② 王艮：《语录》，《明儒王心斋先生遗集》卷一。
③ 陆九渊：《语录下》，《陆九渊集》卷三十五，中华书局1980年版，第470页。以下所引《陆九渊集》皆依此本，不再出注。
④ 王艮：《年谱》，《明儒王心斋先生遗集》卷三。
⑤ 王艮：《答刘鹿泉》，《明儒王心斋先生遗集》卷二。

良知之用也，体用一原也。"① "一"是"良知之本"，是"道"；"贯"是"良知之用"。一以贯之，兼有"良知"的体与用。可见，"良知之体"是"一"、是"道"，此"一"包含了万事万物。宇宙万物都是"良知之体"的作用和显现，"道"贯穿在万事万物之中。而在其师王阳明看来，"良知"既有先验的性质，又有普遍的品格。王阳明一方面强调了"良知"是主体本有的内在的道德意识与道德情感；另一方面又指出"良知"作为人的内在准则，是人人固有的。王艮对"良知"本体的先验性与普遍性也是持肯定的态度，其云："良知天性，古往今来人人具足，人伦日用之间举措之耳，所谓大行不加，穷居不损，分定故也。但无人为意见参搭其间，则天德王道至矣哉！"② 又云："此道在天地间遍满流行，无物不有，无时不然，原无古今之异。"③ 但是王艮在继承王阳明"良知"说观点的同时，基于"百姓日用"的视域，着重发展了其"良知现成"的观点，其"道"具有现成性特点。

其二，"道"为"人伦""天理"。王艮的"道"具有人伦、道德的含义。"或问处人伦之变如何？子曰：处变而不失其常，善处变者也，为人君止于仁，为人臣止于敬，为人子止于孝，为人父止于慈，此常道也。"④ "人伦"亦称五伦，首见于《孟子》："后稷教民稼穑，树艺五谷，五谷熟而民人育。人之有道也，饱食、暖衣、逸居而无教，则近于禽兽。圣人有忧之，使契为司徒，教以人伦：父子有亲，君臣有义，夫妇有别，长幼有序，朋友有信。"王艮认为，君仁、臣敬、子孝、父慈、友信等人伦道德，就是"常道"。"道"不离日常的伦理道德。

王艮所谓"道"，既是"良知"，又是"天理"，"良知"与"天

---

① 王艮：《奉绪山先生书》，《明儒王心斋先生遗集》卷二。
② 王艮：《答朱思斋明府》，《明儒王心斋先生遗集》卷二。
③ 王艮：《答徐凤冈节推》，《明儒王心斋先生遗集》卷二。
④ 王艮：《语录》，《明儒王心斋先生遗集》卷一。

理"没有什么两样。其《天理良知说》云："或问：天理良知之学同乎？曰：'同'。'有异乎'？曰：'无异也。天理者，天然自有之理也，良知者，不虑而知，不学而能，所以为天然自有之理。惟其天然自有之理，所以不虑而知，不学而能也。故孔子曰'知之为知之，不知为不知'，是良知也。入太庙每事问，是天理也。"① "天理"与"良知"无异，它们都与"道"相通。在王艮的哲学思想里，"道""良知""天理"是同一层次的范畴，它们既是宇宙的本体，又具有伦理道德本体的含义。

而"天理"这一范畴，无论在程朱理学，抑或在阳明心学，其内容本质都是日用伦常的道德规范。朱熹说："所谓天理，复是何物？仁、义、礼、智岂不是天理？君臣、父子、兄弟、夫妇、朋友岂不是天理？"② 王阳明在与朱熹的对话中，以良知观置换朱熹的天理观时，未将"天理"清理出自己的理论体系，而是将"良知"与"天理"相等同，并强调"吾心之良知，即所谓天理也"③，认定"夫心之本体，即天理也。天理之昭明灵觉，所谓良知也"④，从而规定了"良知"的道德内容。王艮接续此观点，指出："天理者，父子有亲，君臣有义，夫妇有别，长幼有序，朋友有信是也。人欲者，不孝不弟，不睦不姻，不任不恤，造言乱民是也。存天理，则人欲自遏，天理必见。"⑤ 但王艮在肯定良知"至善"的前提下，将"天理"本有的道德内涵又演绎为"天然自有之理"，并以此来解说"良知"。由于"良知"是天然自有的，是"不虑而知、不学而能"的，因而称为"天理"，两者实际上是统一的。这一观点在上文所引的《天理良知说》中表述得非常清晰。

---

① 王艮：《天理良知说》，《明儒王心斋先生遗集》卷一。
② 朱熹：《答吴斗南》，《朱熹集》卷五十九，四川教育出版社1996年版，第3045页。
③ 王阳明：《答顾东桥书》，《王阳明全集》卷二，上海古籍出版社2015年版，第39页。
④ 王阳明：《答舒国用》，《王阳明全集》卷五，上海古籍出版社2015年版，第161页。
⑤ 王艮：《王道论》，《明儒王心斋先生遗集》卷二。

与此同时，对与"天理"相对的"人欲"概念，王艮有其不同的理解："天理者，天然自有之理也，才欲安排如何，便是人欲。"①自然流行为"天理"，人为安排便称作"人欲"。也就是说，"人欲"不再是宋代理学家所理解的自然之生命欲求与本能的特称，而是转化为人为的安排与意愿。那么，所谓"存天理、去人欲"的说法在王艮的诠释下就演变成为：良知之体先验本有，自然流行，思则当思，行则当行，易简之极。而一切人为的、有意识的安排，都会阻碍这一自然流行过程。因此，王艮对有意"安排"的"人欲"便持否定态度："只心有所向便是欲，有所见便是妄；既无所向又无所见，便是无极而太极。良知一点，分分明明，亭亭当当，不用安排思索，圣神之所以经纶变化而位育参赞者，皆本诸此也。此至简至易之道。"② 这里"有所向""有所见"即是人为，"无所向""无所见"便是自然，前者是"欲"、是"妄"，后者是"无极而太极"的至高境界，即天然自有之理，从而说明"良知"是人心本来就有的、不用思索的，且其呈现也是自然而然的，其"道"具有自然性特点。

其三，"道"即"百姓日用"。"百姓日用即道"是王艮哲学美学思想中的一个重要理论命题，据《年谱》记载，明朝嘉靖七年，王艮"集同门讲于书院，言百姓日用是道"，嘉靖十年，"四方从游日相与发挥百姓日用之学，甚悉"③。王艮以童仆为例，指出其往来视听、持行反应等行为，虽然并非刻意安排，但都中规中矩，符合"道"。王艮"百姓日用即道"源自《周易·系辞》："一阴一阳之谓道，继之者善也，成之者性也。仁者见之谓之仁，知者见之谓之知，百姓日用而不知，故君子之道鲜矣。"又吸收了杨简《慈湖诗传·国风郑》"日用无非道"的思想，把"道"立足于"百姓"和"日

---

① 王艮：《语录》，《明儒王心斋先生遗集》卷一。
② 王艮：《与俞纯夫》，《明儒王心斋先生遗集》卷二。
③ 王艮：《年谱》，《明儒王心斋先生遗集》卷三。

用"上，把百姓日常生活作为"道"的内容。这一思想在一定程度
上符合了平民百姓对日常物质生活的需求，它突破了"道"是"君
子之道"的传统认识，拓展和丰富了"道"的内涵及形式，从而与
当时空谈道德性命的理学家有异。王艮从"百姓日用"出发，以
"百姓日用之道"消解了"良知"的形上超越品格，坚持自然人性
论，赋予"道"以百姓物质生活欲求的内容，放弃了语言的玄远与
思辨色彩，进而为普通民众的成圣理想提供了简易直接的本体依据。

从王艮的论述看，这一命题有两层含义。

一方面，"道"不离普通百姓日常生活中的知与行。千百年来，
"道"被神圣化了，被蒙上了一层神秘莫测的面纱，成为士大夫手中
的专利和清谈的奢侈品。王艮摒弃了把"道"看作虚无缥缈的神秘
思想，认为"百姓日用就是道"，"道"就在老百姓的衣食住行之
中："愚夫愚妇与知能行，便是道。与鸢飞鱼跃同一活泼泼地，则知
性矣。"[1] 因此，平常百姓与圣贤没有什么两样，"人人天地性，个
个圣贤心"，"百姓日用条理处，便是圣人条理处。圣人知，便不失。
百姓不知，便曾失"[2]。王艮所说的"道"已不再是先秦儒家原典中
的"君子之道"，而是指平民百姓日用常行之道，他以"百姓"为
本来阐扬"道"，无疑是对"道"神圣性的弱化和消解。王艮把抽
象的哲学概念变成了平民百姓的人伦日常活动，把"道"从高不可
攀的神圣位置拉下来，放到愚夫愚妇的"百姓日用"中去；还
"道"于百姓，还"道"于生活，还"道"于自然；使"道"不再
是圣人和士大夫手中的专利，把无形无象变成了生动有形，不可提
摸变成随处可及，极端神秘变成了日常琐事。据《年谱》记载：先
生五十七岁，"且曰：此学是愚夫愚妇能知能行者。圣人之道，不过
欲人皆知皆行，即是位天地育万物把柄；不知此，纵说得真，却不

---

① 王艮：《年谱》，《明儒王心斋先生遗集》卷三。
② 王艮：《语录》，《明儒王心斋先生遗集》卷一。

过一节之善"①。由此可见，王艮将判断"圣人之道"与"异端"的标准确定为是否符合百姓日常生活需要，百姓是否"能知能行"。王艮以百姓日常生活是否得到保证去衡量天下"有道"或"无道"，是否"圣人之道"。

另一方面，王艮打破了圣人与百姓的界限，主张圣凡平等。王艮所主张的圣凡平等，不仅仅是理学家们所说的人在天赋"良知"上的平等，更重要的是在"日用之道"上的平等。圣贤经世为学，也不过是往来视听、辞受取与、进退出处之类事情，与平常百姓的家常之事方式类似、道理相通，所以"圣人经世，只是家常事"，"此学既明，致天下尧舜之世，只是家常事。"② 在这个意义上说，但凡有异于百姓日用的即为异端："圣人之道，无异于百姓日用。凡有异者，皆谓之异端。"③ 从中可见，王艮一则认为，百姓的世俗生活就是圣人的条理，圣人和百姓一样有穿衣吃饭的欲求；二则认为，圣人的处世内容和百姓的家常事没有什么不同，即便尧舜也如此，并且圣人行道济世也就是要满足百姓"人伦日用"的需要。百姓与圣人之间既然没有本质的区别，因此，圣人之道就是"百姓日用之道"，这样，愚夫愚妇也就成了圣人，这表现王艮朴素的平等思想。据《传习录》记载，一次王艮外出归来，王阳明问他见到什么，他回答说，"满街都是圣人"。这一回答鲜明地体现了王艮圣凡平等的主张。而中国传统的儒家，虽然承认人的本性是一样的，但一般是把"圣人"与"百姓"分开的，而且倾向于神化"圣人"而鄙视"百姓"，即使是主张"良知良能，愚夫愚妇与圣人同"的王阳明，在"致良知"上也区分出圣人与百姓："惟圣人能致其良知，而愚夫愚妇不能致，此圣愚不同处也。"④

---

① 王艮：《年谱》，《明儒王心斋先生遗集》卷三。
② 王艮：《语录》，《明儒王心斋先生遗集》卷一。
③ 王艮：《语录》，《明儒王心斋先生遗集》卷一。
④ 王阳明：《答顾东桥书》，《王阳明全集》卷二，上海古籍出版社 2015 年版，第 43 页。

王艮的"道"超出了传统的伦理道德意义及其形上性,把"道"与关系百姓生存的日用物质生活联系起来。王艮提出"即事是学,即事是道"的命题,其云:"即事是学,即事是道。人有困于贫而冻馁其身者,则亦失其本而非学也。夫子曰:吾岂匏瓜也哉?焉能系而不食?"①在王艮看来,学不离事,事不离道,道就体现在平民百姓日用常行的每一件事中,"即事是道"即"日用即道"。在这里,王艮以"事"指"道",使其身不至"困于贫而冻馁其身"为一"事",也就是平民百姓的衣食温饱之事;而"即事",则应该是当下存在与发生的任何事。在宋明理学范畴中,"理"与"事"(器)是相对应的概念,"理"是体,属形上意义,而"事"为用,属于形而下,体(理)对用(事)有规范和决定作用。但王艮提出"即事是道",把"用"提升为"体","事"与"道"处于同等的地位。也就是说,老百姓的衣食住行也是"道"、也是"理"。并且王艮指出:"饥寒切身而欲民不为非,亦不可得也。"②王艮把老百姓追求衣食满足之事,看作是"学"、是"道",无疑是对传统儒家所谓"君子谋道不谋食""君子忧道不忧贫"思想的背离,其"道"具有平民性特点。

其四,"道"即"身"。王艮认为,"良知"人人具有,普通老百姓日常生活中的知与行便是"道",这就是对人的重视。王艮把人身看作天地万物之本,提出"身与道原是一件"的思想,主张"尊身"与"尊道"并重,对人的物质欲求和人身尊严予以肯定。他说:"身与道原是一件,至尊者此道,至尊者此身。尊身不尊道,不谓之尊身;尊道不尊身,不谓之尊道。须道尊、身尊才是至善。"③肯定人的价值和人格的尊严,认为身与道都是"至尊者",二者并重才是

---

① 王艮:《语录》,《明儒王心斋先生遗集》卷一。
② 王艮:《语录》,《明儒王心斋先生遗集》卷一。
③ 王艮:《答问补遗》,《明儒王心斋先生遗集》卷一。

"至善"。"身"即主体自我，是天地万物的本体："身也者，天地万物之本也。天地万物，末也。""身"不仅指肉体之身，还指人的价值指向。这样，"身"为天地万物之本，即作为主体的自我，是天地万物的本体，这与良知、心为万物本体的思想就相通了。从这一思想出发，王艮认为，不仅"冻馁其身"是"失其本"，而且因做官而害身，也是不可以的。其云："仕以为禄也，或至于害身。仕而害身，于禄也何有？仕以行道也，或至于害身，仕而害身，于道也何有？"①人做官不仅是为了俸禄，也为了行道，但如果因此而害身，也就失去做人的价值。王艮认为"身"比"道"更根本。其云："'天下有道，以道殉身；天下无道，以身殉道。未闻以道殉乎人者也。'以道殉人，妾妇之道也。先生常诵此，教学者以立本。"②王艮认为，无论见（现）世还是隐世，都必须以"尊身"为前提，只有"尊身"，才谈得上"尊道"，也只有"尊道"，才是真正实现了"尊身"，因为"道"是依靠人身去体现的。如果人身备受屈辱，那么遑论"道"的发扬光大？遑论救助天下百姓？但是，身之尊并非天生固有，乃是长期修养的结果。只有注重修身，才能超越进退出处的差别而实现自己的价值和抱负，达则显身弘道，穷则隐身守道，在任何情况下都能维护道的至尊地位。因此，无论高低贵贱，人人皆应以修身为本。③王艮这样说："圣人以道济天下，是至尊者道也。人能弘道，是至尊者身也。道尊则身尊，身尊则道尊。故轻于出，则身屈而道不尊，岂能以济天下，'自天子以至于庶人，壹是皆以修身为本'，其本乱而末治者否矣。"④如果人由于贫困而不得温饱，也就失其本，谈不上道了。王艮提倡尊身与尊道并重，在一定程度上肯定了人的衣食需求和人身尊严。他把人之身作为本，主张不失

① 王艮：《语录》，《明儒王心斋先生遗集》卷一。
② 王艮：《语录》，《明儒王心斋先生遗集》卷一。
③ 姚文放主编：《泰州学派美学思想史》，社会科学文献出版社 2008 年版，第 31 页。
④ 王艮：《年谱》，《明儒王心斋先生遗集》卷三。

其本，肯定人身的正当物质需求，这不仅是对"道"内涵的扩展，也是对呻吟于封建专制制度压迫下的平民百姓要求摆脱贫困、争取生存权利的深切同情与理解。这是对宋明理学"存天理、去人欲"思想的修正和改造，王艮"百姓日用即道"的思想在一定程度上反映了新兴市民的愿望，具有积极的思想启蒙意义。

其五，"道"即"师道"。"中"道立则"师道"立，"师道"立则能点石成金，化腐朽为神奇。"中"是点石成金之道，王艮认为"师道立乎中"，孔子"安身而动"便能巧中，宋儒"不能巧中"，故师道不立。那么，王艮之"师道"究竟何谓呢？其云："学不厌、教不倦，便是致中和，……先师尝有精金之喻，予以为孔子是灵丹，可以点瓦石成金，无尽藏者。"① 很显然，其"师道"是点石成金之道，它包含两层意思。一是教不倦之道。"中"既是一与多的关系，又是天性之体与人性之体的关系，一旦掌握了"中正之道"便是掌握了位育之功，为人师者重要的不是给予金子，而是教会点金术。这正是单纯传授知识与素质教育的差别，当然是师道之所在。二是学不厌之道。此处指孔子的治学态度，不失为点金之术。孔子治学很重视"悟道"，主张述而不作。王艮认为，"悟道"是一种点金之术，其云："是道也，非徒语言也，体之身心，然后验矣。是道也，万世不易之常经，无物不济者也。"② 因此其教学也通常是述而不作，注重"悟道"。王艮看到什么即发挥什么，感觉到什么即阐述什么，悟到什么即论证什么。唯其如此，才没有作伪，不搞包装，才是真见识。似是不经意，但又是心灵所至。其认为如此才"可与究执中之学"，才是师道之所在。以上是对王艮作为哲学本体论范畴的"中"之内涵的阐述，下面我们再来看王艮作为哲学工夫论（方法论）的"中"之含义。

---

① 王艮：《语录》，《明儒王心斋先生遗集》卷一。
② 王艮：《答侍御张芦冈先生》，《明儒王心斋先生遗集》卷二。

二 作为哲学工夫论（方法论）的"中"

（一）修身立"中"

王艮认为，"中"既是本体，又是工夫（方法）。"中"指一种生活态度或政治态度，或者说一种处世之道，主张修身以立"中"。其云：

> 学也者，学以修此"中"也。戒慎恐惧，未尝致纤毫之力，乃为修之之道。故曰：合着本体是工夫，做得工夫是本体；先知"中"的本体，然后好（做）"修"的工夫。①
>
> 子谓子敬曰："近日工夫如何？"对曰："善念动则充之，恶念动则去之"曰："善念不动，恶念不动，又如何？"不能对。子曰："此却是'中'，却是'性'，'戒慎恐惧'，此而已矣。……常是此'中'，则善念动自知，恶念动自知；善念自充，恶念自去。如此慎独，便可知立'大本'。知立'大本'，然后'内不失己，外不失人'，更无渗漏。使人人如此用功，便是'致中和'，便是'位天地'事业。"②

王艮以"中"为天下之大本，修"中"之道即诚意、正心工夫，亦即所以立本也。王艮认为："'戒慎恐惧'，诚意也。然心之本体，原着不得纤毫意思，才着意思，便有所'恐惧'，便是'助长'，如何谓之'正心'？是诚意工夫，犹未妥贴。须'扫荡清宁'，'无意，无必'，'不忘，不助'，是他'真体存'。'存'才是'正心'。然则'正心'固不在'诚意'内，亦不在'诚意'外；若要

---

① 王士纬：《学述》，《心斋先生学谱》，见王艮《王心斋全集》，江苏教育出版社2001年版，第96页。
② 王艮：《答问补遗》，《明儒王心斋先生遗集》卷一。

'诚意',却先须知得个'本在吾身'。然后不做差了,又不是'致知'了,便是'诚意'。须'物格知至',而后好去'诚意',则'诚意'固不在'致知'内,亦不在'致知'外。故不曰所谓'诚意在致其知'者,所谓'正心在诚其意'者,是'诚意毋自欺'之说,只是实实落落在我身上做工夫。"① 也就是说,王艮主张的修"中"应该是一种"慎独立大本"的"简易工夫",其答刘子中曰:"来书云'简易工夫,只是慎独立大本',此是得头脑处。"②

王艮所云"善念不动,恶念不动"之"中",即王阳明所谓"无善无恶心之体"。但是,王阳明以"知善知恶是良知,为善去恶是格物";而王艮以格物为知本,诚意、正心、修身为立本。王艮认为,"中"是一种自然悟道的工夫(方法),"常是此中,则善念自充,恶念自去",既然"百姓日用"是"道""天理""良知",良知之体在百姓日用中就会自然流行;要修"道",体认"良知",就只需在百姓日常生活中进行即可。因此,王艮提出了"良知现成自在","以日用现在指点良知"的观点。因"良知"在百姓日用中的现成自在性,他要求人们只需率任此良知,自自然然地去践行,便是圣学工夫,便符合"中"。王艮很反感"庄敬持养"一类的修养工夫,他以"中"为自然悟道的工夫。其云:"道一而已矣,中也,良知也,性也,一也。识得此理,则现现成成,自自在在。即此不失,便是庄敬;即此常存,便是持养。真体不须防检,不识此理,庄敬未免着意,才一着意便是私心。"③ 他甚至把王阳明的"致良知"改为"良知致",来体现"良知"是现成的、自在的,认为"致"字有外在人为的色彩,因此根本不需要"致"的工夫。欧阳德同他讨论"致良知"的问题时,王艮云:"某近讲良知致。"④ 他

① 王艮:《答刘子中》,《明儒王心斋先生遗集》卷二。
② 王艮:《答问补遗》,《明儒王心斋先生遗集》卷一。
③ 王艮:《答问补遗》,《明儒王心斋先生遗集》卷一。
④ 王艮:《年谱》,《明儒王心斋先生遗集》卷三。

甚至对族弟王栋说：王阳明最初讲的是"致良知"，后来只讲"良知"二字，不要这个"致"字了①。王艮认为对"良知"（道）的体认是一种"不虑而知、不学而能，所以为天然自有之理"的"中"的自觉工夫，它们都存在于"百姓日用人伦之间"，必须通过"百姓日用"去觉悟和体认。这样王艮以在百姓日用常行中对"中（良知）"的体认、内省觉悟，取代了宋明理学家们通过"灭人欲"才能达到"天理"境界的道路。

王艮继承了先秦传统儒家"用中为常道"的处世哲学。他解释《易经》的"乾卦"："见龙可得而见之谓也，潜龙则不可得而见矣。惟人皆可得而见，故利见大人"。"圣人虽时乘六龙，然必当以见龙为家舍。"② 这段话形象地说明了王艮的处世之道。王艮主张积极入世，反对做潜龙式的隐士。如有可能，他希望"时乘六龙"，经世致用，但在当时的客观环境中，王艮知道这是不可能的，因此，虽然"时乘六龙"，但仍以"见龙为家舍"，这便是"中"。王艮《语录》载："有以伊傅称先生者。先生曰：'伊、傅之事我不能，伊、傅之学我不由。'曰：'何谓也?'曰：'伊、傅得君，设其不遇，则终身独善而已；孔子则不然也。'"王艮认为，伊尹、傅说得君行道，就是"时乘六龙"，如其不遇，则独善其身，就是"潜龙"。两者皆过犹不及，不是"中"。孔子进不得君，退不独善，而从事讲学活动，"明道以淑斯人"，这才是"见龙"，才是"中"。王艮认为，只有孔子才体现了"中"这种最正确的生活态度和政治态度。其云："孔子谓'二三子以我为隐乎'？此'隐'字对'见'字说。孔子在当时虽不仕，而无行不与二三子，是修身讲学以见于世，未尝一日隐也。"③ 王艮既不做官，亦不隐居，而以讲学为己务，这便是学孔子

---

① 王艮：《语录》，《明儒王心斋先生遗集》卷一。
② 王艮：《语录》，《明儒王心斋先生遗集》卷一。
③ 王艮：《语录》，《明儒王心斋先生遗集》卷一。

榜样，"明道以淑斯人"。王艮的人生理想是"出必为帝者师，处则必为天下万世师"，王艮认为这样便能做到"进不失本，退不遗末"①，即执"中"。王艮这种执"中"的处世之道在处理人伦关系上表现为"无可无不可"。王艮《语录》记载：

> 问：昔者仲由、端木赐、颜回侍孔子而论学。仲由曰："人善我者，我固善之；人不善我者，我则不善之。"端木赐曰："人善我者，我固善之；人不善者，我姑引之，进退之间而已。"颜回曰："人善我者，我固善之；人不善我者，我亦善之。"孔子曰："我则异于是，无可无不可"。比三子之是非何如？而孔子之所以异于三子者又何如？先生曰："子路之谓，直也，子贡之谓，教也，颜渊之谓，德也。直可加夷狄，教可行之朋友，德可行之亲属"。孔子之无可无不可者，在夷狄则用子路之直，在朋友则用子贡之教，在亲属则用颜子之德，并行而不悖者也。②

也就是说，王艮在处理人伦关系时注重具体情况具体分析，反对千篇一律，这是王艮对孟子以"权变"释"中"的思想的继承和发展。总之，王艮继承了先秦儒家执"中"的思维方法，从哲学的角度来看，执"中"是一种以正确合理为内在原则的方法论，同时又具有丰富的社会政治内涵和伦理道德内涵。与执"中"相关的"过犹不及""通权达变""能屈能伸""否极泰来""居安思危""多难兴邦"等精神，不仅推动了中国古代认识论的发展，促进了中华民族自强不息精神的形成，而且对我们今天认识问题、处理问题时防止片面性和极端化，仍有极其重要的借鉴意义。但是，先秦儒

---

① 王艮：《语录》，《明儒王心斋先生遗集》卷一。
② 王艮：《年谱》，《明儒王心斋先生遗集》卷三。

家执"中"的方法论亦包含忽视对立面的斗争与转化，看不到事物的自我否定和质变的严重缺陷。执"中"的思维方法在一定条件下有利于社会的稳定和发展，但在激烈的社会变革中，其保守和落后的一面就可能暴露。因此，我们在对先秦儒家执"中"的思维方法称道的同时，对其保守、落后的一面仍应保持警惕的态度，这也是非常必要的。

（二）"修身立本"

如前所述，王艮除强调普通百姓必须加强对"中"之本性的修养以外，他还主张"修身立本"：

> 学也者，学为人师也。学不足以为人师，皆"苟道"也。故必修身为本，然后师道立而善人多矣。如身在一家，必修身立本，以为一家之法，是为一家之师矣。身在一国，必修身立本，以为一国之师矣。身在天下，必修身立本，以为天下之法，是为天下之师矣。①

因为王艮认为："知得身是天下国家之本，则以天地万物依于己，不以己依于天地万物。"② 其"修身立本"的思想可追溯到先秦儒家那里，孔子说："苟正其身矣，于从政乎何有？不能正其身，如正人何？"③ 孔子强调，如果人自己本身都不能端正，又怎能端正别人，更不用说治理国家大事了。在《荀子·君道》篇中，荀子提出了君主自身的行为是决定国家治理的重要条件的见解："闻修身，未尝闻为国也。君者，仪也，民者，景也，仪正而景正。君者，槃也，民者，水也，槃圆而水圆。"④ 荀子认为，君主好比立柱、圆盆，人

---

① 王艮：《答问补遗》，《明儒王心斋先生遗集》卷一。
② 王艮：《语录》，《明儒王心斋先生遗集》卷一。
③ 孔子：《论语·子路》，见朱熹《四书集注》，（怡府藏版影印本），巴蜀书社1985年版。
④ 荀子：《荀子·君道》，见（清）王先谦撰《荀子集解》，中华书局1988年版。

民好比影子、水，立柱端正、盆圆，影子就端正，水就圆。正是从这一意义上说，"修身"比"为国"更为根本。孟子在一定程度上涉及了修身与齐家、治国、平天下四者之间的内在逻辑关系，但只是说"天下之本在国，国之本在家，家之本在身"①，点到而止，未有详尽的阐发。王艮的观点渊源于《大学》："自天子以至于庶人，壹是皆以修身为本。其本乱而末治者，否矣；其所厚者薄，而其所薄者厚，未之有也。此谓知本，此谓知之至也。②"在某种程度上，王艮继承了先秦儒家创始人孔子的观点，但是他特别强调"修身为本"，王艮认为，《大学》强调修身为本，不仅格物、致知、诚意、正心是末，而且齐家、治国、平天下也是末，明白这个道理叫作知本。其子王襞继承与发展了王艮的"修身立本"思想，主要体现在以下几个方面。

其一，王襞强调"修身"的重要，认为"修身"是形成其审美人格③的重要前提。王襞认为："身之不修，而致家齐、国治、天下平者，未之有也；未明明德而能亲民者，未之有也。曰正心，曰诚意，所以修身也，立本者也。"④ 王襞认为，家国天下之所以未"齐""治""平"者，主要在于未能"修身"，未能修身便不可能齐家，未能齐家就不可能治国平天下。王襞把"修身"与"治国平天下"相提并论，认为"修身"是关系到社稷存亡、家族兴衰的大事。"修身"被提升到本体的高度加以观照，"修身"的重要性被强调到

---

① 孟子：《孟子·离娄上》，见朱熹《四书集注》，（怡府藏版影印本），巴蜀书社1985年版。

② 王艮：《语录》，《明儒王心斋先生遗集》卷一。

③ 所谓"审美"，就是指人类基于完整、圆满的经验而表现的一种身心沿适、灵肉协调、情理交融、知行合一的自由和谐的心理活动、行为方式和生存状态。参见姚文放《"审美"概念的分析》，《求是学刊》2008年第1期。而所谓人格，是指人在社会实践活动中形成的一种具有相对稳定的心理特征和行为方式。审美人格是对向善的德性人格与求真的智性人格的升华与超越，是人格追求的最高境界。参见姚文放主编《泰州学派美学思想史》，社会科学文献出版社2008年版，第119页。

④ 王襞：《语录遗略》，《明儒王东厓先生遗集》卷一。

了前所未有的高度，这在王艮的论述中比较少见。

其二，王襞认为，"格物"是其审美人格的实践工夫。他把"格物"与正心、诚意、修身、立本联系起来，他说："格，正也，犹絜矩以正本而末正者也，故曰：大人正己而物正者也。""圣学只在正己做工夫，工夫只在致中和而已矣。舍本而末上致力，如之何其能位育而止至善也哉？《中庸》、《大学》一旨也。若离家国天下而学，而知便不致，意便不诚，心便不正，总不能修身以立本也。故其功归于格物，一正莫不正者也，是致中和而天地位、万物育者也。"① 也就是说，王襞一方面继承了王艮的"格物正己"思想，认为"格物"，"只在正己做工夫"，不能"舍本而末上致力"，也不能"离家国天下而学"，要"修身以立本"。只有坚持这样的"格物"，才能做到"正己而物正"，"一正莫不正者也"。因此，必须通过"格物正己"，"反躬自求"，达到"正本而末正"。另一方面，他认为，这种格物正己，是"致中和而天地位、万物育者也，何等吃紧，何等简约，不须许多辩论也"②。他批评那些"不知反躬以自求"的人是"可悲"的。他说："古今人人有至近至乐之事于其身，而皆不知反躬以自求也，迷闭之久则临险阻以弗悟，至枯落而弗返，重可悲也夫。"③ 也就是说，王襞认为，只有通过"格物"这个审美工夫（实践）途径，才能达到其"正心""诚意""修身"的目的，才能形成其审美人格。

与此同时，王襞从人格美学的角度来阐述"格物"说。其云：

> 知立本以齐治平，则所谓致知也。知此则知至矣，顺以动者矣。如之何而能知，必以修身为本也，格物而知至矣。格身与家国天下之物也，家国天下之弗应以齐治平者，特未反于身

① 王襞：《语录遗略》，《明儒王东厓先生遗集》卷一。
② 王襞：《语录遗略》，《明儒王东厓先生遗集》卷一。
③ 王襞：《语录遗略》，《明儒王东厓先生遗集》卷一。

而修焉耳。

良知在人随处发现，不可须臾离者。只为世诱在前，起情动念，自幼便污染了，应接之间，不免牵引迷溺之，患所嗜所欲沾贴心目间。伊川先生所谓开眼便错，搅搅扰扰，全做主不得，岂不为天下之大蠹乎？非良知之病。[1]

王襞这前一段话是诠释《大学》内容的，他认为，人己之身与家、国、天下都是物，物有本有末，己是万事万物之本，而家、国、天下是末。正心、诚意是修身也，立本也。本立，就能齐家、治国、平天下。就格物来讲，格就是正，己正则天下万物皆能正。后一段是解释心为主宰的。王襞认为，人的行为出错并非"良知"有病，而是由于情欲的干扰，"良知"不能成为身体主宰。治疗此病的方法，全在让"良知"（心性）成为主宰。如果人人具有"良知"即崇高的审美人格的话，那么就不会出现任何差错。以上这两段话，虽然是就不同问题进行阐发，但内在精神是相通的。因为格物就是正己，而正己的重点在正心。正心就是"明明德、亲民"和"齐家、治国、平天下"，正心就是让"良知"时时成为主宰，让审美人格经常成为人们的主导人格，这样就可以实现"修齐治平"的社会审美理想了。

其三，"中""良知"乃"修身"之"本"，"修身"即守持崇高的审美人格境界。王襞继承了王艮的"中"即"良知"、"良知"即"性"的观点。王襞认为"修身"就是要守持"良知"，即守持崇高的审美人格境界，要"自能辨是与非"。"良知"就是"修身"之"本"。王艮云："近有学者问曰：'良知者性也，即是非之心也。一念动或是或非，无不知也。如一念之动，自以为是，而人又以为非，将从人乎，将从己乎？'予谓良知者，真实无妄之谓也，自能辨

① 王襞：《语录遗略》，《明儒王东厓先生遗集》卷一。

是与非。"① 王艮认为，能够明辨是非的"良知"就是"天命之性"，主要是从认识论的角度来论述的，而王襞是从审美工夫（实践）论的角度来阐述的，进一步发展了"良知即性"的思想，把"良知即性"论发展成为良知本体论与工夫论的统一。王襞认为："性之灵明曰良知。良知自能应感，自能约心，思而酬酢万变，知之为知之，不知为不知，一毫不劳勉强扭捏，而用智者自多事也。"② 如前所述，王襞认为"良知"是自然人格，也是审美人格的最高境界，"性之灵明曰良知""良知是本然之体"，或"乾之体"，每个人都有"本有具足的良知，此知人人本有"。人的这种良知，"刚健中正，纯粹至精"，"自能应感，自能约心，思而酬酢万变"。因此，"不容人分毫作见加意其间"，不要人为地加以干涉，应该听其自然，让其自由地发展。人一旦确立这种审美人格，那么就可以说确立了人生之根本。但是，这种审美人格不是天赋的，而是要经过后天的努力修习即审美实践才可能拥有。

王襞从审美工夫（实践）论出发，反对对圣贤经典进行教条式的学习，特别是反对"昧其本然自有之性，牵缠于后儒支离之习"。其云：

> 天命之体夫岂难知，人之视听言动天然感应，不容私议。是则乾易坤简，此而非天将何委哉？特人不能即此无声无臭之真，深造而自得何也？昧其本然自有之性，牵缠于后儒支离之习。孟子曰："我固有之也，非由外铄我也。"今皆以铄我者自学，固有者为不足，何其背哉？
>
> 人之性天命是已。视听言动，初无一毫计度，而自无不知不能者，是曰天聪明。于兹不能自得，自昧其日用流行之真，是谓不智而不巧。则其为学不过出于念虑亿度，辗转相寻之私

---

① 王艮：《奉绪山先生书》，《明儒王心斋先生遗集》卷二。
② 王襞：《语录遗略》，《明儒王东厓先生遗集》卷一。

而已矣，岂天命之谓乎？

今人才提起一个学字，却便起几层意思，将议论讲说之间，规矩戒严之际，工焉而心日劳，勤焉而动日拙，忍欲饰名而夸好善，持念藏秽而谓改过。心神震动，血气靡宁。不知原无一物，原自现成，顺明觉自然之应而已。但不碍流行之体，真乐自见，学者所以全其乐也，不乐则非学矣。①

王襞从审美工夫（实践）论出发，认为人的"天命之体"，或"天命之性"，"自无不知不能"，不需要像理学家所提倡的那种"工焉而心日劳，勤焉而动日拙"的教条式的学习，他批评当时"一切学术尽皆支离"，而学习又是"昧其本然自有之性，牵缠于后儒支离之习"。其为学的目的，"不过出于念虑亿度，辗转相寻之私而已矣"，是"忍欲饰名而夸好善，持念藏秽而谓改过"，实际上是要人们通过学习达到"存天理，灭人欲"的目的。他批评"今皆以铄我者自学，固有者为不足，何其背哉"。王襞重视"良知"本体、主张建立独立自由的审美人格。王襞不主张死钻书本，以免"昏沉苦恼，终身无有出头之期"。其云：

今日之学，不在世界一切上，不在书册道理上，不在言语思量上……此非异学语，盖是尔本有具足的良知也。此知人人本有，只是自家昧了；所以别讨伎俩，逐外驰求；颠倒错乱，愈骛愈远；牵缠论没，昏沉苦恼；终身无有出头之期，深为可怜悯者。②

王襞并不是一般地反对学习，反对读书。其本身就是一个好学

---

① 王襞：《语录遗略》，《明儒王东厓先生遗集》卷一。
② 王襞：《寄会中诸友书》，《明儒王东厓先生遗集》卷一。

不倦的人，九岁即从王艮游学于王阳明门下，其和王艮一样，认为学习是一种乐事。其所反对的学习，是那种"昧其本然自有之性，牵缠于后儒支离之习"的学习，是"忍欲饰名而夸好善，持念藏秽而谓改过"的学习，是"别讨伎俩，逐外驰求；颠倒错乱，愈骛愈远"式的学习。他主张"学者自学而已，吾性分之外，无容学者也"①；主张"吾人之学必造端夫妇之与知与能，易知易从者而学焉……而不可强而入也"②；主张人们只要体认自然赋予的天性，而不必向圣贤经典（书本）"讨伎俩"，不要让"书册道理"束缚了自己的天性，用不着"戒慎恐惧""省察克治"的功夫，用不着"吾日三省吾身"来检点自己，"若将迎，若意必，若检点，若安排，皆出于用智之私，而非率夫天命之学也"③。王襞之所以反对读圣贤之书，主要是其认为圣贤经典、程朱理学束缚了人们的天性和手脚，限制了人们的思想和行动自由。

从某种意义上说，王襞的审美实践（工夫）论也是一种本体论，学习是良知本体论的应有之意。王襞虽然强调良知自然，但也认为，对于百姓来讲必须正心，也得使心作主宰，即让"良知"成为审美人格的主宰。由此可见，良知自然并不完全排斥审美实践工夫。只是一旦心能作主，便应随顺本心（性）而动，不须再干预，也就是说，王襞的"自然"是就"良知"成为审美人格的主宰之后而言。可见，他反对人为，是反对"良知"成为审美人格的主宰之后，还要人为用智，但是他绝不反对实践工夫。简单说，在"良知"成为审美人格的主宰之前，需用工夫（即正心）；在"良知"成为审美人格的主宰之后，需要自然。这点非常重要，不然就曲解了他的"自然"和"正己"（心）本意。在王襞看来，无论是尧舜还是孔

① 王襞：《语录遗略》，《明儒王东厓先生遗集》卷一。
② 王襞：《上道州周合川书》，《明儒王东厓先生遗集》卷一。
③ 王襞：《上敬庵许司马书》，《明儒王东厓先生遗集》卷一。

子，都是具有"良知"这种崇高审美人格的圣人君子，其心性都能自作主宰，所以率性而动，日用皆道。后学者之所以对此没能贯通，是因为他们不能了解尧舜与孔子的崇高审美人格的妙用，而受到外界种种知见干扰，因此也就不可能具有像尧舜与孔子那样崇高的审美人格，其云："盖天命之性，其所具足与千圣同源。特在纷华势利中，为其所惑，乃生妄见，将虚洞之府，掩蔽其真窍，而日用动作，始失其妙运矣。"① 所以后学者就需要学习具有"良知"这种崇高审美人格的圣人君子的行为，而不是后儒的"支离之习"。

综上所述，王襞认为，"良知"乃"修身"之"本"，"良知"乃审美人格之本体，"修身立本"即守持崇高的审美人格境界。而审美人格的形成应该是"良知"本体与"格物"实践工夫的统一。王襞受王龙溪本体与工夫相统一的思想影响较大，王龙溪认为，在"良知"没显露前，非常重视工夫，倡导以"默证"，体悟心性。而一旦"良知"显现，则随顺而行，不须用力。所以，他说："良知是天然之灵窍，时时从天机运转。变化云为，自见天则，不须防检，不须穷索，何尝照管得？又何尝不照管得。"② 王襞关于证知本体的方法与王龙溪不尽相同，他没有默证之类的见解。但就体证本体用工夫、良知显露重自然而论，他与王龙溪的思想几乎一致。从这一点上看，他确实继承了王龙溪的思想，联系前文王襞关于"格物"为正己的观点，又显然与王艮的思想较一致。所以说，王襞对于他们两人的思想都有继承，也有发展。下面我们再来看作为审美范畴的"中"之含义。

三 作为审美范畴的"中"

如前所述，作为最高本体的"中"与"良知""道"等名虽异

---

① 王襞：《语录遗略》，《明儒王东厓先生遗集》卷一。
② 王畿：《中庸首章义解》，《王龙溪先生全集》卷八。

而实一，尽管王艮的美学思想有其独特之处①，但其作为审美范畴的"中"有丰富的美学蕴含：其一，"中"即"全美"；其二，"中"即"质美"。

（一）"中"即"全美"

首先，我们先对"全"字作一番解释，《说文解字·人部》曰："纯玉曰全。"《周礼·考工记·玉人》曰："天子用全，上公用龙。"郑玄注："全，纯玉也。"其引申义为"专一、不杂"。又《说文解字·人部》曰："全，完也。"《周礼·考工记·玉人》曰："得此六材之全，然后可以为良。"郑玄注："全，无瑕病。"意即要称得上"良"，必须做到"全"，即"无瑕病"，而这种"无瑕病"之"全"并非一种单一性，而是一种综合性的"六材之全"。

其次，关于"美"字，东汉许慎《说文解字·羊部》这样解释："美者，甘也，从羊从大，羊在六畜主给膳也，美与善同意。"宋初徐铉校注《说文》时，认为："羊大则美，故从大。"古代"美"之本义是"羊"与"大"合而为"美"，表明原始审美意识发源于原始先民对外在形体姿态的视觉感受，它蕴含了原始先民强烈的生命意志和阴阳哲学观念②。

再次，关于"全美"概念，中国美学史上最早提出"全美"概念的是荀子，荀子认为，"全美"即纯全、完备之美：

> 君子知夫不全不粹之不足以为美也，故诵数以贯之，思索

---

① 王艮并不是美学家，虽然他对于美的问题有所论述，但未曾就美学作出过系统、周详的专论。王艮对于"性理"之学的诸多问题的理解和阐释不乏美学意味，而这种浸润美学意味的理解和阐释往往建立在直观、感受和领悟之上，带有经验性、体验性，因此王艮的美学思想并不表现为理性思维水平上的美学概念、美学理论和美学体系，而主要表现为心理经验水平上的审美倾向、审美趣味和审美意识，其中一以贯之的则是一种平民主义精神，进而铸成一种平民主义美学思想。参见姚文放主编《泰州学派美学思想史》，社会科学文献出版社 2008 年版，第 19 页。

② 许龙：《中国古代"美"之本义形成新探》，《江西社会科学》1995 年第 3 期。

以通之，为其人以处之，除其害者以持养之。使目非是，无欲见也；使耳非是，无欲闻也；使口非是，无欲言也；使心非是，无欲虑也。及至其致好之也，目好之五色，耳好之五声，口好之五味，心利之有天下。是故权利不能倾也，群众不能移也，天下不能荡也。生乎由是，死乎由是，夫是之谓德操。德操然后能定，能定然后能应。能定能应，夫是之谓"成人"。天见其明，地见其光，君子贵其全也。①

故非圣人莫之能王。圣人备道全美者也，是县天下之权称也。②

荀子认为，君子以纯全完备之美而为天下垂范："君子贫穷而志广，富贵而体恭，安燕而血气不惰，劳倦而容貌不枯，怒不过夺，喜不过予。③"这是"仁""义"精神自由发挥的至高境界，可为天地增光明，而这正是既"全"且"粹"，足以为"美"也。宋明理学中诸儒对于"全美"一词用得不多，周敦颐、张载、二程、陆九渊、王阳明等的著述均未见，朱熹论著中有很少几例，主要在通常意义上使用，但并未深究。王艮则对"全美"作了专门之论述，而其背后，则蕴含着非常丰富而又复杂的思想内涵。

王艮《语录》记载的一段话提出了"全美"概念，此处的"全美"与"中"可以互相训释：

问：《易》称："汤、武革命，顺乎天而应乎人"，《论语》称："伯夷、叔齐饿于首阳之下，民到于今称之"，是皆孔子言也，何事异而称同邪？

先生曰："汤、武有救世之仁，夷、齐有君臣之义，既皆

---

① 荀子：《荀子·劝学》，见（清）王先谦撰《荀子集解》，中华书局1988年版。
② 荀子：《荀子·正论》，见（清）王先谦撰《荀子集解》，中华书局1988年版。
③ 荀子：《荀子·修身》，见（清）王先谦撰《荀子集解》，中华书局1988年版。

善，故并美也。"曰："二者必何如而能全美？"曰："纣可伐，天下不可取。彼时尚有微子在，迎而立之，退居于丰，确守臣职，则救世之仁，君臣之义，两得之矣。且使武庚不至于叛，夷、齐不至于殆，此所谓'道并行而不相悖'也。《易》曰：'安贞之吉，应地无疆'。"①

　　《周易·革卦》所谓"汤、武革命，顺乎天而应乎人"，是说商汤王推翻了夏桀王的统治，革除了夏王朝的天命而建立了商朝；周武王推翻了商纣王的统治，革除了商王朝的天命而建立了周朝，汤、武不断变革天命、改朝换代，既顺应天道又符合人心。《论语·季氏》所谓"伯夷、叔齐饿于首阳之下，民到于今称之"，是说商末孤竹君的两个儿子伯夷、叔齐，在周灭商后，以食周粟为耻，隐居于首阳山，最后饿死于首阳山。王艮认为，前者体现了"救世之仁"，后者体现了"君臣之义"，皆为美德，故称"并美"。但无论商汤、周武还是伯夷、叔齐，都还算不上"全美"，因为二者之美的实现，都是以弃生危身，造成人身的磨难、伤害和死亡为代价的。那么，如何才能做到"全美"呢？王艮认为，商纣无道，周武的讨伐无疑是正义的、具有历史合理性的，但周武灭商纣后不应夺取天下，因为纣的庶兄微子还在，周武的行为有篡权之嫌。王艮作了这样的假设：周武灭纣后迎立微子为王，而自己则退居周都丰，恪守为臣之职，如果这样，那么以后伯夷、叔齐饿死于首阳山、纣王之子武庚起兵叛周而遭杀身之祸的悲剧就不会发生。这样一来，周武既实现了救世之仁，伯夷、叔齐以及武庚又保全了君臣之义，岂不两得其宜，两全其美？这恰如《中庸》所说"道并行而不相悖"、《周易》所说"安贞之吉，应地无疆"，也就是符合"中"的要义。

　　但是，社会历史不可假设，而社会历史的进步总是引起各种片

----

① 王艮：《语录》，《明儒王心斋先生遗集》卷一。

面的、有限的、合理性的相互对抗、撞击和冲突，往往夹杂着阴谋、暴力和杀戮，总是伴随着个人的痛苦、磨难和死亡，因此，社会历史的发展很少出现那种各得其宜、两全其美的情况。而王艮关于"全美"的设想乃是建立在其"以身为本"的思想之上，带有明显的审美乌托邦①性质。王艮的《孝箴》一文可以说是对"全美"所下的绝好注脚：

> 父母生我，形气俱全。形属乎地，气本乎天。中涵太极，号人之天。此人之天，即天之天。此天不昧，万理森然。……一有所昧，自暴弃焉。惟念此天，无时不见。告我同志，勿为勿迁。外全形气，内保其天。苟不得已，杀身成天。古有此辈，殷三仁焉。断发文身，泰伯之天。采薇饿死，夷、齐之天。不逃待烹，申生之天。启手启足，曾子之全。敬身为大，孔圣之言。孔圣斯道，吾辈当传。一日克复，曾孔同源。②

首先，这里王艮遵从孔子的遗训，将"外全形气，内保其天"奉为人生的最高境界，也是完满纯全之美，亦即上文所说的"全美"。与之相对立的则是"杀身成天"或毁身成天。他列举了大量古人的例子，包括所谓"殷三仁"，即鉴于纣王无道，离之而去的微子；披发装疯、被纣王贬为奴的箕子；屡次进谏、被纣王剖心而死的比干。还包括断发文身，远走荆蛮之地，以让位于弟的泰伯；不食周粟、饿死于首阳山的伯夷、叔齐；守孝道而被烹身的申生；以及召弟子视手视足，告诫弟子小心谨慎、避免身体受到损伤以尽孝

---

① "乌托邦"是理想中最美好的社会。本是英国空想社会主义者托马斯·莫尔（Thomas More）所著书名的简称。其在书中描写了他所想象的实行公有制的幸福社会，并把这种社会叫做"乌托邦"，意即没有的地方。后来泛指不能实现的愿望或计划。见《现代汉语词典》，商务印书馆1995年版，第1211页。

② 王艮：《孝箴》，《明儒王心斋先生遗集》卷二。

的曾子。根据王艮关于以身为本的思想，以尊身、保身、安身为上，上述古人虽同谓之"仁"，但其长短也颇为了然，道理很简单也很朴素，用王艮的话来说："吾身保，然后能保天下矣"，"身不能保，又何以保天下国家哉！"① 如果用这一标准来衡量，那么唯有像微子、泰伯、曾子那样既体仁，又保身，方能称得上"全美"，才是圆满之美、至上之美。王艮认为，为了达成这种圆满之美、至上之美，还需要掌握某种生存技巧，规避矛盾、远离危险，不失为确保"全美"的良策，王艮在孔子那里找到了理论根据："问节义。先生曰：'危邦不入，乱邦不居'，道尊而身不辱，其知几乎？"② 意思是，如果能够做到像孔子所说那样，不入政局危殆之国，不居纲纪混乱之邦，那就既能保持道的尊严，又能使人身免遭污辱，岂不两全其美？也正因为如此，所以，除微子、泰伯、曾子之外，其他诸位仁者在王艮那里得到的评价始终不是很高，王艮认为："安其身而安其心者，上也；不安其身而安其心者，次之；不安其身又不安其心者，斯其为下矣。"③

其次，王艮所追求的"全美"实质上是一种"为天地立心，为生民立命"的审美人生境界。其云：

> 观夫尧、舜、文王、孔子之学，其同可知矣，其位分虽有上下之殊，然其为天地立心，为生民立命，则一也。④
>
> 昔者尧、舜不得禹、皋陶为己忧，孔子不得颜、曾为己忧，其位分虽有上下之殊，然其为天地立心，为生民立命，则一也。⑤

---

① 王艮：《明哲保身论》，《明儒王心斋先生遗集》卷一。
② 王艮：《语录》《明儒王心斋先生遗集》卷一。
③ 王艮：《语录》《明儒王心斋先生遗集》卷一。
④ 王艮：《勉仁方》，《明儒王心斋先生遗集》卷一。
⑤ 王艮：《答邹东廓先生》，《明儒王心斋先生遗集》卷二。

　　在前一段引文中，王艮以古代圣贤尧、舜、周文王、孔子为例，称颂他们名分地位虽有悬殊，但其功业学问体现"民胞物与"思想、奉行"为天地立心，为生民立命"的宗旨则是完全一致的。而后一段引文说的是尧、舜、孔子为天下良才难求而忧心之事，本于《孟子·滕文公上》："尧以不得舜为己忧，舜以不得禹、皋陶为己忧。……是故以天下与人易，为天下得人难，孔子曰：'大哉，尧之为君！惟天为大，惟尧则之，荡荡乎，民无能名焉！君哉，舜也！巍巍乎有天下而不与焉！'尧舜之治天下，岂无所用其心哉?"① 这里值得注意的是，孟子所引《论语·泰伯》中孔子的话，说尧之为君，多么崇高伟大，天之广大浩荡，只有尧可以与之相媲美。舜之为君，多么高大巍峨，获得天下但只是凭借良好的德行，而不是刻意夺取来的。孔子在赞美尧舜时使用了诸如"大""荡荡乎""巍巍乎"等最高级的形容词，认为尧舜的人生境界已经超越了一般境界的美，而走向了壮美、大美的境界。也就是说，尧为天下而求良才，舜以德行而有天下，他们都是凭借自身充实的精神内涵和强大的审美人格力量，树立了一种大德，也显示了一种大美的审美人生境界。孔子评说的是，远古时代尧根据个人德行选择接班人，将王位禅让于舜的事迹。王艮赞同孔子的评价，指出："舜受尧之禅是也，而又不忍尧之子于宫中而避之。避之者，逊之也。是故顺乎天而应乎人，皆由己之德也。孔子曰：'尽美又尽善'，是非明矣。"② 王艮说的是，舜受禅于尧，但一直回避尧之子丹朱，以示谦恭和低调，更显其顺天应人的至善至美。总之，王艮以古代圣贤为例，张扬"为天地立心，为生民立命"的崇高理想，表达了其对于全美、大美、至美的审美人生境界的大力推崇和心向往之。

---

① 孟子：《孟子·滕文公上》，见朱熹《四书集注》，（怡府藏版影印本），巴蜀书社1985年版。
② 王艮：《奉绪山先生书》，《明儒王心斋先生遗集》卷二。

王艮所标举的"全美"的审美人生境界，与张载主张的"为天地立心，为生民立命，为往圣继绝学，为万世开太平"① 有密切关联。张载将儒家精神中追求理想的一面发挥到了极致，他标举的人生理想包括哲学的、伦理的、政治的等方面，但又有所超越而进入了美学的领域，呈现崇高之美。其云："乾称父，坤称母，予兹藐焉，乃混然中处。故天地之塞，吾其体；天地之帅，吾其性。民吾同胞，物吾与也。"② 也就是说，乾坤是我的父母，我以藐然之身冥处其中。充塞于天地之间的气，给予我以身体，统帅我的本性。百姓大众是我的同胞，天下万物是我的同伴。这就是著名的"民胞物与"思想，基于这一思想，张载主张"为天地立心，为生民立命，为往圣继绝学，为万世开太平"，表达了一种以天下为己任的宏大志向。

张载的"民胞物与"还包含以天地万物为一体的意思。既然天地万物都是由阴阳相摩相荡而生，由天地之气氤氲而成，那么它们犹如一母所生的手足兄弟，在本质上是同源同体的。因此，张载说："性者，万物之一源，非有我之得私也，唯大人为能尽其道。是故立必俱立，知必周知，爱必兼爱，成不独成。"③ 就是说，天地之性，万物一源，并非我个人所能私有，唯有大人君子才能懂得个中道理。因此，做人必须立己立人，成己成人，周知而不偏知，兼爱而不独爱。这种"以天地万物为一体"的思想在宋明理学中颇为流行，二程说："仁者，以天地万物为一体，莫非己也。"④ 王阳明说："大人者，以天地万物为一体者也，其视天下犹一家，中国犹一人焉。"⑤ 但像张载在这一命题中注入如此多的民本思想的却鲜有其人。而

---

① 张载：《张子语录》（中），《张载集》，中华书局 1978 年版。
② 张载：《正蒙·乾称篇》，《张载集》，中华书局 1978 年版。
③ 张载：《正蒙·诚明篇》，《张载集》，中华书局 1978 年版。
④ 程颐、程颢：《河南程氏遗书》卷二（上），商务印书馆 1935 年版。
⑤ 王阳明：《大学问》，《王阳明全集》卷二十六，上海古籍出版社 2015 年版，第 798 页。

这一民本思想恰恰被王艮继承，并在其人生志向中得到凝结。王艮说："夫既以天地万物为一体，则一夫不获其所，即己之不获其所也，是故人人君子，天地位而万物育，此仆之心也。"①王艮以万物一体之仁所体恤的"不获其所"者，乃是普天之下贫无立锥之地的下层民众。王艮此言体现了一种关心民瘼、矢志为天下生民谋取福祉的豪迈气概和博大情怀，这种气概和情怀远绍古代圣贤尧舜、文王、孔子以天下为己任的崇高志向，近接张载为万世开太平的民本思想，在王艮身上转化为一种平民主义精神，呈现一种崇高之美即"全美"。

王艮在《鳅鳝赋》中以诗化语言来表达其对这种"全美"的审美人生境界的追求。文中所述乃是在王艮家乡市井生活中随处可见之事，其地茶楼酒肆中往往将鳅鳝同育一缸，靠鳅上下窜动迫使黄鳝转身通气、保持生机，乃店家保鲜之法。王艮以"道人"自况，叙写道人闲行于市，见店肆前养黄鳝一缸，黄鳝覆压缠绕，奄奄一息，忽见一鳅从中跃出，上蹿下跳，周流不息，宛若神龙之状。缸中黄鳝皆因鳅而得以转身通气，乃有生意。于是道人叹曰："吾与同类并育于天地之间，得非若鳅鳝之同育于此缸乎？吾闻大丈夫以天地万物为一体，为天地立心，为生民立命，几不在兹乎！"②于是道人遂整车束装，慨然有周流四方之志。少顷，忽见风云雷雨交作，鳅乘势跃入天河，投于大海，悠然而逝。回视樊笼之鳝，思将救之。于是鳅奋身化龙，复作雷雨，倾满鳝缸，缸中缠绕覆压者，皆欣欣而有生意。俟其苏醒精神，同归于长江大海矣。道人欣然就车而行。王艮以奇特的想象营构出鳅化为龙、解救樊笼之鳝的故事，赋予其深沉高远的理想寄托，将鳅刻画为救助芸芸众生的"大丈夫"形象，

① 王艮：《答太守任公》，《明儒王心斋先生遗集》卷二。类似的表述还见诸《勉仁方》、《答侍御张芦冈先生》等篇。

② 王艮：《鳅鳝赋》，《明儒王心斋先生遗集》卷二。

抒发了王艮追随古代先贤理想、以仁者自任的宏大情怀。文中表达的以天地万物为一体、为天地立心、为生民立命的平民主义思想与其别处的表述一以贯之，但通过想象和虚构将这种思想融化在形象画面之中，着实令人耳目一新。王艮认为，鳅鱼这一"小人物"所做的这一"平常事"，是大德大美之举，其人生境界就是一种"全美"的审美人生境界。

以上我们考察了"中"作为审美范畴"全美"的两层含义：其一，"全美"即"外全形气，内保其天"的圆满纯全之美；其二，"全美"是一种"为天地立心，为生民立命"的审美人生境界。① 下面我们对作为审美范畴"中"之美学蕴含的另一层面"中"即"质美"展开论析。

（二）"中"即"质美"

首先，我们来看"中"即"质美"的含义。如前所述，"中"即"良知"，作为审美范畴"中"之美学蕴含的另一层面"质美"，即"良知"之美。下文拟采用综合比较的方法来论述王艮与王栋的"质美"观即"良知"观。

王栋《会语正集》共有三处提到"质美"一词。"质美"的含义，从原文语境来解读的话，大体相当于"资质高""知识深""悟性好"等。主要是说，普通人对于先贤的教诲，只要具有"良知"这个"人人具足"的本体，就能够领悟，"不必质美者能之"。在王栋看来，即使"有不能者，百倍其功，终有明尽时节"：

> 及其至也之至，即《中庸》其至矣乎之至。故不但民鲜能
> 之，虽有得于知仁勇者，亦有不可能也。又不但知仁勇者不能，
> 虽夷、尹、惠，皆古圣人，亦惟日圣之清任和焉已矣。其于中

---

① "中"即"全美"之观点，感谢恩师姚文放教授提供帮助，参见姚文放主编《泰州学派美学思想史》，社会科学文献出版社 2008 年版，第 23—26 页。

庸之道之至，亦有不知不能而不害为圣人也。所谓惟圣者能之，
盖指孔子圣之时者而言，千古一人而已矣，此之谓至圣。孟子
曰："乃所愿则学孔子，学其时中之至也。"吾侪敢谓能其至哉！
特不得不以孔孟为标的耳。程子曰："明得尽渣滓，便浑化。"
此格言也。然不必质美者能之。良知本体，人人具足，不论资
质高下，亦不论知识浅深，信得及，悟得入，则亦明得尽矣。
有不能者，百倍其功，终有明尽时节。到得明尽，便亦都无渣
滓，所谓"明则诚也"。学者但当尽力。此明，不必更求其次，
只缘当时说个其次，惟庄敬以持养之，遂使无限英雄，尽择取
其所谓次者而终身用力，孰敢有自任质美而从事于明尽浑化之
功者乎？故《中庸》论困知勉行，只说人一己百，人十己千而
已。工夫初无二项，以是知质美者，合下便明得尽。其次则须
师友讲求潜心体悟，岁月磨砻，便亦可以明得尽矣。所谓明尽，
只是认得良知，的确无遮蔽处耳。①

　　而"所谓明尽，只是认得良知，的确无遮蔽处耳"。从中可以看
出，王栋是把"质美"与能否明尽"良知"联系起来论述的，"质
美者，合下便明得尽"。也就是说，"质美"是建立在"良知"基础
上对人格修养的更高要求。因为在王栋看来，"良知虽人人自有，多
为见闻情识所混，识认不真。且如古今从事于学者，往往有拘执道
理而昧于变易之宜，或因袭故常而安于流俗之套，皆良知混于闻见
而误以闻见之知为良知也"②。
　　其次，我们来看"质美"的含义。"质"的本义是什么呢？《周
易·系辞下》："《易》之为书也，原始要终，以为质也。""质"就
是"体"的意思，荀子《劝学》："兰槐之根是为芷，其渐之滫，君

---

① 王栋：《会语正集》，《明儒王一菴先生遗集》卷一。
② 王栋：《会语正集》，《明儒王一菴先生遗集》卷一。

子不近，庶人不服。其质非不美也，所渐者然也。故君子居必择乡，游必就士，所以防邪僻而近中正也。""质"就是"本质、实体"的意思，《礼记·乐记》所谓"中正无邪，礼之质也"中的"质"也是用的此义，而《论语·雍也》："质胜文则野，文胜质则史。文质彬彬，然后君子。"其中的"质"就是"朴实"之义了。对于"美"字，东汉许慎《说文解字》这样解释："美者，甘也，从羊从大，羊在六畜主给膳也，美与善同意。"《诗·召南·甘棠序》"美召伯也"。孔颖达疏："善者言美，恶者言刺。"也就是说，"质美"的本义是"本质善良、本体好"的意思，最早把"质美"在一起组合运用的是汉代的刘向，其《说苑》云："孔子见子桑伯子，子桑伯子不衣冠而处。弟子曰：'夫子何为见此人乎？'曰：'其质美而无文，吾欲说而文之。'孔子去，子桑伯子门人不说，曰：'何为见孔子乎？'曰：'其质美而文繁，吾欲说而去其文。'"汉代陆贾《新语·资质》："质美者以通为贵，才良者以显为能。"其中的"质美"都是本质好、本体善良的意思。由此可以推论，孔子认为，"文质彬彬"是君子人格的内在要求，那么，"质美"就是王栋对君子人格修养的内在要求，"良知"是"质美"人格的内核，"质美"人格不能离开"良知"，但是又超越"良知"。我们以为，"质美"已经超越了伦理的范畴而进入了美学的领域，属于审美人格思想的本体论范畴。由上论述可知，王栋的审美人格思想与其"良知说"有千丝万缕的联系。

其一，"良知"本体即"质美"，"良知"乃"质美"人格的内核。王栋"良知"说秉承了乃师王艮"良知现成说"的观点：

> 阳明先生提掇良知二字，为学者用功口诀，真圣学要旨也，今人只以知是知非为良知，此犹未悟良知。自是人心寂然不动、不虑而知之灵体，其知是知非，则其生化于感通者耳。[1]

---

① 王栋：《会语正集》，《明儒王一菴先生遗集》卷一。

王栋认为，良知本体具有"寂然不动""不虑而知"的性质。由于良知本身具有克私去欲的道德自觉功能，故能在日常生活中为善去恶、知是知非，积极落实于道德实践。此乃良知本体"生化于感通"所使然，而并非阳明后学误以为致良知必须加上"致"的工夫方可透良知本体之实义。正因"良知"与"致良知"分属两个不同层面，所以"致良知"之"致"既可由本体发用为工夫，同时亦可由工夫证悟本体。由本体发用为工夫而言，就是本体即工夫；由工夫证悟本体而言，就是工夫即本体，由于良知本体涵摄本体与工夫两个层面，无论是本体即工夫的静处体悟，还是工夫即本体的事上磨炼，最后都必须使本体与工夫融合无间，而使本体与工夫融合无间的正是主体的"质美"人格。"质美"贯穿在本体与工夫的过程中，在良知之"自致"活动中得以发挥其功用。从这个层面来看，"良知"本体即"质美"，"良知"乃"质美"人格的重要内核，"质美"境界就是对"良知"境界的升华与超越。

其二，"良知"修养工夫与"质美"。王栋对王阳明的"致良知"说有不同意见，认为"致良知"的提法不妥，只能讲"良知"。他反对在"良知"之前加"致"，他的看法是"良知无时而昧，不必加致"，而是要从格物工夫中认取"良知"浑全之体。其云："良知无时而昧，不必加致，即明德无时而昏，不必加明也，……如后人之磨镜之喻。夫镜，物也；心，神也。物滞于有迹，神妙于无方，何可伦比？故学者之于良知，亦只要认识此体，端得便了，不消更着'致'字。先师（王艮）云：明翁初讲致良知，后来只说良知，传之者自不察耳！"[①]

王栋从细微之处发现了王阳明观点的前后矛盾之处："明翁初讲致良知，后来只说良知。"说明王阳明的观点也不是一成不变的。而且王栋在这里所批评的"磨镜之喻"，就是指王阳明。因为王阳明曾经

---

① 王栋：《会语正集》，《明儒王一菴先生遗集》卷一。

说过圣人心如明镜, 常人心如昏镜, "圣人之心, 纤翳自无所容, 自不消磨刮; 若常人之心, 如斑垢驳杂之镜, 须痛加刮磨一番, 尽去其驳蚀, 然后纤尘即见, 才拂便去, 亦自不消费力。"① 也就是说, 王阳明认为"圣人心如明镜""纤尘自无所容", 而常人要通过致良知, 以去除其私欲。王栋认为人无论贤愚, "良知无时而昧, 不必加致", 王栋不仅指出王阳明比喻的错误, 而且批评"括去其昏"的不对。所以他反对"致良知", 亦即反对"去人欲"。因为王阳明曾说: "吾平生讲学, 只是'致良知'三字。仁, 人心也, 良知之诚爱恻怛处, 便是仁; 无诚爱恻怛之心, 亦无良知可致矣。"② 而"致良知"就是在其所自悟的"良知"理论上提出与本体论互为作用的工夫论。其云: "所谓致知格物者, 致吾心之良知于事事物物也。吾心之良知, 即所谓天理也。致吾心良知之天理于事事物物, 则事事物物皆得其理矣。致吾心之良知者, 致知也; 事事物物皆得其理者, 格物也。是合心与理为一者也。"③ 所谓"致", 就是指良知"明觉"和"发用处"而言, 简单来说就是"正念头", 把良知潜在的道德价值转化为现实的人生价值。陆原静问: "质美者明得尽, 渣滓便浑化。如何谓明得尽? 如何而能便浑化?"王阳明说: "良知本来自明。气质不美者, 渣滓多, 障蔽厚, 不易开明。质美者, 渣滓原少, 无多障蔽, 略加致知之功, 此良知便自莹彻, 些少渣滓便如汤中浮雪, 如何能作障蔽?"④

王栋不同意这种"致良知"的观点。他说: "盖立本之知既已昭明而不惑, 则反身之念亦自真实而不欺矣。故曰: 欲诚其意者, 先致其知, 致知在格物。若明翁所指之良知, 乃是大人不失赤子之知,

---

① 王阳明: 《答黄宗贤应原忠》, 见《王阳明全集》卷四, 上海古籍出版社 2015 年版, 第 126 页。

② 王阳明: 《寄正宪男手墨二卷》, 见《王阳明全集》卷二十六, 上海古籍出版社 2015 年版, 第 818 页。

③ 王阳明: 《答顾东桥书》, 《王阳明全集》卷二, 上海古籍出版社 2015 年版, 第 39—40 页。

④ 王阳明: 《答陆原静书》, 《王阳明全集》卷二, 上海古籍出版社 2015 年版, 第 59 页。

明德浑全之体，无容加致者也。盖物格而知至，方是识得原本性之
体，无容加致者也。"① 在他看来，王阳明所提出的"良知"是"于
孟子不虑而知处……指示人心自然灵体"，它与《大学》所谓"格
物致知"之"知"并不一致。前者是德性之知，后者是闻见之知。
前者如精金，后者似璞玉。他认为，既然良知本来就是"大人不失
赤子之知，明德浑全之体"，那么其自身就应该是圆融自足的，在它
上面不必有工夫的存在，"良知"一旦呈现就体现了"质美"。因
此，王栋反对"致良知"之说，认为"盖物格而知至，方是识得原
本性灵，无贰无杂，方可谓之良知。若复云致，岂于良知上有增益
乎？故谓致知则可，谓致良知则不可"②。也就是说，王栋认为，良
知乃内在于人格之中，也体现在日常生活之中，不必刻意地用工夫
去追寻它。

　　王栋的观点深受乃师王艮影响，主张从百姓日用中去体察良知，
如："乡人有以割股愈亲疾者，或问曰：割股固非中道，亦发于爱亲
之真心，非即良知欤？曰：此个真心亦自闻见上发来。盖闻世有亲
疾而割股者，固遂发此真心以效法之；惟其心真，故或感应。若从
良知灵窍上来，则必能知此是父母遗体，安忍刃伤？又知吾父母倘
一闻知，必反痛惜；又知万一伤命，如事亲何？良知之知全体洞彻，
安有此不知而作之事哉？"③ 有人认为，乡人"割股愈亲疾"发自
"爱亲之真心"，这就是一种"良知"。王栋不同意这个观点，他认
为，如果真心地要"割股愈亲疾"的话，那么"良知"就会有所感
应，知道身体发肤受之父母，"安忍刃伤"？而且如果父母知道你要
"割股愈亲疾"的话，肯定伤心痛惜，也不会同意；况且"万一伤
命"，你又怎么去侍奉双亲，又如何让双亲安度晚年呢？王栋用一

---

① 王栋：《会语正集》，《明儒王一菴先生遗集》卷一。
② 王栋：《会语正集》，《明儒王一菴先生遗集》卷一。
③ 王栋：《会语续集》，《明儒王一菴先生遗集》卷一。

个非常通俗的故事形象地说明了"良知"内在于人格之中，不必刻意地去寻找。王栋的这一观点，实际上是受到王艮观点的影响。王艮早就不同意王阳明的"致良知"说，王艮《年谱》记载："在金陵、南野公尝讲致良知，先生（王艮）戏之曰：'某近讲良知致。'"并"以日用现在指点良知"。王艮把王阳明的"致良知"颠倒过来，变成"良知致"，这不仅说明王艮不同意王阳明的观点，而且使"良知"的内容成为百姓"日用现在"，即百姓穿衣吃饭的日常生活。

王艮的观点是对王阳明"良知"理论的改造。王艮将"良知"的道德内容移向世俗生活的轨道，即将百姓日用之道以指点良知，所以"百姓日用"的内涵并非王阳明所指的"天理"，而是指"童仆往来"一类世俗活动及百姓日常穿衣吃饭等基本欲求。认为上述种种"视听持行"都是顺应自然的"道"。王艮为学主张顺应自然，力主良知天成，不假人力的"良知现成说"。正所谓"良知一点，分分明明，亭亭当当，不用安排思索。圣神之所以经纶变化，而位育参赞者，皆本诸此也，此至简至易之道。"[1] 在王艮看来，良知的优点在于"不用安排思索"，"至简至易"，每个人心中涵具良知，只要遵循此良知自然而行，就是"良知致"，就是作圣工夫。而在王阳明看来，人人皆有良知，但人有良知，却仍然有贤愚之分，这是因人欲蒙蔽的结果。"圣人之知如青天之日，贤人如浮云天日，愚人如阴霾天日。"要想成为圣人，就必须"去人欲"，"致良知"。这种"致良知"就是要人们去加强心性修养，体认"天理"，去除"人欲"，以恢复人的固有本心——"良知"。

如果仔细比较王艮、王栋的"良知"说，不难发现，虽然他们在对良知本体的认识上或多或少有所差异，但小异无妨于大同，二者都尊信"良知现成"。王艮主张修身、安身以立命，以"良知致"

---

① 王艮：《明儒王心斋先生遗集》卷二。

代替了王阳明的"致良知",然而坚持"良知"需要"致"的修养工夫,知安身而不知行道和知行道而不知安身,皆失之偏颇。反观王栋,对于良知本体,他认为"只要认识此体"便是,不需外加"致"的修养、磨炼之功。"良知"本体"洁净无私",故"不为见闻情识所混"。他认为良知本体"自辨自真",于日用常行之中应事接物,而良知本体不分贤愚、知识高下,人人具有。王栋论"良知"以自然为天则,不着丝毫人力安排,如"有庭下草荒者,诘之曰:'得无以庭草交翠与濂溪先生比乎?有濂溪之意则可,不然则芜秽不治而已矣。'曰:'吾将命除之。'曰:'除之以廓清之意则可,不然则亦作好作恶而已矣。'故除与除否俱不论,只看所以然如何。良知自辨,良知自真,凡涉于迹者,皆非真也。"① 他用去除庭草的事情生动地说明"良知自辨,良知自真",良知天然地存在于日常生活之中,这与王艮所提倡的"百姓日用即道"有异曲同工之妙。总之,王艮与王栋都强调"道""良知"与百姓日用的密切关系,认为"道""良知"就在百姓日用之中,"道""良知"就是"质美"。

其三,"质美"的最高境界就是"大"。"大"是王栋所追求的审美人格的最高境界:

> 大舜所以为大,谓其善与人同也。善与人同也者,与天下同为善而不独自为善也。故虽耕稼陶渔之人,凡有向上之志可接引者,皆可取者也。若曰舜是取人之善,以易己之未善;则当时耕稼陶渔之人,有何过舜之善?而固舍己之未善者,而从之乎?舍己犹云忘己,从人犹云同人。《书》曰:"稽于众,舍己从人。"亦只是参稽众论之意,而未必其善之过于我也。与人为善,而使人人同得乎善,乃见其善之大,正与天下化于孝,此之谓大孝一例。以是知吾人为学,而若不屑与乡里庸众之人

---

① 王栋:《会语正集》,《明儒王一菴先生遗集》卷一。

共为之，终是自小。①

"大"既是王栋对舜的审美人格修养的赞美，也是他对审美人格最高境界的一种概括。他把"大"这种审美人格的最高境界与"质美"（即"善""孝"）联系起来论述，具有浓郁的伦理道德色彩。王栋认为舜之所以具有崇高的审美人格，就在于他的"善"与人相同，而且他"不独自为善"，把自己所主张的"善"推及天下，与天下人同善。王栋认为，正因为舜具有"大"这种崇高的审美人格，所以，他"与人为善，而使人人同得乎善，乃见其善之大，正与天下化于孝，此之谓大孝一例"。也就是说，王栋认为，"大"的境界实际上就是"大善""大孝"的境界，而"大善""大孝"的境界就是一种大美的境界。他把舜的审美人格境界与乡人的审美人格境界作了对比分析：

> 舜处顽父、嚚母、傲弟之间，横逆至而又至，乃能反求诸身。号泣自怨而爱且敬者，无一不尽其诚，卒能化之。而天下之为父子者，定所谓为法于天下，可传于后世者，如此不能如舜，则便是未免为乡人。盖争以敌争，忿以报忿，彼此相较而求胜者，乡人之能事也。②

王栋认为，舜能够通过自己的孝心和诚意来感化"顽父、嚚母、傲弟"，让他们慢慢地受到自己审美人格魅力的熏染而改变。而一般人（"乡人"）如果不能做到与人为善，"争以敌争，忿以报忿"，那么就"不能如舜"，也就不可能具有"大"这种崇高的审美人格境界。王栋不仅向往"大"这种崇高的审美人格境界，而且身体力行，

---

① 王栋：《会语正集》，《明儒王一菴先生遗集》卷一。
② 王栋：《会语正集》，《明儒王一菴先生遗集》卷一。

亲身实践，力求达到这种崇高的审美人格境界。据《年谱》记载，王栋"事亲最孝。先公性刚直，一日与内不合即外居，先生（王栋）废寝食，泣拜三日，劝归，使父母欢悦。每事几谏，不听则拜，务谕亲于道乃止"。王栋在面对与舜相类似的生活窘境时，其所采取的对策大致相同，即以自己的孝心和诚意来感化父母。王栋认为"修身齐家"固然是"大"这种审美人格境界应该具有的内涵，同时"治国平天下"也应该是其具有的意蕴。一个人如果仅仅做到前者，那么就"未免为乡人"，只能达到一般的人格修养境界；而如果能够做出"治国平天下"的伟业，那么就可能具有"大"这种崇高的审美人格境界。用王栋自己的话来概括"大"这种崇高的审美人格境界的内涵就是"上为天地立心，下为生民立命"①。

而"大"最早是先秦儒家对人格修养境界的概括之一，如孟子云："可欲之谓善，有诸己之谓信，充实之谓美，充实而有光辉之谓大。大而化之之谓圣，圣而不可知之之谓神。"② 按照朱熹的解释，"美"是"美在其中而无待于外矣"即内在的美，"大"是"和顺积中而英华发外，美在其中而畅于四支，发于事业，则德业至盛而不可加矣！"③ 王栋对"大"的解释与先秦儒家的阐述同中有异，相同的是他和孔子都把"大"作为最高的审美人格境界范畴来礼赞具有崇高道德的尧和舜，而不同于孟子的是，"大"在孟子的眼里只是审美人格修养的较高境界，"圣"和"神"才是审美人格的最高境界，"大"在王栋看来就是审美人格的最高境界，"大"就相当于孟子所说的"圣"和"神"的境界。他详细论述了"大"应该具有的内涵：

大哉！圣人之道，分明是说圣人岂是悬空论道。盖圣人心

① 王栋：《会语正集》，《明儒王一菴先生遗集》卷一。
② 孟子：《孟子·尽心下》，见朱熹《四书集注》，（怡府藏版影印本），巴蜀书社1985年版。
③ 朱熹：《四书集注》，（怡府藏版影印本），巴蜀书社1985年版。

通无外，思入有形，元气周流，精神洋溢；上为天地立心，下为生民立命；远之为万世开太平，微之为鸟兽、鱼鳖、昆虫、草木遂咸若之性。其功用若是之大，与天齐准者也。所以然者，以心性本然之体，原自优优充足，自具礼仪三百，威仪三千，无限功用皆从此出。夫岂不能育万物而等与天哉？上说功用，下说性体，非谓大小也。①

王栋认为，"大"的审美人格境界应该是"上为天地立心，下为生民立命；远之为万世开太平，微之为鸟兽、鱼鳖、昆虫、草木遂咸若之性。其功用若是之大，与天齐准者也"。也就是说，"大"的审美人格境界应该有"位天地、育万物"的胸襟，几近于孟子所说的"神、圣"境界。也就是说，王栋认为，具有"大"的审美人格境界的人应该是天地的脊柱、社会的良心，是一个大写的人。而王栋"上为天地立心，下为生民立命"这一思想明显地受到乃师王艮的影响：

观夫尧、舜、文王、孔子之学，其同可知矣，其位分虽有上下之殊，然其为天地立心，为生民立命，则一也。颜渊曰："舜何人也，予何人也，有为者亦若是"。②

昔者尧、舜不得禹、皋陶为己忧，孔子不得颜、曾为己忧，其位分虽有上下之殊，然其为天地立心，为生民立命，则一也。是故尧舜孔曾相传授者，此学而已。学既明，而天下有不治者哉？③

---

① 王栋：《会语正集》，《明儒王一菴先生遗集》卷一。
② 王艮：《勉仁方》，《明儒王心斋先生遗集》卷一。
③ 王艮：《答邹东廓先生》，《明儒王心斋先生遗集》卷二。

王艮认为，尧为天下而求良才，舜以德行而有天下，他们都是凭借充实的精神内涵和强大的人格力量，树立了一种大德，显示了一种大美。王艮希望自己和自己的弟子能够具有这样一种崇高的审美人格境界。这种审美人格境界虽然是一般人难以企及的，但是，王栋认为一般人通过后天的个人努力是可以达到"大"这种崇高的审美人格境界的。王栋所标举的这一最高审美人格境界不仅在封建社会有其积极的意义，就是在当今时代也仍具有现实启迪价值。

其四，"质美"体现了王栋的平等审美人格思想倾向。王栋在《会语续集》提到，"质美"，就是从人格平等的角度来论述其内涵的，其云："质美而用心不刚，反不如迟钝而心不懈者，可渐磨而进。世云驽可及骥，诚哉是言也！"[①] 王栋认为，假如一个人先天的资质禀赋很好，但自己后天不努力，"用心不刚"，将不可能获得成功；反之，即使一个人先天的资质禀赋不好，但经过自己的后天努力，"可渐磨而进"。也就是说，王栋认为，资质禀赋优秀者与资质禀赋一般者在审美人格上是平等的，其中所传达出的平等审美人格思想倾向值得我们注意。而王栋所表达的平等审美人格思想倾向在其文集中基本上贯彻始终，如《会语正集》云："鄙夫虽气质凡庸，而良知本性未尝不与贤知者等，故圣人必竭两端而告之。非但良知人人自明，抑道本愚夫愚妇可以与知，举其至近而远者，自寓乎其中耳。"王栋认为"鄙夫"与"贤者"在审美人格上是平等的，他们的"良知本性"是相同的。又云："圣人所不知不能，即愚夫愚妇与知能行之事。故孔子于事公卿、父兄、勉丧、饮酒之事，皆曰何有于我？夫是四者，日用常行之道，谁不知之能之？然及其至而无过不及，则信乎虽圣人亦有所不能尽。岂曰问礼、问言、求博极于

---

① 王栋：《会语续集》，《明儒王一菴先生遗集》卷一。

良知之外哉？"① 王栋认为，圣人有"不知不能"之事，而愚夫愚妇有"与知能行之事"。王栋所倡导的这种平等审美人格思想是泰州学派平民主义美学思想的一个鲜明特征。

第二节　王襞论"中"

通过第一节的论述可知，与前贤普遍关注王艮思想中不同于中国传统儒学的新因素迥异，本书并未将其思想简单归之为自然人性论，或过于凸显王艮与传统儒学之间的断裂，而并未忽视其与宋明理学乃至传统儒学之间的内在关联；并不特意强调王艮学说的"异端"品格，而清醒地意识到其思想并未跳出道德心性的论域；也未将对整个泰州学派的笼统评判投射到王艮哲学美学思想之论述中，以期切实地把握其"中"之道的理论创见。对于王艮次子王襞（1511—1587），也是其哲学美学思想体系的衣钵传人，我们同样将其"中"即"道"之思想置于中国思想史的发展背景下加以发掘与探讨。王襞既是王艮之次子，又是王畿、钱德洪之学生，其思想观念对于王、钱二者都有吸收借鉴。王襞思想主要涉及率性与修道、德性之知与见闻之知以及学与乐的问题，其理论基本上是王艮、王畿等思想的延续，只是增加了王襞个人的体悟和心得。

一　论"中"

（一）历史语境

王襞，字宗顺，号东厓，是泰州学派创始人王艮的次子。生于正德六年（公元1511年），卒于万历十五年（公元1587年）。九岁起，随王艮至会稽，游学于王阳明（字守仁）门下。"一日大会，不下数百人，公（王守仁）命童子歌，众嗫，先生（王襞）高歌自

---

① 王栋：《会语正集》，《明儒王一菴先生遗集》卷一。

如，阳明呼视之，讶曰：'吾说吾浙无此子也。'奇之。又一日，入公府，数十犬丛吠之，先生神色不动。众犬委委而退，阳明益奇之。谓大众曰：'此子器宇不凡，吾道当有寄矣。'乃叫王襞师事王畿、钱德洪，先后居留越中近二十年。"① 王襞在谈到这一段经历时说："予弱年侍先君学于阳明山中，山中跷跷而云集者，率皆天下巨儒硕士，咸以幸不世之奇逢，以是予数十年以来悉心究竟，颇窥其际，概人之不与闻也。"② 由于他早年从学王门，接触的又是"巨儒硕士"，加之自己"数十年以来悉心究竟"，为他的学业打下了坚实的基础。王守仁逝世后，王艮回到家乡开门授徒，王襞成为王艮得力助手，"时四方来学之士，云集安丰者，日不下百人，率皆先生应酬之，内外上下贴然也。"③ 王艮逝世后，他继承父业开门讲学。"海内响应者，恍若心斋在焉"。据袁承业编《王心斋先生弟子师承表》初步统计，王襞弟子共 116 人，分布广泛，其中，江苏 56 人（泰州 44 人，扬州 5 人，盐城 3 人，常州 1 人，镇江 1 人，南通如皋 2 人）；福建 4 人；江西 3 人；湖北 2 人；安徽 1 人；四川 1 人；未详地域 49 人。而据《年谱》记载，嘉靖十九年庚子，王襞 30 岁，为了继承其父的遗志，宣传王艮的思想，扩大泰州学派的思想影响，于"是年，开门授徒，毅然以师道自任，凡月三会，聚讲精舍书院"。由于他讲学精辟，颇使"后学悦服，即先公（王艮）群弟子无不事先生若先公"④。随着王襞声望的提高，"四方聘以主教者沓至"。罗汝芳聘之宁国主讲水西书院，蔡春台聘之主讲于苏州，李文定聘之福建兴化，宋阳山聘之江西吉安，李桌华、樊养风聘之真州，董燧聘之建宁，耿定向聘之金陵。"主讲之地，殆难悉数。"王襞

---

① 王襞：《年谱》，《明儒王东厓先生遗集》卷首。
② 王襞：《庆东淘吴友士贤五十序》，《明儒王东厓先生遗集》卷一。
③ 王襞：《王元鼎撰先生行状》，《明儒王东厓先生遗集》卷首。
④ 王襞：《年谱》，《明儒王东厓先生遗集》卷首。

"至金陵，与多士讲习，连榻累旬，博问精讨，靡不其敬以去"①。王襞在南京讲学期间，时任南京刑部员外郎的李贽曾经拜其为师。由于王襞开门授徒，四处讲学，王艮的思想得到广泛的传播。焦竑在《明儒王东厓先生遗集》中说："今东南人传王氏之书，家有安丰之学，非东厓羽翼而充拓之，何以至此?"② 由此可见，王襞和王栋一样是王艮的左膀右臂，在继承和传播王艮学说，扩大泰州学派思想影响方面发挥了重要作用。

王襞遵循王艮"不事举子业"的嘱咐，终身不仕，坚持在民间讲学传道。他曾先后数次被推荐入朝做官，但他都一一谢绝了。一次是隆庆元年秋七月，昭阳太师李石麓举荐于朝，被其"力辞"。另一次是万历元年，海陵大中丞凌都宪荐之于朝，又被其"坚谢弗受"③。还有一次他得知潘太守又要举荐他入朝做官，特地写一信叫他侄儿之垣送给潘太守，缓言力辞，信中说："忽乡里间有传，公祖误以不才为举，闻之惊惶无措，何不蒙公祖之照察也。……敬专舍侄生员之垣，驰此上恳伏乞俯从鄙愚，将某退寝，别访真才，以副公祖至仁之心，使不才安分治下，守尺寸以尽余年。"④ 他要潘太守"别访真才"，而自己则坚持在民间讲学，经常会讲于泰州崇儒祠，每会五日。他还于嘉靖三十一年（1552）在家乡创建"宗会"，企图解决合族内部"贫富莫均，贤愚劣等"问题。万历十五年（1587）冬十月逝世，享年77岁。王襞的著作，由林讷和侄孙王元鼎搜集遗稿编辑成《明儒王东厓先生遗集》，由焦竑作序，于万历三十八年庚戌（1610）刊行。⑤ 清末民初，东台袁承业按原刻本重新编校排印，附于《王心斋先生遗集》之后作为附录刊

---

① 焦竑：《墓志铭》，《明儒王东厓先生遗集》卷首。
② 焦竑：《序》，《明儒王东厓先生遗集》卷首。
③ 王襞：《年谱》，《明儒王东厓先生遗集》卷首。
④ 王襞：《上潘太守书》，《明儒王东厓先生遗集》卷一。
⑤ 《明儒王东厓先生遗集》现存两个本子，其一是万历年间刻本，其二是嘉庆年间修补本。

行于世。

王襞生活在封建自然经济之中萌发出资本主义经济因素的时期，首先，是农业和手工业生产的不断发展，社会分工的不断扩大，使传统的依附于农业的手工业脱离农业而获得了长足的发展。如明朝成化（1465—1487）年间，"毅庵祖，……购机一张，计获利五分之一。积两旬，复增一机。后增至二十余。商贾所货者，常满户外，尚不能应。"① 冯梦龙《醒世恒言》卷十八《施润泽滩阙遇友》说到苏州盛泽镇的施复，"不上十年"，"开起三四十张绸机"。而当时的生产关系中，已普遍地出现了雇用劳动关系："机户出资，机工出力"②，这正是典型的资本主义生产关系。而且这种关系，不仅在纺织业中发生，就是在采矿、冶铁、制陶、烧瓷等行业中，也都十分普遍。而手工业及商业的发展，又使一部分农业劳动力分化出来，转而成为工商业者。何良俊曾说，正德（1506—1521）以前，松江一带百姓"十九在田"，"自四五十年来"，"去农而改业为工商者，三倍于前矣"③。这既包括封建地主资本之转为工商资本，也标志着农民之转为工商业的雇用劳动者。

其次，是农业生产开始转向商品化并且引起和扩大了农产品的商品化。如河南南阳的李仪卿，"家有广地千亩，岁植棉花，收后载往湖湘货之"④。不仅棉花生产是如此，茶、烟、蔗、丝等农产品的生产都有这类情况，使得越来越多的农产品进入商品生产的领域。而商品的生产和交易的扩大，正是资本主义经济萌芽、封建自然经济解体的一种表征。

再次，是商业资本的集中和扩大，及其渗入工农业生产领域中，使商业资本转变为产业资本。如前引何良俊《四友斋丛书》所说的

① 张瀚：《异闻记》，《松窗梦语》卷二十六，上海古籍出版社 1986 年版。
② 《明神宗万历实录》卷三百六十一。
③ 何良俊：《史》九，《四友斋丛说》卷十三，中华书局 1998 年版。
④ 张履祥：《近古录》卷一，见陈祖武点校《杨园先生全集》，中华书局 2002 年版。

情况，同样是资本主义经济因素的萌芽。①

最后，以从事手工业和商业为主的工商阶层的出现，是明朝中晚期思想启蒙运动的阶级基础。他们日渐成为社会生活的积极因子，必然在思想文化方面出现新的变化和要求。应该说，王襞的哲学美学思想就是在这么一个变化多端的历史语境中产生的。

（二）作为本体论的"中"

1. "中"即"性"

王襞继承了《中庸》思想中以"中"为本体的哲学思想。他也认为，"中"即"性"，"中"即人的本性，它是先天的，人心固有的，是上天所赋予的。"中"既是本体，也是工夫；"中正""中和"是王襞对"中"的体悟和诠释。其云：

> 吾人至灵之性，乃天之明命于穆不已之体也。故曰：天命之谓性。是性也，刚健中正、纯粹至精者也。率由是性而自然流行之妙，万感万应，适当夫中节之神。故曰：率性之谓道。②
>
> 大学明明德者，盖言人德性未有不明者，明其明德于伦物之感，自能恻隐羞恶、辞让是非。于父子而亲，于君臣而义，于长幼而序，于朋友而信，于夫妇而别，则所谓亲民也。以言乎己，谓之明明德；以言乎人，谓之亲民。亲民而民亲焉，明明德而德民焉，斯谓之止至善也。犹《中庸》之大本立而达道，行致中和也。致中和而位天地，则天地以位育万物，则万物以育圣人之能事毕矣。③
>
> 圣学只在正己做工夫，工夫只在致中和而已矣。舍本而末上致力，如之何其能位育而止至善也哉？《中庸》、《大学》一旨也。若离家国天下而学，则知便不致、意便不诚、心便不正，

---

① 敏泽：《中国美学思想史》第2卷，齐鲁书社1989年版，第538—539页。
② 王襞：《率性修道说》，《明儒王东厓先生遗集》卷一。
③ 王襞：《语录遗略》，《明儒王东厓先生遗集》卷一。

总不能修身以立本也。故其功归于格物，一正莫不正者也，是致中和而天地位、万物育者也，何等吃紧，何等简约，不须许多辩论也。①

王襞认为，"中"是本体，一方面，"中"作为人的本性，在人的喜怒哀乐没有表现出来，放在心里的时候叫作"中"；如果它表现了，而且又都合乎天道，叫作"和"；"中"是天下的根本，"和"是天下通行的大道理。只有达到"中和""中正"的境界，天地各守自己的位置，人与自然和谐相处，万物就能正常生长发育了。与此同时，王襞认为，"中"是"圣人与百姓日用同然之体"，只有"圣人者永不违其真焉者耳。而颜子者，则亦三月不违者也。"因为"圣人之心，常虚常静，常无事，随感而应，而应自神也。是以常休休也，坦乎其荡荡也。纵横而展舒自由，脱洒而优游自在也。直下便是，无待旁求，一彻便了，何容拟议？"② 另一方面，"中"作为人的本性容易受到"欲"与"情"的阻滞而得不到彰显，"若百姓，则不自知其日用之本真而获持之，一动于欲，一滞于情"。而如何才能"去其蔽、复其真"呢？王襞主张"圣人者悯之而启之修道焉"。③ 而圣人如何教百姓"修道"呢？王襞认为，"中"也是一种修养工夫，"圣学只在正己做工夫，工夫只在致中和而已矣。舍本而末上致力，如之何其能位育而止至善也哉？"也就是说，王襞认为，《中庸》《大学》的根本宗旨就是教导人们如何"修身以立本"，只要把握了《中庸》《大学》这个根本，"犹《中庸》之大本立而达道，行致中和也。致中和而位天地，则天地以位育万物，则万物以育圣人之能事毕矣。"那么，普通百姓也可以像圣人一样获持"中"之本体，达

---

① 王襞：《语录遗略》，《明儒王东厓先生遗集》卷一。
② 王襞：《语录遗略》，《明儒王东厓先生遗集》卷一。
③ 王襞：《率性修道说》，《明儒王东厓先生遗集》卷一。

到"中正""中和"之审美人生境界。

王襞继承了王艮、王畿的"中"即"良知"、"良知"即"性"的观点，"中"之本体即"良知"。其云：

> 性之灵明，曰良知，良知自能应感，自能约心思而酬酢万变，知之为知之，不知为不知，一毫不劳勉强扭捏，而用智者自多事也。

> 良知本性，天之灵而粹精之体也，谁其弗具，谁其弗神，而圣名者号也，得证则日用头头无非妙用，而纤力不与，快乐难名，然一体之慈达而经世之用出焉。苟不知立本之义，则世不可经，而吾之一体之慈窒矣。而非明明德于天下之大学也，至善之则不可见矣。此孔孟运世之要诀也。①

> 良知，即乾之体，刚健中正，纯粹至精，本无声无臭，挽搭些子不上，更万古无有或变者也。不容人分毫作见加意其间，自有本分天然之用，神触神应，原无壅滞，与鸢飞鱼跃同一活泼泼地，盖天命之性，原自具足固也。此《中庸》之旨，至易至简，虽愚夫愚妇可以与知与能。②

> 良知在人，随处发现，不可须臾离者。

> 才提起一个学字，却似便要起几层意思，不知原无一物，原自见成。顺明觉自然之应而已。自朝自暮，动作施为，何者非道？更要如何，便是与蛇画足。③

王襞认为，"中"即"性"，"性之灵明"即"良知"，"良知"是人的本性。他认为"良知"具有以下重要特征：先天具足、现成

---

① 王襞：《语录遗略》，《明儒王东厓先生遗集》卷一。
② 王襞：《寄庐山胡侍御书》，《明儒王东厓先生遗集》卷一。
③ 王襞：《语录遗略》，《明儒王东厓先生遗集》卷一。

圆满、不假思索、无须外求、不容拟议、本无声息、纯粹至精、天命之性、直下便是、言下便了、原自见成等。以上这些说法或多或少都可以从王艮或王畿那里找到源头①。王襞对于王艮、王畿"中"即"良知"思想的继承与发展主要体现在这样几个方面。

其一，"良知"即"性"，每个人都有良知。"良知本性，天之灵而粹精之体也，谁其弗具，谁其弗神""良知在人，随处发见，不可须臾离者"。王襞这一观点与王艮所主张的"人人天地性，个个圣贤心"如出一辙。

其二，"良知"容易受到阻滞而得不到彰显。王襞认为，人的良知本来是"纯粹至精，不杂纤毫的"，但后来在"欲"与"情"等诱惑面前被污染了。"良知之灵，本然之体也，纯粹至精，杂纤毫意见不得。""只为世诱在前，起情动念，自幼便染污了。"② 所以，他主张将"中"的修养工夫与"格物"联系起来，认为"致中和"的关键就是"正己"。其云："故其功归于格物，一正莫不正者也，是致中和而天地位、万物育者也。"③

其三，王襞"中"的修养工夫立意更加高远宏阔。王襞认为，"致中和"的修养工夫，不只是个人的修养问题，而是事关国家社稷兴衰的重大问题。其云："若离家国天下而学，则知便不致、意便不诚、心便不正，总不能修身以立本也。"也就是说，在王襞看来，人们如果要通过"正己"而达致"中和"的审美人生境界，那么他心中就要有"家国天下"，如果他离开"家国天下"，则意不诚、心不正，不仅不能"修身立本"，也不能致"中和"。王襞的这一思想认识较之于王艮就显得更深更远了。

---

① 吴震检索《龙溪集》发现，"本自见成""原自具足""本无一物""随处发现""直下便是""先天之学"等是王畿哲学思想的标志性语言，因此吴震认为，至少在良知问题上，王襞与王畿的关联性是比较多的。参见吴震《泰州学派研究》，中国人民大学出版社2009年版，第202—203页。

② 王襞：《语录遗略》，《明儒王东厓先生遗集》卷一。

③ 王襞：《语录遗略》，《明儒王东厓先生遗集》卷一。

（三）作为审美范畴的"中"

1. "中"即"内美"

如前所述，"中"即"良知"，我们来看作为审美范畴"中"之美学蕴含的另一层面"内美"，即"良知"之美。"中"作为审美范畴，在王襞的诗文集中虽然没有直接用"内美"① 来概述其人格美，但是，王襞有许多相关的论述，如"内足却能随地乐，高楼何用入云层？山藏至宝天犹惜，物得芳名人共称。"② "美哉！二三子之为情也。丈夫之生世也，必不以隙驹之景，而妄终身自立之图。临渊履冰，兢兢以自考，吾心术臧否何如也？吾行谊端否何如也？纤雾翳空而赫耀失明，微尘落鉴而精光失照，于是惧而思学，学而无已也；则优圣而入神，神则显，而天地其同体也，而人道其毕矣。"③ "世界上有两般人，子知之乎？成就人为善者，君子也；破败人为善者，小人也。"④ "人性之善，莫大于孝。孝者，百行之源也。故尧舜之道，孝弟而已。"⑤ 王襞以上论述都是强调人们应该追求与保持内在的"良知"之性，也即人格之美。"中"即"内美"就是指人们内在的美好德性、高尚的生命人格之美。

《明儒王东厓先生遗集》卷二收录王襞诗歌共 126 题 196 首。其中，七律诗 107 首，占大部分；次为七绝，计 57 首；另有少量五律、五绝、排律及杂言体，与歌类《游狼峰短歌》《乐诸友从游之盛歌一阕识喜》两首。我们认为，任何诗歌都是个体生命情感与社会生活的统一，王襞的诗作也不例外。王襞诗歌是因个体生命情感而

---

① 屈原《离骚》最早提出"内美"概念："纷吾既有此内美兮，又重之以修能。"朱熹集注："生得日月之良，是天赋我美质于内也。"王国维《人间词话》："词乃抒情之作，故尤重内美。"

② 王襞：《自寿用前韵四首》，《明儒王东厓先生遗集》卷二。

③ 王襞：《庆东淘吴友士贤五十序》，《明儒王东厓先生遗集》卷一。

④ 王襞：《勉诸生》，《明儒王东厓先生遗集》卷一。

⑤ 王襞：《书祁门郑竹冈永思卷》，《明儒王东厓先生遗集》卷一。

起的，袁枚说："诗者，各人之性情耳。"① 基于此，王襞诗歌便不能不带有个体的生命基因，但诗歌的创作主体王襞，又是明朝社会中的个体，诗歌便又不能不留下明朝社会生活的烙印。在王襞的诗中虽依然有说理诗的影子，但作者的性灵已时时自然流露于笔端。我们知道，个体之所以是个体，其最深厚的渊源在于生命情感。因此，要深入探讨王襞诗歌内在生命人格的美，作为起点，必须从王襞诗歌的生命情感体验说起。

王襞诗歌或直接或间接地表达了其对生命的感悟，因而，也就具有或显在或潜在的生命情感体验，而这或显在或潜在的生命情感体验就表现了王襞内在生命人格的美，如其《过钱家店望北洋庄居前韵》："欲傍寒芦一系舟，嘈嘈声里雁鸣秋。高人近僻北溪水，野客每怀南郭楼。今夕懵腾风雨过，几时欢合夜灯留。相期共展平生处，莫负年华空白头。"②

这是一首即景抒情诗，王襞寒秋时节乘小舟经过钱家店，由眼前的"寒芦"秋景、"雁鸣"秋声，就情不自禁地联想起僻居北溪水的高人、隐居南郭楼的野客，再由秋景的肃杀、自然界风雨的消长与夜间灯火的明灭生发出无穷感慨：时光易逝，人生苦短，勉励人们莫要辜负了韶华"空白头"。又如《喜彬庵枉顾用旧韵赠别》："尊酒相逢是旧期，念年间阔问何为？风流羡尔青春好，衰暮惭吾白日移。"这首诗是叙事抒情，阔别多年的彬庵造访王襞，王襞夸赞对方风采依旧、青春依然、奋发有为，而自责碌碌无为，惭愧自己年华虚度、衰暮渐至。我们由此联想到唐人贺知章的《回乡偶书》："少小离家老大回，乡音无改鬓毛衰。儿童相见不相识，笑问客从何方来。"在对照互读之下，便可知它们都属于表现衰老体验（属于广义的死亡主题）的诗，是诗人对个体生命情感的体验。柏格森认为：

---

① 袁枚：《小仓山房文集》卷一。
② 王襞：《明儒王东厓先生遗集》卷二，以下所引王襞诗作均出自该书，不再一一注明。

"诗人歌唱的总是他自己，仅仅他自己的某种独特的心境，一种一去不复返的心境。"① 王襞以上两首诗与贺知章的《回乡偶书》抒写的都是对时光荏苒、生命垂暮的情感体验，而且其情感体验在整体的达观中也都不无悲凉意味，这是二者相通的一面。王襞的悲凉感慨，是通过两种心态的对比（对方风采依旧，奋发有为，而自己年华虚度、衰暮渐至）而造成的正剧情境展示的。但贺知章的悲凉感慨，是通过主与客的易位（"我"原本是主，却因长年在外，反被儿童误以为"客"）而造成的喜剧情境展示的。这又是二者不同的一面。王襞诗歌关于衰老体验的生命情感内涵就是在这样的往复循环之中得以延伸和拓展。由于并非所有艺术都能与人的个体生命情感一一对应起来，相对于小说、戏剧等造形艺术，也许只有诗和音乐与个体生命情感的关联最为直接，也最为明显。钟惺所言："诗，活物也。"② 一语道破个中秘密，可以说，王襞诗歌与其生命情感是完全统一的。王襞诗作是其生命人格的内化，生动体现了其内在生命情感的美即"内美"，"中"即"内美"就是指内在的美好德性、高尚的生命人格之美。而王襞内在生命情感的美可以从其诗的生命人格之美和诗的生命形式之美两个方面来加以观照。

其一，生命人格之美。

从诗的生命内涵看，王襞诗歌与其生命情感具有直接同一性，是其生命人格的诗化，而其诗化的生命人格就是一种内在生命人格的美，即"内美"。王襞《寄南梁庠友张一岩》云："东风才转绿杨春，怪是黄鹂最恼人。唤得碧桃开热闹，簇成花市妙难论。"诗人从视觉写到听觉，由远景转到近景再推开去，写春天的绿杨、黄鹂、碧桃，热热闹闹一片，簇成色彩鲜艳的花市。诗人想象大胆奇特，认为春天花开成锦的自然变幻是被黄鹂鸟唤醒，诗中通感、比拟手

---

① 孙绍先、周宁：《外国名诗鉴赏辞典》，中国工人出版社 1989 年版，第 915—916 页。
② 钟惺著，李先耕、崔重庆标校：《隐秀轩集》，上海古籍出版社 1992 年版。

法的巧妙运用使得王襞的生命人格与生命情感自然而然地彰显，原本就生机盎然的春天更显灵活生动，表达了王襞追求其生命人格与生命情感原初形态与自由本性的自然主题。

也就是说，王襞诗歌所表现的主题主要是其作为生命个体在形而上层面对人的内在生命情感与生命人格的幽深体验。诸如爱的主题（诗人对生命的延续性及其血缘根基的体验），如王襞《忆母》"此身非母何从有，鞠育深恩图报难。天地可穷恩不断，江河流竭泪流干。长成颇识趋庭训，奉养聊堪侍寝安。三十余年悲梦想，满头霜雪慕慈颜。"诗人对母亲的"鞠育深恩"时刻铭记在怀，力求感恩图报但是难以如愿，于是常常自责，每当回忆起母亲就情不自禁地"泪流"满面。爱的主题在诗中得到了淋漓尽致地展现，诗人王襞孝顺母亲的品格得到了高度的升华："天地可穷""江河流竭"也改变不了他对母亲的思念与尊崇。而这种常怀"梦想"、常"慕慈颜"的纯孝无比的行为本身就昭示了其内在生命人格的美。又如死亡主题，王襞在诗中先回忆死者生前的音容笑貌，再抒发自己对逝者的深切怀念和无限惋惜之情，表现了他对待死亡的达观与超脱的态度。如《挽周南泉九十一翁仙逝》"一生消受终归尽，问尔行持今在无?"《挽南梁仲翁》"从容今尔更衣际，谈笑怡然脱屣归"《悼老友季东洲仙逝四首》"长往不回春已老，泯归无迹雪全消"等，还有如《喜彬庵枉顾用旧韵赠别》《过钱家店望北洋庄居前韵》《寿梅成之六十》《自贺七十作》《自寿用前韵四首》《代耿宗师作以寿胡庐山母》《自庆寿作》等均属于广义的死亡主题之作，是诗人对个体生命一去不复返的时间形式的体验。而王襞《问病乐吾》《答以中别居之作》《寄昭阳怀韩以中二首》《述意五首》《赠殷乐川二首》等诗属于孤独焦虑主题，是诗人对生命的个体性和由此造成的彼此难以沟通乃至受到种种有形无形挤压的体验。

总之，这些诗写的是王襞在日常生活中琐细而又本真的个体生命情感体验，其实王襞也是借助对日常生活的玩味来品涵生命情趣，用至真的情感体验来融化生命的烦恼，提升生命人格的品质。王襞诗歌中这些本体论意义上的个体生命情感体验主题，在抽象意义上，是为不论哪一个时代的个体所共有的。它们作为个人无意识的"情结"，或者集体无意识的"原型"，进入诗里，便成为超越时代超越具体社会形态的永恒主题。这样的生命情感体验，一方面，尽管为所有时代的诗人个体所共有，但另一方面，又为寓于明朝中叶特定历史瞬间的王襞个体所独享。从共有的一方面说，其生命情感体验的抽象内涵必然一脉相承，而带着某种诗的母题的重复性，成为贯穿民族诗史的基本旋律；从独享的一方面说，其生命情感体验的具体内涵又必然与日俱新，而呈现某种诗的情境的不重复性，化作穿插在民族诗史内的多样曲调。正因为如此，王襞诗歌的生命情感体验就具有丰富而深刻的特点。王襞诗歌作为生命个体在形而上层面对其内在生命人格的幽深体验，就具有"通"与"变"的特色。唯其如此，王襞诗歌的生命情感内涵才能"通则变，变则久"，[①] 其内在生命人格才能永葆魅力。

王襞诗歌的美，是由其内在生命的个体性所规定的，是其生命人格与生命情感的美；是以生命人格之气相贯注，以生命情感之真为尺度的内美。王襞诗歌的内美是如何实现的呢？王襞诗歌实现内美的过程，可以相应地分为入情、入性和入神三个阶段。

首先是入情。相对于入性和入神，这是王襞作为生命个体在意识层次的生命情感体验。如王襞《赠殷乐川二首》"黄鹂飞上柳梢头，唤得春来绿满洲。今日王孙不跃马，他时风雨漫成愁。"诗情是在"人心之感于物"[②] 的基础上产生的，因此，作为入情的前提，就应该是触物而感，而王襞动情的原因正是如此："黄鹂飞上柳梢

---

① 王弼注，孔颖达疏：《周易正义·系辞上》。

② 戴圣：《乐记·乐本》，见（清）朱彬撰，沈文倬、水渭松校点《礼记训纂》，浙江大学出版社 2010 年版。

头，唤得春来绿满洲。"百鸟婉转与绿满人间的春景触动了他对朋友殷川的依依不舍之情。杨万里说："我初无意于作是诗，而是物、是事适然触乎我，我之意亦适然感乎是物是事，触先焉，感随焉，而是诗出焉，我何与哉？天也。"① 王襞这首诗歌基本上可以按照杨万里论述的"触"→"感"→"诗"的线性逻辑线索来梳理，切合入情之初生命情感体验的本然形态。王襞诗歌的生命情感活动尽管最终表现为内在的合目的性，但就其本身而言，它是无目的的，王襞是在无意中触物而感："今日王孙不跃马，他时风雨漫成愁。"王襞在诗中所入之情，是实实在在从"黄鹂、柳树、绿草"这些对象"触先感随"而来的，换言之，它是由实物而引发，以实感为基点的真情。具体而言，王襞在触物而感的基础上，通过忠实于自我的生命情感，形成了某种有具体定性的心情或情境，就是入情的标志。在此种情况下所写的诗，因其有真情实感作为内核，因而具备相当的真切感。然而，由于王襞作为生命个体在入情阶段的生命情感体验，还停留在表层的意识层次，其所入之情虽是真情，但未经酝酿和深化，远未达到"痴情"或"至情"的地步，这样写出来的诗大都只能诉诸理性，而不能震撼心灵；只能到达感觉，而不能潜入个体生命的深层。由于王襞诗作大多数是酬答诗（如《赠南都后台陈表弟》《赠东台曹南风畴》《赠南梁门人殷乐川》《次韵答北洋崔子见枉》等），其中有些诗正如杨万里那样，写得"很聪明，很省力，很有风趣，可是不能沁入心灵；他那种一挥而就的'即景'写法也害他写了许多草率的作品"②，其原因大概就在于此。

其次是入性。我们来看王襞的《问病乐吾》："十里霜风曙色寒，扁舟同载碧波澜。故人卧病怜何况，老我关情数与宽。帽顶有天宜听命，金樽乘酒曷常悭。平生辛苦驰驱意，只是悲人转脚难。"诗的兴

---

① 杨万里：《诚斋集》卷七十六。
② 钱钟书：《宋诗选注》，人民文学出版社1989年版，第181页。

象，一是霜风、扁舟，一是故人韩乐吾。犹如没有铺设桥梁的两个桥墩，二者之间没有用诸如"像"或者"是"之类的词加以关联。就彼此在物态外观上的千重阻隔（一是人，一是物）而言，这是"无端之事"；但就彼此在情境内涵上的一点相通（"故人卧病"时形容枯槁，"霜风"凄厉时万物萧条）而言，这又是"有关之想"。瑞恰兹将此类语言奇观概括为不同语境间的远距离交易。在这样的交易中，诗人能够跨越远距离，由"无端"而见出"有关"者，恰恰是因为王襞对韩乐吾的真挚友谊而引发的一片痴情。痴情作为王襞生命个体在情结内的沉溺，或者说，作为个人无意识的生命激情；诗的兴象作为王襞生命个体因沉溺情结而生的自由联想，或者说，作为个人无意识的生命感知；二者都带有某种放任不拘、自由无羁的特征。简单地说，入性就是痴情而兴，入性阶段的王襞诗歌表现一种任性与尽性的特征。

而这一入性阶段可以与李贽的"童心"说对照互读："童心者，真心也。若以童心为不可，是以真心为不可也。夫童心者，绝假纯真，最初一念之本也。若失却童心，便失却真心；失却真心，便失却真人。人而非真，全不复有初矣。"[1] 李贽所着眼于童心的，便正是个体生命在无意识层次的这种任性与尽性的本真形态。王国维说李煜"生于深宫之中，长于妇人之手，是后主为人君所短处，亦即为词人所长处"，又说"主观之诗人不必多阅世，阅世愈浅则性情愈真"[2]，其着眼点也在于此。我们以上说入性即痴情而兴，如果换一个角度，这种入性或痴情而兴，也可以看作复现童心。如王襞《春日再用前韵》就是痴情而兴的好诗："春山处处鸟鸣哀，花树纷纷簇满台。樽酒喜游从酩酊，道衣装制更襟怀。长篇或事登楼赋，漫兴何烦倚马才。潇洒不羁吾得矣，岂辞日日荜门开。"其"潇洒不羁"的春游就是王襞内在情感任性与尽性地呈现的一种方式。王襞这样

---

① 李贽：《焚书》卷三。
② 王国维：《人间词话》，齐鲁书社 1981 年版，第 94 页。

的诗还有不少，如《答以中别居之作》"瘦骨先生耸两肩，不将寒相着人怜。虽于尘俗全无气，恐与神仙夙有缘。每对宾朋林下坐，岂曾酒盏手中寒。消磨世界如流水，还我青山不改迁。"其中"消磨世界如流水，还我青山不改迁"体现了诗人内在生命在无意识层次的这种任性与尽性的本真形态。我们讲王襞诗歌中生命个体的入性，讲痴情而兴，就是指在王襞个人无意识层次的生命情感体验中，找到一条童心失而复得的途径。在入性阶段，因为王襞生命个体已经有了某种有具体定性的心情或情境作为前提，所以，他就像孕妇守护腹中的胎儿一样，一心不二用地守护这种"心情或情境"。其任务是使之不受到其他思绪的干扰，从而使之发展和深化。

最后是入神阶段。在入性阶段，王襞作为生命个体在情结中的沉溺即所谓痴情，是一种个人无意识的生命激情。在入神阶段，王襞作为生命个体能够洞穿其痴情，化暴风雨一般的喧嚣与骚动而为一种暴风雨过后全无一丝云影的澄明心境，于原物原样地体验这种痴情的同时，在更深的层次上反思与回味这种痴情，凭借直觉来领悟其个体生命的奥秘，并进而完成其个体生命与种族生命、与人类生命、与宇宙万物生命的汇融，是所谓彻性而悟。王襞《再咏寄韩以中二首》"名高未必都归己，实胜终能免厚颜。莫恃入山寻路易，须知举棹出溪难。"就属于我们所说的彻性而悟，王襞对于人生的功名利禄可以说是参透了："名高未必都归己"，认为功名利禄都是身外之物，丝毫不为所动。并且谆谆告诫韩以中"莫恃入山寻路易，须知举棹出溪难。"法国诗人彼埃尔·勒韦尔迪认为："诗人是潜泳者，他潜入自己思想的最隐秘的深处，去寻找那些高尚的因素，当诗人的手把它们捧到阳光下的时候，它们就结晶了。"[①] 正是为了"潜入自己思想的最隐秘的深处"，找到那些可以在阳光下结晶的生

① ［法］彼埃尔·勒韦尔迪：《关于诗的思考》，《法国作家论文学》，王忠琪等译，生活·读书·新知三联书店1984年版，第135页。

命情感与生命人格的本质和意义，王襞在入性阶段，通过痴情而兴，复现其童心以后，有必要如"潜泳者"一般，再进入第三个阶段，即入神阶段，在集体无意识层次完成其最深刻的生命人格体验。而"名高未必都归己"可以说是王襞对生命人格的深刻体验之结晶。

严羽认为，"诗之极至有一：曰入神，诗而入神，至矣，尽矣，蔑以加矣！惟李杜得之。他人得之盖寡矣。"① 如果联系李白、杜甫的人生经历与创作成就，应该说，严羽是言之不谬的。但本书认为，严羽论入神只涉及李杜两人，圈子未免画小了一些。在李杜之外，诸如屈原、陶渊明、苏轼等，似乎也应被归于入神之列。而王襞也有一些诗作可以归入入神之列，如《祠下宿作联心榻》"一体目看心自联，联心榻上得安然。大家猛醒前头路，惟我因循更续鞭。一念未融终作梗，千年佳会岂无缘。直须领取东淘意，都乐羲皇以上天。"王襞认为，诗歌创作只有在直觉、顿悟的参与下，才有可能创作出名篇佳句。又如《寄勉南梁周怀坤亲翁诗二首》"柳发新条又一年，伫看红紫斗芳妍。每逢好景偏饶兴，转觉精神老益坚。锦绣图画非易得，丹青妙手恐难传。君如不作寻常会，正好扬鞭策马前。"诗中表达的是王襞自己在诗歌创作"入神"阶段的复杂体验和透彻之悟，他认为诗歌创作与绘画艺术有相通的地方，精妙之处是不可以言传的，只有心领神会。

综上所述，我们依次论列了王襞作为诗人个体进入生命以实现"内美"的三个阶段：入情、入性和入神。由此可知，在触物而感的入情阶段，王襞进行了意识层次的生命情感体验，始终忠实于自我；在痴情而兴的入性阶段，王襞进行的是个人无意识层次的生命情感体验；在彻性而悟的入神阶段，王襞进行的是集体无意识层次的生命人格体验。在这三个阶段中，王襞诗歌的生命情感之气作为线索与生命人格之真作为尺度是始终贯穿的。先看王襞诗歌的生命情感

---

① 严羽著，郭绍虞校释：《沧浪诗话校释》，人民文学出版社 1983 年版。

之气的线索：所谓触物而感，实际就是纳入外气；所谓痴情而兴，实际就是炼就内气；所谓彻性而悟，实际就是化作元气。再说生命人格之真的尺度，王襞诗歌在入情阶段，强调的是真情；在入性阶段，强调的是真性；在入神阶段，强调的是真人。所以，王襞作为诗人个体进入生命以实现内美的过程，作为从入情到入性再到入神的过程，可以理解为生命情感之气不断内外交流的过程，也可以且必须同时理解为向生命人格之真逐步开掘的过程。

其二，生命形式之美。

我们再来看王襞诗歌的生命形式之美。作为诗歌生命内涵的载体，王襞诗的形式如同法国诗人圣－琼·佩斯（Saint-John Perse）所指出的那样："首先是生命的形式，而且是完整无缺的生命形式。"①苏珊·朗格曾就生命形式作过深入的分析。她认为："要想使一种形式成为一种生命形式，它就必须具备如下条件。第一，它必须是一种动力形式。换言之，它那持续稳定的式样必须是一种变化的式样。第二，它的结构必须是一种有机的结构，它的构成成分并不是互不相干，而是通过一个中心互相联系、互相依存，换言之，它必须是由器官组成的。第三，整个结构都是由有节奏的活动结合在一起的。这就是生命所特有的那种统一性。如果它的主要节奏受到了强烈的干扰，或者这种节奏哪怕是停止上几分钟，整个有机体就要解体，生命也就随之完结。这就是说，生命的形式就应该是一种不可侵犯的形式。第四，生命的形式所具有的特殊规律，应该是那种随着它自身每一个特定历史阶段的生长活动和消亡运动辩证发展的规律。"②我们认为，苏珊·朗格所描述的生命形式就是一种形式美。如果拿王襞诗歌的生命形式同苏珊·朗格以上归纳的四个方面——动力性、

---

① ［法］圣－琼·佩斯：《诗歌》，《法国作家论文学》，王忠琪等译，生活·读书·新知三联书店1984年版，第482页。

② ［美］苏珊·朗格：《艺术问题》，中国社会科学出版社1983年版，第49页。

有机性、节奏性和生长性进行对照，那么，王襞诗歌与王襞生命个体在形式上的同构对应关系是显而易见的，试分析如下。

其一，动力性。王襞《再用吴焦二公韵》中的"两涯花树闹秋芳，双桨中流荡水香"句，一个"闹"字活化出水边花之繁茂；不直说花香，转说水香，双桨起落间花香随之流转于空气之中，播之愈远，花随水流，一派秋色早已暗藏；"裳巾随鸟分山色，童稚穿云乱竹光"句，动中有静，以动景写静谧的情怀，虽是"分"与"乱"，而倍增其静。诗句自然清新，读来清芬四溢，诗人的陶然之情油然而现。诗的动力性与王襞个体生命情感的动力性在这首诗中是完全同构对应的。那么，什么是诗的动力性呢？莱辛的《拉奥孔》在论及诗与画的区别时，提出了诗"化美为媚"的命题："媚就是在动态中的美。"① 在莱辛之前，我国古代诗学也早已总结出寓静于动、以动写静的规律。如杜甫《宿江边阁》："薄云岩际宿，孤月浪中翻"，出自何逊《入西塞》的两句："薄云岩际出，初月波中上。"仇兆鳌就此点评说："何诗尚在实处摹景，此用前人成句，只转换一二字间，便觉点睛欲飞。"② 以上莱辛所谓"媚"，仇兆鳌所谓"点睛欲飞"，究其实都是指诗的动力性而言。而这种动力性与个体生命情感的动力性完全是同构对应的，王襞诗歌的动力性与王襞个体生命情感的动力性也是如此，因此具有诗歌的生命形式之美。

其二，有机性。王襞《咏菊八首》就是极富有机性的抒情诗，他把"问菊""植菊""赏菊""对菊""评菊""移菊""惜菊""忆菊"等意象诗组合成一个整体，总体上是以陶渊明自况，借菊花的高洁象征自己人格的高尚。但如果要你详细复述其中每一首诗的内容恐怕不太容易。《问菊》："一一园花都傍暖，尔持雅操独宜寒。不知老炼能如铁，高并梅花雪里看。"《植菊》："昔曾托迹陶家圃，

---

① ［德］莱辛：《拉奥孔》，朱光潜译，人民文学出版社 1979 年版，第 121 页。

② 杜甫著，仇兆鳌注：《杜诗详注》（第四册），中华书局 1979 年版，第 1469 页。

占断东篱醉处幽。今入先生浇灌手，荐登佳品贮南楼。"《赏菊》："萧条群卉见孤标，借尔山中破寂寥。读罢离骚对明月，披襟把酒向花浇。"《对菊》："玉蕊金英品格高，丰姿独骋早霜骄。持杯揽断吟髯笑，风致先生绝似陶。"《评菊》："牡丹笑尔瘦兼寒，舞蝶游蜂不做欢。若集大成推次第，百般样色擅名完。"《移菊》："倚栏凛凛肃霜寒，不用傍人倩正冠。闻道城南有殊植，数株带雨过江干。"《惜菊》："小栏收得数株清，别有新英开未盈。安得绕斋群集盛，令人牵念意难平。"《忆菊》："紫黄红白各栏枝，欲借清幽寄所思。美人家住江之浒，霜露迢遥遗尔迟。"①

王襞其他诗歌如《秋会罢八咏》《述意五首》《程天津寓角斜场置网取鱼寄之四首》等也是极富有机性的抒情诗。别林斯基曾经探讨过诗的有机性问题：无论小说还是戏剧，其内容都可作提要式的复述，唯独诗却不能这样做。他说："抒情作品虽然内容十分丰富，但却仿佛没有任何内容似的，正像音乐作品用甜美的感觉震撼我们的整个身心，但它的内容是讲不出的，因为这内容是根本无法翻译成人类语言的。这说明了为什么常常不但可以把一部读过的长诗（指叙事诗——引者注）或者戏剧的内容讲给别人听，甚至还可以多多少少用自己的复述来对别人发生作用，然而，却绝对无法掌握一首抒情作品的内容。是的，它是无法复述、无法说明的，却只能让读者自己去感觉，并且只有像出于诗人笔下那样读它，才能够感觉它；如果把它用言语复述出来，或者改写成散文，它就变成了无定形的、死的幼虫，色彩绚烂的蝴蝶倒是刚刚从里面飞走了。"②别林斯基虽然没有就此分析原因，但他所指出的抒情诗的内容不能复述这一点，却是为我们大家的经验无数次证明了的事实。为什么诗的

① 王襞：《咏菊八首》，《明儒王东崖先生遗集》卷二。
② ［俄］别林斯基：《别林斯基选集》第3卷，满涛译，上海译文出版社1980年版，第12页。

内容不能由一个人向另一个人作提要式的复述？为什么那些绝妙好诗不能作哪怕是一个字的改动？要回答类似这样的问题，除了把诗视为如人的生命那般一气呵成、血肉混沌的有机体，再也别无其他选择。而这一有机性，又恰好从另一个侧面说明了王襞诗歌与其生命个体在生命形式上的同构对应关系。

其三，节奏性。王襞诗作大多数是酬答诗，诗歌中次韵、和韵之作达50首之多，也就是说，其诗特别注重内在的节奏与韵律，如《在杭州因禅僧求作二首》："春风吹暖百花开，紫翠粉然上碧台。生意到时堪作想，灵根动处孰为栽。乾坤有相都如许，心性何形只恁来。试看上人冰玉骨，千年云树拟生胎。"全诗押的是"ai"韵，诗中情感的流动极富韵律与节奏；又如《次董罗石翁余字韵》步的是"u"韵："唤醒从前春梦余，回头便识自家庐。庄严宝相皆成伪，幻妄空花早破除。一物不存非窈渺，纤毫落见失元初。夜来闲傍梅花立，月满枝头影满裾。"王襞在诗中的情思流露与诗歌的节奏相吻合，又恰好从一个侧面说明了王襞诗歌中生命情感与生命形式的同构对应关系。

从发生学的角度看，由于原始艺术与原始人的生产劳动直接相关，常常是歌谣、舞蹈和音乐三位一体。《毛诗序》云："情动于中而形于言，言之不足故嗟叹之，嗟叹之不足故永歌之，永歌之不足，不知手之舞之，足之蹈之也。"从诗的言情，到"嗟叹"，到"永歌"，再到"手之舞之，足之蹈之"，诗歌在很大程度上就是依靠自身的节奏，而呈现向三位一体的艺术原型回归的意向。正因为如此，古人在很长一段时间内，凡赋诗必配之以乐，而配乐又必伴之以舞。只是到了近现代，在自由诗以及散文诗中，上述诗与音乐、舞蹈共生的外在形式，现在已淡化到不复存在，诗的节奏感，渐次由声调深化为情调，由情调又进一步深化为语调。由此可见，节奏对诗而言，始终是不可或缺的生命形式。郭沫若说得好："节奏之于诗是它的外形，也是它的生命，我们可以说没有诗是没有节奏的，没有节奏的便不是诗。"① 王襞的大多数诗作正如郭沫若对诗的节奏性所作的上述强调，其诗歌的内在节奏与其个体生命情感是同构对应的关系。

其四，生长性。王襞诗歌的结构大多数是以情感的流动为线索的抒情结构。如《和答王凤山》诗云："为学先寻静处天，尘机如息始安然。当年混世诚非计，今日抽身幸遇年。明旨要明千古诀，做人须做十分全。孜孜不厌深深入，自有神明告尔前。"整首诗从开始讲为学要求具备虚静的心理，为学的态度在孜孜不倦，为学的方法在循序渐进、由浅入深地探究，一直讲到做人的最终目标在立德、立功、立言等。该诗的思想情感基本上按照"起、承、转、合"的方式流动。又如《再咏寄韩以中二首》"上继前修不等闲，论功须破百重关。名高未必都归己，实胜终能免厚颜。莫恃入山寻路易，须知举棹出溪难。津头水阔曾何限，老我门开听往返。"这首诗的情感结构在展开的时候也基本上按照"起、承、转、合"的方式流动。"上继前修不等闲，论功须破百重关"是"起"，"名高未必都归己，实胜终能免厚颜"是"承"，"莫恃入山寻路易，须知举棹出溪难"是"转"，而"津头水阔曾何限，老我门开听往返"则是"合"了。那么，抒情诗到底有没有自己的结构法则呢？许多人鉴于其千变万化，认为无法概括。但诗人流沙河却用"起承转合四段法"，对包括古诗、新诗和西方诗在内的各种诗的抒情结构作了匠心独具的概括。流沙河这样做，自然要冒削足适履的风险，然而，仔细想来，却又不无道理。因为诗由起到承，到转，再到合，作为一个完整的过程，正好标志着诗的生长周期。这一生长周期，与个体生命由生到长、到成、再到老的生长周期，是完全重合的。如果不是基于同构对应关系，那么二者的重合便无法得到确当的说明。王襞大多数诗歌的结构是以情感的流动为线索的抒情结构，是具有生长性的，因而具

---

① 郭沫若：《沫若文集》第十卷，人民文学出版社 1957 年版，第 225 页。

有诗歌的生命形式之美。

综上所述，我们认为，王襞诗歌表达的是其内在的生命情感体验，诗的形式是一种具有动力性、有机性、节奏性和生长性的生命形式。王襞诗歌的美由其内在生命情感体验的个体性与诗歌的生命形式的特殊性所规定，主要是其个体生命人格的美与生命形式的美，即"内美"。

二 论"道"

如前所述，"中"即"道"，而"道"范畴是王襞审美人格思想的高度凝练，其内涵可以从三个层面来理解。一是审美人格本体论的"自然之谓道"，其云："吾人之学必造端夫妇之与知与能，易知易从者而学焉。及其至也，察乎天地，而不可强而入也。希天也者，希天之自然也。自然之谓道。天尊地卑，自然也，而乾坤定位矣。"① 二是在"自然之谓道"基础上提出的审美人格境界论的"率性之谓道""乐即道"，如："天命之谓性。是性也，刚健中正、纯粹至精者也。率由是性而自然流行之妙，万感万应，适当夫中节之神。故曰：率性之谓道。"② 三是审美人格理想论的"王道"："学者初得头脑，不可便讨闻见支撑，正须养微致盛，则天德王道在此矣。"③

所谓"审美"，就是人类基于完整、圆满的经验而表现的一种身心洽适、灵肉协调、情理交融、知行合一的自由和谐的心理活动、行为方式和生存状态④。所谓人格，是指人在社会实践活动中形成的一种具有相对稳定的心理特征和行为方式。人格作为一种精神价值，是指人对自身存在的地位、意义、作用，包括权利与责任的认识、

---

① 王襞：《上道州周合川书》，《明儒王东厓先生遗集》卷一。
② 王襞：《率性修道说》，《明儒王东厓先生遗集》卷一。
③ 王艮：《语录》，《明儒王心斋先生遗集》卷一；另有《王道论》，见《明儒王心斋先生遗集》卷二。
④ 姚文放：《"审美"概念的分析》，《求是学刊》2008 年第 1 期。

评估。马克思认为："人是最名副其实的政治动物，不仅是一种合群的动物，而且是只有在社会中才能独立的动物。"① 也就是说，人只有在社会生活中，才能形成具体的自由、权利、责任、义务等精神人格，这些人格特征随着社会生活的变化而变化，且在阶级社会中往往又打上阶级的烙印。健全的人格应该包含德性人格、智性人格与审美人格三方面，它与人类所固有的向善、求真、爱美的精神品格相吻合，审美人格是对德性人格与智性人格的升华与超越，是人格追求的最高境界。而中国古典美学基本上是围绕如何使人格日渐完美、平等这一问题来进行论述的，张岱年说："中国哲人的文章与谈论，常常第一句讲宇宙，第二句讲人生，更不止此，中国思想家多认为人生的准则即是宇宙之本根，宇宙之本根便是道德的标准；关于宇宙的根本原理，也即是关于人生的根本原理。"② 包括张先生在内的许多学者均认同，整个一部中国古代思想史，其中心就是论述"怎样做人、做怎样的人"的问题，亦即人格问题。有学者认为，儒家理想人格在先秦时代集中体现在对"义"与"利"所联结的人生价值抉择上，其代表模式呈现为"重义轻利"。在秦汉时代集中体现在对"仁、义、礼、智、信"及入世立功的人生价值追求上，其代表模式体现为"内圣外王"。在魏晋时期集中体现在对个体生命价值与主观精神价值的追求上，其代表模式显现为"孔颜乐处"。唐宋时期集中体现在"推己及人"进而"推恩"于天下的忧患人生价值选择上，其代表模式表现为"忧国忧民"。宋元明时期集中体现在注重民族气节的人生道德价值选择上，其代表模式呈现为"殉道守节""杀身成仁"。③ 在某种程度上，传统儒家的人格理想已经内化为中华民族的审美人格理想。本书认为，王襞的审美人格思想正是对传

① ［德］马克思：《马克思恩格斯全集》第四十六卷，人民出版社1979年版，第21页。
② 张岱年：《中国哲学大纲》，中国社会科学出版社1982年版，第165页。
③ 薛柏成：《论儒家理想人格模式的历史演变》，《松辽学刊》1995年第4期。

统儒家的审美人格思想的继承与发展，"道"是王襞审美人格思想的高度凝练。

"道"的本义是路，人行之路为"道"。许慎《说文解字》云："道，所行道也，一达谓之道。"即具有一定方向的路叫作"道"。引申为人或物所必须遵循的轨道、原则，通称为"道"。日月星辰所遵循的轨道称为"天道"，人类生活所遵循的轨道称为"人道"。先秦时期关于"道"的争论是比较激烈的，相互之间的影响也是显而易见的。孔子所讲的"道"主要是人道，其云"谁能出不由户，何莫由斯道也！"意即"道"是人必须遵循的原则，又说"志于道，据于德，依于仁，游于艺"①。道、德、仁、艺共四个层次。道是原则，德是道的实际体现，仁是最主要的德，艺（礼乐）是仁的具体表现形式。概而言之，"道"至少蕴含三层含义。其一，事物的存在都有其变化的过程，有的思想家则以事物变化的总过程为道。如张载以"气"言"道"，以"气化"为"道"，认为道就是气的运动变化的过程。其二，事物的变化过程中具有相对不变的规律，既有其特殊的规律，也有其普遍的规律，有的思想家把这普遍的规律命之曰"道"。如程颢以"理"为"道"，其云："盖上天之载，无声无臭，其体则谓之易，其理则谓之道。"② 以为道是指理而言。程颐说："一阴一阳之谓道，道非阴阳也，所以一阴一阳，道也。"道是阴阳的所以然。他又说："离了阴阳更无道，所以阴阳者，道也。阴阳气也，气是形而下者，道是形而上者。"③ 二程把道与气对立起来，以理为道，认为道是超越自然的最高实体。其三，有的思想家把普遍规律提升到物质世界之上，看作最高的实体，世界的本原。如老子认为"道"是"先天地生"的世界本原。春秋时代所谓"天道"是

---

① 孔子：《论语·述而》，见朱熹《四书集注》，怡府藏版影印本，巴蜀书社1985年版。
② 程颢、程颐：《河南程氏遗书·二程集》，商务印书馆1935年版。
③ 程颢、程颐：《河南程氏遗书·二程集》，商务印书馆1935年版。

天之道，道是从属于天的，老子则以为道比天更根本，天出于道。道的观念是从天道转化而来的，天道是天所具有的规律，道是比天更根本的普遍规律。老子说："有物混成，先天地生，寂兮寥兮，独立而不改，周行而不殆，可以为天下母，吾知其名，字之曰道，强为之名曰大。"① 认为道是万物的根源，道的存在不同于万物的存在。老子提出"道"的观念，实际上是强调普遍规律的重要。他把普遍规律看作最高的实体，把普遍规律实体化了。

概括而言，"道"在不同的时代、不同的贤哲那里有不同的称谓，先秦时期叫作"天命之性"，也叫作"未发之中"，如《中庸》："天命之谓性，率性之谓道，修道之谓教。"宋代的陆九渊、朱熹称为"天理"，到了明代，王阳明称之为"良知"，其云："良知即是道，良知之在人心，不但圣贤，虽常人亦无不如此。若无有物欲牵蔽，但循着良知发用流行将去，即无不是道。但在常人多为物欲牵蔽，不能寻得良知。"② 王艮说："道一而已矣，中也，良知也，性也。"③ 又说："道在天地间，实无古今之异，自古惟有志者得闻之。孔子曰'朝闻道，夕死可矣'，其余何足言哉？""闻此良知之学，闻天命之性，可谓闻道矣。"④ 王襞亦曰："良知之传，千圣之秘藏，而阳明先师翁，从万死一生中拈出者，……盖以此物不明，一切学术尽皆支离，掇拾之繁而影响形迹之似，心劳而日拙，于性命根源了无有交涉，所谓差之毫厘，谬以千里也。"⑤ 其实"道"所指涉的内容，都是先哲们关于宇宙的本体、生命的本质等内容的理解。假如明白了这个"道"，就是人生的彻悟，也就意味着人们对自身内外各种束缚的根本解脱。正因为如此，泰州学派把明"道"、传"道"

① 老子著，朱谦之校释：《老子校释》第二十五章，中华书局 1984 年版。
② 王阳明：《答陆原静书》，《王阳明全集》卷二，上海古籍出版社 2015 年版，第 60 页。
③ 王艮：《语录》，《明儒王心斋先生遗集》卷一。
④ 王艮：《语录》，《明儒王心斋先生遗集》卷一。
⑤ 王襞：《语录遗略》，《明儒王东厓先生遗集》卷一。

视为人生最重要的使命。王襞曾说："直信人生只有此一事，千古只有这一件；舍此一事皆闲勾当，离此一件总是糊涂。安忍将有限光阴，却付闲勾当，去无穷明妙，乃坐糊涂相也。"① 罗汝芳在云南为官时，亦曾对诸生讲："人生世间，惟有此一件事，最为紧要。"② 由此可见，明"道"、传"道"的活动贯穿泰州学派始终。王襞以"百姓日用"为"道"、以"自然、率性、乐"为"道"。"道"范畴是王襞审美人格思想的高度凝练。

（一）审美本体论："自然之谓道"

王襞在《上道州周合川书》中提出了"自然之谓道"的审美人格本体论主张，其云："吾人之学必造端夫妇之与知与能，易知易从者而学焉。及其至也，察乎天地，而不可强而入也。希天也者，希天之自然也。自然之谓道。"③ 王襞的意思是说，无论是为人的境界还是为学的境界，"自然"是最高境界，既不容易达到，也不可能"强而入"。王襞"自然之谓道"的观点可以说是王艮"百姓日用是道"的同义语，系"百姓日用是道"的另一种表述，都是说"道"本平常，"自自然然"，"简易快乐"④，就像"鸟啼花落、山峙川流、夏葛冬裘"⑤ 那样自然。这里说的鸟之啼，花之落，山岳之耸峙，山川之流泻，是自然界的景象，自然而然，不假人力。夏天穿葛，冬天穿裘，饥来则食，渴至则饮，是人的生存要求，自然而然，不假做作，这就是"至道"。换句话说，百姓的日用需求，百姓的生存欲望、审美人格理想也就是"至道"，任何人都不能干扰它的实现。"至道"就是心之本体、审美人格理想。把心之本体作为百姓生存的自然要求来考虑，这就摆脱了王阳明"良知"说的神秘气氛。古代

① 王襞：《答建阳司教海陵陆三塘书》，《明儒王东厓先生遗集》卷一。
② 罗汝芳著，方祖猷、梁一群、李庆龙等编校：《罗汝芳集》，凤凰出版社 2007 年版，第 172 页。
③ 王襞：《上道州周合川书》，《明儒王东厓先生遗集》卷一。
④ 罗汝芳著，方祖猷等编校：《罗汝芳集》，凤凰出版社 2007 年版，第 57 页。
⑤ 王襞：《语录遗略》，《明儒王东厓先生遗集》卷一。

哲学家把"道"解释为先于天地万物的精神本源，是高高在上的抽象的精神本体，无形无象，不可捉摸，宋明理学家多把"道"等同于天理。王艮则一反古代哲学的传统，提出"百姓日用是道"，赋予"道"以"百姓日用"的新内容，把"圣人之道"等同于"百姓日用"，使抽象的哲学概念变成了普通群众的日常生活，把"道"从天上拉回了人间。而王襞讲"心之用"，讲"良知"，是以"心之体"为基础的，最终是把"心之用"，把"良知"看做是"本然之体"或"乾之体"的"自有本分天然之用"①。王襞将"良知""至道"提升到本体的高度，这是一种审美的观照，把"良知""至道"由德性人格升华为一种审美人格。应该说，王襞"自然之谓道"的审美人格本体论主张深化了王艮的"天理良知"说，成为泰州学派论"良知"的一个特色，是其审美人格思想的重要组成部分。

王襞曾师事王畿，深受其思想的影响。王畿认为，"良知"是先天圆满自足的本体，本然的良知就是人格的本来面目，原没有内外、先后之分，具有不假工夫修证而当下具足的特性。他认为："良知当下现成，不假工夫修证而后得。致良知原为未悟者设，信得良知过时，独往独来，如珠之走盘，不待拘管，而自不过其则也。以笃信谨守，一切矜名饰行之事，皆是犯手做作。"② 所谓"当下现成"，按照王畿自己的意思，是"一悟本体，即见工夫，物我内外，一齐俱透"③。也即本体便是工夫之意。王畿以此为"顿入"法门。他深信，当学者体察明觉到良知的同时，存在于人内心深处的一脉真纯就自然流露，此时的良知本体"独往独来"，"不待拘管，而自不过其则"，不需任何工夫。若单纯依赖后天的工夫修证，只会窒碍真性的自然流行。虽然王畿也承认时儒"往往假托现成良知，腾播无动

---

① 王襞：《寄庐山胡侍御书》，《明儒王东厓先生遗集》卷一。

② 黄宗羲：《郎中王龙溪先生畿》，《明儒学案·浙中王门学案》卷十二，中华书局1985年版，第238页。

③ 王畿：《中庸首章义解》，见《王龙溪先生全集》卷八。

无静之说，以成其放逸无忌之私"①，但这并非"良知"说本身之过。他还认为，良知现成，无动无静，不有不无，即寂即感，不着任何物相，故就现成良知的存在方式而言，必定具有"天然之灵窍，时时从天机运转，变化云为，自见天则，不须防检，不需穷索"② 的自然活泼意趣。王襞颇能吸收与活用王畿的上述思想，并对王畿"良知现成"说的自然活泼特点有所发挥，从而形成了自己的"良知自然"说，并在此基础上形成"自然之谓道"的审美人格本体论主张。

王襞认为，"良知"是审美人格的"自然"表现。"良知"是由"心之体"发出的人的自然生存本能，即"寻常日用的心"③。"良知"主要表现为人对生存权利与审美人格理想的渴望与追求。其云：

> 良知本性，天之灵而粹精之体也，谁其弗具，谁其弗神，……得证则日用头头无非妙用，而纤力不与，快乐难名。
>
> 性之灵明，曰良知，良知自能应感，自能约心思而酬酢万变，知之为知之，不知为不知，一毫不劳勉强扭捏，而用智者自多事也。
>
> 良知之灵，本然之体也，纯粹至精，杂纤毫意见不得。④
>
> 灵明一默，正指良知一脉之传也，实致其良知于日用间，以求自慊（足），何乐如之。⑤

王襞认为，"良知"就是普通人的"寻常日用"，主要是指他们的日常生活的物质需求与精神人格需求，这是普通人的本能的（"一

---

① 王畿：《松原晤语》，见《王龙溪先生全集》卷十四。
② 王畿：《过丰城问答·答李见罗》，见《王龙溪先生全集》卷四。
③ 王襞：《上道州周合川书》，《明儒王东厓先生遗集》卷一。
④ 王襞：《语录遗略》，《明儒王东厓先生遗集》卷一。
⑤ 王襞：《答秋曹漳州陈文溪书》，《明儒王东厓先生遗集》卷一。

毫不劳勉强扭捏")、活生生的("鸢飞鱼跃")、天赋的("天命之性原自具足")权利,"不容人分毫作见加意其间",即排除各种人为的干扰,才能使普通人获得生存需求上的满足("自慊")和快乐,"良知"也是普通人的人格需求与人格内涵。而一个人如果具有"良知",且又能够"自然"("纤力不与")地表现,他的人格就是高尚的,那么他就会"快乐难名",其德性人格也就升华为审美人格。王襞"自然之谓道"的主张就是从本体的高度来思考人们的生存需求与审美人格理想的,是其审美人格思想的本体论。

(二)审美境界论:"率性"与"乐"

王襞在审美人格本体论"自然之谓道"的基础上又提出"率性之谓道""乐即道"的审美人格境界论主张。

首先,"率性之谓道"乃王襞审美人格境界论的第一个层面。"率性之谓道"是"自然之谓道"的延伸和拓展,而"率性之谓道"实际上是王襞审美人格境界论的一种概括。既然"道"本自然,那么"率性"行之,也就是顺理成章了。他说:"吾人至灵之性,乃天之明命于穆不已之体也。故曰:天命之谓性。是性也,刚健中正、纯粹至精者也。率由是性而自然流行之妙,万感万应,适当夫中节之神。故曰:率性之谓道。此圣人与百姓日用同然之体,而圣人者永不违其真焉者耳。"[1]《中庸》开宗明义即言:"天命之谓性,率性之谓道,修道之谓教。"王襞认为,《中庸》所说的天命之性,"丝毫不设于造作","天然而现成"[2]。他以《中庸》的"性""道""教"等思想糅合自己的审美人格本体论见解,着力推衍申述。王襞把"天命"等同于自然赋予人的人格本体,以为它是"至灵""纯粹至精"的良知本体;而"率性"则是顺其明觉自然,"不假纤毫人力于其间"地任"天命之性"(良知本体)而行,也就是对人世

---

① 王襞:《率性修道说》,《明儒王东厓先生遗集》卷一。
② 王襞:《率性修道说》,《明儒王东厓先生遗集》卷一。

间荣辱得失之事安之若素、处之泰然，唯依凭自己的良知本体意向，扫除所有外在的规范与制约。良知本体不假丝毫人力安排而任其自然流行，结果必然合乎《中庸》所言"中"之法度，这就是寻常日用之道。由于良知本体的自然真性易为情欲所蔽，致使百姓在"日用动作"之始即"失其妙运"①，因而必须"修道"，就是将现成良知融于日常生活，透过"自心之妙用"，用"悟"的方式使失去的自然真性返本归真，王襞认为这就是审美人格的最高境界。王襞"率性修道"的主张，与王畿的"现成良知"及"率性而行"的思想有关联。王畿曾说："圣人无欲，与天地同体，无所障蔽，无所污坏，率性而行，无不是道。"② 王畿阐述的其实就是审美人格的最高境界——"圣人"人格，拥有"圣人"人格的人可以"与天地同体"，"率性而行，无不是道"。王襞把其师的"圣人"人格改造成为"率性""自然"的"道"。王襞与其师王畿一样，既反对佛、道否定人的社会存在和自然欲望的做法，也不认同传统儒学对于人格尊严及道德价值的偏执，而是将抽象的"良知"本体融合到日常生活上，作为肯定人性自然欲望和个体人格价值的依据。

在王襞看来，"道"本平常，不是什么高不可攀、神秘莫测的东西。它既体现在百姓日用之中，也体现在自然现象之中。千变万化的自然现象和人的衣食住行等日常活动，都能体现"道"，也就是体现着自然"天则"（规律）。因此，率自然之性去行动，也是符合"道"的要求的。由于"圣人与百姓日用同然之体"，"盖天命之性，其所具足与千圣同源"③，因此，不论是圣人还是百姓都可以按照人的自然本性去行动，不应该有所顾忌，"率性而自知自能，天下之能事毕矣"④。王襞"自然之谓道"和"率性之谓道"的主张，实际上

---

① 王襞：《语录遗略》，《明儒王东厓先生遗集》卷一。
② 王畿：《中庸首章义解》，见《王龙溪先生全集》卷八。
③ 王襞：《语录遗略》，《明儒王东厓先生遗集》卷一。
④ 王襞：《语录遗略》，《明儒王东厓先生遗集》卷一。

是一种反对一切束缚、追求人性自由的审美人格境界。如"率之云者，本不假纤毫人力于其间"。"宁知性本具足，率性而众善出焉，天命之也。率天命之性即是道。"① 王襞《和乐吾韵勉殷子实二绝》就是这种审美人格境界的形象体现："胸中不挂一丝缠，便有工夫闲打眠。堪笑世人甘受缚，不知潇洒在何年。"② 王襞希望人们能够摆脱各种人生的束缚，"胸中不挂一丝缠"，不像"世人"一样"甘受缚"，而是向往一种"潇洒"的审美人格境界，这实际上是王襞对人格自由的一种追求和向往。他希望人们体认自然赋予的天性，摆脱一切束缚，追求个性解放与人格自由。他追求的这种"潇洒"境界，实际上也是对"存天理，灭人欲"理学主张的抵制和批判，对于促进明朝人们的个性解放和思想自由起了重要的作用。

王襞认为，宋代以来的一些理学家在做心性修养工夫时，一味克念忍欲，强下工夫，由于规矩太严，用功太苦，未免有违自然之道，势必导致良知心体受到拘束而无以显发其日用流行之妙，因此也就无法达到那种"潇洒"的审美人格境界。他认为"人之生也，天地以覆载，万物以供拥。冬而帛，而不知其寒；夏而葛，而不知其暑；粒为饱，而室为居，既安以嬉，又鼾以寝，使不知其所以为人，则亦负所生也已矣"③。王襞主张凡事率性而行，随机而发，反对一切人力安排，这实际上就是其审美人格境界的内涵。他认为人的主体价值应该落实到具体的性命之安顿处作为终极目的，他说："人之性，天命是已。视听言动，初无一毫计度，而自无不知不能者，是曰天聪明。于兹不能自得，自昧其日用流行之真，是谓不智而不巧，则其为学不过出于念虑亿度，展转相寻之私而已矣，岂天命之谓乎！"④ 王襞强调率性以归真，即归其"日用流行之真"。他

---

① 王襞：《语录遗略》，《明儒王东厓先生遗集》卷一。
② 王襞：《和乐吾韵勉殷子实二绝》，《明儒王东厓先生遗集》卷二。
③ 王襞：《语录遗略》，《明儒王东厓先生遗集》卷一。
④ 王襞：《语录遗略》，《明儒王东厓先生遗集》卷一。

反对时儒用智用巧以伤害自然之性，主张"率性而后心安，心安而后气顺"。若不能率性以归真，则"百虑交锢，杂念叠兴，心神惊动，血气靡宁"①。只有不计成败利害、荣辱得失，心境常常安然自若，才是人生之大乐，才是"潇洒"的审美人格境界。

王襞从"自然之谓道"出发，运用王艮的"良知即性"说把被道学家伦理化的义理之天还原、转化为自然之天、日用之天，因而他能从自然现象中观察到客观物质世界中一派生机勃勃、春意盎然的景象，并且以此作为比喻，认为人生的审美人格境界也应该是如此美好的境界。他说："心也者，吾人之极，三才之根，造化万有者也。莹彻虚明，其体也；通变神应，其用也。空中楼阁，八窗洞开，梧桐月照，杨柳风来，万紫千红，鱼跃鸢飞。庭草也，驴鸣也，鸡雏也，谷种也，呈输何限，献纳无穷，何一而非天机之动荡？何一而非义理之充融？"②王襞在这里虽然仍把"心"看作"造化万有"的主宰，但内容已有变化，"体用"已经更新，王襞看到的是充满生机和活力的自然景象。世界已由停滞僵化变为"动荡""充融"，新的世界春意盎然，生机勃勃，万象更新，一派繁荣。这是处于萌芽状态的新兴市民阶层的代表者王襞所向往的一种天真、乐观、自信而又富有诗意的审美人生境界，而自然率真也正是王襞所神往的审美人格境界。

其次，"乐即道"乃王襞审美人格境界论的最高层面。"乐"属于审美人格境界论范畴，追求"乐即道"的审美人格境界，是王襞的重要审美人生态度，王襞对此有比较深入的论述：

> 问："学何以乎？"曰："乐。"再问之，则曰："乐者，心之本体也。有不乐焉，非心之初也。吾求以复其初而已矣。"

---

① 王襞：《语录遗略》，《明儒王东厓先生遗集》卷一。
② 王襞：《题鹤州卷》，《明儒王东厓先生遗集》卷一。

"然则必如何而后乐乎?"曰:"本体未尝不乐。今日必如何而后能是,欲有加于本体之外也。然则遂无事于学乎?"曰:"何为其然也? 莫非学也,而皆所以求此乐也。'乐者,乐此学;学者,学此乐'。吾先子盖常言之矣。"

"如是,则乐亦有辨乎?"曰:"有所倚而后乐者,乐以人者也。一失其所倚,则慊然若不足也。无所倚而自乐者,乐以天者也。舒惨欣戚,荣悴得丧,无适而不可也。"

"既无所倚,则乐者果何物乎? 道乎? 心乎?"曰:"无物故乐,有物则否矣。且乐即道,乐即心也。而曰所乐者道,所乐者心,是床上之床也。"①

这其中的"乐"指心体本来如是的自然呈现,既是指心情的本然状态——"乐者,心之本体也",并强调"本体未尝不乐"②,又是指审美人格修养所达到的一种境界"乐",也即"道"境。"学"是指道德修养的工夫。修养的目的是恢复到心性之本然状态,达到审美人格修养的"乐"(即"道"境)。所以说:"有不乐焉,非心之初也。吾求以复其初而已矣。"又说:

"学止于是而已乎?"曰:"昔孔子之称颜回,但曰'不改其乐',而其自名也,亦曰'乐在其中'。其所以喟然而与点者,亦以此也。二程夫子闻学于茂叔也。于此盖终身焉,而岂复有所加也?"③

王襞认为,"乐"是本体,是心情之流畅,是内在的、无所依

---

① 黄宗羲:《东厓语录》,《明儒学案》卷三十二;参见王士纬《东厓学述》,《心斋先生学谱》,江苏教育出版社 2001 年版,第 133—134 页。

② 焦竑归结为"吾体自乐",见《王东厓先生墓志铭》,《澹园集》卷三十一,第 494 页。

③ 黄宗羲:《东厓语录》,《明儒学案》卷三十二,中华书局 1985 年版。

的。有人以游山为乐，有人以玩水为乐。这些乐都是外在的、有所依的，是依赖山水树木的。人一旦失去所依赖的事物，没有游山、玩水之类活动，则其即若有所失，再不快乐，正所谓"一失所倚，则慊然若不足也"。所以这不是真正的快乐，不是王襞所倡导的"乐"。王襞认为，真正的"乐"是完全不依赖外在条件，即使外在条件恶化如缺衣少食，也能乐而无忧、乐而忘忧。颜回之所以获得孔子的赞扬，就在于他能做到身处逆境而不改其乐。这才是孔颜"乐"处的真谛，才是王襞所倡导的"乐"。若是以道为乐，以心为乐可以吗？回答是否定的。王襞认为这种提问实质是将道与乐、心与乐一分为二。其实，两者是不可分的，即"乐即道，乐即心"。在宋明儒学那里，"道"与"心"都有本体的意义，都是形而上的；"乐"则是人的感受，是主观的，是形而下的。如果说宋明儒学使道德具有了本体色彩，那么现在王襞又使它具有了美学色彩。王襞的"乐即道，乐即心"则将形而上的有本体意义的"道""心"与主观的、形而下的"乐"融为一体，将"乐"提升到了本体的高度。王襞不仅赋予"乐"以道德本体意义，而且使其具有了审美本体意义。这样一来，王襞的审美人格本体论就是善、美统一的，而且又体现了本体与工夫的互融性。也许有人认为，将审美与道德本体相结合并非源于王襞，或者说王襞只是重复了前人的说法。但是，无论如何，王襞将"乐"与"道""心"联系起来论述审美人格的美学价值是值得我们重视的，此其一。

其二，王襞从"乐"与"忧"的关系来阐述审美人格境界。"忧"是"乐"的对立面，"乐"不是无"忧"，而是"忧道"。对于"乐"与"忧"之关系，王襞是这样理解的：

> 曰："孔、颜之乐，未易识也，吾欲始之以忧，而终之以乐，可乎？"曰："孔、颜之乐，愚夫愚妇之所同然也，何以曰'未易识也'？且乐者，心之体也；忧者，心之障也；欲识其乐

而先之以忧，是欲全其体而故障之也。"

"然则何以曰'忧道'？何以曰'君子有终身之忧'乎？"曰："所谓忧者，非如世之胶胶然、役役然，以外物为戚戚者也。所'忧'者道也，其忧道者，忧其不得乎乐也。舜自耕稼陶渔，以至为帝，无往不乐。而吾独否也，是故君子终身忧之也。是其忧也，乃所以为乐；其乐也，则自无庸于忧虑耳。"①

有人认为，"孔、颜"所追求的审美人格修养的"乐"境既不容易实现，也不容易认知。王襞认为，"孔、颜之乐"与不识字的愚夫愚妇之"乐"是相同的，"孔、颜之乐，愚夫愚妇之所同然也"，而且易于认识。在王襞看来，审美人格修养的"乐"境作为一种本体论境界，存在于所有人的心中。所以他认为那种"欲识其乐"而先忧之的行为，就如同人欲认识某个事物的全貌特征，却故意先去遮蔽它一样荒谬。王襞认为，审美人格修养的"乐"境是"人人本有，不假外求，故曰'易简'。非言语之能述，非思虑之能及，故曰'默识'"②。"乐"这种审美人格境界不是人们所想象的那么复杂，而是一种"不假外求"、容易认知的"易简"之境。

王襞认为，"乐"不是无"忧"，不是"忧物"，而是"忧道""忧学"，审美人格的最高境界就是"忧道""忧学"。古人"忧道"或"君子有终身之忧"，是以不能学而悟道为"忧"，古人之所以不能像舜一样快乐，是因为达不到舜这种审美人格的最高境界而忧。古人如果能够学而悟道，能够达到像舜一样的审美人格境界，自然就没有"忧"了。在这里，王襞把"忧"定义为忧其不能获道，而不是"以外物为戚戚者"。这其中受孔子"君子坦荡荡，小人长戚戚"③、

① 黄宗羲：《东厓语录》，《泰州学案》，《明儒学案》卷三十二，中华书局1985年版。
② 黄宗羲：《东厓语录》，《泰州学案一》，《明儒学案》卷三十二，中华书局1985年版。
③ 孔子：《论语·述而》，见朱熹《四书集注》，（怡府藏版影印本），巴蜀书社1985年版。

"仁者不忧"① 思想的影响。其实，"忧"与"乐"是心情之两种状态，乐表示心情之自然流畅，忧则表示心情之遏制阻滞。但是，我们应该看到，"君子坦荡荡""仁者不忧"不仅是人的一种心理状态，而且是一种审美人格的境界。只有经过长期的审美人格实践，才能做到如舜一样没有忧患郁闷藏于心中，心情才会自然流畅。也就是说，你的审美人格修养工夫只有达到了这种境界，才能"坦荡荡"而不"长戚戚"。这也许就是王艮、王襞将"乐"与"学"联系在一起论述的真正原因。

王襞把"忧"区分为"以外物为戚戚者"与"忧道""忧学"之忧，是具有一定的审美价值的。对于君子而言，当然应以"忧道""忧学"为"忧"，以不如舜一样欢乐为"忧"，而不应为外物之忧所左右。但是，对于普通民众而言，是否也应如君子一样，以"忧道""忧学"为"忧"，以不如舜一样欢乐为"忧"呢？王襞没有明确涉及，但其潜在的良苦用心是可以感知的。王襞实际上是区分了人格修养境的两个层次——忧物与忧道，前者是人格修养的一般境界，后者是人格修养的最高境界，即审美人格境界。王襞在此问题上，是希望人人都能够达到人格修养的最高境界的，这样也就可以实现他的"王道"审美理想了。

（三）审美理想论："王道"

王襞继承了乃父王艮的"王道"审美理想。王艮所追求的是"三代之治"，企图实现"人人君子，比屋可封"② 的"王道"审美理想。王艮认为，在那个理想社会里，"父子有亲，君臣有义，夫妇有别，长幼有序，朋友有信"，人人平等而又平均，人人具有君子人格。众所周知，在传统儒家的政治文化观念史上，"王道"既是一种完美的政治理想，同时也是一种终极意义上的理想社会形

① 孔子：《论语·子罕》，见朱熹《四书集注》，（怡府藏版影印本），巴蜀书社 1985 年版。
② 王艮：《勉仁方》，《明儒王心斋先生遗集》卷一。

态。王艮关于王道政治及王道社会的独特观点，就集中体现在他的《王道论》一文中。其中谈到了有关社会改革的一些设想，在他看来，如果统治措施适当，上下同心，则"道德可一、风俗可同"，"人人君子、比屋可封"的三代社会亦不难实现，充分展现他的社会理想以及政治观念具有理想主义、复古主义的浓厚色彩，与此同时，他对现实状态中的社会与政治则表现了种种不满，提出了极其严厉的批判，甚至到了"痛心疾首"的地步。然而，他所提出的一系列改革方案在明朝当时是否具有现实可行性，平心而论，是要大打折扣的。

王襞在继承王艮的"王道"审美理想的基础上，提出了自己的审美理想："人人君子，比屋可封"。其云："自吾先君前辈倡导以来，在在处处高谈仁义而人弗惊，明着衣冠而士乐从，此等风化，三代之治其在兹矣。若某之愚终身从事，虽梦寐而不忘情也。"[1] 王襞认为，自从王艮倡导"君为尧舜之君，民为尧舜之民"的"三代之治"以来，在社会上产生了较大影响，人们的思想已经产生较大的变化，出现了新的"风化"，"三代之治其在兹矣"。他决心终身从事改造社会的事业，建立一个"于父子而亲，于君臣而义，于长幼而序，于朋友而信，于夫妇而别"的"三代之治"的理想社会，人人具有审美人格，"虽梦寐而不忘情也"。王襞的"王道"审美理想，虽然和王艮"三代之治"审美理想一样带有"托古改制"的特点，是在复古的形式下憧憬新制度；但是王襞的"王道"审美理想更多地倾向于实践性，更多地倾向于在人人具有审美人格的基础上建立。因为王襞相信，一旦人人具有高尚的审美人格，那么"三代之治"即"王道"审美理想就可以实现。

王襞创建的"宗会"就体现了其"王道"审美理想。王襞在嘉靖三十一年壬子（1552）在家乡创建了"宗会"，每月全族聚会两

---

[1] 王艮：《语录》，《明儒王心斋先生遗集》卷一。

次。他从"万物一体之仁"出发，考虑王氏家族"气数不齐，才品稍异，富贫莫均，贤愚劣等，尊卑老少之间渐失祖宗礼义仁和之泽"的情况，决定建立宗会，其宗旨是："俾吾群族老者有养，少者有教，富者有施，贫者有赖，嫁娶凶葬者有赡。贡赋课税不累官司征催之繁，周悉广布，以昭族规。待有年丰岁熟之时，敛财畜谷，渐次肇举，修族谱以系枝脉，建家庙以明祀享，置义田以调穷乏，立义学以广教育，永俾吾族为慈孝忠厚之族，而吾乡为仁善和义之乡。"① 王襞所创建的宗会，虽然是一种宗族性的组织，其宗旨也只是解决家族内部的问题，但也从一个侧面反映了王襞的"王道"审美理想，他企图将这一审美理想在家族内部进行实验，主张在家族内无论贫富、贤愚，人格都是平等的。因为在明代社会存在的"富贫莫均，贤愚劣等"，不仅仅存在于王氏家族内部，还是一个普遍的社会现象。他为了改变这种社会状况，首先在自己家族范围内做实验，逐步实行"老者有养，少者有教，富者有施，贫者有赖，嫁娶凶葬者有赡"的改革设想，并准备采取"置义田以调穷乏，立义学以广教育"，即由改造家族向改造家乡乃至社会发展。从某种意义上说，这是王襞继承王艮的"王道"审美理想的初步实验。虽然这是不能普遍推广的审美理想，但也反映他对现实社会不满，企图改变社会现状的一种初步尝试。王襞改造社会的审美理想，与其父王艮一样，是要"为生民立命"。他说："民安而天下治矣，是故天下之治系于民，民之安系于人才之贤而用之也。"② 可是当时的社会现实使平民百姓不安，不但存在"贫富不均"的社会现象，而且存在因贫富不均而造成的严重社会问题。当他看到社会上存在卖儿鬻女的凄惨景象时，曾写信给当时的府尹丁二尹进行责问："鄙承留山中虽未期月，而贵治民情略得与闻。……《大学》曰：'如保赤子'。其

---

① 王襞：《告合族祖宗文》，《明儒王东厓先生遗集》卷一。
② 王襞：《送杨场宰升任》，《明儒王东厓先生遗集》卷一。

果如爱儿女子者爱吾民乎？闻贵治上年失收，而今乡村挟子女于市者得斛粟，而割恩忍矣。今兹圣世，何见有此？"① 王襞用他看到的卖儿鬻女的典型事例，责问当权的官吏："今兹圣世，何见有此？"从中体现了他一种"为生民立命"的精神，这也是他企图改造社会，实现"三代之治"的一个原因，是应该给以肯定的。

王襞对当时社会的不平等现象进行了批评，体现了其"王道"审美理想，主张圣人与百姓在人格上应该是平等的。他认为，"圣人与百姓日用同然之体"，"虽夫妇之愚不肖可使之与知能行者，……圣人亦有所不知不能者"②。他在男女关系上也主张男女平等。他说："人心自善，本之天性，而甚灵且巧者也。此灵此巧，岂独丈夫为然，妇人女子亦同有是理也。"③ 王襞这种"此灵此巧"男女一样的观点，是一种男女平等的思想。在男尊女卑的封建伦理纲常占统治地位的明朝社会里，能够提出男女平等这样的观点是了不起的，而这是王襞审美理想的重要内容，王襞并且以此作为其实现"王道"审美理想的重要前提之一。王襞的这一思想对泰州学派后学李贽，显然有重大的影响。

王襞为了实现自己的"王道"审美理想，遵循王艮的教导"不事举子业"，和父亲一样，放弃"出"的打算，决心实行"处为天下万世师"的主张，以讲学传道、培育世人的审美人格为己任。其云：

> 夫尊道尊身云者，谓以道而觉乎人，欲人之敬学也。随缘机宜不得已之心也。故曰："天下有道，丘不与易也。"……此学不厌而教不倦，统位育之权也。前夫子之圣，未之有及此也。

---

① 王襞：《答瓯宁亲翁丁二尹书》，《明儒王东厓先生遗集》卷一。
② 王襞：《率性修道说》，《明儒王东厓先生遗集》卷一。
③ 王襞：《书祁门郑竹岗永思卷》，《明儒王东厓先生遗集》卷一。

孟子谓："不得志，修身以见于世。"《易》之所谓"见龙"，具有君天下之德也。此夫子之圣之为独盛也。曰："师道立，则善人多，善人多则朝廷正，而天下治矣。"①

仲尼所以卓出前世，继作之圣，而世为天下师者，当其时未尝一日不与人接，不暇有安暖之席，固以是为易天下之道也。②

王襞认为，讲学传道是一种"易天下之道"，也是塑造"王道"审美理想的途径。他决心像孔子一样，通过讲学传道，使"师道立则善人多，善人多则朝廷正而天下治"的景象在自己的努力下得以实现，他希望通过讲学传道，使得人人具有崇高的审美人格，从而实现自己的"王道"审美理想。

综上所述，"道"是王襞哲学美学思想的一个重要范畴，是其审美人格思想的高度凝练。"自然之谓道"主要论述审美人格的本体美，"率性之谓道""乐即道"主要概括审美人格的境界美，"王道"主要概述审美人格的理想美。

第三节　小结

通过以上两节的论述，我们认为，王艮、王栋、王襞的"中"即"道"思想并不像他们的其他哲学美学思想那样或有较为集中或有较为具体的叙述，它散见于王艮、王栋、王襞的整个哲学美学思想论著之中。也正因为如此，前贤在对泰州学派的研究中很少有人论及"中"范畴，其实这是不应疏忽的一个重要核心范畴。

通过对"中"范畴的阐释，王艮、王栋、王襞既表现其与宋明理学的背离，又体现了其对传统儒学的复归，以及对主体自觉的唤

---

① 王襞：《上道州周合川书》，《明儒王东厓先生遗集》卷一。
② 黄宗羲：《东厓语录》，《明儒学案》卷三十二，中华书局1985年版，第721页。

醒。而对什么是"中"的诠解，王艮既有与传统儒学相一致的理解，又赋予其与众不同的新意。其曾多次阐述传统儒家的"喜怒哀乐之未发谓之中""抑其过引其不及，以至于中""中者自无不正，正者未必能中""一刻不存非中也，一事不为非中也，一物不该非中也"等观点。不过，王艮如果仅仅把这些看成是传统儒家的修养工夫，而这些修养工夫是不可能承担"立天下之大本"的重任的，也不可能凭此实现"位天地、育万物"的崇高理想。事实上，即使王艮把传统儒学原封不动地搬到明朝中叶，既不能超越宋明理学，也不能"驾师说之上"，更不可能形成启蒙思想。因此王艮要对"中"范畴赋予其新的阐释，而正是这一新的阐释，构成了其"中"之哲学美学思想体系。

其一，"中"即本体。王艮把"中"与"道"、"良知"、"性"甚至和自大无外、自小无内的"一"放在同一个本体层面上。其云："道一而已矣。中也，良知也，性也，一也。"① 在王艮看来，"中"即是"道"，是"良知"，是"性"，是"一"。而对王艮来说，"道尊则身尊"，身与道同样的至尊；"良知"是"知不善动者"，"致良知"是"知不善之动而复之"的大学问；"性"则与天等同、知人之性则谓知天之性；而"一"是自羲皇尧舜孔子以来的万物之本源，"中"既然在这个层面上，当然不只是一种道德修养的工夫，也是立天下之大本的本体。正因为如此，故王艮认为："明此良知之学，闻天命之性，可谓闻道矣。闻道则中和之气在我矣。"② 王艮在此处实际上提出了两个原则。一是"中"虽然与"道""性""良知"在同一本体层面上，但"中"又是它们的综合与有机统一。只有具备了"良知之学""天命之性"，才能得"中和之气"，达到"中"之道。二是"致良知""闻天命之性"便是"致中和"，进入"中"之大成

---

① 王艮：《答问补遗》，《明儒王心斋先生遗集》卷一。
② 王艮：《答林养初书》，《明儒王心斋先生遗集》卷二。

的审美境界。

其二，"中"即天理。王艮认为，"中"是没有虚妄、不假安排、不设人为的天然之理。王艮是崇尚"以自然为宗"的，"百姓日用即中"的前提是自然。不能"有所见"，有所见则妄。不假安排的天然之理才是"中"，凡涉人为便是伪，便不是"中"之道。在王艮哲学美学思想体系中，其曾多次阐述"天则不着人为安排""天理者，天然自有之理也"的观点，以反对宋明理学把天然之理演绎为束缚人性的纲常伦理。因此，其"中"之道实际是不假安排的"中和之气"，是率性自由的"百姓日用之道"，它充分体现了对主体人性的尊重。

其三，"中"即天性。"中"是存在于万事万物之中的天性之体。王艮认为"天性之体，本自活泼，鸢飞鱼跃便是此体"。而"中"也是存在于万民之中"本无不同、鸢飞鱼跃"的天性之体。如前所述，"中"本是"一"，"一以贯之"，"一"作为万物之本原，本来没有异同，但当"一"化为万物，便千变万化了，犹如江淮河汉之水，虽然都是水，却有清浊缓急之分；犹如万紫千红的春天，虽都是春的象征，却有艳丽芬芳、端庄淡雅之分。因此，"中"既是不变的"天性之体"，又幻化出千变万化的"人性之体"；既是"一"，又是"多"；天性之体是"一"，是"本体"；人性之体是"多"，是"工夫"。一与多的变化关系，天性之体与人性之体的变化关系，便是"中"的奥秘。"致中和"，就是要掌握它们的变化关系，达到"本体"与"工夫"的统一。人们一旦掌握了这个"中"，便会内不失己，外不失人，便掌握了进退出处之大义。以此"中"之道去修身齐家治国平天下，便是位育工夫，自然能立于不败之地。

其四，"中"即"道"。王艮的"道"除了以上三点含义，还包含"道即人伦""身即道""百姓日用即道""师道"等。如王艮认为，"师道立乎中"，师道立则点石成金，"中"是点石成金之道。王艮的"师道"包含两层意思：一是教不倦之道，二是学不厌之道。

与此同时，"道"也是王襞哲学美学思想的一个重要范畴，在王襞看来，"道"本平常，不是什么高不可攀、神秘莫测的东西。它既体现在百姓日用之中，也体现在自然现象之中。本章的第二节主要论述了其审美人格思想的范畴"道"，认为"自然之谓道"是其审美人格的本体美，"率性之谓道""乐即道"主要概括其审美人格的境界美，"王道"主要概述其审美人格的理想美。

其五，"中"作为审美修养工夫。王艮认为，"中"既是本体，又是工夫（方法）；"中"指一种生活态度或政治态度，或者说是一种处世之道。王艮主张修身以立"中"，认为《大学》强调修身为本，不仅格物、致知、诚意、正心是末，齐家、治国、平天下也是末；明白这个道理叫作知本。王艮的观点是对王阳明"良知"理论的改造。王艮将良知的道德内容移向世俗生活的领域，即将百姓日用之道以指点"良知"修养工夫，其修身的内涵并非王阳明所指的"天理"，而是指"童仆往来"一类世俗活动及百姓日常穿衣吃饭等基本欲求。其子王襞继承与发展了王艮的"修身立本"思想，王襞认为，"良知"乃"修身"之"本"，"良知"乃审美人格之本体，"修身立本"即守持崇高的审美人格。而审美人格的形成应该是"良知"本体与"格物"实践工夫的统一。从某种意义上说，王襞的审美实践（工夫）论也是一种本体论。王襞虽然强调良知自然，但其认为，对于百姓来讲必须正心，也即让心作主宰，即让"良知"成为审美人格的主宰。由此可见，良知自然并不完全排斥审美实践工夫。只是一旦心能作主，便应随顺本心（性）而动，不须再干预，也就是说，王襞的"自然"是就"良知"成为审美人格的主宰之后而言，这是王襞超越王艮之处。

其六，"中"即"全美""质美""内美"。本章主要论述了王艮、王栋、王襞对作为审美范畴之"中"的不同理解。王艮关于"全美"的设想乃是建立在其"以身为本"的思想之上，带有明显的审美乌托邦性质。王艮遵从孔子的遗训，将"外全形气，内保其天"奉为人生的最高境界，认为这就是"全美"，也即完满纯全之美。其认为，唯有像微子、泰伯、曾子那样既体仁，又保身，方能称得上"全美"，才是圆满之美、至上之美。王艮认为，为了达成这种圆满之美、至上之美，还需要掌握某种生存技巧，比如规避矛盾、远离危险，不失为确保"全美"的良策。王艮所追求的"全美"实质上是一种"为天地立心，为生民立命"的审美人生境界。

而王栋"质美"说秉承了乃师王艮"良知现成说"的观点，其认为"良知"本体即"质美"，"良知"乃"质美"人格的内核。"质美"体现着王栋的平等审美人格思想倾向。王栋认为"良知"既内在于人格之中，也体现在日常生活之中，不必刻意地用工夫去追寻它。而王艮主张修身、安身以立命，以"良知致"代替了王阳明的"致良知"，坚持认为"良知"需要"致"的修养工夫。王艮认为，知安身而不知行道，与知行道而不知安身，皆失之偏颇。反观王栋，对于良知本体，他认为，"只要认识此体"便是，不需外加"致"的修养、磨炼之功。

"大"既是王栋对舜的审美人格境界的赞美，也是他对审美人格最高境界的一种概括。王栋对"大"的解释与先儒的阐述同中有异，相同的是他和孔子都把"大"作为最高的审美人格境界范畴来礼赞具有崇高道德的尧和舜；而不同于孟子的是，"大"在孟子的眼里只是审美人格修养的较高境界，"圣"和"神"才是审美人格的最高境界。"大"在王栋看来就是审美人格的最高境界，"大"就相当于孟子所说的"圣"和"神"的境界。用王栋自己的话来概括"大"这种崇高的审美人格境界的内涵就是"上为天地立心，下为生民立命"，而这与乃师王艮所主张的"全美"人生境界又惊人地相似。

"中"作为审美范畴，在王襞的诗文集中虽然没有直接用"内美"来概述其人格美，但是其有许多相关的论述，我们认为，王襞诗歌表达的是其内在的生命情感体验，诗的形式是一种具有动力性、

有机性、节奏性和生长性的生命形式。王襞诗歌的美由其内在生命
情感体验的个体性与诗歌的生命形式的特殊性所规定，主要是其个
体生命人格的美与生命形式的美，即"内美"。"中"即"内美"就
是指人们内在的美好德性、高尚的生命人格之美。

第二章 "中"即"诚"

"中"即"诚",应该如何理解呢?首先,二者同为天地万物存在之本体依据:"中也者,天下之大本也";"诚者,物之终始,不诚无物"①。其次,二者同为人与万物的本性,即人自然而然之心理状态及万事万物浑然未化之情状:"喜怒哀乐之未发,谓之中。""诚者,不勉而中,不思而得,从容中道,圣人也。""诚者自成也,而道自道也。"② 这都是在讲一种人与物的自在本然性,可知"中"即"诚"。《中庸》论"诚"是以"合外内之道"为指向的,认为"诚"是人与万物相通之品性,亦是人靠个体人格修养及主观努力而参赞天地之化育的必要条件。再次,"中""诚""道"作为相通的概念,其价值指向都是人与万物之生命存在。《中庸》讲"成己成物""能尽人之性,则能尽物之性""合外内之道""赞天地之化育"等,其最终目的是要使人与万事万物各得其所、人与宇宙万物生机勃勃、和谐运演。而其最深层的动机与目的则是企盼实现社会和谐、人人怡然自得的审美理想。"诚"在《中庸》里总计出现 26 次,"诚"是《中庸》的逻辑起点与核心范畴之一,"诚"既是哲学美学本体论范畴,也是哲学美学工夫论范畴。而泰州学派的重要代表人

---

① 朱熹:《四书集注·中庸》,(怡府藏版影印本),巴蜀书社 1985 年版。
② 朱熹:《四书集注·中庸》,(怡府藏版影印本),巴蜀书社 1985 年版。

物之一王栋对"诚"作了不同于宋明理学家的诠解，给"诚"注入了新的解释，本章将仔细地梳理其内涵及其创新性。

第一节 "中"即"诚"

一 作为本体论的"诚"

作为本体论范畴的"诚"的内涵是什么呢？"诚"是中国古代产生较早、影响深远的一个伦理、哲学范畴。首先，从文字学角度看，《说文解字》："诚，信也。从言，成声。"也就是说，"诚"为形声字，以言为形旁，表其意；以成为声旁，表其音。而"言"为会意字，在甲骨文中已出现，主要为告祭之意。在对祖先、神的告祭活动中，必须保持一种虔诚肃敬的情感和心理状态才能与祖先、神灵相通，并完成告祭，不能有一丝一毫的欺蒙和亵渎。其次，从原始宗教角度看，"诚"的观念正是在原始宗教活动中产生的。"诚"字最早见于《尚书·太甲》："鬼神无常享，享于克诚。""诚"，应训为虔诚，即是做到对鬼神言行一致、笃信不二。这里的"诚"代表着当时的诚德观念，把"诚"训为对鬼神的虔诚心理，渊源于原始信仰崇拜。原始初民相信鬼神的存在，并相信其在冥冥之中保佑他们，因此，原始初民非常重视祭祀神灵、祖先的仪式，他们企图通过隆重而虔诚的祭祀活动，求得神灵庇护，对鬼神"享诚"，其核心就是对神灵崇拜的观念，并且让这种虔诚心理贯穿祭祀活动的始终。据《周易·蒙》记载："初筮告，再三渎，渎则不告。"这就是说卜筮者对神灵要有高度的信仰，必须虔诚不二，因为卜筮活动是神圣的、一次性的、没有选择余地的，不允许"再三"即多次性。否则，就是对神灵的亵渎，既得不到神灵的庇护，卜筮也不会有正确的结果。所以，卜筮过程中的主体必须对神灵怀有高度的信仰、保持虔诚肃敬的心态，正是在这个意义上说，"诚"就是信。《周易·杂卦传》进而把"诚"释为"孚"："中孚，信也。""孚"就是诚信的意思，一个人只要有这种"孚",就"勿问元吉"①,不要问都大为吉利。而且,"有孚维心,享,行有尚"②,即只要做到内心有"诚",则所作所为都会顺遂心意。"孚",《周易》凡四十二见,而以"诚"义为最多,也最重要。如"有孚惠我行""有孚惠我德"等,这说明"诚"不仅是对神灵要虔诚,而且对主体自身的行为和内在品性都要无妄不欺,以诚信为本。可见,"诚"由原始崇拜的思想已发展到接近"诚德"的观念了。

"诚"的观念渊源于原始信仰崇拜,而作为处理社会人际关系的"诚德"要晚出得多,因后者的产生有其特定的社会历史条件。夏商周时期"家国一体",是家族的宗法制和国家的政治制度一体化。其维持国家秩序的手段和联络家族感情的手段是合一的,即通过亲亲、尊祖、敬宗的家族宗法观念和血缘情感,达到维系家庭和国家的有序和谐,这种宗法政治制度主要以"忠孝"作为维系家族和国家秩序的手段。到春秋时期,随着士阶层的崛起,基于同师授业而新生的社会群体与社会关系——"朋友"出现了。它的出现,对当时社会旧有的以血缘关系和婚姻关系相结合而成的"家国一体"的社会结构起了突破与分解的作用。原有的以"忠孝"道德为基础的一系列具有等级内容的伦理规范,已不能够涵盖所有的社会关系。由孔子开创的儒家学派,把"诚"作为处理朋友关系的道德准则,经过孟子荀子的发展,"诚"被提升到哲学本体范畴的高度,其不仅仅是人类社会所遵循的道德伦理范畴,而且被看作是宇宙的本体。"诚"初步具有了伦理与哲学的双重意蕴,在中国思想史上所形成的伦理哲学化,正是以此为嚆矢的。儒家学派创始人孔子直接对"诚"的论述颇少。《论语》中"诚"出现两次,作"真正、确实"义解,"诚"尚未有一般德性之义。但是孔子倡导的"言忠信,行笃敬"

---

① 《周易·益卦》,见《十三经注疏》(清嘉庆刊本,阮元校刻),中华书局1980年版。

② 《周易·坎卦》,见《十三经注疏》(清嘉庆刊本,阮元校刻),中华书局1980年版。

"人而无信，不知其可也"① 就是对"诚"意蕴的阐发。

继孔子之后，孟子对"诚"作了理论上的阐述。孟子侧重于从人的内在心性修养来阐释，其云："万物皆备于我矣。反身而诚，乐莫大焉。强恕而行，求仁莫近焉。"② "诚身有道，不明乎善，不诚其身矣。是故诚者，天之道也；思诚者，人之道也。"③ 荀子则侧重于从外在的行为规范来理解，曰："君子养心莫善于诚，至诚则无它事矣，唯仁之为守，唯义之为行。诚心守仁则形，形则神，神则能化矣。诚心行义则理，理则明，明则能变矣。变化代兴，谓之天德。天不言而人推其高焉，地不言而人推其厚焉，四时不言而百姓期焉。夫此有常、以至其诚者也。……天地为大矣，不诚则不能化万物；圣人为知矣，不诚则不能化万民；父子为亲矣，不诚则疏；君子为尊矣，不诚则卑。夫诚者，君子之所守也，而政事之本也，唯所居以其类至。"④ 荀子所谓"诚"有两层含义：其一，"诚"是君子养心之道；其二，"诚"是天地四时的表现，天地四时的"诚"就在于"有常"，亦即具有一定的规律性。

《中庸》之"诚"则合上述二者为一，且较偏于孟子。《中庸》云："诚者自成也而道自道也，诚者物之终始，不诚无物。"此"诚"作为宇宙最终本体的存在是不需要任何外在的前提和条件的，是自己成就自己的。"故凡属存在，皆是其物本身之真实存在，即是其物本身之自然存在，绝非由另一物可以伪为之，幻化之，而使其妄厕于此真实无妄之宇宙中，而亦获其存在。故曰不诚无物也。"⑤ 世间万事万物，一切"大本"都依赖"诚"而得以存在，且共此一

---

① 孔子：《论语·为政》，见朱熹《四书集注》，（怡府藏版影印本），巴蜀书社1985年版。
② 孟子：《孟子·尽心上》，见朱熹《四书集注》，（怡府藏版影印本），巴蜀书社1985年版。
③ 孟子：《孟子·离娄上》，见朱熹《四书集注》，（怡府藏版影印本），巴蜀书社1985年版。
④ 荀子：《荀子·不苟》，见（清）王先谦撰《荀子集解》，中华书局1988年版。
⑤ 钱穆：《中国学术思想史论丛》卷二，安徽教育出版社2004年版，第41页。

"诚"而真实无妄，不虚不幻。"诚"在成就自己的同时也成就了与自己同为"天"所命的一切人和物，故《中庸》又曰："诚者，非自成己而已也，所以成物也。"既然天地万物共此一"诚"，故"诚己"便是与天合一，与物合一，与人合一，进而"合内外之道也"。"内"即个体的主观精神和心理状态，亦心性也；"外"即某种客观的存在或绝对的意志，亦天命也。由此可见，"诚己"的过程，便是个体不断挖掘内在真实无妄之本性，不断完善道德理想人格，"反身而诚"，进而"尽其心，知其性，则知天"[1] 的过程。这一过程将个体的生命与群体的生命联系在一起，并把成就人和物涵摄于个体人格的完善之中。是故《中庸》曰："诚者，天之道也；诚之者，人之道也。"作为宇宙本体和天道的"诚"，"不勉而中，不思而得"，贯注于人身，甚至不为人的主观意志所决定和察觉。人只有"择其善而固执之者"才有可能发现和成就"天之道"，"诚之者，人之道"的最终目的就是实现"天之道"。"诚"乃尽性成己的根本动力和原因，"唯天下至诚，唯能尽性；能尽其性，则能尽人之性；能尽人之性，则能尽物之性；能尽物之性，则可以参天地之化育；可参天地之化育，则可以与天地参矣。"这是对孟子所谓"尽心知性知天"和"反身而诚"而达到"万物皆备于我"的理论升华。

到唐代，李翱以"诚"为圣人的精神境界，其云："诚者，圣人之性也；寂然不动，广大清明，照乎天地，感而遂通天下之故；行止语默，无不处于极也。"又云："道者，至诚也；诚而不息则虚，虚而不息则明，明而不息则照天地而无遗。"[2] 其对"诚"的阐释基本上没有超越《中庸》。

宋代周敦颐以"诚"为人的本性。其云："圣者，圣人之本。大

---

① 孟子：《孟子·尽心上》，见朱熹《四书集注》，（怡府藏版影印本），巴蜀书社1985年版。

② 李翱：《复性书》，转引自张岱年《中国古典哲学概念范畴要论》，中国社会科学出版社1989年版，第101页。

哉乾元，万物资始，诚之源也。乾道变化，各正性命，诚斯立焉，纯粹至善者也。"又云："圣，诚而已矣。诚，五常之本，百行之源也；静无而动有，至正而明达也。五常百行，非诚非也，邪暗塞也。故诚则无事矣。"① 其认为，"诚"源于万物资始的"乾元"，是至善的本性，是五常百行的基础。其所谓"诚"究其实而言，乃指人类的先验的道德意识，而实际上人类的道德意识并非先验的，而是后天形成的。

程颐则以"诚"为理，认为"诚"乃"致一而不可易"之理，即永恒的必然规律。其云："诚者，理之实然，致一而不可易也。天下万古，人心物理，皆所同然，有一无二；虽前圣后圣，若合符节，是乃所谓诚，诚即天道也。"② 朱熹则继承了程颐的观点，其云："诚者，真实无妄之谓，天理之本然也。"又云："诚者，至实而无妄之谓；天所赋，物所受之正理也。"③

总之，从先秦的孔孟以"诚"为道本体，到宋明理学家以"诚"为理本体，"诚"的内涵基本上没有发生大的改变。

二 作为工夫论的"诚"

而作为哲学工夫论范畴的"诚"的内涵又是什么呢？如前所述，人要达到"天地位焉，万物育焉"的"至诚"境界还必须有"诚之"的工夫。因为人单单具备固有的"诚"之善性是不够的，还必须有"诚之"的工夫，即能够明善择善而固执善。故《中庸》将这二者的关系概括为："诚身有道。不明乎善，不诚乎身矣。""诚则明矣，明则诚矣。""诚"的工夫，即由诚而明，乃是人性的自然要求。"诚"的具体工夫是："博学之，审问之，慎思之，明辨之，笃行之"④，这

---

① 周敦颐等：《太极图说·通书·观物篇》，上海古籍出版社1992年版，第58页。
② 程颢、程颐：《河南程氏遗书·经说》卷八，上海商务印书馆1935年版。
③ 朱熹：《四书集注·中庸》，怡府藏版影印本，巴蜀书社1985年版。
④ 朱熹：《四书集注·中庸》，怡府藏版影印本，巴蜀书社1985年版。

一过程不仅是向"诚"的不断追求，亦是"诚"之境界的不断实现。其最终的结果便是无一丝杂念于其间，进而达到"肫肫其仁，渊渊其渊，浩浩其天"的"诚"之本体境界。假如不通过以上"诚"的工夫，没有"有弗学，学之弗能弗措也；有弗问，问之弗知弗措也；有弗思，思之弗得弗措也；有弗辨，辨之弗明弗措也；有弗行，行之弗笃弗措也"的"诚"意工夫，所谓的"诚"便不可能实现，或者如老庄、禅宗一般脱离现实生活而落入虚幻之境[①]。因为，"道不远人，人之为道而远人，不可以为道也"，"天道"既存在于世间一切细微事物和平常言行之中，故应"致曲"，"曲能有诚，诚则形，形则著，著则明，明则动，动则变，变则化"。故《中庸》云："君子尊德性而道问学，致广大而尽精微，极高明而道中庸。"[②]只有"中""诚"的工夫能够沟通"天之道"与"人之道"，才能给人类以实现日常道德的信心，才能对人类自我人格的完善提供保障。

由上可见，"诚"沟通了天人之际，将"天之道"与"人之道"紧紧地贯穿在一起，从而具有了天、人的双重性质，即《中庸》开宗明义所说的"天命之为性"的真实含义。与此同时，"诚"这种既为本体又为工夫的双重性质，也预置了整个《中庸》理论体系的基本意蕴，即"天人合一""真善合一"；"宇宙本体论与道的本体论统一的趋向；求知途径与修养方法一致的趋向；天道的实现与理想道德人格确立统一的趋向"[③]。由此，我们认为，"诚"是《中庸》整个理论体系构建的逻辑起点和核心范畴之一。

然而，由"诚"到"天地位焉，万物育焉"的"中和"境界，无论是在个体内在心性的开凿或外在的道德实践中，都需要经历

①　徐复观：《中国人性论史·先秦篇》，上海三联书店2001年版，第136页。
②　以上所引分别见朱熹《四书集注·中庸》，巴蜀书社1985年版，第19、20、8、22、25页。
③　徐克谦：《先秦儒学及其现代阐释》，南京师范大学出版社1999年版，第121页。

"中"的环节。《中庸》曰:"喜怒哀乐之未发,谓之中;发而皆中节,谓之和。中也者,天下之大本也。和也者,天下之达道也。"如前所述,此"中"本体即"诚"本体,也即孟子之所谓"良知良能",乃个体内心所处的一种"未发"状态,即"精神完全成为一片纯白之姿,而未被喜怒哀乐所污染而言,即是无一毫成见"①,系不偏不倚的内在本性呈现。若人以此种"纯白之姿"进入日常道德实践中,即使发之喜怒哀乐,亦是出于本然的"率性之道",故能与天地万物分位相适,共处一和谐之境,故《中庸》曰:"发而皆中节,谓之和。"此"中节"实为个体内心之"中"本体于现实实践之中的外化和展现。故《中庸》又曰:"中也者,天下之大本也。"其所谓的"忠恕为道不远,施诸己而不愿,亦勿施于人"亦是指个人内心省察和外在道德实践工夫上的"中"("忠")与"中节"("恕")的相互统一;一方面要尽己之心,另一方面要推己及人。因此,便涉及道德实践上的工夫(方法)论问题,《中庸》亦谓之"中"。其云:"子曰:舜其大知也与! 舜好问而好察迩言,隐恶而扬善,执其两端,而用其中于民,其斯以为舜乎!"由上可知,"诚"之工夫即为"用中也",也就是在现实生活中,言语行为要符合"中""诚"的本体。

那么,此处之"中"应如何理解呢?《中庸》曰:"道之不行也,我知之矣。知者过之,愚者不及也。道之不明也,我知之矣。贤者过之,不肖者不及也。"故"过"与"不及"皆为偏,皆非"中"也,朱熹《中庸章句》谓之:"中者,不偏不倚,无过不及之名"②,即今日所常言之"度"。程子曰:"事事物物上皆有个中在那上,不待人安排也;安排著,则不中矣。"③此"中",便是万事万

---

① 徐复观:《中国人性论史·先秦篇》,上海三联书店2001年版,第110页。
② 朱熹:《四书集注·中庸》,怡府藏版影印本,巴蜀书社1985年版。
③ 程颢、程颐:《河南程氏遗书》卷十七,上海商务印书馆1935年版。

物（包括人在内）之所以存在的一个客观尺度，正是在此意义上说："中也者，天下之大本也。"而如果仅就人的现实道德实践而言，"中"即"礼"。从"子贡越席而对曰：'敢问将何以为此中者也？'子曰：'礼乎礼，夫礼所以制中也。'"① 由此可见"'礼以制中'在人道、人行之原则的意义上，礼与中，并无实质上的不同。从规范原则的角度称作'礼'，从方法原则的角度则称作'中'。"② 因此，"中"最终便体现于人们日常道德实践之"用"中，即"时中""用中"。"中"作为一种工夫（方法）论并非一个静止僵化的形上概念，而是追求随时随地处"中"的动态过程，是"中"在人之行为"中节"上的显现。故《中庸》云："君子中庸，小人反中庸。君子之中庸也，君子而时中；小人之中庸也，小人而无忌惮也。"③ 其直接指出"中"的基本特征即是"诚中""用中"。一方面指在具体的道德实践上不拘泥于常规的束缚，要顺应具体的环境变化，从而选择适宜的标准以处中；另一方面指在保持以上灵活性、变通性的同时，亦必须坚持内在固有的"中"本体，保持一个不偏不倚的"度"。若在实践中失去这个最基本的"中"本体，则同样会落入一种道德上的相对主义而陷入小人无所忌惮或貌似仁德的乡愿境地。故朱熹在《中庸章句》中曰："君子之所以为中庸者，以其有君子之德，而又能随时以处中也。……盖中无定体，随时而在，是乃平常之理也。"所以，"中"与"诚"也是相互统一而相辅相成的，"中"乃"诚"的内在根据；"诚"乃"中"的外部表现，只有将两者结合在一起，方能使内在德性与外在行为统一和谐，进而达到"无可无不可"④、"无过无不及"⑤ 的"中和"境界。由此可见，《中庸》

---

① 《礼记·仲尼燕居》，见（清）朱彬撰，沈文倬、水渭松校点《礼记训纂》，浙江大学出版社 2010 年版。

② 李景林：《论〈中庸〉的方法论与性命思想》，《史学集刊》1997 年第 2 期。

③ 朱熹：《四书集注·中庸》，怡府藏版影印本，巴蜀书社 1985 年版。

④ 孔子：《论语·微子》，见朱熹《四书集注》，（怡府藏版影印本），巴蜀书社 1985 年版。

⑤ 孔子：《论语·先进》，见朱熹《四书集注》，（怡府藏版影印本），巴蜀书社 1985 年版。

以"中庸"名篇①，并集中地阐发儒家中庸思想的基本原则和方法论内涵，突出地表明了"中庸"即是"用中""诚中"。《中庸》思想的核心概念之一即"中"。

三 "诚"既是体，又是用

综上所述，我们认为，首先，"诚"既是体（本体），又是用（工夫）。《中庸》在孟子"诚"说基础上，提出"诚者天之道也，诚之者人之道也"之主张。此中之"诚"，一般都把它作为宇宙的本体和人类社会的最终根据。实际上，"诚"既是体又是用，"诚"是天之"体"和天之"用"的统一。对于前者，即"诚者天之道也"，孟子并未尽言，其意不详。而《中庸》对此作了重点阐发，其明确指出："天地之道，可一言而尽也，其为物不贰，则其生物不测。"所谓"不贰"，即始终如一，亦即"诚"；所谓"不测"，言数量之无限也。由此可见，"天之道"即"诚者"，并不像后来朱熹所说的"天理之本然"是一种本体，而是天之"用"，是天地之道运动变化的属性，或者说是一种与天地同存的属性。所以《中庸》说："故至诚无息。不息则久，久则征，征则悠远，悠远则博厚，博厚则高明。博厚所以载物也，高明所以覆物也，悠远所以成物也。""不见而章，不动而变，无为而诚。"尽管现象界一切事物是变化不断的，但其变化之道是有常的，即是"诚"，"诚"成为天道运动变化的属性，从这个意义上说，"诚"就是天之"用"。

与此同时，"诚"又是天之"体"。《中庸》说："诚者自成也，而道自道也。诚者，物之始终，不诚无物。诚者，非自成己而已也，所以成物也。"在这里，"诚"又成为宇宙万物的本体，万物是"诚"的流行发现。因此，"诚"又是体。朱熹以理言"诚"，把"诚"视

---

① 孔颖达《礼记正义》中庸疏引郑玄《目录》曰："名曰《中庸》者，以其记中和之为用也。庸，用也。"见孔颖达《礼记正义》，中华书局 1980 年版。

为宇宙本体盖源于此。"诚"在"成己"的过程中，自然及于物，"诚"是万物之本原，是宇宙之本体，从这个意义上说，"诚"又是天之"体"。因此，《中庸》言"诚"，既把它当作天之"体"，又把它视为天之"用"，是天之"体"与天之"用"的统一。这是《中庸》"诚"说的理论发展。

其次，"诚"乃人之道德品性和道德境界，是沟通天人、连接物我之"中"。所谓"诚者天之道也，诚之者人之道也"，就天道而言，"诚"既是万物的本质，又是宇宙万物运动的属性；就人道而言，"诚之者"即努力求"诚"，以合于天道，这就是"人之道"。这是一个"择善固执之"的过程，具体而言即"博学之、审问之、慎思之、明辨之、笃行之"，即通过"学、问、思、辨、行"以求得"诚"。而"诚"之具体内容是什么呢？徐复观认为，"诚"以"仁"为内容。其云："《中庸》下篇之所谓诚，也正是以仁为内容，下篇虽然只出现两个仁字，但全篇所言之'诚'，实际皆说的是仁。"[1]王志跃在肯定徐说的基础上，认为"《中庸》之诚以仁为内容，但这个仁不是孟子思想体系中的仁，在孟子那里仅仅是一种内在伦理规范，而是《易传》'一阴一阳之谓道'的天道'显诸仁，藏诸用'之仁"[2]。在这里，徐复观强调"诚"的内在伦理规范，而王志跃侧重"诚"的天人合一的文化意蕴。事实上，《中庸》之"诚"，既是作为宇宙主体的人之内在道德品性和道德境界，又是贯通天人、连接物我的"中"。《中庸》认为，"诚"是"性之德也，合外内之道也"。这才是"诚"的内容所在。所谓"性之德也"，即是说，"诚"是天命赋予的人类所固有的道德品性。《中庸》说："天下之达道五，所以行之者三。曰：君臣也，父子也，夫妇也，昆弟也，朋友也，五者天下之达道也；知、仁、勇三者，天下之达德也，所以行之者

---

① 徐复观：《中国人性论史·先秦篇》，上海三联书店 2001 年版，第 156 页。
② 王志跃：《中庸二题》，《中国哲学》第十七辑，岳麓书社 1996 年版。

一也。"朱熹注"行之者一也"之"一"为"诚","诚"的内容就是"天下之达德",是人的内在道德规范。不仅如此,"诚"又是"合外内之道"。《中庸》认为,只有实现天道向人道的转化,即外在本体的内化,主体才能进入"至诚"的境界,也就是"合外内之道",进入天人合一的道德境界。由此可见,"诚"不仅是人的内在道德品性和道德境界,而且能够沟通天人,连接物我。"诚"又是天人合一的哲学范畴。

再次,"诚"是审美道德修养的途径和工夫。《中庸》云:"天下国家有九经曰:修身也,尊贤也,亲亲也,敬大臣也,体群臣也,子庶民也,来百工也,柔远人也,怀诸侯也。"又云:"凡为天下国家有九经,所以行之者一也。"朱熹注:"一者,诚也"①。要实行"九经",关键在于"诚"。《中庸》认为,无论"诚"是由天之本体的内化或是达至天人一体的境界,都必须经由"诚"的审美修养途径与工夫才能实现。因此,"诚"具有三层内涵。其一,"诚"是审美道德修养所要达到的目标,即天人合一的境界,《中庸》称为"诚"或"中"。其二,"诚"是审美道德修养中的内驱力和原动力。"诚"具有伦理学的道德信念和道德意志的含义,《中庸》称为"至诚"。其三,"诚"是一种审美道德修养的方法或途径,即"修身、顺亲、诚身、明善"的审美修养途径,《中庸》称为"诚之"。

第二节 王栋论"诚"

如前所述,"中"即"诚","中"在王栋哲学美学思想体系中主要体现为"诚","诚"既是哲学美学本体论范畴,也是哲学美学工夫论范畴。王栋对"诚"作了不同于宋明理学家的诠解,给"诚"

---

① 朱熹:《四书集注·中庸》,见朱熹《四书集注》,(怡府藏版影印本),巴蜀书社1985年版。

注入了新的内涵，主要为："诚意慎独"、"修身慎德"与"乐"之审美人生境界。

一　历史语境

明代王学盛行之后，便产生不同的学派，黄宗羲的《明儒学案》按地域将阳明学派分为浙中、江右、南中、楚中、北方、粤闽、泰州等支派。其中王艮所创立的泰州学派，自成一家，具有独特的思想体系与学术宗旨，其与王栋、王襞合称淮南三王。泰州王门一派，黄宗羲特别推尊一菴 [王栋（1503—1581），字隆吉，号一菴]。他在《明儒学案》中述及其学说大旨时谓："先生之学，其大端有二。一则禀师门格物之旨而洗发之，言'格物乃所以致知，平居未与物接。只自安正其身，便是格其物之本，格其物之本，便即是未应时之良知；至于事至物来，推吾身之矩而顺事恕施，便是格其物之末，格其物之末，便即是既应时之良知。'故致知格物，不可分析。一则不以意为心之所发，谓自身之主宰而言谓之心，自心之主宰而言谓之意；心则虚灵而善应，意有定向而中涵；自心虚灵之中，确然有主者，名之曰意耳。"① 唐君毅认为一菴之学实与二王（即王艮与王阳明）之学一脉相承："一菴之学承泰州心斋之传。心斋师阳明，而终不易其格物之论，盖自谓其格物之学，已足补阳明之致知之学之不足。一菴则继此而谓当更有一诚意之学。是即以此诚意之学，补徒言致知格物之学之不足也。"② 由以上诸论可知，一菴论学的思想着眼于推衍心斋的"淮南格物"说的精神，又以其独特的诚意说来纠正心学流弊。在泰州学派诸弟子中，王栋最易为人所忽略。他既不像颜钧、何心隐、李贽那么有名，成为褒贬的中心人物；又不像徐樾、耿定向、焦竑那么有地位，为《明史》所记载。在泰州学派

---

① 黄宗羲：《泰州学案一》，《明儒学案》卷三十二，中华书局1985年版，第732页。
② 唐君毅：《中国哲学原论》，中国社会科学出版社2006年版，第97页。

内，王艮最信赖的传人是徐樾，王艮死后，继承其讲席的是王襞。无论从哪方面看，王栋似乎都不重要。但是，对王艮思想阐述最多的，对《大学》"诚意"诠释最有新意的，非王栋莫属。王栋的修身论哲学美学思想与中国传统文化的重现世生存与修身的精神密切相关。

汉字中"美"的含义，与商代祖先崇拜和祭祀有着密切的关系。殷人祭祖，繁复而隆重，牛羊为主要祭品之一，"凡属较为隆重之祀典，则须用特殊饲养之牛羊，否则的话，甚至宁愿取消祀典"①。古人为什么选肥羊作为祭祀的重要祭品呢？因为古人将羊视为吉祥之物，有重要的神圣意义。从甲骨卜辞可以看到，上古妇女的一大忧虑，即是分娩遇到难产，产前就卜贞妇人分娩情况。如果产妇顺产，就是"女力"，即古"嘉"字，即美好，人们为了孕妇能分娩嘉美，崇祀于羊，因为羊的生殖顺达畅美。《诗经·大雅·生民》写姜嫄生后稷："诞弥厥月，先生如达，不坼不副，无菑无害，以赫厥灵。"朱熹《诗集传》云："凡人之生，必坼副菑其母，而首生之子尤难。今姜嫄首生后稷，如羊子之易，无坼副菑害之苦，是显其灵异也。"马瑞辰《毛诗传笺通释》引陶元淳的解释说："凡婴儿在母腹中，皆有皮以裹之，俗所谓胞衣也。生时其衣先破，儿体手足少舒，故生之难。惟羊子之生，胞乃完具，堕地而后，母为破之，故其生易。后稷生时，盖藏于胞中，形体未露，有如羊子之生者，故言如达。"这个解释最为清楚，因为母羊生子容易，既无痛苦，又无危险，所以，古人以羊作为巫术祈祷对象，希望人能像母羊产子一样顺利。因此，美的本义与羊和孕妇均有关。它的深层动机在于看重人的生殖，是源于生殖崇拜，是对人的生殖力的崇尚与赞美，是对"生"的肯定。孕妇形象之所以美（商代《父己簋》中的"美"字即像戴着羊角的孕妇形），羊角之所以联系着美，全

---

① 姚孝遂、肖丁：《小屯南地甲骨考释》，中华书局1985年版，第87页。

因它们与生殖、生命有关联。而"美"之初文，正是一种"绵绵瓜瓞"①的旺盛生命力的象征。因此，"羊大为美"②说虽是汉代人明确提出，但其思想的孕育与形成却源远流长，十分古老。而"美"主祭祀也好，主给膳也罢，均与古人注重现世生存与修身的文化观念有密切关联，王栋的修身论哲学美学思想就是在这样一种文化土壤上诞生的。

王栋的修身论哲学美学思想与明朝的社会现实联系紧密。1449年土木堡事变后，明代社会开始由强盛走向衰微，各种社会矛盾日益尖锐。一是土地兼并愈演愈烈，农民的租税负担日趋严重。皇室、宦官凭借政治特权大规模地侵占土地，据《明史》卷七十七记载，弘治二年（1489），仅畿内五处皇庄所占土地，即达一万二千八百余顷。1508 年，明武宗即位后即设皇庄七处，继而又增至三百余处。明代皇庄之多，超过了历朝历代。官僚地主及地方豪族也相率掠夺民田。据《明史》卷二零三记载，明代中叶的福州"郡多士大夫，士大夫又多田产，民有产者无几耳"。随着土地兼并的加剧，农民的租税负担也日见其重。江南某些地区的租率，甚至高达 85%。繁重的土地赋役剥削，使农民的生活日渐恶化，"有今完租，而明乞贷者"③。面对土地日蹙、赋税日重的双重压迫，大批农民被迫背井离乡，流民遍布全国，总数达六百万左右，约占在籍人口的十分之一。流民问题的突出，农民起义的爆发，标志着明代社会矛盾的空前激化。农民的揭竿而起在政治上动摇了封建统治的基础，从某种意义上也可以看作一种武器的批判，它的锋芒直指明代封建统治思想——程朱理学。当起义农民明确提出"重开混沌之天"④的要求时，实际上也表示了对被程朱理学奉为至上主宰的"天理"的蔑视，

---

① 《诗经·大雅·绵》，见《十三经注疏》（清嘉庆刊本，阮元校刻），中华书局 1980 年版。
② 肖兵：《从"羊人为美"到"羊大为美"》，《北方论丛》1980 年第 3 期。
③ 张廷玉等：《食货志》，《明史》卷七十七，中华书局 1999 年版。
④ 谷应泰：《平河北盗》，《明史纪事本末》卷四十五，中华书局 1985 年版。

它表明程朱理学对人们的思想与行为的禁锢已经开始动摇。如何将人们的思想行为有效地纳入封建统治的规范轨道，以摆脱日益严重的社会危机？这不能不成为统治阶级尤其是思想家所无法回避的问题。王栋的哲学美学思想关注民生疾苦，尊重人的现实生存权利与修身价值，在某种程度上是其为了缓和封建社会矛盾而开出的一剂良方。二是宦官专政、皇室与藩王的冲突以及内阁官僚之间的相互倾轧。上述矛盾，除了导致封建统治秩序的紊乱和政治黑暗，也直接暴露了明王朝的官方哲学——程朱理学思想已开始失去对统治阶级本身的实际约束力。因为这些彼此倾轧的封建官僚表面上无不是程朱理学的虔诚信奉者，但他们的行为本身却与程朱理学格格不入。笃守程朱的著名理学家吴与弼投身于权臣石亨门下，"自称门下士"；成化年间，"汪直（宦官）用事，至使卿佐伏谒，尚书跪见"①。而跪伏的多是理学名臣。从理论上看，程朱理学将"天理"（封建规范的形而上学化）与主体视为对立的二极，强调"他（天理）为主，我为客"②。这样，"天理"实际上是作为外在的绝对命令来主宰、制约主体的行为。而深刻的社会危机与程朱理学在避免危机与拯救危机上的无力作为，迫使王栋等泰州学派的思想家们在"天理"的外在强制之外另辟蹊径，提出了"上为天地立心，下为生民立命""诚意""修身慎德""乐"等修身论哲学美学主张，要求承认、重视人的价值，呼吁关注、尊重下层民众物质需求的权利。三是新的社会经济因素的萌芽开始威胁封建社会的伦理纲常。明朝中后期，一种崭新的经济力量——资本主义开始在封建社会的母体内孕育、萌芽，在个别地区，以城市工商业者、手工业者为主体的市民阶层以及雇工逐渐成为一种新的社会力量，开始对传统的纲常名教产生了一些影响。何良俊说："宪孝两朝以前，士大夫尚未积聚……至正

---

① 于慎行：《谷山笔尘》卷六，见《读史漫录》，齐鲁书社 1996 年版。
② 朱熹著，（宋）黎靖德编：《朱子语类》卷一，中华书局 1986 年版。

德间，诸公竞营产谋利。"① 而且社会风气也在悄然变化："逮至正德末、嘉靖初则稍异矣，商贾既多，土田不重。操资交接，起落不常；能者方成，拙者乃毁；东家已富，西家自贫；高下失均，锱铢共竞；互相凌夺，各自张皇。"② 社会矛盾的变化，刺激、启示、呼唤着新的思想。王栋以其敏锐的观察力，感受到了新时代的微弱脉搏，提出了"诚意""修身慎德""乐"等修身论哲学美学主张，期冀人们通过自我修养，达到一种理想的审美人生境界，实现人与人、人与自然、人与社会的和谐统一。

二　作为本体论的"诚"

如果说王阳明持"心本论"、王艮持"身本论"的话，那么王栋就是主张"诚本论"，而王栋对"诚意"、"慎独"与"乐"的创造性阐释以及"人欲不能无"之"节欲"主张的阐发，则构成其"诚本论"的主要内容。

首先，王栋从身、心、意三者之间的关系来界定"诚"的内涵。对于身、心、意三者之间的关系，王栋和王阳明的观点同中有异。王阳明说："身之主宰便是心，心之所发便是意；意之本体便是知，意之所在便是物。"③ 王栋则说："盖自身之主宰而言谓之心，自心之主宰而言谓之意。"④ 他们都认为，"心"是"身"的主宰，这一观点是相同的，但在界定"心"与"意"的关系上则有歧见。王阳明认为，"心之所发便是意"，是"心"主宰"意"，而王栋则认为，"自心之主宰而言谓之意"，是"意"主宰"心"。王栋在这里把"意"视为"心"之主宰，强调"意"的理性支配作用，这是对主体意识的进一步发展。具体来看，王栋对"意"与"心"的关系是

---

① 何良俊：《四友斋丛说》卷三十四，中华书局 1998 年版。
② 顾炎武：《天下郡国利病书·歙县风土论》，上海书店 1985 年版。
③ 王阳明：《传习录上》，《王阳明全集》卷一，上海古籍出版社 2015 年版，第 5 页。
④ 王栋：《会语正集》，《明儒王一菴先生遗集》卷一。

这样论述的：

> 旧谓意者，心之所发，教人审几于动念之初。窃疑念既动矣，诚之奚及？盖自身之主宰而言谓之心，自心之主宰而言谓之意。心则虚灵而善应，意有定向而中涵。非谓心无主宰，赖意主之。自心虚灵之中，确然有主者，而名之曰意耳。大抵心之精神，无时不动，故其生机不息，妙应无方。然必有所以主宰乎其中而寂然不动者，所谓意也，犹俗言主意之意。故意字从心从立，中间象形太极，圈中一点，以主宰乎其间，不著四边，不赖依靠。人心所以能应万变而不失者，只缘立得这主宰于心上，自能不虑而知，不然孰主张是，孰纲维是，圣狂之所以分，只争这主宰诚不诚耳。若以意为心之发动，情念一动，便属流行，而曰及其乍动未显之初，用功防慎，则恐恍忽之际，物化神驰。虽有敏者，莫措其手，圣门诚意之学，先天易简之诀，安有此作用哉！①

> 问："诚意既足以立本矣，何复有正心工夫？"曰："这却只是一串道理，意是心之主，立本之意既诚，则心有主，故不妄动，而本可立，身可修。若自家不曾诚意立本，而望施之于人，侥幸感应，皆是妄想，皆是邪心，皆是中无所主，憧憧往来病痛，故意诚而后心正，非于诚意后复加一段正心工夫也。"②

由上可知，王栋对"诚""意"作了不同于宋明理学家的说法，给"诚""意"注入了新的解释。王栋从"意"与"念"、"意"与"心"及"意"与"志"的关系等三个层面对"意"作了具体的阐

① 王栋：《会语正集》，《明儒王一菴先生遗集》卷一。
② 王栋：《会语正集》，《明儒王一菴先生遗集》卷一。

释。其一，从"意"与"念"的关系看，其认为"意"是心之主宰，但"意"和"念"又有区别。"意"不是心中所发的念头，"念"是已发，而"意"是未发。"意"是心之主宰，是念头发生所依据的最初意向。其二，从"意"与"心"的关系看，其认为"意有定向而中涵"，赋予"意"以定向功能，"意"为"主意之意"，"心所以能应万变而不失者"，是由于意"主宰于心上"；"意为心之发动，信念一动，便属流行"，"意"成为"心"之动力。其三，从"意"与"志"的关系看，王栋也有独到的见解。其认为"意近乎志"，"志意原不相远"，也就是说，"意"与"志"没有严格的界限，它们是相通的。其云："或曰意犹主意，不与志相类乎？曰：意略在前，主意立而后志趋定矣。然篇首定而后能静，定志本应意诚。注云：志有定向，亦是说主宰定也，志与意岂相远哉！"① 在王栋看来，"意"与"志"是密切联系的。"意"与定向之"志"相结合就是意志，"意"和"志"都当作主宰，即把"意"提高到心的主宰地位，突出了"意"的支配、定向和选择功能，更加体现人的主体作用。

从王栋的论述中，我们可以看出，他把"意"的功能概括为三方面。其一，支配功能。即把"意"作为心之主宰，强调"意"对理性的支配功能。如："物格知至，方才知本在我。本犹未立也，故学者既知吾身是本，却须执定这立本主意，而真真实实反求诸身，强恕行仁，自修自尽，如此诚意做去，方是立得这本。若只口说知本在我，而于独知之处尚有些须姑息自诿，尤人责人意念，便是虚假，便是自欺。自欺于中，必形于外，安得慊足于己而取信于人乎？故诚意二字，正悟人切实下手立本工夫，方得心正身修，本可立而末可从也。"② 王栋此处所说的"心正身修"是其"诚""意"追求

① 王栋：《会语正集》，《明儒王一菴先生遗集》卷一。
② 王栋：《会语续集》，《明儒王一菴先生遗集》卷一。

的结果。其二,定向功能。其云:"行者之北之南,必须先有定主意。"① 就是说"意"有定向的功能。而"人志意不定,只缘不知此身当止于至善之地。故不先自治而妄欲治人,或施之不效而不知反己,以至不量可而轻入。欲卷怀而姑徐徐,进退迟疑,漫无主宰,志若何而定耶?"② 其三,选择功能。王栋认为,任何主体行为都必须出自主体的内在意愿,这就意味着主体能够对自身行为进行自由选择。王栋这种强调"意"的支配、定向、选择的功能,实际上是在强调人的主体作用,强调人在改造自然和社会实践活动中的主观能动性,"意"成了主体实践的不竭精神动力。王栋突出"意"的作用,具有一定的进步意义。

其次,王栋认为,要发挥"意"的主体作用,就必须"诚意",而"诚意工夫在慎独"。王栋释"独"为"意"(心之主宰)独立而不掺见闻情识,"慎"指戒慎,不懈怠,即"诚";合而言之,"慎独"指注意其心,使之独立而不掺见闻情识。其云:

> 未发之中,亦即不睹不闻底物事。《中庸》本言"喜怒哀乐之未发",非曰"未发喜怒哀乐之时"。盖谓心之生机,无时不发,当其发喜、发怒、发哀、发乐之际,皆必有未尝发者以宰乎其发,故能发而皆中节也。不然,只是乱发,岂复有中节之和哉!故养其未发之中,亦即慎独工夫也。③

王栋认为,"意"为心之主宰,"念"为心之所发。工夫若在善恶之念已发时去做,则措手不及;若在善恶之念未发时去做,工夫恰到好处。"诚"就是要在未发之前做工夫,使心有主宰,这也就是

---

① 黄宗羲:《诚意问答》,《泰州学案一》,《明儒学案》卷三十二,中华书局1985年版。
② 王栋:《会语正集》,《明儒王一菴先生遗集》卷一。
③ 王栋:《会语正集》,《明儒王一菴先生遗集》卷一。

"诚意工夫在慎独"的初衷。其云:

> 诚意工夫在慎独,独即意之别名,慎即诚之用力者耳。意是心之主宰,以其寂然不动之处,单单有个不虑而知之灵体,自做主张,自裁生化,故举而名之曰独。少间,掺以见闻才识之能,情感利害之便,则是有所商量依靠,不得谓之独矣。世云独知,此中固是离知不得。然谓此个独处,自然有知则可,谓独我自知而人不及知,则独字虚而知字实,恐非圣贤立言之精意也。知诚意之为慎独,则知用力于动念之后者,悉无及矣。故独在《中庸》谓之不睹不闻,慎在《中庸》谓之戒慎恐惧。故慎本严敬而不懈怠之谓,非察私而防欲者也。①

在王栋之前,前人对《大学》中"慎独"的解释是"谨慎于独处、独知之地",而非"独立不受干扰"。对"诚意"的诠释是指"意念归一而不杂",不是"意为心之主宰"。王栋创造性地诠释了"慎独"的内涵,"慎独"本义的揭破,关键之一是以王栋、刘宗周为代表的明代心学派,以心之主宰"意"解"独",破除了郑玄"闲居"之误;以"诚意"释"慎独",将汉、宋学者的修养工夫论上升为心学本体论。② 应该说,对于"诚意"的论述是王栋哲学美学思想中最出彩的地方,不少学者对此评价甚高,认为此说有利于补救泰州学派后学的流弊,也有益于传统儒家的内圣理论。而且王栋的论述有重视德行之知排斥见闻之知的倾向,对于纠正泰州后学忽视工夫只讲率性有积极意义。

德性与见闻之辨,始于宋儒张载,其云:"见闻之知乃物交而

---

① 王栋:《会语正集》,《明儒王一菴先生遗集》卷一。
② 廖名春:《"慎独"本义新证》,《学术月刊》2004 年第 8 期。

知，非德性之知。德性所知，不萌于见闻。"① 在其看来，"见闻之知"是通过人之感觉器官而获得的一种对外物的知识。"德性之知"是先天存在于人心中，通过内省而证得的一种知情兼备的知识，后者当然不萌于前者。明代王阳明一脉不仅重视两者之别，而且都强调前者排斥后者。比如，王龙溪将德性之知称为"知"，见闻之知称作"识"。认为见闻之知依赖物相。物相有生变，见闻之知亦有生灭；物相有分别，见闻之知亦随之有分别。德性之知是内省而有，所以无生灭无分别。知与识的关系，应该是识本于知，可一般人常常是以识为知，这样识显而知隐，知滞于所识之境，易为境所蔽障。因此，只有使知处于主宰，变识为知方能入道。王艮亦是如此，其反对见闻之知，并认为这是"没有良知之外知"。王栋上述反对见闻杂于心体之思想，显然是对王艮思想的继承和发展。在道德实践或修养中，分辨德性之知与见闻之知，偏重德性之知有一定的道理。因为人在悟道的过程中，常常要排斥一切念头，包括知见。善念当下显现，或当下一念时，往往没有知见在其中。而伴随知见的产生，善念往往难以继续，这些都是人们在道德休验中获得的经验，因此，他们都反对或排斥见闻之知。王栋亦有类似言论："人之性，天命是已。视听言动，初无一毫计度，而自无不知不能者，是曰天聪明。于兹不能自得，自昧其日用流行之真，是谓不智而不巧，则其学不过出于念虑亿度，辗转相寻之私而已矣，岂天命之谓乎！"② 按说由于重视道德的至上性而偏重德性之知，尽管偏颇但是可以接受，然而以道德的至上性或崇高性来排斥、反对一切见闻之知，其实不妥。如果任其发展，必然会导致反智、反文化的严重后果。

再次，在"诚意"的基础上，王栋提出了"节欲"的主张。其反对宋明理学的"存天理，灭人欲"的说教，批评了"察私防欲"

---

① 张载：《正蒙·大心》，《张横渠集》，中华书局1985年版。
② 王栋：《会语正集》，《明儒王一菴先生遗集》卷一。

的错误观点。宋明理学家，无论是程朱，还是王阳明，都主张"存天理，灭人欲"，都主张"察私防欲"，把"省防察检""反省克己""戒慎恐惧"等作为去除人欲的手段，竭力地加以宣传。王栋则坚持王艮的人欲合理思想，提出"耳目口鼻四肢之欲，人所必不能无者"的"节欲"主张。其云："孟子言养心莫善于寡欲，荀子却言养心莫善于诚，非但不识诚，亦不识养字之意。人心一觉便是真体。不善养之则有牿亡之害。故于耳目口鼻四肢之欲，人所必不能无者。一切寡少，则心无所累，得有所养，而清明湛一矣。此非教人于遏人欲上用功，但要声色臭味处，知所节约耳。"① 王栋认为，孟子所说的"养心莫善于寡欲"是对的，因为"一切寡少，则心无所累，得有所养"。但是，人的"耳目口鼻四肢之欲，人所必不能无者"。孟子虽言"寡欲"，并不是"教人于遏人欲上用功"，只是要在"声色臭味处，知所节约耳"。也就是说，王栋的"节欲"主张并不是像宋明理学家所说的那样要人们"存天理，灭人欲"。王栋从"人欲不能无"的"节欲"思想出发，对宋明理学家提出的"察私防欲"的观点进行了批判。其云：

> 察私防欲，圣门从来无此教法，而先儒莫不从此进修，只缘解克己为克去己私，遂漫衍分疏，而有去人欲、遏邪念、绝私意、审恶几，以及省、防、察、检纷纷之说，而学者用功，始不胜其繁且难矣。然而夫子所谓克己，本即为仁由己之己，即谓身也，而非身之私欲也。克者力胜之辞，谓自胜也，有敬慎修治而不懈怠之义，《易》所谓"自强不息"是也，一息有懈，则歉然而馁矣。②

---

① 王栋：《会语正集》，《明儒王一菴先生遗集》卷一。
② 王栋：《会语正集》，《明儒王一菴先生遗集》卷一。

王栋在这里对宋明理学家提出的"察私防欲"作了完全的否定，认为他们提出"察私防欲"是对孔子的"克己"有错误理解，以为"克己"就是克去私欲。实际上孔子的"克己"是要人不要懈怠，要自强不息，非克己去私之谓也。王栋还在"克己"问题上批判了程朱的错误观点。其云：

> "克己"亦即修己以敬，盖"敬"字本是对"怠"而言。丹书所谓"敬胜怠者吉，怠胜敬者灭"是也。程子解："主一之谓敬，无适之谓一。"朱子合而言之曰："敬者，主一无适之谓。"此皆奥而难明。某尝更之云："不怠之谓敬。"观程子言"心懈则有防"，心苟不懈，何防之有？是即敬之谓也。而"克己"之非去私，益明矣。①

王栋认为"克己"即"修己以敬"，"敬"字是对"怠"而言，"不怠之谓敬"，"克己"是克服懈怠之谓，并非如程朱所解释的那样深奥难明。"克己"并不是要去除私欲，是非常明显的。王栋在解释什么是"慎独"时，也批评理学家由于对"慎独"的错误理解而提出"察私防欲"的主张。他说："独，在《中庸》谓之不睹不闻；慎，在《中庸》谓之戒慎恐惧。故'慎'本严敬不懈怠之谓，非察私而防欲者也。"又说"'慎独'注云：'谨之于此以审其几。'后儒因欲审察心中几动，辨其善恶而克遏之。如此用功，真难凑泊。《易大传》曰：'君子上交不谄，下交不渎。其知几乎？几者，动之微，吉之先见者也。'则'几'字是在交际事几上见，非心体上有几动也；心体上几动，则是动于念。杨慈湖所以谓之起意，而非《大学》、《中庸》所谓独也。……后儒因又谓：'于心几动处省检而精

---

① 王栋：《会语正集》，《明儒王一菴先生遗集》卷一。

察之。' 以是为研，谬亦甚矣。"①

王栋又把"慎"解释为"严敬不懈怠之谓，非察私防欲者也"。批判后儒用"慎独"来"审察心中几动"，企图以此来克遏私欲。其认为这种观点，"谬亦甚矣"。由此可以看出，王栋坚持和发展了泰州学派创始人王艮的人欲合理的思想。王栋的"人欲不可无"的"节欲"主张，对泰州学派后学产生了重要影响。此后颜钧提出"制欲非体仁"的主张；何心隐提出"育欲""寡欲"的主张；罗汝芳提出"形色，天性也"，"嗜欲莫非天机也"的观点；李贽则提出"吃饭穿衣即是人伦物理"的见解，主张"各遂其千万人之欲"；等等。但是我们又要看到，泰州学派并不是纵欲主义者，他们在肯定人欲合理性的基础上，王艮主张"遏欲"，王栋提出"节欲"，何心隐则提出"寡欲"。可见，他们既反对禁欲主义，又反对纵欲主义。泰州学派诸位思想家肯定人欲的合理性，能够看到人欲在历史发展过程中的重要作用，反映了中国封建社会晚期随着商品经济的发展而高涨的个性解放的要求与呼声，顺应了时代潮流精神，也是当时新兴市民意识在意识形态上的反映。正如黑格尔所说："没有情欲，世界上任何伟大事业都不会成功。"② 恩格斯在评价黑格尔这一观点时，曾经指出："自从阶级对立产生以来，正是人的恶劣的情欲——贪欲与权势欲成了历史发展的杠杆。"③

三 作为工夫论的"修身慎德"

王栋在与其弟子的思想交流中提出"修身慎德"的哲学美学工夫论主张，其云：

---

① 王栋：《会语正集》，《明儒王一菴先生遗集》卷一。
② 转引自列宁《列宁全集》卷三十三，人民出版社1965年版，第344页。
③ ［德］恩格斯：《马克思恩格斯选集》卷四，人民出版社1972年版，第233页。

　　或问《大成学歌》以师道自任，何也？曰：天生烝民作之君，作之师，自古帝王君天下，皆只师天下也。后世人主不知修身慎德为生民立极，而君师之职离矣。孔子悯天下之不治，皆缘天下之无师，故遂毅然自任无位而擅帝王师，教之大权，与作《春秋》同一不得已之志。①

　　王栋主张君王要"修身慎德"，意思是君王要提高自己各方面的人生修养水平，注意自己的德行，要"为生民立极"，做百姓的表率，"师天下"。孔子之所以"以师道自任"，是因为出现"君师之职离，天下之不治"的情况，"故遂毅然自任无位而擅帝王师"，实在是迫不得已的事情。王栋认为即使是普通百姓，只要加强自己各方面的人生修养，端正自己的品行，只要"保身、保家、保名节"，同样可以达到与"圣贤同其美"的审美人生境界。其云："诚以身莫荣于道义，学莫重于师友。有此师友，则一身有道义，而贵且尊；无此师友，则一身无道义，而卑且贱。尊贵则荣，而保身、保家、保名节，斯与圣贤同其美矣。卑贱则辱，而败身、败家、败名节，斯与禽兽同其恶矣。"② 这段引文的意思是说，一个人如果"一身有道义"，就可以得到"尊贵"的待遇，进而"保身、保家、保名节"。假如"一身无道义"，就可能"败身、败家、败名节"。而王栋认为，要"保身"的话，先要"安身"，然后才可以"修身"。而如何进行"修身"呢？王栋认为，王艮的《明哲保身论》是"修身止至善之则也"，又说"止至善者，安其身之谓也"③，也就是说，王栋是以王艮的《明哲保身论》作为"修身"总原则来加以把握的。王艮的《明哲保身论》说："明哲者，良知也。明哲保身者，良

---

　　① 王栋：《会语正集》，《明儒王一菴先生遗集》卷一。
　　② 王栋：《会语》，《明儒王一菴先生遗集》卷一。
　　③ 王栋：《会语正集》，《明儒王一菴先生遗集》卷一。

知、良能也。"他认为"良知"是"保身"的前提和基础，而且强调"良知"的内核就是"仁"，认为"保身"的目的就是"保天下国家"，就是"保君父"。王栋所提出的"修身慎德"主张与王艮的修身主张是一脉相承的，它们同中有异，异中有同。王栋认为"先师之学，主于'格物'，故其言曰：'格物是止至善工夫'"①。也就是说，王栋"修身慎德"的哲学美学主张与王艮"格物"说之间关系密切。

首先，"格物"说是王栋实践"修身慎德"哲学美学主张的思想基础。王栋对王艮"格物"说的理解有一个过程："某初闻先师格物说，苦为旧说牵缠，再三致疑，思辨体贴数十年，方始涣然冰释。"② 但他对王艮的"格物"说信守不渝，而对朱熹、王阳明"格物"说的观点则有不同看法。王栋认为，"格物"和"致知"是密切联系的，两者不能分开。其云：

> 格物原是致知功夫，作两件拆开不得。……先师说物有本末，言吾身是本，天下国家为末。可见平居未与物接，只自安正其身，便是格其物之本。格其物之本，便即是未应时之良知；至于事至物来，惟吾身之矩而顺事恕施，便是格其物之末，格其物之末，便即是既应时之良知；致知格物可分拆乎？③

王栋在这里把"格物"和"致知"作为不可分割的同一内容来理解，即"格物"与"致知"同属于修身工夫。"格物"之本和"格物"之末是密切联系的。"格物"之本即是安身正己，恢复原有的良知本体，而"格物"之末即是经此"良知"来观察、度量天下

---

① 王栋：《会语正集》，《明儒王一菴先生遗集》卷一。
② 王栋：《会语续集》，《明儒王一菴先生遗集》卷一。
③ 黄宗羲：《泰州学案一》，《明儒学案》卷三十二，中华书局1985年版。

国家，因此，"格物既为知至善工夫，亦即为止至善功夫"①。王栋认为"格物"就是安身与修身工夫，其云："《大学》原只以修身为本，其所以推原至于格物，只是探寻追究出学问头脑，使学者得其要领，有下手处耳。"② 也就是说，王栋认为，"格物"是一个人达到"至善"审美人生境界的修养工夫，此处已见其"修身慎德"哲学美学主张与"格物"说之密切关系。

王艮的"格物"说，是"以人为本"的"格物"说，强调"尊身"、"安身"、"爱身"和"保身"，同时又强调"正身"、"反身"和"修身"。"安身"是王艮"格物"说的主要内容，因为身是"天下国家之本"，"身安而天下国家可保"。由于"安身"如此重要，必须从己身入手，要"正身""反身""修身"，强调个人的道德修养。而王栋对此作了具体的解释和发挥："欲安其身则不得不自正其身，其有未正，又不容不反求诸身，能反身则身无不正，身无不正则处无不安，而至善在我矣。古今有志于明德、亲民，而出处失道、身且不保者，不明止至善之学故也。"③ 王栋认为，要做到"安身"，就必须"自正其身"和"反求诸身"。因为一个人如果能时刻反省自己的言行举止、思想情感是否端正，那么他的德行情操就肯定是端正的甚至是崇高的，所以，他强调"反身"的重要性。他认为，王艮的"格物"说是"反身之学"，认为"格物"之学，究竟只是反身功夫，在于反躬自责、"反求诸身"。这是因为，能"反身"则"至善在我矣"，"反身"就是"修身"，王栋此处论述的就是"修身"与"立德"的关系。

王栋认为，"格物""只是反身功夫"，"反身"就是反省自己的言行举止，实际上就是加强自己德行修养的工夫，如颜子的克己、

---

① 王栋：《会语正集》，《明儒王一菴先生遗集》卷一。
② 王栋：《会语正集》，《明儒王一菴先生遗集》卷一。
③ 王栋：《会语正集》，《明儒王一菴先生遗集》卷一。

曾子的忠恕等，都是"反身"的"格物功夫"。这是孔门传授的"格物之学"。但是，自从"孟子没，而此学湮矣"，直至王艮才恢复了"格物之学"的庐山真面目。因此，王栋在坚守王艮"格物"说的同时，批评了朱熹的"格物"说。朱熹的"格物"说是"即物穷理"，朱熹说："所谓致知在格物者，言欲致吾之知，在即物而穷理也。"① 王阳明的"格物"说是"致良知"，王栋对这两种"格物"说都不认同。他说："孟子反身强恕，三自反之类，俱是格物工夫，其身正而天下归之，则物格之至而治平毕举矣。此见孟子极明格物之学，故能独接夫子之传。后儒专以即物穷理为格物，而不知反身立极，知至至之，何以承孟氏之统哉？"② 王栋认为，孟子的"格物之学"是强调"反身强恕、三自反"的格物工夫，与他自己所主张的"修身慎德"最吻合。而认为朱熹等"专以即物穷理为格物，而不知反身立极"，违背了孟子的传统。以致谬误流传，遂使无数英雄埋头于"即物穷理"，以致延误终身，而无出头之日。王栋认为，王艮纠正了"格物"之偏，恢复了孔孟"格物"说的本来面目："先师为人挑出古人格物真旨，说《大学》篇中'自天子至于庶人'以下，乃是申解格物要语。可见物有本末，身为本，天下国家为末，其本乱而末治者否矣。格度于此，而知所先后，则吾良知之所知者，方是止于至善。故曰物格而后知至，舍格物而言致知，非天分极高，原无气质之累者鲜不谬也。然则发明翁（王阳明）之蕴，教万世无穷，我先师之功不大矣哉！"③ 王栋认为，先师王艮充分领悟与创造性地阐发了"格物"说，"格物"就是知"良知"、"止至善"，而"先师（王艮）以'安身'释'止至善'"④，所以"格物"就是"安身"，修身慎德，涵养良知。王栋又说，"吾辈今日格物之学，分

---

① 朱熹：《大学章句》，见《四书集注》（怡府藏版影印本），巴蜀书社 1985 年版。
② 王栋：《会语正集》，《明儒王一菴先生遗集》卷一。
③ 王栋：《会语续集》，《明儒王一菴先生遗集》卷一。
④ 王栋：《会语正集》，《明儒王一菴先生遗集》卷一。

明是主修身立本"①，因此说，"格物"说是其"修身慎德"主张的思想基础。

其次，"修身慎德"是王栋修身论哲学美学思想的审美工夫论。王栋"修身慎德"说的"身"，有广义和狭义之分。狭义之身指人的血肉之躯即生命的载体，或指人的思维，广义之身既包括"心"，即精神本体，又包括"身"，即血肉之躯。王栋有时从广义上使用"身"，如身本体之身，尊身之身，有时从狭义上使用"身"，如保身之身，修身之身。他的身本体之身，不仅是一个思维的主体，而且是一个行为的主体，不仅指思维的器官，而且指人的整个血肉之躯。王栋认为与天地万物相较，身是本，天地万物是末。

王栋"修身慎德"的哲学美学主张不仅是在生死观上对生命的执着，而且是在道德观上对人的价值的体认。在生死问题上，儒家采取的是搁置的态度，即不谈生死，注重现世，善言人道。儒家对人的价值主要不是从生命意义上来讲的，而是从道德方面来论述的。孔子说，"君子义以为上"②，"志士仁人，无求生以害仁，有杀身以成仁"③。在道德与生命的取舍上，身是服从于仁的。孟子虽承认生命和道德都有意义，"生亦我所欲也，义亦我所欲也"，但其又说："人人有贵于己者。"如果"二者不可得兼"，则"舍生而取义者也"④，说得极为肯定。可以说，在人生价值观方面，王栋继承了传统儒家的思想，他认为，圣贤往往知其不可而为之，即使身处乱世也"不忘天下""不以乱世不可为而遂不肯为也"。而这种审美人生态度则是达到张载所说"为天地立心，为生民立命，为往圣继绝学，为万世开太平"的这种崇高审美人生境界所必需的。王栋继承了张载

① 王栋：《会语续集》，《明儒王一菴先生遗集》卷一。
② 孔子：《论语·阳货》，见朱熹《四书集注》，（怡府藏版影印本），巴蜀书社 1985 年版。
③ 孔子：《论语·卫灵公》，见朱熹《四书集注》，（怡府藏版影印本），巴蜀书社 1985 年版。
④ 孟子：《孟子·告子上》，见朱熹《四书集注》，（怡府藏版影印本），巴蜀书社 1985 年版。

的这一思想，也继承了王艮的为生民立命的经世思想，批评那些"其心先与天地不相似，往圣不同谋"的"离群遁世之徒"，决心学习"圣人经世之功，不以时位为轻重"，以"匹夫之贱"，讲学传道，"行经世之志"，即使是"移风易俗化及一邑一乡"，也是实现"镕铸天下"的崇高的审美人生境界。所以，黄宗羲担心王艮保身论，由此开了"临难苟免"① 之隙的忧虑看来是多余的。因为王艮、王栋的保身论与贪生以求"苟免"的思想是不相容的。从王艮弟子的行动来看，颜山农"……捕之官，笞臀五十，不哀祈，亦不转侧，坐罪至戍，困囹圄且死"。何心隐"……见抚臣王之垣，坐不肯跪。……择健卒痛笞之百余，干笑而已。已狱，门人涕泣而进酒食，亦一笑而已。……遂死"②。他们都没有"临难苟免"，而是杀身成"仁"的，也就是说，他们尊重生命，但更注重生命的价值。

由此可见，王栋的"修身慎德"主张与乃师王艮"修身立本"主张多有不同之处。

其一，他们对修身的目的理解不同。王栋修身论哲学美学思想强调"保身、修身"是为了"尊道"，认为"身莫荣于道义，学莫重于师友"。从这个层面看，王栋的"修身慎德"与王艮的"尊身尊道、保身爱人"修身论哲学美学思想有相同的一面。如王栋《会语续集》记载："同志有喜究长生之术者，或问曰：'斯亦保身之道否？'曰：'非也。此正所谓真志不定，信道不笃。吾儒保身，只要战战兢兢，以全归为免，尽道而死，顺受其正。今长生之术，大都怕死。'……夫逆理偷生之事，岂君子之所为乎？先师论明哲保身，不出爱人敬人而止，安有此等异端作用。"也就是说，王栋认为，"修身"的目的是为了"慎德"，而不仅仅是为了保命，认为"逆理

---

① 黄宗羲：《泰州学案一》，《明儒学案》卷三十二，中华书局1985年版。
② 王世贞：《弇州史料后集》卷三，见王世贞撰，魏连科点校《弇山堂别集》，中华书局1985年版。

偷生"不是君子之所为,而且他主张保身不是怕死,为了"道"可以去死,这和先儒"朝闻道,夕死可矣"①的思想以及王艮的观点一脉相承,王艮主张"修己以安人,修己以安百姓,修其身而天下平"。王艮的保身论并非把着眼点放在保全个人的生命安全上,而是放在"天"和天地万物上。王艮认为,在自然之天之外还有一个精神之天,这个天是人之天,也是天之天,即"性"、即"仁"、即"道"、即"中"。是人的道德上的最高标准,又是人与天地万物的最终本质,它包含在人体之中,是天与人的合"一"。其云:"父母生我,形气俱全,形属乎地,气本乎天。中涵大极,号人之天。此人之天,即天之天。此天不昧,万理森然,动则俱动,静则同焉。天人感应,因体同然,天人一理,无小大焉。"② 正因为天寄寓于人的身上,身便显得特别重要,"是故身也者,天地万物之本也;天地万物,末也。"③ 在这里,身不仅关涉个人,也关涉宇宙万物,一句话,它关涉着"天理人欲"的大事。正是在这个层面上,王艮对身才显得特别重视,所以,他讲要尊身、修身、安身以及保身,通过这一系列对身的修养持敬的工夫,来达到保"天"的目的。保身实际上是保"天"的实践行为,它与尊身、安身的目的是一致的。王栋与王艮把修身、保身上升到了为天下国家而修身、保身的高度,在生存与死亡的关系问题上作出了睿智而明确的回答,这种修身的境界应该说是一种崇高的境界、大美的境界。

王栋认为,良知本体具有"寂然不动""不虑而知"的性质。由于良知本身具有克私去欲的道德自觉功能,故能在日常生活中为善去恶,知是知非,积极落实于审美道德实践之中。也就是说,在王栋"修身慎德"的审美工夫论中,作为良知的心体具有浓郁的伦

---

① 孔子:《论语·里仁》,见朱熹《四书集注》,(怡府藏版影印本),巴蜀书社1985年版。
② 王艮:《孝箴》,《明儒王心斋先生遗集》卷二。
③ 王艮:《答问补遗》,《明儒王心斋先生遗集》卷一。

理道德色彩，"修身"的目的是"慎德"。如第一章所述，王艮在"保身爱人""修身立本"的论述中，作为良知的本体被染上了强烈的自然色彩。事实上，王艮讲学就常以日用见在指点良知，把良知转化为生命活动中不假做作的日用行为。而身则成为生命的存在价值，反映了王艮对生命自身的关注，王艮主张"修身"的目的是"立本"。诚然，这种差别是细微的、相对的。王艮也主张"修己以安人，修己以安百姓，修其身而天下平"。王艮的保身论并非把着眼点只放在保全个人的生命安全上。之所以会出现这种自相矛盾的论述，是由于王艮生活的时代，新的思想因素虽在萌生，却极为弱小，旧的思想因素虽然开始走向衰落，却依然十分强大，无所不在。社会存在的两重性，决定了历史人物思想的双重性。他的思想中既有求新求变的倾向，也有冲不破传统思想的束缚。这种两重性，在王艮身上，在王栋身上，乃至近代思想家的身上，都或多或少存在着。

其二，他们对"修身"所要达到的审美人生境界的理解不同。王艮从人己平等的原则出发，以爱作为维系个人、他人与社会之间的纽带，强调保身必爱人，爱身必爱人，敬身必敬人，由此人必爱我、敬我，以此构建了由自我到他人的博爱的"王道"社会理想。他的博爱的"王道"社会理想在某种程度上可以表述为"天"（即"天人合一"），也就是说，他希望人们通过自身的努力修养，人人能够达到这种"天"的境界。如果说"天"是王艮对他自己所追求的审美人生境界的概括的话，那么，第一章所述之"大"的人格美境界就是王栋"修身"所追求的审美人生境界的总结。他说"'德不孤，必有邻。'孔子是说德苟盛大而不孤陋，则必类应而有比邻。今吾辈倡会而类应不多，岂皆人之不肯信、不肯为哉？良由吾德之尚孤耳。于此，正当反己自责，极力担当。如果大明大昌，自然随感随应"①。王栋意思是说，如果一个人人格高尚、道德修养"盛大"

---

① 王栋：《会语续集》，《明儒王一菴先生遗集》卷一。

的话，那么他的德行就会影响周围的邻居，使得大家因为他而愿意聚集在一起生活，邻居的德行也会越来越好；如果一个人道德修养浅薄的话，那么他也会影响周围邻居的生活，势必导致大家择邻而居，甚至出现类似孟母三迁之事件。

如前所述，王栋主张无论是"出"还是"处"，都应该努力达到"大"这种最高的审美人生境界，"将乾坤世界重新镕铸一番"，体现了他"为生民立命"的博大胸怀与崇高境界。他说："孟子论治，如告梁惠王先为义利之辨，以正其心术，次为王道之陈，以立其纪纲。其告齐宣王推恩制产，滕文公性善经界，与夫良臣民贼之辨，当道志仁之说，皆是要将乾坤世界重新镕铸一番，至今凿凿可行。"① 王栋在这里所说的"将乾坤世界重新镕铸一番"，就是要将当时所处的明代社会重新改造一番。他认为，孟子的这些镕铸天下、改造社会的思想主张至今仍然确实可行。因为他清楚地看到明代封建专制社会存在的许多弊端，如在田制、封建、刑罚、教育上存在许多问题，他认为需要加以改造。他说："王政之大端，莫要于井田、封建、肉刑里选，四者今皆变坏，而不可复矣。然限田可以救不井田之失，久任可以救不封建之失，严生刑而宽死刑可以救不肉刑之失，先德行而后文艺，可以救不里选之失。"② 王栋揭露和批判明代社会存在的问题，进而提出改良的主张，反映了他既对明代社会的不满，又看不清社会前进的方向，从而产生对尧舜时代的向往。从这里可以看出他企图改造明代社会，"镕铸天下"的宏大抱负。他看到了明代社会存在的土地兼并问题的严重，滥用刑罚的苛刻，以及在教育和科举制度上存在的问题，提出"限田"、"久任"、"宽刑"和"先德行而后文艺"的改良主张，应该说是有其进步意义的。王栋在改造明代社会问题上抱着"出"和"处"的两种打算。他对

---

① 王栋：《会语正集》，《明儒王一菴先生遗集》卷一。
② 王栋：《会语正集》，《明儒王一菴先生遗集》卷一。

"出"和"处"的看法是："大凡看士人'出''处'，不必拘以形迹，只看所以然如何，苟出而可以随分得行经世之志，虽终淹而不厌，以至老死宦乡，非贪位非慕禄也。若感慨见几，急流勇退，而遂洁身高蹈无复是心，便与圣贤作处，天地悬隔，观孔于归欤之叹。"① 在王栋看来，"出"的目的是为了"行经世之志"，因此，"虽终淹而不厌"，"老死宦乡"也在所不惜。如果"出"后感到不能"行经世之志"，那就"急流勇退"，"与圣贤作处"，即在民间讲学传道以"行经世之志"。后来，王栋看到明代社会存在着许多难以解决的严重问题，感到即使"出"，也难以改造好社会，因此决心实行"处"，在"处"中实现"镕铸天下"的抱负，达到"大"这种最高的审美人生境界。其云：

> 或曰："使子为政亦能镕铸乎?"曰："镕铸天下，必君相同德同心，方可整顿，此孔孟所以不得行其志者也。若使得宰一邑而镕铸一邑，理亦有之，但恐监司者挚其手足，与迁转之速则不能耳。然终是田制之偏，赋役之重，刑统滥于罚赎，学校弊于文辞，凡此皆关大政，镕铸夫岂易? 然古人之学，不袭时位，以兴起斯文为己任，使师道立而善人多，朝廷正而天下治，此吾所以镕铸天下之一大炉冶，而非时位所能限也。"②

王栋认为，"镕铸天下"，改造社会，必须"君相同德同心"，而要做到这一点非常不易，孔子、孟子也未能做到。如果只在某一地方进行改革，可能被当地的"监司者"束缚其手脚，特别是对当时明代社会存在的田制、赋役、刑罚和教育上的严重问题，要进行改革更不容易。因此，王栋决心像乃师王艮那样实行"处"，以"兴

---

① 王栋：《会语续集》，《明儒王一菴先生遗集》卷一。
② 王栋：《会语正集》，《明儒王一菴先生遗集》卷一。

起斯文为己任",在民间讲学传道,"使师道立而善人多,朝廷正而天下治",王栋认为,这样做就不会受到太多限制。

有人曾怀疑王艮出入为师之说,王栋为此作了具体的解释。他认为,王艮的出处说是完全正确的,是一种"不袭时位之学":

> 问《遗录》出入为师之说,曰:"先师此语,本无可疑。出则必为帝者师,言人不可轻出,必君相信之果有尊师其道之意,方可言出,否则,恐有辱身之悔,非止至善之道也。处则必为天下万世师,言当以兴起斯文为己任,讲学明道,以淑斯人。若息交绝游,徒为无用之隐,非大人不袭时位之学也。"[①]

王栋决心要效法圣贤的经世精神,继承王艮的"出""处"思想,确立经世之志,不管"出""处",不论位分的大小,都应该为改造社会、移风易俗尽力,不应该有"一息之停""一时之歇"。王栋一生虽然在五十六岁以后做过小官,但主要从事教育工作,而且在他任职期间仍坚持讲学,如曾经主讲于白鹿洞书院、正学书院等,七十岁致仕归里后,开门授徒进行讲学活动。王栋一生不论是"出"还是"处",都继承了泰州学派的优良传统,以经世为怀,以"镕铸天下"为目的,不做"离群遁世之徒",不受时位所限,以讲学传道见于世,终其一生。

其三,他们对修身的途径的理解不同。

王艮主张通过"格物工夫"来修身,重在实行,凡实行必先从己身入手,故以安身为本,身安而后天下国家可保。所以,王艮力持正物必先正己,行有不得,则反求诸己的成己成物见解。由于"安身"如此重要,因而必须"尊身"、"爱身"及"保身",并且将上述这些条件作为其"格物"说的关键及主要内容,推广为"治国

---

① 王栋:《会语正集》,《明儒王一菴先生遗集》卷一。

平天下"的根本原则。

王栋在"安身"、"爱身"及"保身"的基础上，强调"正身""反身"作为"修身慎德"的重要途径。换句话说，王栋主张通过"自责、自修"即"反求诸身"来修身，取他人之优长来弥补自身之短缺，不能只见他人之"不是"，这样才能成就"自家之是"。其云："自责、自修，学之至要。今人详于责人，只为见其有不是处。不知为子而见父母不是，子职必不共；为臣而见君上不是，臣职必不尽。他如处兄弟、交朋友、畜妻子，苟徒见其不是，则自治已疏，动气作疑，自生障碍，几何不同归于不是哉？有志于为己者，一切不见人之不是，然后能成就自家一个是。"① 也就是说，王栋认为，"格物"之工夫，在于反躬自责；认为"反求诸身"乃体认立本用功之要，欲正其身必先"反身"以作自我道德观照，此乃"正身"之工夫基础，最后始可达至"安身"之目的。

综上所述，王栋的"修身"哲学美学工夫论是以"诚意""反身"为途径，以"慎德"与实现"大"的审美人生境界为目的。

四 既为本体又为工夫的"乐"

如前所述，在王栋的"诚"之哲学美学思想体系中，"诚"既是本体又是工夫，"诚"之工夫除体现为以上所述的"诚意慎独"与"修身慎德"之外，还在继承和发展王艮的"乐学"主张基础上，提出"乐"的审美主张，"乐"是审美本体与实践工夫的统一。

首先，王栋把"乐"和"诚"联系起来论述"乐"之本体美。其认为"诚"与"乐"是一件事而不是两件事。其《会语续集》中有这样的记载：

---

① 王栋：《会语续集》，《明儒王一菴先生遗集》卷一。

一友谓："某（王栋）之教人只'反身'、'乐学'两件工夫为要旨。"曰："此亦只是一事。""何谓一事?"曰："事事反身以自诚，则障碍不生，而真乐在我，所谓学便然后乐也。时时寻乐以为学，则天机不滞，而反己益精，所谓乐便然后学也。故孟子曰：'反身而诚，乐莫大焉。'又曰：'乐则生矣，生则恶可已。'故曰一也，二之则不是。"①

其又曰：

此是真能实用反身工夫，故得感应流通效验，是岂可袭取之哉? 更须一以正己格物，尽其在我，莫于效验上安身着脚，庶无差忒。故尝曰："反身则乐，责人则忧；反身则一，责人则二；反身则血气贯通而为仁，而天下归之矣。责人则手足痿痹而不仁，而亲戚畔之矣"。……诚以身莫荣于道义，学莫重于师友。有此师友，则一身有道义，而贵且尊；无此师友，则一身无道义，而卑且贱。尊贵则荣，而保身、保家、保名节，斯与圣贤同其美矣。卑贱则辱，而败身、败家、败名节，斯与禽兽同其恶矣。②

王栋继承、发扬了王阳明、王艮以来"体用一源"的学术传统，把"诚"与"乐"结合起来。其认为，只有"事事反身以自诚"，加强道德心性修养，去除私心杂念，则障碍不生而"真乐"自得，这就是"反身而诚，乐莫大焉"。如果时时"实用反身工夫"，则天机流行，反己益精，这就有可能"与圣贤同其美矣"。也就是说，"诚""乐"是心性、审美本体，是自我在道德心性修养实践过程中

---

① 王栋：《会语续集》，《明儒王一菴先生遗集》卷一。
② 王栋：《会语》，《明儒王一菴先生遗集》卷一。

实现的，即审美实践工夫与审美本体本来就是统一的（无论是先"诚"后"乐"，还是先"乐"后"诚"），所以，将其视为两件事情是不妥的。其云：

> 一友觉有过，言愧悔不乐。曰：莫烦恼前头失处，只喜乐今日觉处。此方是见在真功夫。烦恼前头失处，尚在毁誉上支持，未复本体。喜乐见在觉处，则所过者化，而真体以呈露矣。二者之相去不亦远乎。①

王栋认为，当人们"烦恼前头失处"，说明他精神修养的境界不够高，尚在毁誉上计较得失；而"喜乐见在觉处"，即说明如果人的精神修养达到较高的境界，人心一旦觉悟，而"真体"（本体）呈现，烦恼等便过而不留（即"所过者化"）。两者相比，当然有很大的差距。王栋以上观点虽然是针对不同问题作出的回答，但中心意思是强调审美实践工夫与审美本体的不可分，"诚"不离"乐"，"乐"不离"诚"。也就是说，"诚"既是审美工夫也是审美本体，"乐"既是审美本体也是审美工夫，此即王栋超越乃师王艮之创新处。

其次，王栋从"乐"与"学"的关系来阐述"乐"之审美人生境界。其云：

> 孔门教弟子不啻千言万语，而记《论语》者首曰："学而时习之，不亦乐乎！"是夫子教人第一义也。盖人之心体，本自悦乐，本自无愠；惟不学则或憧憧而虑，营营而求，忽忽而恐，戚戚而忧，而其悦乐不愠之体，遂埋没矣。故时时学习，则时时复其本体，而亦时时喜悦。一时不习，则一时不悦；一时不悦，则便是一时不习。可见圣门学习，只是此悦而已。由是为

① 王栋：《会语正集》，《明儒王一菴先生遗集》卷一。

人信与而得志行道，则此悦发而为乐。不为人信与而不得志，不行其道则此悦不改为愠。……学不离乐，孔门第一宗旨，信而悟之，思过半矣。①

王栋把"学不离乐"看作"孔门第一宗旨"，"是夫子教人第一义也"。这是因为"人之心体，本自悦乐"，"学"是复其本体之乐，"乐"是体验本体之学。一时不学则一时不乐，一时不乐便是一时不学，故时时学习，则时时快乐。王栋还以孔子为例，说孔子就是"学不离乐"，其云："孔子励发愤忘食之志，只是做乐以忘忧底工夫。其自叙终身好学之至，亦惟于此一乐而已，岂独教人然哉！"②王栋认为，孔子的发愤学习，就是在做乐以忘忧的审美实践工夫，故孔子终身好学不倦，时时学习，时时复其本体之乐。这就是一种从学习中寻找快乐，又在快乐中学习的审美人生境界——学不离乐，乐不离学；学中有乐，乐中有学。王栋认为，为学并不仅仅是对外在知识的追求，也是对"乐"的审美人生境界之寻求，只有达到"乐"之境界，才是为学的真正目的。其《寻乐吟·念同志》则具体阐述了"乐"与"学"的体用关系：

（一）

周子当年教两程，只将寻乐每先令。圣功多少堪拈出，此意如何最要明。

一点灵机从此发，万般妙用此中生。些儿活计真消息，借问诸君信未曾。

（二）

孔颜真乐不难寻，寻动天然乐在心。打起精神认本体，放

① 王栋：《会语正集》，《明儒王一菴先生遗集》卷一。
② 王栋：《会语正集》，《明儒王一菴先生遗集》卷一。

开怀抱即灵襟。

休将雅兴疑狂兴，且向元音觅太音。自是不寻寻便乐，凡砂炼出是精金。

（三）

真乐原从乐处生，大家同乐共薰成。向荣碧草都春色，对语黄鹂尽好声。

归咏能知偕点尔，偷闲讵敢笑程兄。分明入圣超凡路，说与时人莫浪惊。

（四）

人言寻乐要寻真，试把真寻看古人。弄月吟风方着意，傍花随柳更留神。

时时悦是时时习，日日春为日日新。真乐即从行乐始，信之及者见之亲。①

王栋第一、二首诗强调树立"乐"作为审美人生境界的重要性，他认为"乐"这种审美人生境界就在"心"本体上："寻动天然乐在心"，他用"孔颜真乐"来形容这种境界，认为当年周敦颐要求程颢、程颐兄弟用心体会"孔颜真乐"，实际上是希望他们通过自身的努力修习，达到孔颜一般的审美人生境界。也就是说，王栋所追求的审美人生境界既类似于周敦颐所尊崇的"孔颜真乐"境界但又有所不同。如果说，周敦颐的"孔颜真乐"境界具有儒家重伦理的特征与道家崇尚"自然"的色彩，那么，王栋所追求的审美人生境界"乐"究竟是指什么？如前所述，本书认为，"乐"这种境界既是道德的，又是审美的；既是理性的，又是直观体验的。它融理性与情感为一体，审美主体和审美对象合而为一，是审美本体与审美实践工夫相统一的"诚"，也即"乐"之审美人生境界。王栋用诗的语

---

① 王栋：《论学杂吟》，《明儒王一菴先生遗集》卷二。

言描述了对这种人生境界的审美体验："打起精神认本体，放开怀抱即灵襟。休将雅兴疑狂兴，且向元音觅太音。自是不寻寻便乐，凡砂炼出是精金。"① 一方面，王栋认为，"乐"这种审美人生境界是精神"本体"，"放开怀抱即灵襟"；另一方面，又强调需要审美实践工夫的参与才能实现这种境界："自是不寻寻便乐，凡砂炼出是精金。"其《和答董落山》就可以看作是对"乐"这种审美人生境界的具体诠释："平生不解皱眉头，一乐能消百欲愁。真体莹时光耀斗，此心慊处气横秋。琴方得意常悬壁，鸥共忘机并宿州。独坐江门无所事，只看江水逝悠悠。"② 这其中"琴方得意常悬壁，鸥共忘机并宿州"是王栋所欣赏的一种超神入化的审美人生境界，在这种境界里，"一乐能消百欲愁"。也就是说，人一旦进入这种超神入化的审美人生境界，就可以从有限上升到无限，从相对达到绝对，由此在到达彼在。而且人在这种境界里，并不离天地万物而存在，不离审美对象而存在，它既在有形之外，又在有形之中："独坐江门无所事，只看江水逝悠悠。"

王栋认为，即使是普通人（"诸君"），只要真诚努力地践行修养，也是有可能达到这种审美人生境界的。而一旦达到这种境界，那么，"一点灵机从此发，万般妙用此中生。"即使是普通人也可以"入圣超凡"。王栋认为，"乐"这一本体境界既是道德的又是超道德的，既是功利的又是超功利的，因而是审美的人生境界。王阳明认为："乐是心之本体，虽不同于七情之乐，而亦不外于七情之乐。"③ 王艮所谓良知或乐，从本质上说，是感性的、自然的、个体的人性，具有世俗化的特点，而王栋则秉承了他们的旨意并有所发扬，王栋所追求"乐"的这种审美人生境界具有理性的、道德的、

---

① 王栋：《寻乐吟》，《明儒王一菴先生遗集》卷二。
② 王栋：《和答董落山》，《明儒王一菴先生遗集》卷二。
③ 王阳明：《答陆原静》，《王阳明全集》卷二，上海古籍出版社2015年版，第61页。

社会的内涵。其第二首诗"孔颜真乐不难寻，寻动天然乐在心。打起精神认本体，放开怀抱即灵襟"，明确指出每个人心中都有"孔颜真乐"，并不难寻，甚至与王艮的"圣人之道，无异于百姓日用"可互相诠释。但王栋清醒地意识到并非每个人都可以达到"孔颜真乐"的境界，如果要想达到这种境界的话，必须经历一个"寻""炼"的实践过程。而"寻""炼"的实践过程也即前文所论述的"诚意"与"修身慎德"。"寻""炼"的过程既是学习的过程也是提高的过程，只有经历了这个过程，才可能"炼出精金"，臻于"乐"的审美人生境界。

王栋第三、四两首诗主要阐述了"入圣超凡"、进达"乐"本体审美人生境界的途径与方法，形象地诠释了"乐"既是工夫也是本体，"学"（寻、炼）是本体也是工夫。"真乐原从乐处生，大家同乐共薰成。"如同良知不同于闻见之知，亦不离闻见之知一样，"真乐"与七情之乐，也是体用关系。"真乐"是本体之乐，王栋用诗的语言进行了形容："向荣碧草都春色，对语黄鹂尽好声。归咏能知偕点尔，偷闲讵敢笑程兄。"而七情之乐是"真乐"的流行表现，"真乐"在七情中体现，"人言寻乐要寻真，试把真寻看古人。"只有在七情之乐中才可以找到"真乐"，而寻找"真乐"的过程就是主体的学习实践与自我超越过程，"弄月吟风方着意，傍花随柳更留神。时时悦是时时习，日日春为日日新。"只有在这个超越过程中，净化声、色、味、觉等感性之乐，才能达到万物一体的"乐"本体境界，即"真乐"境界。这种境界既是功利的又是超功利的，既是道德的又是审美的。

综上所述，"乐"是王栋修身论哲学美学思想的一个重要范畴，"乐"作为一种审美人生境界，它既是情感的，又是超情感的；既是理性的，又是超理性的；既是一种本体论，又是一种工夫论。"乐"作为一种审美人生境界，是一种直接的感受和体验，不需要理智的分析为中介，在经验直观中直接达到主客体的统一，深入审美的本质和境界。理学家都喜欢讲圣人之乐，贤人之乐，他们把"乐"看作精神生活中的最大幸福，也是人生追求的最高修养境界之一。邵雍说："学不至于乐，不可谓之学。"① 同"学不际天人，不足以谓之学"一样，代表了理学家的共同看法。"乐"作为特殊的情感体验与审美修养工夫，它既有伦理实践工夫的渗透，也有审美认识工夫的参与。王栋提出"歌诗寻乐""学不离乐"等主张，继承和发展了王艮的"乐学"思想。

王栋追求"乐"这种审美人生境界有什么意义呢？其云："吾儒之学，主于经世，合下便在裁成天地、辅相万物上用功。日用间一切明物察伦，齐家治国，主张学术，植立人材，莫非裁成辅相之用，任大责重，如此苟无和顺悦乐胸怀，则其天理大公之体，竟埋没于自私自利物欲堆中，何处出头干办公事？故其汲汲行乐，盖欲导养中和，以立天地万物之本耳。"② 王栋认为，具有"悦乐胸怀"的人才能够不"埋没于自私自利物欲堆中，"才能够"裁成天地辅相万物"，"齐家治国"。也就是说，王栋希望人们达到"乐"这一审美人生境界之目的是为了"正心、诚意、修身、齐家、治国、平天下"。

第三节　小结

黄宗羲在《明儒学案》中对王栋的思想曾有一个评价，其云：

先生之学，其大端有二：一则禀师门格物之旨而洗发之。言"格物乃所以致知，平居未与物接，只自安正其身，便是格其物之本。格其物之本，便即是未应时之良知。至于事至物来，推吾身之矩而顺事恕施，便是格其物之末。格其物之末，便即

---

① 邵雍：《观物外篇》卷十二，《皇极经世》，九州出版社 2003 年版。
② 王栋：《会语正集》，《明儒王一菴先生遗集》卷一。

是既应时之良知。故致知格物，不可分析"。一则不以意为心之
所发。谓"自身之主宰而言，谓之心，自心之主宰而言，谓之
意。心则虚灵而善应，意有定向而中涵。自心虚灵之中，确然
有主者，名之曰意耳"。昔者，先师蕺山曰："人心径寸耳，而
空中四达，有太虚之象。虚故生灵，灵生觉，觉有主，是曰
意。"故以意为心之所发为非是，而门下亦且断断而不信。于是
有答董标《心意十问》，答史孝复《商疑》。逮梦奠之后，恽日
初为《刘子节要》，尚将先师言意所在节去之，真索解人而不
得。岂知一庵先生所论，若合符节。先生曰："不以意为心之所
发，虽自家体验见得如此，然颇自信心同理同，可以质诸千古
而不惑。"顾当时亦无不疑之，虽其久于门下者，不能以释然。
下士闻道而笑，岂不然乎？①

应该说，黄宗羲这个历史评价是精当准确的，其指出，王栋在
"格物"说上秉承师门，在"诚意"说上则自有创新，可谓一语中
的。只是其没有阐明经过王栋的创造性阐释，"良知"说变成了"格
物"说，"格物"说变成了"诚意"说，"诚意"说又与"慎独"
构成了有机的联系。

其一，如果从学术史的角度看，王栋的"诚意"说在其生前身
后备受冷落，并未产生任何积极或消极的影响，因而在16—17世纪
的明朝将近百年历史之中，几乎处于湮没无闻的状况，对其学术意
义自然难以评估。但是如果从哲学史的角度看，从王阳明的"良知"
说到刘宗周（1578—1645，字起东，号念台，学者称蕺山先生）的
"诚意"说将近一百年之间，王栋的"诚意"说却是一个不可或缺
的重要理论环节。更令人称奇的是，刘蕺山与王栋既无任何师承关
系，也无任何学术思想影响之痕迹，在其毫不知晓"泰州之书"的

---

① 黄宗羲：《泰州学案一》，《明儒学案》卷三十二，中华书局1985年版，第732页。

情形下，得出了与王栋惊人相似的见解："意者心之所存"。他们之间的哲学见解之所以达到如此相似的程度，完全应该从哲学思想的内在义理与各自思想的问题意识之中去寻找答案。

王阳明以"致良知"为先天工夫之关键，而"意"则划归于经验层（心之所发为意，意与念不分），故"良知"能致则意自诚、心自正。而在王栋与刘宗周那里，则严分"意"与"念"，以"诚意"为先天工夫之关键，而心之所发的"念"，则属于经验层，故意诚则心正，既以"诚意"为工夫着力处，自不必再说"致良知"。刘宗周认为，王阳明之错误根源在于"将意字认坏"，故而提出"意者，心之所存"的新"诚意"哲学，认为"良知"即是意之不可欺，不自欺则意自诚，意诚则良知自现，是为"知藏于意"。"知善知恶之知，即是好善恶恶之意"，知与意融于一，故又曰："好善恶恶之意，即是无善无恶之体，此之谓无极而太极。意者心之所存，非所发也。"① 此体即是至精微而绝对之独体。是知体亦是意体，是心体亦是性体。

同样，王栋通过数十年的沉思，终于打通了"格物"与"良知"之间的关节，其发现"以知是知非为良知"，终将导致发动流行处去把握"良知"的被动局面，故而提出以"意"来主宰"心"，进而为"心"指明正确的走向，庶几能从根本上解决"诚之奚及"的问题。其云："若以意为心之所发动，情念一动，便属流行。而曰及其乍动未显之初，用功防慎，则恐恍惚之际，物化神驰；虽有敏者，莫措其手。圣门诚意之学，先天易简之诀，安有此作用哉？"② 王栋认为，如果"意"是心之所发，那么于念头发动处去做诚意工夫，就可能遇到"诚之奚及"这一无法解决的问题。因此，王栋提出了"意"即"独"的观点，其指出"不睹不闻即所谓独"，"独"就

---

① 黄宗羲：《蕺山学案》，《明儒学案》卷六十二，中华书局1985年版，第1523页。
② 王栋：《会语正集》，《明儒王一菴先生遗集》卷一。

是"中涵"之"本体"。基于此，其认为，诚意工夫"只争这主宰诚不诚耳"。这其实就是王栋"诚意"说的基本主张与要旨之所在。

由上可见，刘宗周与王栋虽然没有任何直接的交流，但在相似的问题意识中，却能得出某些相同的哲学观念。

其二，王栋的"诚意"说的最大特点是"慎德""慎独"。其认为，"诚意"就是要将邪念、私意、人欲等"克遏"于将萌之前、动念之前。一旦动念之后，即便是在"乍动未显之初"，诚意工夫也已落后，"虽有敏者，莫措其手"。因此，其"诚意"说要求人们在"动念"之前，就必须"立定主意"即"慎德"。而对"意念"未起之前如何诚意？其主张"诚意"即"慎独"，"独"即意之别名，而"独"正是寂然不动、不虑而知的灵体；只要牢牢地坚守住"灵体"而不失，这就是慎独功夫，同时也就是诚意工夫即"修身慎德"，也就能够达至审美人生之"乐"境。

钱穆先生高度评价王栋的"诚意"说，其云："今一庵提出意字，说其有定向而中涵，不下本体字，而恰恰坐落到孟子性字的意义上。当知性正指人心之有定向处，而又是涵于人心之中，非独立于人心之外。故一庵诚意慎独之说，正可补救阳明良知学易犯之流病，使人回头认识心体，则不致作一段光景玩弄。但心之定向，由一人一世看，尚不如由千万人千万世看，更为明白是当。"[1] 吴震认为，王栋的学术思想应当称之为"诚意""慎独"之学。其思想相对于王艮的泰州学来说，已经发生了种种不协调的因素，其对于泰州学的义理走向作出了许多重大的修正。从哲学史的角度看，一庵的思想无疑对于泰州学的传统有重大突破，他的思想可谓别具一格，自有其一定的理论意义和历史意义。[2] 本书也深以为然。

---

[1] 钱穆：《略论王学流变》，《中国学术思想史论丛》第七册，安徽教育出版社2004年版，第158页。

[2] 吴震：《泰州学派研究》，中国人民大学出版社2009年版，第266页。

第三章 "中"即"和"

　　"和"观念的形成，是以"禾"为基础，由饮食上的"和"与音乐上的"和"构成了"和"的具体表现。虽然从文字学角度看，"中"与"和"是两个截然不同的字，有着各自的字音字形字义。然而，这两种观念并不是在两条轨道上各自发展的，"中"与"和"作为两种思想观念，有着密不可分的关系。"中"作为一种行为原则、标准和方法，它所要达到的理想、目的就是"和"，使人自身和、社会和、国家和、宇宙和。而"和"实现的必要条件就是要"执中"，"执中以致和"是"中"与"和"关系的最恰切地说明。"中和"思想作为一种哲学、美学观念，是在社会实践中逐渐被人们所认识到的。后来，成了儒家的最高行为准则，影响了中国几千年，直到现在，"和"这种观念在中国人的心目之中仍然有其不可替代的地位。本章在考察"和"之观念形成的基础上，着重阐述泰州学派王艮、王栋、颜钧、何心隐的"中"即"和"思想。

第一节 "中"即"和"

一 "和"观念溯源

　　"和"是中国哲学的一个古老观念，也是中国人追求的一种美好理想。早在《尚书》《诗经》《国语》等文献中，已出现了"和"这一名词及相关思想。大体而言，"和"既有天道观的意义，也有人道观的内涵①。从天道观上看，"和"主要被理解为事物生成、运行、存在的条件和方式，如史伯所谓"和实生物，同则不继"②，便是指事物的形成要以不同要素的相互作用和统一为前提。在人道的意义上，"和"往往表现为一种价值观念。"和"具体展开于人与人的关系、人与天（自然）的关系两个维度。庄子对"与人和"及"与天地和"作了区分③，前者涉及人与人的关系，后者则涉及人与天的关系。同样，在传统儒学中，"和"既与天人之辩相关，也体现于人与人之间的交往关系。

从文字学角度看，"和"的同源字有盉、龢。这三个字都是以"禾"为声符衍出的。据考证，以"禾"为声符孳乳的一个字群，均有"调和相应"之义。"和"在《说文·禾部》："咊，相应也，从口，禾声。""盉"在《说文·皿部》："盉，调味也，从皿，禾声。""龢"在《说文·乐部》："龢，调也，从龠，禾声，读与和同。""衍'禾'之声，即具'调和相应'之义。'禾'就是'和'字群的语源，换言之，在有汉字分化标志之前，汉语中无论是饮食还是音乐，其表征'调和相应'，皆以一'禾'名之。"④那么，我们就先来考察"禾"字的含义。

在甲骨文中，"禾"字的构形是 🌾，这是禾苗的形象，像一棵成熟了的庄稼，上面是下垂的穗子，中间有叶子，下部有根。金文的

---

① 杨国荣：《作为哲学范畴的"和"——"和"的哲学阐释》，《中国哲学史》2001年第2期。

② 见左丘明《国语·郑语》。这一思路在以后的中国哲学中一再得到发挥，从荀子的"万物各得其和以生"（《荀子·天论》）、《淮南子》的"阴阳合和而万物生"（《淮南子·天文训》），到董仲舒的"和者，天地之所生成"（《春秋繁露·循天之道》）等，都把"和"视为不同要素或不同力量之间的互动与统一，并以此为万物的发生所可能的条件。对"和"的这种理解，基本上侧重于天道观的论域。

③ 庄子：《庄子·天道》："朴素而天下莫能与之争美。夫明白于天地之德者，此之谓大本大宗，与天和者也；所以均调天下，与人和者也。与人和者，谓之人乐；与天和者，谓之天乐。"见（清）王先谦注《庄子集解》，中华书局1954年版。

④ 臧克和：《中国文字与儒学思想》，广西教育出版社1996年版，第169页。

"禾"字写作"🌾"，上部像饱满的果实垂了下来，下部像禾苗的根部，整体像成熟了的庄稼。《说文·禾部》"禾，嘉谷也，二月始生，八月而熟，得时之中，故谓之禾。禾，木也。木王而生，金王而死，从木从垂省，垂象其穗"。王念孙在《广雅疏证》中引《说文》作"得时之中和"，并说："天下得之则安，不得之则危，故命之曰禾。"段玉裁在《说文解字注》中，把"得时之中和"又订正为"得之中和"，并且在下面注明订正原因："依《思玄赋》注，《齐民要术》订。和禾叠韵。"

从"和""盉""龢"在《说文解字》中的所属部类来看，似乎各有专司、互不相干。但是，作为同源字，它们不仅都具有"调和相应"之义，而且，在古文中有时是可以通用的。"和"的调和功能大致有饮食的调和与音乐的调和两层意思。先来看第一层意思。甲骨文"和"字的字形是"咊"，由"禾"与"口"组合而成"和"。从口，表示是入口的饮食或者从口腔发出的声音，禾声，表明它与农作物"禾"有关，风调雨顺是农作物获得丰产的重要自然条件。而民以食为天，粮食是用来吃的，所以自然与口有关。饮食的重要性在于味，于是味就显得尤为重要了。所以，古文中"和"被写作"盉"就十分容易理解了。"盉"归《皿部》，其调和的功能主要在饮食味觉上："盉，调味也，从皿，禾声。"据考，"盉"是用来调味的器皿，后省为"和"。在中国古代，像"盉"这类用来调味的饮食器皿有许多，虽然形状各异，但功能都是一样的，即调和五味。而这些饮食之器，推而广之，就都是"和"器。只有五味调和，才是美味，因此就形成了"和如羹焉"[①] 的认识。"和"，从人的生理感觉——味觉上强调了要调和五种味道，使之成为美味。

---

① 左丘明：《左传·昭公二十年》，杨伯峻编注《春秋左传注》，中华书局 1990 年版，第 142 页。

在古文中，"和"也有写作"龢"的，"龢"归《龠部》，其调和的功能主要在音乐听觉上："龢，调也，从龠，禾声，读与和同。""龠"是一种乐器的象形，"龢"字像手按排箫之状，即调和乐器以达到音乐的和谐。音乐的和谐在古代有着极其重要的作用，原始人在祭祀祖先，祈求神灵保佑、降福等仪式中，除了要有饮食上的祭祀物之外，音乐是仪式的核心，它指导着整个仪式活动。在仪式过程中，要求音乐的和谐。原始人在仪式中希望通过音乐与主宰他们的神达到沟通互渗，以求天人之和。《尚书·尧典》记载："诗言志，歌永言，声依永，律和声。八音克谐，无相夺伦，神人以和。""八音"的协调，可以使神人保持一种和谐的状态。这种"和"，首先要求的就是乐声要悦耳，这样，才能使人的心理上有一种和谐平静的感觉，只有五声的调和才能达到这种效果，这是"乐和"所要达到的最基本的目的。

在古代典籍中，有大量音乐作品要求和谐的记载。只有声音和谐了，才能符合人的感官要求，才能产生美感。而且，这种产生于音乐作品中的"和"，体现在政治上，则为"政象乐，乐从和……"① 体现在伦理道德上，则为"礼之用，和为贵。先王之道斯为美，小大由之。有所不行，知和而和，不以礼节之，亦不可行也。"② 这样，"和"就从五音之和引申到人自身、人际关系以及人类社会和整个宇宙之和中去了。从以上材料可以看出，"龢"与"和"通用，是强调了"和"在音乐方面的调和功能。

从以上字源学的考察说明，"和"产生于人生的两种需要，一是饮食生活的需要，一是艺术欣赏的需要。饮食的调和与音乐的协和之所以能够相通，盖因都出于人生和美的本能。饮食的和美与音乐的和美，从物质和精神两个方面满足人生的本能需求，趋向完美的

---

① 左丘明：《国语·周语》，见来可泓《国语直解》，复旦大学出版社 2000 年版，第 165 页。
② 孔子：《论语·学而》，见朱熹《四书集注》，（怡府藏版影印本），巴蜀书社 1985 年版。

生命结构。故《国语·郑语》中说"和五味以调口","和六律以聪耳"。味觉和听觉的和谐所体现的共同的美感趋向被原始先民们发现，于是融合为"和"的概念。

"和"这一范畴包含着浓郁的政治、伦理道德意识。从先秦以来它的内涵就既指政治伦理道德意识，也指审美意识，是善与美的统一。《论语》中曾八次出现"和"的观念，如"礼之用，和为贵"[1]，"君子和而不同，小人同而不和"[2]，"和无寡"[3] 等；又如《左传》曰："和如羹焉……清浊、大小、短长、疾徐、哀乐、刚柔、迟速、高下、出入、周疏以相济也。君子听之，以平其心，心平德和。"《国语·郑语》曰："夫和实生物，同则不继。以他平他谓之和，故能丰长而物归之。……声一无听，物一无文，味一无果，物一无讲。"可见当时的人们已经认识到"和"的一个重要特征就是对立面的多样的统一。"和"作为人与人之间交往的一种原则，其意义有多方面的体现。先秦儒家所说的"礼"，既指普遍的规范体系，又包括社会政治的制度，如孔子推崇备至的周礼，便兼指周代的社会政治体制。孔子论"和"主要围绕着礼乐问题来论"和"，强调用道德来规范审美主体与审美对象，带有浓厚的政治学、伦理学色彩。如果我们从消极的方面看，"和"要求通过主体之间的相互理解、沟通，以化解紧张、抑制冲突；从积极的方面看，"和"则意味着主体之间同心同德、协力合作。因此，"和"便具有二重含义：它既是目的，又是手段。从"和"作为目的这一方面看，礼（规范、制度）的功能及作用在于为达到社会领域中的"和"提供前提；从"和"作为手段的意义看，礼本身的合理运作又离不开作为伦理、价值原则的"和"。

---

① 孔子：《论语·学而》，见朱熹《四书集注》，（怡府藏版影印本），巴蜀书社 1985 年版。
② 孔子：《论语·子路》，见朱熹《四书集注》，（怡府藏版影印本），巴蜀书社 1985 年版。
③ 孔子：《论语·季氏》，见朱熹《四书集注》，（怡府藏版影印本），巴蜀书社 1985 年版。

孔子论"和",推崇作为道德准则、行为方式的中庸哲学,如其云:"中庸之为德也,其至矣乎! 民鲜久矣。"① 而正因为受中庸思想的影响,孔子反对走极端。在《论语·先进》中,他评论他的学生说:"师也过,商也不及。曰:然则师愈与? 子曰:过犹不及。"如前所述,"中"也涉及艺术与审美,孔子又说:"《关雎》乐而不淫,哀而不伤。"② 在其看来,像《关雎》那样不淫不伤的诗才是合乎"中"的诗,这才是合乎孔子所要求的美。正是基于这样的审美标准,孔子说"郑声淫",此处的"淫"字是指情绪发展得太过分,以至于流连忘返、意失情迷。所以,荀子说,"《诗》者,中声之所止也","《乐》之中和也"③,"故乐者,中和之纪也"④。"中""和"本身即包含着美与善的统一。

总而言之,"和"是中国古代哲学美学思想的核心范畴。⑤ 如钱穆先生指出,"一部中国文化史正如听一场歌唱,不外一和字"。⑥ "和"是本体(宇宙观)与工夫(方法论)的统一,既关涉人格理想,又关乎社会政治理想。宇宙万物由"和"而产生,又存在于"和"之状态中,这是中国古代哲学家对宇宙万物本来面目的根本认识。"和为贵""和而不同"是中国传统文化的根本价值观之一。"和"与"同"异,却与"中"密不可分。在中国古代哲学中,"和"的提出往往与"中""中庸""度"等范畴相提并论,比如《中庸》:"喜怒哀乐之未发谓之中,发而皆中节谓之和。"而且这几个范畴是相互交融、相互渗透又相互包含的。⑦ "中"与"和"的观

---

① 孔子:《论语·雍也》,见朱熹《四书集注》,(怡府藏版影印本),巴蜀书社1985年版。
② 孔子:《论语·八佾》,见朱熹《四书集注》,(怡府藏版影印本),巴蜀书社1985年版。
③ 荀子:《荀子·劝学》,见(清)王先谦撰《荀子集解》,中华书局1988年版。
④ 荀子:《荀子·乐论》,见(清)王先谦撰《荀子集解》,中华书局1988年版。
⑤ 鲁成波:《和:中国古代辩证法的核心范畴》,《齐鲁学刊》2004年第4期。
⑥ 钱穆:《现代中国学术论衡》,《钱宾四先生全集》卷二十五,台北:联经出版事业股份有限公司1993年版。
⑦ 修建军:《中华伦理范畴——和》,中国社会科学出版社2006年版,第19页。

念在泰州学派王艮、王栋、颜钧与何心隐等人那里也是如此，"中"即"和"，"和"与"中"密不可分。

二 王艮、王栋："中"即"和"

首先，我们来看王艮的有关"中"即"和"的论述。有学者认为，王艮继承了《中庸》的"中"之思想，但又有所发展，把它和尧舜禹相传授受的"允执厥中"联系起来，和"明明德亲民"联系起来，形成了他的中道说。① 关于王艮"中"即"道"的思想，已在第一章有详细论述，此处不赘。其实王艮"中"即"和"的思想也是其哲学美学思想本体论的重要组成部分。

纵观王艮的著述，处处显示其立大本的思想，比如"格物"说从人的主体原则出发，论证"正己而物正"的"修齐治平"之本；"百姓日用即道"说突出了人的主体存在价值，倡导以平民为本；"尊身安身"说通过提升人的主体地位，阐述身与道的平等，提出保身爱人的人本主义之本；"万物一体"说从主体自觉到人己平等，主张人是万物之本。王艮以体用关系为统领的哲学美学思想体系中，最大的"本"是什么呢？其最大的"本"就是"位天地、育万物"的"中"。而其位育之本的确立，是通过"和"之道来实现的。这就是说，"中""和"之道是立天下的位育之本，至于格物、止至善、明明德、致知、诚意、修身等，都成了其"中"之道的内涵。其云：

> 以格物为知本、诚意正心修身为立本，知中为天下之大本。
> "执中"之传以至孔子，无非明明德、亲民之学。
> 道一而已矣。中也，良知也，性也，一也。②

---

① 林子秋、马伯良、胡维定：《王艮与泰州学派》，四川辞书出版社 2000 年版，第 111 页。
② 王艮：《答问补遗》，《明儒王心斋先生遗集》卷二。

正如第一章所述，"中"乃王艮哲学美学思想体系中最核心的范畴。王艮认为，"位天地育万物"是立天下之大本，而要实现这个大本，关键是要以"中""和"之道教化民众。"致中和"可以使天地位而万物育，只要做到"致中和"便是做了尧舜事业。当"中"觉醒了天下斯人，便达到了天下之大成。其云：

> "中也者，天下之大本也。""致中和，天地位焉，万物育焉。""致中和、位天地、育万物，便做了尧舜事业。"①
>
> 知立大本，……便是致中和，便是位天地、育万物的事业。②
>
> 我说道，心中和，原来个个都中和。我说道，心中正，个个人心自中正。常将中正觉斯人，便是当时大成圣。③

王艮继承了《中庸》的"中"即"和"思想，其认为，"中""和"之道自孟子之后就很少有人重视和了解其重要意义，以至于"千古寥寥，鲜识此义"，即使像陶渊明这样的高洁之士，由于"丧后归辞之叹，乃欲息交绝游，此又是丧心失志。周子谓其为隐者之流，不得为中正之道"。④其甚至批评宋儒不智，因为他们不懂"中""和"之道。其云："宋之周（周敦颐——笔者注，下同）、程（程颐、程颢）、邵（邵雍），学已皆到圣人，然而未智也，故不能巧中。"⑤正由于世人鲜识此义，所以，王艮非常重视"中""和"之道。年谱中记载了这样一件事，王艮四十一岁那年，淮扬大饥；王艮自己"贷粟赈济"后，特地谒见巡抚要求官仓放粮救灾。巡抚怀疑王艮所作所为之真实性，就将其羁押在府衙，并派人悄悄观察

---

① 王艮：《语录》，《明儒王心斋先生遗集》卷一。
② 王艮：《答问补遗》，《明儒王心斋先生遗集》卷二。
③ 王艮：《大成学歌寄罗念庵》，《明儒王心斋先生遗集》卷二。
④ 王艮：《与薛中离》，《明儒王心斋先生遗集》卷二。
⑤ 王艮：《语录》，《明儒王心斋先生遗集》卷一。

王艮，看到王艮泰然自若，有时与人谈论理学，有时弹琴自娱，"绝无一言及外事，亦无一人往来"，而且很快就证实其贷粟赈济之真实性。于是巡抚深受感动，与王艮进行了如下对话，问："读何书?"曰："读《大学》。""更读何书?"曰："《中庸》。"又问："此外复何书?"曰："尚多一部《中庸》耳。"曰："何谓也?"曰："诚意、正心、修身、齐家、治国、平天下，道理已备于《大学》。"① 因此巡抚大悟，其深信王艮要求开仓救灾，是对"中""和"之道的体悟，而不是别有企图，于是决定开官仓赈灾。

据王艮《语录》记载：

> 问：昔者仲由、端木赐、颜回侍孔子而论学。仲由曰："人善我者，我固善之；人不善我者，我则不善之。"端木赐曰："人善我者，我固善之；人不善我者，我姑引之，进退之间而已。"颜回曰："人善我者，我固善之；人不善我者，我亦善之。"孔子曰："我则异于是，无可无不可。"比三子之是非何如? 而孔子之所以异于三子者又何如?
>
> 先生曰："子路之谓，直也；子贡之谓，教也；颜渊之谓，德也。直可加之夷狄，教可行之朋友，德可行之亲属。孔子无可无不可者，在夷狄用子路之直，在朋友则用子贡之教，在亲属则用颜子之德，并行而不悖者也。"②

由上所引可知，王艮在处理人际关系时也特别注重"中"即"和"之道的运用，其非常赞同孔子的"无可无不可"之处世方式，"无可无不可"即"中庸"之道，也是"中""和"之道。王艮如此重视《中庸》，就在于"中""和"之道是《大学》中修齐治平之

---

① 王艮：《年谱》，《明儒王心斋先生遗集》卷三。
② 王艮：《语录》，《明儒王心斋先生遗集》卷一。

本。然而，由于传统儒学自汉董仲舒以后，经生文士们纠缠于古文经学和今文经学之争，对之进行了各种学究式的传注训诂和政治诠释，使传统儒学这一文化瑰宝只剩下僵死的教条和维护封建统治秩序的伦理纲常。宋明以来，传统儒学又被演绎为弃绝人性、反对人欲的"理"的罗网，把传统儒学的济世救民和以民为本的思想完全排斥在外。王阳明的"良知"说虽然阐发了一种民本的主体精神，但阳明学说的基本点在于"破心中贼"，不是王艮心目中个人的存在价值和主体自觉。因此，王艮通过致"中""和"确立了人的主体地位，进行了主体自觉的唤醒，实现了对传统儒学的复归。而这也正是泰州学派"不为名教所羁络"的根本原因。

其次，我们来看王栋"中"即"和"的阐述。王艮的一传弟子王栋认为"中"不仅仅是一种心理状态，一种对待人生的审美态度，而且是一种审美人生境界。王栋认为："中即所谓礼也，天则也，安且吉之道也。众人之心粗则过与不及，皆危矣。"① 其认为，一个人如果具有"中"这样一种审美人生态度，就可以安居乐业、幸福快乐。

王栋在《会语续集》中对"中"这一审美人生态度作了进一步的阐释，其云：

> 先儒发变化气质之论，于学者极有益，但若直从气质偏处矫之，则用功无本，终难责效。故只反身格物，以自认良知，寻乐养心，而充满和气。则自然刚暴者温，柔懦者立，骄矜者巽，简傲者谦，鄙吝者宽，惰慢者敬，诸所偏重，咸近于中矣！以是知学必涵养性源为主本，而以气质变化为征验。变化气质，本是后来效验，今人皆作工夫用。悦乐心体，本是见在工夫，今人反作效验看。②

---

① 王栋：《会语正集》，《明儒王一菴先生遗集》卷一。
② 王栋：《会语续集》，《明儒王一菴先生遗集》卷一。

王栋认为，如果要具有"中"这样的审美人生态度，不能只是"从气质偏处矫之"，而是要"反身格物，以自认良知，寻乐养心，而充满和气"。也就是说，王栋认为，"良知"是实现"中"的前提，"反身格物""寻乐养心"是实现"中"的途径与方法，最终才能达至"充满和气"的"和"之境界。

也就是说，王栋认为，"中"与"和"密不可分，"和"是把杂多与对立的事物有机地统一起来，"中"则是指在"和"的基础上所采取的居中不偏、兼容两端的审美人生态度以及所达到的审美人生境界。前面王栋所说的"自然刚暴者温，柔懦者立，骄矜者巽，简傲者谦，鄙吝者宽，惰慢者敬，诸所偏重，咸近于中矣！"就是指"充满和气"或"和顺襟怀"的"中"之审美人生境界，即"和"的境界。而王栋这一观点其实渊源于《尚书·尧典》，其中追求的"直而温，宽而栗，刚而无虐，简而无傲"的审美人生境界与王栋主张的"中"的审美人生境界惊人的相似，而且王栋主张"由歌诗寻乐以养其和顺襟怀"①的实践途径也和《尚书·尧典》所阐述的差不多，其云："典乐，教胄子：直而温，宽而栗，刚而无虐，简而无傲；诗言志，歌永言，声依永，律和声，八音克谐，无相夺伦，神人以和。"其中明确指出，"中"的境界就是"和"，"和"的实践途径也是经由"歌诗"，即要通过具体的审美教育的方式才可能实现"和"之境界。

"中"偏重事物的调和统一，"和"强调事物所达到的最佳状态。"中""和"本身即蕴含着美与善相统一的审美人生境界。其云：

> 中也，养不中；才也，养不才。养字内有无限多方教育，以俟其渐改渐化之意，今人多以宽慢为养，此与弃而不教者相去几何？

---

① 王栋：《会语正集》，《明儒王一菴先生遗集》卷一。

尝书联对云:不责人真工夫,不动气真涵养。又书与一友云:反身正己而不责人,歌诗寻乐而不动气。二者实相须,吾人所以不知反己惟欲责人,只缘先自动气也。平居不由歌诗寻乐以养其和顺襟怀,而欲临时临事不动气者鲜矣。既动气便责人,又何以行恕乎哉?①

在王栋看来,"中""和"是体用合一的,要达到"中"即"和"的审美人生境界,就必须要有切实的"反身正己"的审美人生修养工夫。那么如何"反身正己"呢?王栋主张通过"诚意慎独"的修身工夫来达至"中"即"和"之审美人生境界,其云:

未发之中,亦即不睹不闻的物事。《中庸》本言"喜怒哀乐之未发",非曰"未发喜怒哀乐之时"。盖谓心之生机,无时不发,当其发喜、发怒、发哀、发乐之际,皆必有未尝发者以宰乎其发,故能发而皆中节也。不然,只是乱发,岂复有中节之和哉!故养其未发之中,亦即慎独工夫也。②

也就是说,王栋认为,人们之所以能够"发而皆中节",能够实现"中节之和",主要是有"未发之中"即"诚"本体与"慎独"工夫(详细论述请见第二章第二节)在起关键作用。

再次,泰州学派王艮、王栋的"中"即"和"思想在颜钧、何心隐那里得到了继承与发扬,作为本体论的"中"既有"和"之内涵,又有"仁"之新释。颜钧创造性地把《大学》与《中庸》拆分为"大、学、中、庸"四个哲学美学范畴,并对其进行了富有新意的诠释,从而构建起以"大中""仁"为本体、以"体仁""静坐"

① 王栋:《会语正集》,《明儒王一菴先生遗集》卷一。
② 王栋:《会语正集》,《明儒王一菴先生遗集》卷一。

等为工夫、以"和"为核心、以"神"为特色的"大中"哲学美学思想体系。何心隐则把作为本体论的"中"与"仁"联系起来，阐述了作为审美范畴之"和"的内涵与意义："聚和""节而和""莫不亲莫不尊"。详细论述分别见本章第二节颜钧论"大中"、第三节何心隐论"中""和"。

第二节　颜钧论"大中"

颜钧（1504—1596），字子和，号山农，又号耕樵，因避万历帝讳而更名铎，江西吉安府永新县三都乡中陂村人。颜钧家庭世代业儒，耕读传家。父兄六人，其父颜应时曾任江苏常熟训导，仲兄颜钥系嘉靖甲午举人，在山东和湖北做过几任小官，其他都是布衣儒者。其自号山农，并非山中农夫，而是以"耕心樵仁为专业"[①]。颜钧从学王艮、徐樾，下启罗汝芳、何心隐，为泰州学派重要传人；具有"自立宇宙，不袭古今"的独立精神和创造精神，建立了他自己的平民儒学体系——"大中"哲学美学思想。其人其学虽在当时影响卓著，但因其著作在当时未能刊行于世，人知其思想全貌者甚少，甚至对其生平事迹亦不能有全面、真实的了解。中国社会科学院历史研究所研究员黄宣民整理的《颜钧集》（1996年出版）弥补了这一缺憾。

学术界对颜钧的思想研究以1996年为界。之前，真正从学术史的角度对颜钧予以公正客观评价的，始自黄宗羲。其《明儒学案·泰州学案》专门为颜钧立传，尽管文字短小，材料不多，但却不带门户私见，不偏信史传。因此，在很长时间内，它成为后学研究颜钧的第一手资料和可靠依据。此后直至20世纪40年代，嵇文甫在

---

①　颜钧：《急救心火榜文》，《颜钧集》卷一，参见黄宣民点校《颜钧集》中国社会科学出版社1996年版，（以下所引《颜钧集》均据此书，不再出注），第2页。

其《晚明思想史论》① 中论到泰州学派和颜钧。他将泰州学派归入王学左派，将颜钧归于左派中的"狂禅"一路，认为他的思想具有游侠精神。而他所依据的材料即是《明儒学案》。1980 年杨天石著《泰州学派》，是研究泰州学派和颜钧思想较早的专著，此书也将泰州学派归入王学左派，颜钧也被归入王学左派中的"狂禅"派。侯外庐主编的《中国思想通史》（第四卷，1960 年）、《中国思想史纲》（下册，1963 年）、《宋明理学史》（下卷，1984 年），容肇祖的《中国历代思想史》（明代卷，1993 年）等，虽都很重视泰州学派，对之有极高评价，但都由于缺乏资料而未能对颜钧思想作出全面论述（有的索性回避颜钧）。这对泰州学派思想的研究无疑是一个缺憾。赵士林《心学与美学》指出，颜钧的"制欲非体仁"说，"尽管还属道德工夫论的探讨，但也毋庸置疑地表现了对一味压抑人的自然感性欲求的怀疑、不满、否定。王世贞攻击颜钧说'泰州之变为颜山农，则鱼馁肉烂，不可复支'，恰好从反面证实了这一点"②。另有黄宣民的《颜钧及其"大成仁道"》和《明代平民儒者颜钧的大中哲学》③ 两篇论文面世，除此之外，学界尚无其他论文或著作曾就颜钧思想做过论析。

1996 年至今，由于《颜钧集》的出版，研究颜钧思想的论著越来越多。2000 年，林子秋、马伯良、胡维定著的《王艮与泰州学派》，对颜钧、何心隐等的思想进行了系统的论述，提出了许多独到的见解，为研究泰州学派思想特别是颜钧的思想提供了重要的参考。2008 年姚文放主编的《泰州学派美学思想史》，专章论述了颜钧的美学思想，填补了国内学术界的一个缺憾。胡维定的《从王艮的"大成仁学"到颜钧的"大成仁道"》（1997 年）、《颜钧的简易儒

---

① 嵇文甫：《晚明思想史论》，东方出版社 1996 年版。
② 赵士林：《心学与美学》，中国社会科学出版社 1992 年版，第 94 页。
③ 分别见《中国哲学》第十六辑，岳麓书社 1993 年版；《哲学研究》1995 年第 1 期。

学——大中之学》（2004 年），颜学恕、颜煜开的《明代平民思想家
颜钧的理想追求》（1997 年），张克伟的《颜山农理学思想研究》
（1997 年），陈来的《颜山农思想的特色》（1998 年），（台湾）钟彩
钧的《泰州学者颜山农的思想与讲学——儒学的民间化与宗教化》
（1999 年），李承贵的《颜钧的平实之学》（2002 年），姚文放、童
伟的《狂：泰州学派的审美归趋》（2006 年），童伟的《作为践履之
美的狂侠》（2006 年）等论文，从不同角度对颜钧的思想进行了解
读与阐释，这些都是研究颜钧思想的重要成果。黄宣民在《颜钧
集·前言》中指出，颜钧"继承了泰州学派的平民儒学传统，思想
上具有鲜明的平民性格"。他从"传道对象面向平民大众""简化儒
学理论""心性自然化倾向""传道活动的神秘色彩""道德化的社
会理想"五个方面对颜钧的思想特色进行了论析概括。陈寒鸣则总
结了以颜钧为代表的平民儒学的特色：其一，抛开传注，任意解释
经典；其二，打破封建士大夫对文化的垄断，强调学术的平民性，
将文化与学术社会化、普及化，使儒学真正深入民间，渗透到普通
民众日用生活之中；其三，以平民利益为出发点阐发自己的思想主
张；其四，启迪大众，使之"乐学"向善；其五，以伦理道德为主
构建其思想体系；其六，无论是思想内容，或者是传道方式，都有
明显的宗教色彩①。

颜钧以其对原儒经典和王学理论的平民化解释，创立了一套独
特的"大中"哲学美学思想；其通过周流天下的讲学活动，使儒学
进一步走向民间和通俗化。其"大中"哲学美学思想，既有张大自
然利欲和主体意识、突破理学正统樊篱的一面；又有回归孔孟传统、
维护儒家基本价值理念的一面。在其一生的社会实践活动中，既有
合俗乡间的审美伦理实践，又有反叛现实社会秩序的所谓"异端"
之举。

---

① 陈寒鸣：《〈颜钧集〉与明代中后叶的平民儒学》，《中州学刊》1997 年第 3 期。

一 审美本体论："大中"

颜钧一生以辨析《大学》《中庸》为旨趣，其云："鳌鳜山农一生，精神心造，获融适乎《大学》《中庸》，敢继乎杏坛邱隅，直欲聚斐有为，绪历学庸"①；在《颜钧集》中，题名论析"大学中庸"的文章有三篇，其他文章中论到《大学》《中庸》的地方更不胜枚举，由此可见，二者在颜钧思想中的地位非同一般。颜钧的哲学美学思想虽然缺乏思辨性和系统性，但有特色、有创新。这个特色与创新主要体现在其对《大学》、《中庸》以及《周易》的宗旨提出了新的阐释，以之为孔子精神之所在。颜钧把"大、学、中、庸"作为四个哲学美学范畴，对其进行了富有新意的诠释。从而构建起以"大中""仁"为本体、以"体仁""静坐"为工夫、以"和"为核心、以"神"为特色的"大中"哲学美学思想。

"大学""中庸"作为篇名，是有其意义的。《大学》《中庸》原为《小戴礼记》之一篇，"大学"即"大人之学"，旨在教人如何为大人、为圣贤君子；其以修身为主，以行"仁"为落脚点。《大学》所提出的"明明德、亲民、止于至善"，是大人君子应当达到的目标；而"格物、致知、诚意、正心、修身、齐家、治国、平天下"，则是实现上述目标的途径与方法。"中庸"之"庸"即"用"，而"中"即中和之道，故"中庸"之意乃"用中""运用中和之道"，也即孔子中所说的"执两用中""无过无不及"之意。意思是说，应事接物应当不偏不倚，无过无不及，在本体论上强调"天命之谓性，率性之谓道，修道之谓教"，它规定了人的本性是天命所决定的，顺着天赋的本性就是"道"，遵循"道"的原则就是教化。在某种程度上，"中庸"不仅是一种方法，更是一种成圣成贤的审美人生境界，详见第四章"中"即"庸"的论述，此处不赘。从这个意

---

① 颜钧：《失题》，《颜钧集》卷二，第11页。

义上讲，"大学""中庸"是不能拆解的。自先秦儒家以至宋明理
学，基本上都是将之作为篇名来诠解的。即使在泰州学派创始人王
艮那里，也主张即其本意而求之。

在宋明理学家看来，《大学》《中庸》的作者分别是曾子和子
思。颜钧却认为，这两部书非曾子和子思所作，而是孔子的著作。
颜钧的弟子程学颜说："《大学》《中庸》书，名篇也。自汉以来皆
诿视为书名，未有以为圣学精神，识达此四字作何用焉。我师颜山
农独指判曰：'此尼父自造传心口诀也。两篇绪绪皙章，并出夫子手
笔，非曾子、子思所撰也。不然，何于《大学》引曾子之言，《中
庸》直以仲尼名祖哉？'是故我师心造神会，确信参详其为不刊之
典。颜明面受心领，退省足发，遂申错综曰：'大中学庸，庸中学
大。'天下人闻之，皆曰：'此老好怪也。'颜初及门，听之亦曰：
'此老真怪也。'自颜南旋，忽迎此老，同舟联榻，不下三旬日，朝
夕听受，感悟隐思，渐次豁如，不觉自释其明辨，乃知此老竭力深
造，自得贯彻，未为怪诞。故信此四字果为尼父从心而身有，乃为
笔刊，如《易》《诗》《书》《礼》《乐》《春秋》之题旨也。此老亦
操心弃身，神通不贰，所以毅乎直述其义为不刊，不啻阳明直指良
知为真头面也。天下之人不皆有之，焉得而能？信使人人身有之，
则皆大自我大，中自我中，学自我学，庸自我庸，纵横曲直，无往
不达，又焉得而指为怪诞？"①

诚然，自汉以来，儒者视《大学》《中庸》为书名。由于对《大
学》《中庸》的注疏训诂越来越多，引申的微言大义越来越复杂，即
使饱学之士皓首穷经，也不能遍览彻悟。颜钧打破了千百年来这一
传统，认为"大学中庸"为圣学精神。在妙应无穷的变化中把儒家
要旨直接、简易地表达，方便广大平民登堂入室，窥其堂奥。颜钧
的"大中"哲学，是以王艮的大成仁学为基础，以儒家的心性论为

---

① 程学颜：《衍署大学中庸之义》，《颜钧集》卷九，第76页。

依托，将"大、学、中、庸"四字作为独立的哲学美学范畴，对其进行逐字解析，并使之错综变化，这就是他的理论创新之处。其云："自我广远无外者，名为大；自我凝聚员神者，名为学；自我主宰无倚者，名为中；自我妙应无迹者，名为庸。"① 颜钧认为，"大"即广阔幽远，没有边际；"学"即凝聚精神、心思专一；"中"即无所依赖，自做主宰；"庸"即神妙应用而不着痕迹。从颜钧将《大学》《中庸》或孔学的基本精神归纳为"仁神正学"的这一角度来看的话，"大"是指人心之"仁"广阔无垠，包含万善，此乃就"仁"之本体而言；"学"乃达至"仁"之境界之工夫；"中"是体"仁"、行"仁"所达之自得自主的审美人生境界；"庸"一方面指"仁"本体自然流行，但普通百姓却日用而不知，因此神妙；另一方面指实行"仁"道的方法简易自然，只要顺乎人之自然之心即可，而这个过程就叫作"神"。在颜钧的"大、中、学、庸"四个范畴中，"大"和"中"是名词性范畴，涵括了儒家仁学的主旨内容，具体说就是"明明德、亲民、止于至善"三纲领，"大中"即是"仁"本体与"和"之审美人生境界；而"学"和"庸"则是动词性范畴，具体指"体仁"与"静坐"等修道、致中和的工夫，是指达到"仁"之境界的手段和方法，这个工夫和方法具有"神"的特点。颜钧在己丑年八月三十日自纪："直言仁神正学，以决今天下之迤拟。"其云：

> 《大学》、《中庸》，大易六龙，三宗学教。乃夫子一生自操仁神为业，晚建杏坛，聚斐明道，易世传世，破荒创造。为神道设教，以生心人师，代司造化，专显仁神；同乎生长收藏，莫为莫致，无声无臭于天下万古，即今日之时成也。是故学乎其大也，则曰在明明德，在亲民，在止于至善，知在格物，心

---

① 程学颜：《衍署大学中庸之义》，《颜钧集》卷九，第76页。

不在焉，如此而曰五在。昭揭其大以为学，庸乎其中也，则曰率性，曰修道，曰慎独，曰致中和，如此而晰四绪。绪飏其中为时庸，易乎其六龙则曰潜见，曰惕跃，曰飞亢，如此而为时乘，即变适大中之易，以神乎其学庸精神者也。合而规之，多见夫子出世有为，居肆止至，脱化造化，专业神仁；宪生天下万世人心，皆知好仁无尚，同入"从心所欲不逾矩"，以为乐在其中，正道也。皆晓易知易能，不虑不学，不失乎胎生三月赤子之丹蒸也。所以有曰："仁远乎哉，我欲仁，斯仁即至矣。"但人未之思尔，何远之有！有曰："一日克复，天下归仁；为仁由己，岂由人哉！"①

在颜钧的"大中"哲学美学思想中，有关"仁"的学说构成了其核心内容。"大中"是人本心之"仁"的体现，"大中"哲学美学实际上是一部"仁"学。而"仁"即孟子所云："仁者，人也"，又云："夫尧舜之道，帅天下以仁而已。是故仁，人心也"②，说明"仁"是人之为人的基本特征，是先天的道德本质，也即"良知"。颜钧重复此一解释，表明其比较认同孟子之观点；但是其所谓"人心"，却包含了较孟子之"恻隐之心、羞恶之心、辞让之心、是非之心"等道德之心更为丰富的内涵，其中还包括私欲情感。颜钧认为，无论是道德意识的生发，还是私心情欲的萌动，都是"仁"之表现。以"仁"为"人心"，说明"仁"并非死板的道德教条，而是一个活泼生动的范畴。颜钧认为孔子"一生自操仁神为业"，晚年建杏坛讲学是以神道设教，"专显仁神"，所传之学，俱在《大学》《中庸》《周易》诸经典中。因此，他将孔子之学称为"仁神正学"。但我们必须明确，孔子的思想特征固然可以用"仁"来概括，却无法归之

① 颜钧：《论大学中庸大易》，《颜钧集》卷三，第18页。
② 颜钧：《明尧舜孔孟之道并系以跋》，《颜钧集》卷三，第19页。

于"神"。倒是以孔子后继者自居、以"仁学"为天下"正学"的颜钧哲学美学思想，具有极为浓厚的神秘化色彩①。

颜钧有时候也将"大学""中庸"拆解开来，作各种形式的排列组合，如《履历》中说："从心孕乐，率性鼓跃。学大为橐，庸中为籥。易乘龙然，时御神莫。变适无疆，明哲锁钥。化日中天，春风礼乐。允执保身，善世丹药。"②又如《论大学中庸》云："今夫《中庸》以慎独、致中和、位育之至。独之中运以天命性道，教为戒慎恐惧，而莫乎显见隐微，无声臭也。皆心之神工莫测，测乎大也无外际，究其中也无内隙。学聚以时庸也，则为御天造命，愤乐在中，无入而不自得焉。"又云："夫是中也，主乎大之生。夫是大也，家乎中之仁。是故为学以翕丽乎万善之妙，晰庸而适达乎中正之道。"③而在《耕樵问答·晰大学中庸》一文中，其将这四字可能的排列组合的方式归结为四种，认为无论如何组合变化，都能够突出、发见人之良知天性（仁心），与天地造化相合："大中学庸，学大庸中；中学大庸，庸中学大。互发交乘乎心性，吻合造化乎时育。是故中也者，帝乎其大，主积万善。"④尽管"大、学、中、庸"四字组合可作上述各种变换，但颜钧以"大中"为体、以"学庸"为用的倾向却是一贯的，"大、学、中、庸"四字的组合体现了"大中"哲学美学的仁神合一、体用结合之特征。且颜钧如此排列并非随心所欲之举，而是有其目的和用意的。其将"大、学、中、庸"四字任意排列组合，目的即突出和强调其所提出的这几个范畴是活泼流动、变幻不定的。不仅如此，由这四个范畴所构筑的"大中"哲学美学也正是这样一种生机活泼、在日用常行中就可获得的学问，具

① 参见姚文放主编《泰州学派美学思想史》第四章"脱胎换骨：颜钧的神秘化美学思想"，社会科学文献出版社 2008 年版，第 158—189 页。
② 颜钧：《颜钧集》卷四，第 35 页。
③ 颜钧：《颜钧集》卷二，第 17 页。
④ 颜钧：《颜钧集》卷六，第 49 页。

有简易直截的特点。颜钧认为《大学》《中庸》是以"仁"为本，最终的目的是要使社会达到"贫而乐，富而好礼"的"萃和"之审美理想境界。我们从中可以看出，颜钧的"大中"哲学美学就是孔子晚年讲学于杏坛的内容，即以"仁"安定天下人心。不过颜钧对此加以简化创新，变成普通百姓与知能行的一套理论。

"大中"哲学美学凸显了颜钧的理论创新。颜钧的"大中"哲学美学是以拯救人性为己任，以建立"萃和"审美理想社会为目标，他企图通过讲学实现泰州学派的"人心和洽"之世。他认为，如果要医治社会弊病就必须倡明圣学，发挥人的主体意识，从而达到"破荒信、彻良知、洞豁乐学"①。由此可见，颜钧的"大中"哲学美学，与传统儒学不同，传统儒学重在治世，而平民儒学旨在济世。从历史角度看，颜钧所处的时代是明朝中叶以后，资本主义生产关系开始萌芽，新兴的市民阶层开始出现，他们试图寻求自己的精神价值取向，个人功利意识开始显露，社会的价值观开始变化。这一时期的泰州学派诸位思想家已看到程朱理学的僵死教条对主体的压制，于是纷纷加以批评矫正，虽然有矫枉过正之嫌疑，但仍未超越传统儒学之樊篱。而作为平民儒者的颜钧对当时明朝社会的一些黑暗现象看得比较透彻，所以其意图通过自我主体意识与自身的人格力量以唤醒人们的良知天性，这反映了颜钧"大中"哲学美学的救世宗旨，说明了其出发点与落脚点就在"民"字。

二 审美实践论："体仁""静坐"

宋明理学在审美实践论上的总体取向是"存天理，灭人欲"，即使是阳明心学，也是主张存理去欲的工夫，王阳明认为："只要去人欲、存天理，方是工夫。"教人要在"静时念念去人欲存天理，动时

---

① 颜钧：《急救心火榜文》，《颜钧集》卷一，第 2 页。

念念去人欲存天理，不管宁静不宁静"①。"灭人欲"或"去人欲"就是克制或遏止人性中非道德的情感和欲望，也即货色名利与自然情欲，使其符合天理或良知的道德理性要求，其中就含有强制不起欲望的意思。理学家强调"存理去欲"，"去欲"往往是"存理"的前提。而在颜钧看来，这种强制"去人欲"的方法，并非体悟仁道的良方。颜钧主张"放心""体仁"的审美工夫，其实践路径则是"静坐"。

（一）"体仁"

颜钧"体仁"说是针对罗汝芳提出的。据黄宗羲《明儒学案》记载：

> （罗汝芳）少时读薛文清语，谓："万起万灭之私，乱吾心久矣，今当一切决去，以全吾澄然湛然之体。"决志行之。闭关临田寺，置水镜几上，对之默坐，使心与水镜无二，久之而病心火。偶过僧寺，见有榜"急救心火者"，以为名医，访之，则聚而讲学者也。先生从众中听良久，喜曰："此真能救我心火。"问之，为颜山农。山农者，名钧，吉安人也，得泰州心斋之传。先生自述其不动心于生死得失之故，山农曰："是制欲，非体仁也。"先生曰："克去己私，复还天理。非制欲，安能体仁？"山农曰："子不观孟子之论四端乎？知皆扩而充之，若火之始燃，泉之始达，如此体仁，何等直截！故子患当下日用而不知，勿妄疑天性生生之或息也。"先生时如大梦得醒。明日五鼓，即往纳拜称弟子，尽受其学。山农谓先生曰："此后子病当自愈，举业当自工，科第当自致。不然者，非吾弟子也。"已而先生病果愈。②

---

① 王阳明：《传习录上》，《王阳明全集》卷一，上海古籍出版社2015年版，第12页。
② 黄宗羲：《明儒学案》（下册）卷三十四，中华书局1985年版，第760—761页。

李贽《续藏书》中"罗汝芳传"与贺贻孙所作《颜山农先生传》亦有类似记载，可与此参照，而后者所载更为详细。考虑到"体仁"说在颜钧乃至泰州学派哲学美学思想中有极其重要的地位，特引录如下：

> 始罗（即罗汝芳）为诸生，慕道极笃，以习静婴病，遇先生在豫章，往谒之。先生一见即斥之曰："子死矣，子有一物，据子心，为大病，除之益甚，幸遇吾，尚可活也。"罗公曰："弟子习澄湛数年，每日取明镜止水，相对无二，今于死生得失不复动念矣。"先生复斥曰："是乃子之所以大病也，子所为者，乃制欲，非体仁也。欲之病在肢体，制欲之病乃在心矣。心病不治，死矣。子不闻放心之说乎？人有沉疴者，心怔怔焉，求秦越人决脉，即诊，曰：'放心，尔无事矣。'其人素信越人之神也，闻言不待针砭而病霍然已。有负官帑千金者，入狱，遽甚。其子忽自商持千金归，示父曰：'千金在，可放心矣'。父信其子之有千金，虽荷校负铰铛，不觉其身之轻也。夫人心有所系则不得放，有所系而强解之又不得放。夫何故？见不足以破之也。蛇师不畏蛇，信咒术足辟蛇也。幻师不畏水火，信幻术足辟水火也。子惟不敢自信其心，则心不放矣。不能自见其心，则不敢自信，而心不放矣。孔子谓：'朝闻道，夕死可矣，'放心之谓也。孟子曰：'学问之道无他，求其放心而已矣。'但放心则萧然若无事人矣。观子之心，其有不自信者耶！其有不得放者耶！子如放心，则火燃而泉达矣。体仁之妙，即在放心。初未尝有病子者，又安得以死子者耶？"罗公跃然，如脱缰锁，病遂愈。①

---

① 贺贻孙：《颜山农先生传》，见《颜钧集》卷九，第82—83页。

结合以上记载, 我们可以从中得出两点结论。其一, "制欲非体仁"说系颜钧首创, 而且在当时发生了重大影响。此说提出的时间, 当在嘉靖十九年 (1540) 秋天, 其时颜钧刚从泰州归来, 在豫章 (今南昌) 同仁祠张榜"急救心火", 聚集江西士子会讲"孔孟率修格致养气之功, 息邪去诐放淫之说", 意在"稗世人咸归夫中正, 正端心学"①。就是在这次会讲中, 提出"制欲非体仁说"。其二, 在"制欲非体仁"说的基础上, 提出了"体仁之妙, 即在放心"的审美实践论主张。如前所述, 颜钧以"仁"作为心性本体乃至其全部学说的基础及核心, 其审美工夫论就是围绕如何实践"仁"而展开的。因此我们可以将之归结为"体仁"说, "体"即体验或实践之义。

而"制欲非体仁"之"欲", 既指自然的情欲和物欲, 又指缘物而起的意志或意念, 也即阳明学所强调的"意"。"制欲非体仁"意即克制自然欲望或强制不起意念, 颜钧认为, 这并非体验、实践仁道的良方。在其看来, 过度的嗜欲固然害身, 所以, 其也主张超形骸、洗嗜欲。但这并不是要否弃一切合理的欲望, 遏抑一切欲念的产生。颜钧认为, 如果合理的欲望被当作一种疾病的话, 那么它只能算是一种"肢体之病", 至多害身。但是, 如果强制自己不起意念、扼杀心中一切欲望的要求则是一种心病, 其足以害心。其云: "欲之病在肢体, 制欲之病乃在心矣。心病不治, 死矣。"

如前所述, 此一问题涉及宋明理学中的理欲之辩。在宋明理学存理去欲之功中, 去欲往往是存理的前提。正如罗汝芳所言, 只有"克去己私", 才能"复还天理", 因此, 关键还是要断灭人欲, 去除心中"万起万灭之私"。而如何"克去己私"呢? 宋明理学中有一种重要的方法: 默坐澄心, 反观自我。认为通过静坐, 不断地反躬自省, 就可以克制并灭除心中各种纷杂的私心杂念, 保持心体澄澈无染, 使纯粹的道德理性充盈心间。这种默坐澄心之法是从程朱

---

① 颜钧:《急救心火榜文》,《颜钧集》卷一, 第3页。

学者到王学学者都广泛采用的修行方法，比如罗汝芳在临田寺取明镜止水、相对无二的方法，即受到明初朱学大家薛瑄《读书录》的启示①。这种以摒私息欲为内容的静坐所收到的效果，就其主观方面看，诚如罗汝芳所言，是可以不受外物的利诱，对于生死得失能不动心；但从客观方面看，长时间地静坐，如果不仅要求无思无虑，还要废寝忘食，就很可能导致身心俱病，罗汝芳的实践就表明了这一点。因此，颜钧认为，这种"静坐澄心"的实践工夫并非体验仁道的良方，只是强行克制人欲罢了。而假如强行克制心中自然合理的欲望，非但达不到去除私意、澄澈心体的作用，还可能构成"心火"。因此，在"体仁"的审美实践中，其不同意宋明理学中通过"制欲"来"体仁"的工夫路径。在颜钧看来，"制欲"只是对害心的外在利诱做消极地禁防，而"体仁"则是以本来的赤子之心做积极地运用。只要促使心体积极发用，"施之以快乐，舞之以尽神"，便能洗嗜欲、超形骸，这就是"体仁"。"体仁"的过程即是心体觉悟的过程，原不必用"制欲"的方法实现②。余英时指出，明代心学家在"道问学"即知识探求上的兴趣，虽然较之宋代理学家更为缺乏，规模也不大，但其在心性之学上所入较深，把"尊德性"领域内的各种境界开拓到了尽头③。从王阳明的"良知"本体说到王艮的"中"本体说，再到颜钧的"大中"本体说，对于心之本体、心性及性命等关系的探讨的确是愈益丰富与深入，非宋儒所能及。即使从审美工夫论来看，也是如此。颜钧"制欲非体仁"观念的提

---

① 据《盱坛直诠》记载："辛卯（1531年）学宪东沙张公刻颁二子粹言，师（罗汝芳）悦玩之，内得薛文清公一条云，万起万灭之私乱吾心久矣，今当一切决去，以全吾澄然湛然之体。若获拱璧，焚香叩首，矢心必为圣贤。立簿日记功过，寸阴必惜，摒私息念，如是数月，而澄湛之体未复。壬辰，乃闭户临田寺中，独居密室，几上置水一盂，镜一面，对坐逾时，侯此中与水镜无异，方展书读之，顷或念虑不专，即掩卷复坐，习以为常，遂成中病。"见罗汝芳《盱坛直诠》，台北：广文书局1977年版，第219页。

② 钟彩钧：《泰州学者颜山农的思想与讲学——儒学的民间化与宗教化》，见《中国哲学》第十九辑，岳麓书社1999年版，第30—32页。

③ 余英时：《中国思想传统的现代诠释》，江苏人民出版社1989年版，第178页。

出，在宋明理学 "灭欲" 或 "制欲" 论之外，新辟 "体仁" 之路径，确实是对心学工夫论的丰富和补充。张学智认为，颜钧的 "制欲非体仁" 之说，反对苦苦强制心不起意，实即主张正面开发人内在的道德滋养①。而如何开发主体内在的道德资养？如何实现 "体仁" 之道？颜钧在 "制欲非体仁" 的基础上又提出了 "放心" "体仁" 之主张。

颜钧云："体仁之妙，即在放心。" 而此 "放心" 正是 "体仁" 之道，是其所谓的审美实践工夫，也是其在 "制欲非体仁" 基础上进一步推演的结论。

首先，我们要廓清 "放心" 的含义。"放心" 源自孟子，其云："仁，人心也；义，人路也。舍其路而弗由，放其心而不知求，哀哉！人有鸡犬放，则知求之；有放心，而不知求。学问之道无他，求其放心而已矣。"② 这里所谓 "放心"，是指 "遗失或失落的本心"。孟子首倡心本论，认为人人都先天具有四种道德意识："恻隐之心、羞恶之心、辞让之心、是非之心"，这就是所谓 "四端" 或 "四心"，而 "四心" 发于外则表现为 "仁、义、礼、智" 四种善良的道德品性。这种先天具有的道德意识又称作 "良知良能"。但 "良知良能" 在后天容易被遗失或受到蒙蔽，有所谓善恶之区别。因此，孟子提出 "求放心"，寻找遗失的 "本心"，以恢复本心之良。而求放心的过程是一个不断反观内省的过程，反观内省本身就意味着克制个体欲望、向内收敛心思；其目的则是恢复先天本有的 "良知良能"，使道德理性能够主宰主体的行为。这也是孔子 "克己复礼" 所要达到的境界。在宋明理学中，这种向内用功的内敛工夫得到极大发挥，比如周敦颐 "主静无欲"、程颐 "主一无适"、陆九渊 "收拾

---

① 张学智：《明代哲学史》，北京大学出版社 2000 年版，第 240 页。
② 孟子：《孟子·告子上》，见朱熹《四书集注》，（怡府藏版影印本），巴蜀书社 1985 年版。

精神、自做主宰"以及朱熹"主敬涵养"说等,虽具体实践方式不同,但其趋于内敛的特点却惊人的一致,从而形成了宋明理学极为显著的内敛品格。

其次,颜钧的"放心"虽从孟子的"求放心"发展而来,但其"放心"与孟子之"放心"含义迥乎不同。颜钧的"放"有"顺从、放任"之意,"心"则同样指"本心"或"本性",故"放心"即指顺任本心或本性行事。从意念知觉上讲,是随心所欲;从行为要求上讲,是率性而行。它包含了两个层面的意思:一是"自信其心"和"自见其心";一是"心无所系"或"心无所向"。

颜钧认为,人首先要"自信其心",即要相信心本自然、生生不息,不妄生疑虑。自信是放心的前提:"不敢自信其心,则心不放矣。"而"自信其心"是以"自见其心"为前提的,"不能自见其心,则不敢自信"。那么,人如何"自见其心"呢?颜钧认为,如果人能够认识到心体发用、流行而为日用,日用自然就是道。人只有认识并且相信自己日用所为是道,才会放下心来,顺其自然行事,也才可能去除心病。如前文所引,颜钧在指点罗汝芳迷津时曾举例说明:一是病者相信神医能治其病而病自愈,另一是负千金者相信有还贷之金而身心释然;又以蛇师不畏蛇、幻师不畏水火为喻,强调"自信其心"和"自见其心"的必要性。尽管从论据是否有说服力的角度看,这几个例子似乎有些牵强,但是我们也可以从中看到,它极大地张扬了人的主体能动性。

而"心无所系"或"心无所向",即指"心"在发用流行中不受任何拘束;既不系念于具体事物,也不专注于特定的目标或方向,始终处于一种自由或自然的状态。如前文所引,颜钧认为,有所系念之心是不自由的、不得放任的:"夫人心有所系则不得放,有所系而强解之又不得放"。亦即"心有所系"而不达于自由有两种情形:一是专注于某个事物或目标;一是意识到自己为物所牵累,努力要从这种牵累中解脱。这两种情况都可称为执着。例如追名逐利、求圣成贤，其本身都是人心之自然趋向，但若坚定意念，过于执着，便会"病入心火"。因此，颜钧主张"放心"，其目的就是要去除事物或意念对人心的牵绊，率任本心，顺其自然而行。而其具体方法则是打破知识见闻、拟议格套、习惯规范等的约束。其云："凡先儒见闻、道理格式，皆足以障道。"① 这里的"道"即指"大成仁道"，"先儒见闻、道理格式"即指外在于身心的一切知识经验和既定的道德价值观念。在此处，则特指流行于世的程朱理学的知识体系和道德价值。

如第一章所述，泰州学派诸儒在审美实践工夫上的一贯特点，即主张顺心而动、率性而行，反对拟议安排和心有所向。王艮云："天理者，天然自有之理也；才欲安排如何，便是人欲。"② 又谓："只心有所向，便是欲。有所见，便是妄。既无所向，又无所见，便是无极而太极。"③ 徐樾亦认为"率性"就是不入"意必"，不落"固我"，就是不自欺，其云："圣学惟无欺天性，聪明学者，率其性而行之，是不自欺也。率性者，率此明德而已。父慈子孝，耳聪目明，天然良知，不待思虑以养之，是明其明德。一入思拟，一落意必，则即非本然矣，是曰自欺也。"④ 但无论如何，他们都没有完全否定传统知识经验和道德价值观念。只是到了颜钧，这一切才受到了激烈震荡。从知识论的角度来看，颜钧对传统知识经验的排除，含有强烈的反智倾向。虽说反智因素并非仅存于颜钧个人思想之中，而是整个泰州学派乃至阳明心学都存在的问题⑤，但较为彻底地否定

---

① 黄宗羲：《泰州学案一》，《明儒学案》卷三十二，中华书局 1985 年版，第 703 页。
② 王艮：《语录》，《明儒王心斋先生遗集》卷一，第 10 页。
③ 王艮：《与俞纯夫》，《明儒王心斋先生遗集》卷二，第 43 页。
④ 黄宗羲：《泰州学案一》，《明儒学案》卷三十二，中华书局 1985 年版，第 728 页。
⑤ 陈来认为，颜钧对《大学》的随意性解释表明他对辨析理义甚为反感，体现反智主义的特点，这种反智主义是颜钧思想中之宗教性格的一个表现。见《中国传统哲学新论——朱伯崑教授七十五寿诞纪念文集》，第 367—368 页。余应时认为，宋明理学内部存在着智识主义与反智识主义的区别，阳明心学的出现把儒学内部反智识主义的倾向推拓尽致。又说明代儒学偏在象山"尊德性"一面，故整个明代思想史都笼罩着反智主义的气氛。见《中国思想传统的现代诠释》，江苏人民出版社 1998 年版，第 176—178 页。

外在知识见闻在求道中的积极作用，确是颜钧哲学美学思想的一大特色。从道德价值观的角度看，颜钧主张"心无所系"，认为"凡先儒见闻、道理格式"都足以害道的见解，不仅仅有否定程朱理学价值观的意义，也蕴含着颠覆既有社会道德规范的可能。由于在实际修行实践中，心灵一旦脱离道德规范的约束，在大多数情况下会指向自然欲望、货色名利而难以回转，最终导致"纵情"或"纵欲"。这也是颜钧哲学美学思想受到攻击的原因之一。

颜钧主张"心无所系"，不滞于物事和意念，与佛教所谓"破执"（破除对人、对物、对意念的执着乃至对成佛境界的追求）之说，有类似之处。某些程朱学者或王学内正统派人士攻击颜钧近禅，谓"其学归释氏"①，这大概可以成为理由。但我们认为，与佛教有关联并非颜钧哲学美学思想的独特之处。因为事实上，宋明理学都受到佛教的影响，"援佛入儒"是宋明理学得以产生和发展的重要理论条件。即如以"心"为本体的王学，更是与佛教有不解之缘。只就主张"良知现成"注重"了悟"，以及"即本体即工夫"等特点来说，就有非常浓郁的佛教色彩。阳明后学中趋禅的倾向尤为明显，据《明史》载："（罗）汝芳之学亦近释"②。儒佛相资相用，互为奥援，这是整个明朝后期思想界的基本现实。颜钧的哲学美学思想，包括审美实践工夫，即是以儒学为依托，杂收佛道而成。

需特别指出的是，颜钧的"放心""体仁"说，所致力的是如何向外扩充、释放意念或欲望，这是一个向外用力、对主体欲望不加限制的过程，与孟子乃至理学正统要求反求诸己、向内收敛的趋向正好相反。孟子所谓"四端"或"良知良能"的扩充流布，正是恢复本心之良、使人心归于道德本性的过程，是个向内用力、主体自然欲望不断消解、而道德良知逐渐占据主宰地位的过程。所以，

---

① 张廷玉等：《儒林二》，《明史》卷二八三，中华书局1974年版，第7276页。
② 张廷玉等：《儒林二》，《明史》卷二八三，中华书局1974年版，第7276页。

颜钧将其"放心"说比附为孟子的"良知扩充"说，至少在理论上是不严谨的。

综上所述，"体仁"说乃颜钧哲学美学思想中具有创新意义的理论主张，即使在整个宋明理学史上亦有其重要地位①。它的提出既是泰州学派向自然主义和感性主义方向发展的一个必然结果，也是当时市民社会趋向自然功利、反对压抑人性的意识在平民知识分子思想中的相应体现。就前者而言，阳明心学的全部内容及核心就是"良知"说，而阳明所谓"良知"不像"天理"那样是个纯然至善的心体，它还具有感知经验的内容和生生不已、不安不忍之性②。另外，王阳明"四民异业而同道""作买卖不妨害成圣贤"的新四民论也表明，他对于合理的人情欲望是持肯定态度的。王阳明对欲利的肯定和良知中所蕴含的这种感性因素在王艮那里得到极大的发挥与张扬。王艮强调"中"本体活跃自然，以"百姓日用"为"道"，主张"人欲"即"天理"，充分肯定人的欲利要求，表现鲜明的自然主义倾向。颜钧则进一步提出"制欲非体仁"说，反对抑制个体欲望，注重个体之心的自我觉悟。颜钧一方面使泰州学派所固有的感性主义、自然主义和功利主义倾向外化为审美实践（工夫），增强了其理论的实践品格和可操作性；另一方面对于宋明理学"存理灭欲"的传统价值观念无疑是巨大的颠覆，为泰州学派顺情任性、乖违名教的行事作风提供了最为直接的张本。

就后者而言，颜钧提出"制欲非体仁"说是在嘉靖十九年（1540），其时商品经济繁荣，包括手工业者在内的新兴市民阶层和市民社会正在形成之中。与士大夫阶层"重义轻利"的价值观不同，市民阶层更重视现实的功利，因此，要求市民阶层"存理去欲"，是严重压

---

① 陈来：《颜山农思想的特色》，见《中国传统哲学新论——朱伯崑教授七十五寿诞纪念文集》，第 373 页。

② 李泽厚：《中国古代思想史论》，安徽文艺出版社 1994 年版，第 249 页。

抑人的本性。另外，随着经济实力的增加，市民阶层尤其是商人在社会中的地位也稳步提升，上升到仅次于士的地位。而商人地位的提升，使得他们对利欲的追求也成为社会竞逐的目标，在某种程度上左右着整个社会的价值观念。因此，从总体上看，对欲利的肯定和追求是当时社会的一种价值取向。作为出身于民间、又活跃在民间的平民知识分子，颜钧提出这样一种冲破理学桎梏、尊重个体欲望的"体仁"主张，就是情理之中的了。

（二）"静坐"

在先秦儒家，孟子非常重视通过"养气"来涵养和扩充本然良善的心体。《孟子》中论"气"之处有二：一是《告子上》的"平旦之气"或"夜气"；一是《公孙丑上》中的"浩然之气"①。所谓"平旦之气"或"夜气"，就是人内在的一种清明之气，它一般在人不与外界接触时即夜间容易显露，在平旦之时达到最充盈的状态，而当白天人与外物接触时，这种清明之气很容易丧失。与此相关，人所本有的良心也易在夜间静谧之时呈现，而在白昼与外界交接时隐微不见甚或丧失。据此，我们或许可以认为这种"夜气"实际就是指人的"良心"或"本心"。所谓"浩然之气"，也是与人的道德良知联系在一起的。因此，"夜气"和"浩然之气"实际上都不是物质性的气，而主要是指一种精神或心理状态。孟子认为，人要想保守住本心之良，就要"养浩然之气"。而如何"养浩然之气"呢？孟子主张"配义与道"，即一方面"明道"，另一方面"集义"。"集

---

① 孟子《孟子·告子上》："虽存乎人者，岂无仁义之心哉？其所以放其良心者，亦犹斧斤之于木也，旦旦而伐之，可以为美乎？其日夜之所息，平旦之气，其好恶与人相近也者几希，则其旦昼之所为，有梏亡之矣。梏之反覆，则其夜气不足以存；夜气不足以存，则其违禽兽不远矣。"《孟子·公孙丑上》：公孙丑问曰："敢问夫子恶乎长？"（孟子）曰："我知言，我善养吾浩然之气。"（公孙丑问曰）："敢问何谓浩然之气？"曰："难言也。其为气也，至大至刚，以直养而无害，则塞于天地之间。其为气也，配义与道；无是，馁也。是集义所生者，非义袭而取之也。行有不慊于心，则馁矣。我故曰，告子未尝知义，以其外之也。"见朱熹《四书集注》，（怡府藏版影印本），巴蜀书社1985年版。

义"即主体通过有意识地反观内省，将体内所存清明之气充分发掘和扩充，使善的心体豁然显露，体验到一种物我无分、与天地万物合一的境界①。这种"养浩然之气"的方法和"万物皆备于我"的体验，有着强烈的神秘体验色彩②。"养气"通常需要在相对静谧的环境中进行，只有身心宁静，不受外界纷扰，体内所存之清明之气才会逐渐显露，而其所达到的心体自然宁静的境界也才能体验得出来。孟子"养气"之法得力于静处体验，对后儒的修养工夫产生了较大影响。

孟子之后，《中庸》提出"诚""慎独"等主张，"诚"本是主体自我的一种道德心理体验与存在状态，但《中庸》通过"诚者，天之道也；诚之者，人之道也"的诠解，将之提升为一种宇宙存在的哲学本体范畴，从而达致天人合一的境界，这种境界无疑是人的主观体验。"慎独"所要求的对欲念的克制，同样需要主体的心理感受和体验。而这种体验，需要在一种宁静的状态中进行，故其实际鼓励人们用更多的时间去静思、去体悟。

秦汉之后，儒学中本有的这种重视"诚"心体验的传统受到了佛道思想的浸染，至宋明时代，终于激荡出陆王心学提倡静思、以心性体验为本的潮流。"主静""无欲"之说，本来都是道家的观念③，宋儒周敦颐受其影响，在儒学系统内首倡"主静""无欲"之说。认为圣人就是通过"主静"以"立人极"。其云："唯人也得其秀而最灵，形既生矣，声发知矣，五性感动而善恶分，万事出矣。圣人定之以中正仁义（自注：圣人之道，仁义中正而已矣。），而主静（自注：无欲故静）立人极焉。"④"主静"即是要人在静处操存、

① 冯友兰：《中国哲学史新编》第二册，人民出版社 1984 年版，第 91 页。
② 陈来：《心学传统中的神秘主义问题》，《有无之境——王阳明哲学的精神》，人民出版社 1991 年版，第 390—415 页。
③ 《老子》第十六章："致虚极，守静笃……归根曰静，静曰复命"；第三章："是以圣人之治……常使民无知无欲。"见朱谦之撰《老子校释》，中华书局 1984 年版。
④ 周敦颐等撰：《太极图说·通书·观物篇》，上海古籍出版社 1992 年版，第 18 页。

体验，保持内心的虚静状态，这样才能明白事物之理，才能使思想开阔自由，无碍无滞。而要做到心中虚静无物，当以"无欲"为先。因此，其云"无欲故静"，只有克除一己之私欲，才能保持心境虚明。将虚静的修养方法与对个体欲望的遏制相结合，此乃"诚"之审美修养方法与途径的具体表征，也成为后来理学家将静坐体验与克己去欲工夫并用的逻辑起点。

如果说周敦颐及以前的儒家学者提倡主静涵养，还主要停留在学理的层面，那么，此后宋明理学家则更多地将之转化为一种审美实践（工夫）。无论是理学，还是心学，其审美实践（工夫）论中都包含了"静坐"体验的成分。在理学发展前期，"主静"确曾构成了伊洛传统的重要方面①，二程兄弟俱不废"静坐"②。但到朱熹时，却在实践工夫上彻底转向，即以主敬为功。陆九渊则主张"静坐"，其尝谓弟子曰："学者能常闭目亦佳"，因而门人弟子中以"默坐澄观"为实践工夫之风日盛。据记载：詹阜民听象山闭目之语后，"无事则安坐瞑目，用力操存，夜以继日"，半月后"忽觉此心已复澄莹中立"，颇得象山称许③。杨简在从学象山之前，即有过静坐反观、自觉与天地万物为一体的体验，及门后更常在象山引导下，"拱坐达旦"，以求证悟"此心"。故朱熹门人陈淳批评象山后学"不读书，不穷理，专做打坐工夫"④。

明代心学家陈献章承宋以来之"主静"观，主张"静中养出端倪"。他早岁奉朱学主敬涵养之功，了无所得，始专意"静坐"，"久之，然后见吾此心之体，隐然呈露，常若有物"⑤。遂以此为体

① 陈来：《宋明理学》，辽宁教育出版社1991年版，第250页。
② "程颐在扶沟做知县时，谢良佐前来受学，即教之以静坐。程颐则每见学者静坐，便叹其善学"。见《二程外书》卷十二之《和静语录》，四库影印本，上海古籍出版社1992年版，第62页。
③ 陆九渊著，钟哲点校：《陆九渊集》，中华书局1980年版，第471页。
④ 陈淳：《北溪文集·答陈师夏》，中华书局1983年版。
⑤ 黄宗羲：《白沙学案上》，《明儒学案》卷五，中华书局1985年版，第81页。

道良方。在学问宗旨和践履工夫上与之最接近的是王阳明。阳明年轻时曾在家乡筑洞静坐修养，正德三年在贵州龙场，"日夜端居澄默，以求静一"，直至大悟①。此后在常德、辰州等地讲学时，其亦曾教学生静坐体验，作为悟入之功，补小学收放心的工夫。王阳明认为，工夫要"从静处体验，在事上磨练"。不废静坐之功，成为王门的传统。在阳明后学中，静悟的工夫得到了尤为显著的发挥，浙东王畿倡"四无"之说，独重体悟；江右聂豹、罗洪先则更以归寂主静为学术主旨。泰州王艮亦曾"默坐体道，有所未悟则闭关静思，夜以继日，寒暑无间，务期于有得。"而有"心体洞彻，万物一体"②的体验。在王学影响下，整个社会都弥漫着一种以"静坐"体验、立谈解悟相标举的风气。颜钧年轻时曾在江右吉安府访学多年，此后无论在京师或江浙各地拜师求学、立会讲学，一直受到这种思想氛围的浸染，因此，其审美实践（工夫）自然受到感染。颜钧审美实践（工夫）中最具特色的莫过于"静坐"法。

颜钧"静坐"法的最直接思想来源，系王阳明的《示弟立志说》，其云："君子之学，无时无处而不以立志为事，正目而视之，倾耳而听之，无他闻也。如猫捕鼠，如鸡覆卵，精神心思，凝聚融结，而不复知有其他。"王阳明此处强调立志读书要专心，像猫捕鼠一般。只有做到这样，才能"神气精明，义理昭著，一有私欲，即便知觉，自然容住不得矣。"③颜钧却以之为一种"静坐"体悟之法，是修道的不二法门。如果说宋明理学的"静坐"法主要是通过默坐澄心，摒弃心中一切纷繁复杂的念虑，使心体达到一种澄然湛然、无欲无杂的境界，更多地体现为一种心理过程；而颜钧的"静

---

① 王阳明：《年谱》一，见《王阳明全集》卷三十三，上海古籍出版社2015年版，第1354页。

② 王艮：《年谱》，《明儒王心斋先生遗集》卷三。

③ 王阳明：《文录四》，《王阳明全集》卷七，上海古籍出版社2015年版，第219—220页。

坐"体悟则是从生理和心理两方面同时入手，摒除饮食物欲和知识念虑的干扰，使身心都受到极端困遏抑制，无力亦无心有纷然念虑，由此达到心体的澄然之境。其"静坐"法的体悟过程一般为七日，故又称为"七日闭关"法。

何谓"静坐"法？颜钧在其《七日闭关开心孔昭》中云：

> 于闭关七日之前曰："凡有志者，欲求此设武功，或二日夜，或三日夜，必须择扫楼居一所，摊铺联榻，然后督置愿坐几人，各就榻上正坐，无纵偏倚，任我指点；收拾各人身子，以绢缚两目，昼夜不开；棉塞两耳，不纵外听；紧闭唇齿，不出一言；擎拳两手，不动一指；跌跏两足，不纵伸缩；直耸肩背，不肆堕慢；垂头若寻，回光内照。如此各各自加严束，此之谓闭关。"①

在考察颜钧"静坐"法之前，我们要厘清"闭关"的含义。"闭"即封闭、阻绝之意，"关"则含义丰富，而与人体相关之义有三。其一，是中医经脉部位之一，指左右手腕内侧动脉之突起部分。关之前（腕端）为"寸"，关之后（肘端）为"尺"，寸、关、尺三部分合称"寸口"，凡肝心脾肺肾之脉皆见于此②。其二，指耳、目、口三种感觉器官，谓之"三关"。《淮南子·主术训》："夫目妄视则淫，耳妄听则惑，口妄言则乱。夫三关者，不可不慎守也。"③其三，指腰、腿等关节。总之，"关"往往泛指人体的各个部位、关节，包括我们常说的五官七窍。古人以阴阳二气的变化交感解释世界，认为人的存在本身是阴阳二气发生交感作用的结果，而耳目口鼻等感官、手足等关节则是人体与外界阴阳二气交换的通道，《脉

---

① 颜钧：《颜钧集》卷五，第38页。
② 《辞源》"寸关尺"条，中华书局1988年版，第470页。
③ 《辞源》"三关"条，中华书局1988年版，第473页。

经》云："阳出阴入，以关为界。"①"关"与人体内外的阴阳之气紧密相关，故"闭关"的含义之一即阻断人体内部各器官与外界的物质交换（呼吸）；将"关"理解为耳目口鼻等感官，则它们会通过视听言动等活动，将外界信息传达至人的大脑中。因此，"闭关"的含义之二即指闭塞感觉通路，阻断人与外部的信息交流。合而言之，"闭关"即是主体通过有意识地自我控制活动，减少或阻断与外界的物质与信息交流。"闭关"的方式，则因人而异，但基本上包括闭目、塞耳、少言或不言、减缓呼吸频率、减少饮食乃至停止饮食等，这是生理方面的要求，也是从消极的一面来作要求的；还有精神或心理方面的要求，即人在控制生理需求的同时，积极主动地收敛外求之心，反观内照，使意志集中在某一点上，做到无思无虑、无念无杂。通过外在的静坐和内在的收敛，达到身心的宁静澄澈之境。

颜钧所谓的"闭关"，正是这样一种从生理与心理两个方向同时发力、同时取向静默的方法与过程。其在《七日闭关法》中具体说明了这种方法包括感官、手足的束缚和心理的凝聚融结："敦敦打坐，默默无语；缚目不开，塞耳不听；两手擒拿，两足盘旋；回思内省，朒朒凝结；自己精神，融成一片；胸次抑郁，若醉懵愁苦，不可自解以放松。如此忍耐一日二日，不上三日，即自顿冲然，潜伏孔昭之灵洞开，焕发启明，如东日之出见，如龙泉之滚趵。"②

颜钧在《七日闭关开心孔昭》一文中，详细地阐述了"静坐"法的四个阶段。

其一，准备阶段。首先要选择好静坐修养之处所："凡有志者，欲求此设武功，或二日夜，或三日夜，必须择扫楼居一所，摊铺联榻，然后督置愿坐几人，各就榻上正坐，无纵偏倚，任我指点。"

其二，实施阶段。"收拾各人身子，以绢缚两目，昼夜不开；棉

---

① 云栖袾宏：《脉经·年少闭关》，见《四部丛刊初编》子部。
② 颜钧：《颜钧集》卷六，第54页。

塞两耳，不纵外听；紧闭唇齿，不出一言；擎拳两手，不动一指；趺
跏两足，不纵伸缩；直耸肩背，不肆惰慢；垂头若寻，回光内照。……
然后又从而引发各各内照之功，将鼻中吸收满口阳气，津液漱嘎，
咽吞直送，下灌丹田；自运旋滚几转，即又吸嘎津液，如样吞灌，
百千轮转不停；二日三日，不自已已。如此自竭辛力作为，虽有汗
流如洗，不许吩咐展拭；或至骨节疼痛，不许欠伸喘息。各各如此，
忍挨咽吞，不能勘用，方许告知，解此缠缚。"① 在闭关过程中，先
要对耳目鼻口、手足肩背加以束缚和控制，使得身体端坐静定；然
后转求于内，进行体内调息，即吸收吞纳外间阳气和口中津液，使
之不停地循环运作。这一过程可长可短，直到身心俱疲、困苦不堪，
才可解缚。

其三，松弛阶段。"倒身鼾睡，任意自醒，或至沉睡，竟日夜尤
好。"在身心极度困顿之后，解除缠缚，倒头酣睡，让身心都松弛
下来。

其四，体悟阶段。"醒后不许开口言笑，任意长卧七日，听我时
到各人耳边密语安置，曰：各人此时此段精神，正叫清明在躬，形
爽气顺；皆尔连日苦辛中得来，即是道体黜聪，脱胎换骨景象。须
自辗转，一意内顾深用，滋味精神，默识天性，造次不违不乱，必
尽七日之静卧，无思无虑，如不识，如不知，如三月之运用，不忍
轻自散涣。如此安恬周保，七日后方许起身，梳洗衣冠，礼拜天地、
皇上、父母、孔孟、师尊之生育传教，直犹再造此生。"② 这期间要
慎口、慎思，既不妄言，也不妄思，只将心思向内运转，体验自己
的良知天性"大中"。

在"静坐"闭关的四个阶段中，以第二和第四阶段最为关键，
第二阶段主要是身体"静坐"与生理的配合，第四阶段则是心理的

① 颜钧：《颜钧集》卷五，第 38 页。
② 颜钧：《颜钧集》卷五，第 38 页。

静默调适。颜钧认为，在经过前两个阶段的艰苦磨炼和第三阶段的暂时放松之后，人在生理与心理两方面都已达到一个清新的境界，但离最终的悟道尚有距离。因此，第四阶段的主要任务是通过静卧来保持和长养那刚刚恢复的清明之性，也即其一再倡导的赤子之心、良知天性"大中"。

颜钧"静坐"法的审美作用有三。其一，自身体而言，是"形爽气顺""脱胎换骨"。其云："自身而言，若胎生周岁后，尽被父母诱引善好，贪欲情念，即如绳蒄匦缚在囚狱炕上，今日超然脱离出监，纵步有乘虚御风之轻爽"①；"闭关七日，神智顿觉，中心孔昭，豁达洞开，天机先见，灵聪焕发，智巧有决沛江河之势"。② 其二，自心理而言，是"透活精神常丽躬"③。"静坐"闭关能使心灵摆脱尘俗羁绊，产生一种纯净无滞的超越感与无往而不顺的愉悦感。其云："自心而言，若平日掩埋在百丈深坑中，今日俄顷自能升入天堂上。……如此满足七日之闭关，如此化日悬中天；如此易易，直遂其好生；如此遂生，自为变适丽四方；如此适达四书六经如视掌；如此提笔拚文，犹江河水流之沛决；如此进取科第，不啻运指以折枝；如此出世有为，自如尼父入鲁三月，即运天下如鲁国之大治；退处建坛，聚斐以明道易世。"④ 其三，自本性而言，是"洞透乎己心（人）性"。其云："七日闭关默识，洞透乎己心（人）性，若决沛江河，几不可遏。如左右逢源，惟变所适。"⑤ 即"静坐"闭关能使人本有的灵明智慧得到开发和彰显。如前所述，颜钧认为，人人都天生地具有灵明知觉的"大中"本性，但这种先验的智慧灵明往往被后天的知识见闻浸染淹没，不能彰显。"静坐"之目的即要清洗

---

① 颜钧：《颜钧集》卷六，第54—55页。
② 颜钧：《颜钧集》卷三，第24页。
③ 颜钧：《颜钧集》卷六，第38页。
④ 颜钧：《颜钧集》卷六，第55页。
⑤ 颜钧：《颜钧集》卷五，第36页。

知识欲念的蒙蔽，恢复"大中"这一灵明本性。这种内在的灵明智慧的开发和彰显，表现的形式之一就是理解能力的突发性提升，也即我们常说的"顿悟"。用颜钧的话说，就是"神智顿觉""灵聪焕发""洞透己心（人）性"。而主体的神智顿觉后，其对儒家经典的理解就会突飞猛进，用之于审美实践，则有助于科第功业的顺遂和经世事业的成功。

颜钧的"静坐"法与道家的"坐忘"、"心斋"以及佛家的"打坐"修养工夫类似。道家主张"坐忘""心斋"。"坐忘"就是要遗形、弃知，摆脱形骸与知识对人自身的束缚，从而达到无滞无碍、物我两忘的境界。"心斋"即使人的心灵达到一种空灵明觉的状态，泯灭物我差别，达到无滞无碍之境，这是道家所追求的最高境界。而颜钧的"静坐"闭关之后，也会达到"如不识，如不知"的"坐忘"境界以及"神智顿觉"，"灵聪焕发"犹如"心斋"之境。同时，"打坐"也是佛家的一种修持方法。佛家认为人的本性是清净无染的，但由于受到外在事物的纷扰和知识见闻的迷惑，使人的清净本性受到蒙蔽。而人们通过"打坐"禅定，可以消除外界事物与自身知识见闻及烦思愁绪等的干扰，破除人对物我的迷误执着，使心思向内观照，从而洞见清净自在的本性。其"禅定"的方法就是跏跌，双手合十，向内用力，观照自性。我们认为，颜钧的"静坐"法也有禅定的味道。

颜钧聚众讲学，并不要求从读经书入手，去掌握儒家的知识和要义，而是将佛家口传默授之方法，引入圣学。从这个角度看，余英时认为颜钧的哲学思想具有很浓郁的宗教色彩，指出其特质在于"化儒学为宗教"①。虽然颜钧的"静坐"法是带有神秘色彩的飞跃式的顿悟，这种顿悟既非依靠理性推衍所得，也非知识积累之结晶，而纯粹是一种神秘的直觉体验，与佛老思想有某种类似。但必须指

---

① 余英时：《士与中国文化》，上海人民出版社 1987 年版，第 527 页。

出的是，其神秘体验并非着重顿悟本身，而是顿悟之后的行为，即心之用。因而颜钧的"静坐"法，不再是一种简单的神秘体验，而是一种修养"大中"本体以致成圣的审美实践工夫。

三 审美理想论："萃和"

颜钧"萃和"的审美理想主张集中体现在其"萃和会"的审美理想实践与《急救溺世方》《急救心火榜文》两个"急救"方案中。无论是其"萃和会"，还是两个"急救"方案，颜钧的目的是希望建立一个"老者安之，朋友信之，少者怀之"的"萃和"审美理想社会。在这个理想社会里，"父子有亲，君臣有义，夫妇有别，长幼有序，朋友有信"，伦理秩序井然。在这个理想社会里，君主施行仁政，五刑不用，人民安居乐业。其云："人心丕正，明哲保身；老安少怀，乐挐豫亲；所欲与聚，所恶毋侵；朋友丽泽，义聚乐真；游民耻格，由是善人萃而率励勤，师友真而学脉纯。"① 在这个理想社会里，人心纯正，老有所安，少有所养；人人亲和，没有战乱，没有游民。颜钧的这种审美理想体现了其对现实社会的强烈不满，也反映了其对美好社会生活的一种向往。

颜钧在嘉靖七年（1528）创立的"萃和会"就是其"萃和"审美理想社会的短暂尝试。据颜钧自述，建立"萃和会"是由其母倡议，"发引众儿媳、群孙、奴隶、家族、乡间老壮男妇，几近七百余人，聚庆慈帏，列坐两堂室，命铎讲耕读正好作人，讲作人先要孝弟，讲起俗急修诱善，急回良心。如童时系念父母，常得欢心；率合家中，外移耽好妻子之蒸蒸，奉养父母之老年；勤勤恳恳，不厌不倦；不私货以裕己，不怀蓄而薄养，生息于士农工商，仰给惟父兄室家。进没积忿，参商各各……竟为一家一乡快乐风化，立为萃

---

① 颜钧：《急救心火榜文》，《颜钧集》卷一，第3页。

和之会"①。从其参与的人数看，不像是颜氏一族的宗会，而应该是其家乡整个"三都"地区的村民。从其活动的目的看，颜钧是怀抱"风化天下"、化俗乡里之审美社会理想而为之的。从其产生的社会效应看，乡俗风气大变，一派歌舞升平、协和踊跃的景象，"闾里为仁风"。颜钧有如下记载：

　　如此日新又新，如此五日十日，果见人人亲悦，家家协和。踊跃奋励，虽少小童牧，尽知惭悔省发，皆自叩谢父母长上，竟为一家一乡快乐风化，立为萃和之会。会及半月，一乡老壮男妇，各生感激，骈集慈（注：指山农母）闱前叩首，扬言曰："我乡老壮男妇，自今以后始知有生，住（注：原文如此，疑应为"往"）世都在暗室中鼾睡，何幸际会慈母母子（注：原文第二个"母"字似衍文，"子"疑应为"之"）唤醒也。"会及一月，士农工商皆日出而作业，晚皆聚宿会堂，联榻究竟。会及两月，老者八九十岁，牧童十二三岁，各透心性灵巧，信口各自吟哦，为诗为歌，为颂为赞。学所得，虽皆乌菟俚句，实发精神活机；鼓跃聚呈农（注：指山农）览，逐一点裁，迎几开发，众皆通悟；浩歌散睡，真犹唐虞瑟侗，喧赫震村谷，闾里为仁风也。②

　　罗汝芳也曾论及"萃和会"："论伦理道义，不啻江河沛决；邻族争听，感为涕泣；一时兴起，联合数百人，皆传引室家，无不改旧从新，遂名'三都萃和会'。"③ 由上可知，"萃和会"成立虽仅历时两月，但其开展的平民教育就收到了显著效果，获得了巨大成功，

---

①　颜钧：《自传》，《颜钧集》卷三，第24页。
②　颜钧：《自传》，《颜钧集》卷三，第24页。
③　黄宣民：《颜钧年谱》，《颜钧集》附录，第145—146页。

其家乡"三都"地区已呈现唐虞三代之风。从其组织形式看,"萃和会"缺乏严密的组织体系与领导机构,与第三节即将论述到的何心隐的"聚和会"不同。"萃和会"仅仅因为两月之后颜母的逝世(据史料记载,颜钧母亲逝于嘉靖七年十一月)便发生了重大转折,导致"萃和会"的迅速消亡:

> 不幸寡慈患暑,发一月,不起。一乡老壮男妇,恸惨泣涕,如失亲姒,交视殡殓,各勤辛力,各助所费,七日而葬,皆尽哀。直见诚感神应,不疾而速,各致其道有如此。惜哉!匹夫力学年浅,未有师传;罔知此段人和三月,即尼父相鲁,三月大治,可即风化天下之大本也。奈何苦执哀泣之死道,竟废一乡之生机。①

这也许是因为时年二十五岁的颜钧还没有担当统领"萃和会"的资格和威望的缘故,所谓"力学年浅,未有师传",便透露了其中的消息。其母的去世以及"萃和会"的实验失败,促使颜钧作出了一个重大举措,从此周游四方,投身各地讲会。颜钧曾遍访当时江西庐陵地区的名士宿儒包括王门弟子,时间长达七年之久,但未能达到彼此相契;期间,其曾拜访王阳明之学生刘师泉,未有所得②。其于嘉靖十五年(1536)和嘉靖十八年(1539)先后拜徐樾、王艮为师,嘉靖十九年(1540)返回江西,路经南昌,在同仁寺张榜急救"心火",传授其对泰州学派创始人王艮学说的心得体会。

颜钧在《急救溺世方》一文中对当时社会的黑暗现状揭露得淋漓尽致,在其看来,社会已经病入膏肓,其云:

---

① 颜钧:《自传》,《颜钧集》卷三,第 24 页。
② 据《颜钧集·明美八卦引》记载:"吉郡凡即明翁(王阳明)门者,莫不遍证所传之次,而皆不识男子(颜钧)所诣,且恋疑叹:'古之狂简,恐不类子。'如是又七年。"另据黄宗羲《明儒学案泰州学案》记载:"颜钧尝师事刘师泉,无所得,乃从徐波石学,得泰州之传。"

耕者问曰:"今天下四十余年,上下征利,交肆搏激,刑罚灭法,溢入苛烈。赋税力役,科竭蔀屋。逐溺邦本,颠覆生业。触变天地,灾异趵突,水旱相仍,达倭长驱。战阵不息,杀劫无厌。海宇十室,九似悬磬。圩野老稚,大半啼饥。会而拟之,恰似抄没律条。近代专制,黎庶不饶,一民尺土。士仕以上,朝市以下,俱未有一事一难。倘或侵逼,何士何市,何官何吏,亦尝苦辛,经操危虑,而皆知此病痛险阻,置身援拯同恻恻耶!"樵夫曰:"摘言至此,责在君臣。吾辈恸恤,只好号泣。"①

颜钧看到社会上"海宇十室,九似悬磬。圩野老稚,大半啼饥"的凄惨景象,认为这一切都是封建官吏欺君罔上、鱼肉人民所致。其云:"世有欺罔臣,尸素甘碌碌。视君如路人,视民如草木。但知全身躯,岂解识心腹。嗜欲骥奔泉,贪贿犬获肉。上不畏天宪,下不恤冤狱。苟便一己私,不顾一路哭。"② 针对上述情况,颜钧提出了以下解决方案:

> 诏蠲天下贡赋,三年免征,大苏(注:应为"纾")民困乐有余。随领洗牢,恩赦一切,原恶重狱,均与其生。次查怨女旷夫,激逐漂流,三种无告者,尽行四方。富豪士民各量力,命其周护以为之所,欲与聚,在人人而得所,所谓匹夫匹妇咸被尧舜之泽。覆盆冤号,一旦跳跃再生,不劳不费,富且庶矣。又从而广搜有位无位、学德智仁堪称贤能者,取聘来京,均授孔氏心造,躬佩孝弟慈让,大学大道,衍教四方,丕易人心,暮年归仁而有成,数月悦服而尊亲。夫如是,则大赍以足民食,大赦以造民命,大遂以聚民欲,大教以复民性;如此摄援,君民乐

---

① 颜钧:《急救溺世方》,《颜钧集》卷六,第53页。
② 颜钧:《劝忠歌》,《颜钧集》卷七,第57页。

只；如此救溺，方为急务；如此济世，是为雷雨动满盈也。①

颜钧以为，其一，在"贡赋"上实行"三年免征"，就可以"大纾民困"，"足民食"，百姓"乐有余"，从而解决百姓的生存问题。其二，在刑法上重德轻刑，实行"恩赦一切"，即释放一切囚犯，就可以让"原恶重狱"洗刷冤屈，重获新生；意图纠正封建统治者"多急于刑政，而每遗乎德礼之治"的做法。其三，在居住上实行"人人而得所"，即在富豪士民的慷慨帮助下，匹夫匹妇以及流浪无归者能够安居乐业；如此则能"不劳不费，富且庶矣"。其四，在社会上广泛招纳能人贤士，"取聘来京"，授之以"孔氏心造"，然后让他们"衍教四方"，如此则能"丕易人心"。若能按照上述方略加以切实推行，最终定能"大赍以足民食，大赦以造民命，大遂以聚民欲，大教以复民性……如此救溺，方为急务；如此济世，是为雷雨动满盈也。"

颜钧提出的急救方案，就是要解决"民食、民命、民欲、民性"等民生问题。其之所以要急救，是因为这些民生问题牵涉平民百姓的切身利益，关系到平民百姓的生死存亡。而要解决这些民生问题，就要对各种人进行教育，对社会风气进行改造。虽然颜钧的出发点是对自我生命的关注，有着强调主体自我意识的因素，但其急救的内容与目标，以及实践的路径，都清晰地显露儒家本色；体现了其欲拯救天下、"萃和"的博大胸怀与审美理想。而颜钧在《急救心火榜文》中更是细化了其"萃和"的审美理想实践的路径。其云：

（一）急救人心陷牿，生平不知存心养性，如百工技艺，如火益热，兢自相尚。

---

① 颜钧：《急救溺世方》，《颜钧集》卷六，第53—54页。

（二）急救人身奔驰，老死不知葆真完神，而千层嗜欲，若火始然，尽力恣好。

（三）急救人有亲长也，而火炉妻子，薄若秋云。

（四）急救人有君臣也，而烈焰刑法，缓民欲恶。

（五）急救人有朋友也，而党同伐异，灭息信义。

（六）急救世有游民也，而诡行荒业，销铄形质。①

颜钧这六大急救措施的前两条是关于人自身身心修养的，而修养的方法是涵养心性，炼形养神，"葆真完神"。第三、四、五条涉及个人与个人、个人与家国的关系，具体包含父子、君臣和朋友这三伦。在日用伦理遭到破坏的情况下，颜钧的解决办法是：在家庭中以孝亲为首，使"父子有亲"；在家国中推行仁政德治，关心国计民生，以民为本，这就是"君臣有义"；在家国之外，尊崇友朋之道，做到朋友有信。简而言之，就是重建个人、家庭乃至国家的人伦秩序。这是个体道德实践不断外化的过程。第六条则在此基础上向外拓展，化为对整个社会的关怀，使"世无游民"，鳏寡孤独废疾者皆有所养。我们从中可以看出，颜钧审美理想的实践路径是从个体身心的涵养，到家庭伦理的重建，再到总体的社会关怀。这是一个由内而外、由个人到家庭再到社会的拓展过程。而这个过程与孔子"泛爱众而亲仁"、孟子"亲亲而仁民"的审美实践路径完全吻合，其最终目的是要实现"世无游民""萃和"的审美理想。颜钧的两个"急救"方案实际上继承了王艮在《王道论》中提出的"养之有道，教之有方"的社会改良方案。其在《告天下同志书》中云："吾辈以道为会，以德为功，以重义聚乐同、易天下为功业。"其实，无论王艮抑或颜钧都是一种"易天"而非"革天"的社会改造，都是在不触动封建社会的根本制度的前提下进行的，因而是不可能实

---

① 颜钧：《急救心火榜文》，《颜钧集》卷一，第3页。

现的社会空想。

综上所述，颜钧"萃和"的审美社会理想，无论是"萃和会"的审美伦理实践，还是两个"急救"方案中提出的种种措施，其中心思想是"民"，即要救民于水火，免除人民所受的压迫和痛苦。但是其救世之道并未超越传统儒家的伦理价值观念，其目的并非反名教，而是更加努力地维护封建统治秩序。无论是其审美伦理实践还是以后的讲学活动，其目的都非常明确，就是"翊赞王化"，要把传统儒家的伦理价值观念深入民间，落实基层。其所作的"劝忠歌""劝孝歌""免世诗"，以及"歌修省""歌修齐""歌乐学"等诗文通俗易懂，为的是让广大民众可以更好地接受，这与明代的儒学思潮是相吻合的，其活动与封建社会的主流价值观念也是一致的。其云："会明圣学，实跻孔孟，以流讲四方，丕正人心，翊赞王化事。"①因此，我们认为，其不仅不反名教，反而是维护名教。黄宗羲在《明儒学案》所说的王学"传至颜山农、何心隐一派，遂复非名教之所能羁络矣"②，并非说颜钧与名教有冲突。如果说有冲突，只是以封建士大夫为代表的官方儒者与以颜钧为代表的平民儒者之间的冲突。而两者的目的其实都是为了维护封建伦理纲常，只是在实践工夫上有所差别。泰州学派平民儒者以激进的行为方式救世，而封建官方儒者只是采取一贯保守的措施。因此，在一般情况下，官方儒者不仅不会排斥平民儒者，甚至会鼓励他们的"会讲"活动，但当平民儒者的"会讲"活动取得巨大的影响时，官方儒者难免会产生忧虑，唯恐世人将世俗的、鼓动性强的民间儒学当成儒家的正统，因此会大力加以排斥。

四 "大中"哲学美学思想的评价

随着时代的发展，学术界对颜钧的研究越来越深入，但对颜钧

---

① 颜钧：《告天下同志书》，《颜钧集》卷一，第4页。
② 黄宗羲：《泰州学案一》，《明儒学案》卷三十二，第703页。

思想的评价，直到现在仍然存在较大的争议。

在《颜钧集》未出版前，学界主要依据黄宗羲的《明儒学案》加以评判。顾炎武批评以颜钧为代表的泰州学派学人是"小人无忌惮"，批评最激烈的莫过于王世贞，认为心学在王艮那里"犹未大坏，而泰州之变为颜山农，则鱼馁肉烂，不可复支"[①]。在他们看来，颜钧的思想行为越出了名教的樊篱。也有对颜钧及其思想持正面评价的，其中之一就是李贽，其云："山农以布衣讲学，雄视一世而遭诬陷……云龙风虎，各从其类，然哉！盖心斋真英雄，故其徒亦英雄也……盖英雄之士不可以免于世，而可以进于道。"[②] 而对于黄宗羲的观点，台湾学者王汎森指出，从种种迹象看，黄宗羲并没有读过颜山农的遗稿，其对泰州学派后学的判断，实际上是以有限的二手资料为依据的[③]。陈来则通过对颜钧文本的严密解读，认为泰州学派中的颜、何一派"并未逾越名教藩篱"[④]。前贤对颜钧思想的评价不尽相同，其聚焦点就在于颜钧的思想言行是否"逾越名教藩篱"。这就引发了我们对颜钧"大中"哲学美学思想的重新思考和审视。

不可否认，颜钧"大中"哲学美学思想中确实存在矛盾之处。一方面，颜钧主张"利欲"，高扬主体意志，提出"造命由我"，这与封建传统名教意识相背离，自然会遭到官方儒者的批评和否定。另一方面，其思想与行动又表现某种维护名教礼法的自觉意识。如其提倡"急救心火"，反对过分嗜欲；从《大学》《中庸》中抽出"孝弟慈让"等思想观念，作为讲学传道的宗旨；其创立"萃和会"讲学传道，目的是普及传统儒家精神，实现其对社会的审美理想改造。而其以上的所作所为，均表明其与传统儒家所提倡的"内圣外

① 何心隐：《嘉隆江湖大侠》，《何心隐集》附录，第 143 页。
② 李贽：《为黄安二上人三首·大孝》，《焚书》卷二，中华书局 1974 年版，第 80 页。
③ 王汎森：《明代心学家的社会角色——以颜钧的"急救心火"为例》，见《晚明清初思想十论》，复旦大学出版社 2004 年版，第 2 页。
④ 陈来：《明代的民间儒学与民间宗教——颜山农思想的特色》，见《中国近世思想史研究》，商务印书馆 2003 年版，第 474 页。

王"是高度契合的。

而如何去评价颜钧这样一位思想家？我们既不能使用固定不变的尺度，也不能运用现代的标准去衡量，更不能动用非历史的观点去评价；而应该把其还原、置放在当时的历史语境中，对其思想全面地整体地加以观照。有学者认为，颜钧之学，就学术规模与理论结构的严密程度而言，可以说是未成体系，甚至于一些理学观念亦未有独到精辟的阐释和见解。此与他的出身背景和学问根底有关，然而作为一个平民儒者，在追求个性自由的时代思潮中，其学说就是他对整个时代和社会的反映。从学术史的角度而言，其思想的内涵，不同于传统儒学的风格与特点，深具"似儒、似道、似禅；亦儒、亦道、亦禅"的特色①。以上学者其实就是运用现代学术标准来评价颜钧的思想。我们以为，其一，从本体论层面看，颜钧注重体与用、言与行、观念与实践之间的有机贯通，体现了平民儒者改造和拯救社会的热情。无论是《急救心火文榜》还是《急救溺世方》，均反映了颜钧要求回归孔孟，恢复人心，重整社会秩序，拯救天下的审美理想。其主张以"大中"之道"衍教四方"，并亲自创立"萃和会"，主张"聚财"以推动讲学，故其本质上是一位讲学活动家。基于此，我们可以认定，颜钧思想的基本倾向并未越出传统儒学之樊篱。其二，从实践（工夫）论层面看，颜钧提出了一系列改良社会的主张，特别是其所强调的"民食""民命""民欲""民性"这系列民生举措，表明其思想具有一定的民本主义倾向。其深切同情平民大众，把衣食不足、礼义不兴的原因归之于统治者失去了"教养之道"，提出以"人人为君子，刑措不用"的"萃和"理想社会替代现实社会的"刑不胜刑，罚不胜罚"，体现了颜钧作为平民儒

---

① 张克伟：《颜山农理学思想研究》，《台州师专学报》1997 年第 2 期。季芳桐认为《颜钧集》"缺少系统理论"，颜钧乃"崇尚义气，少理论"之人。参见季芳桐《泰州学派新论》，巴蜀书社 2005 年版，第 149 页。

者的忧患意识、责任意识。其三，从学术史层面看，颜钧强调学术的平民性，将儒学社会化、普及化，使儒学真正深入民间，渗透到普通民众的日用生活之中。其抛开传注、任意解释经典的自主独立精神，为广大平民百姓找到了通往圣学之路；其提出"制欲非体仁"与"放心体仁"的主张，把目标直接对准程朱理学的"存天理，灭人欲"的观念，宣扬"人欲"的合理性，启迪平民大众对自我生命的关注，这是具有进步意义的思想。无怪乎官方儒者要将其斥为背离孔门、违反中庸的"小人之无忌惮"。诚然，从颜钧的"大中"哲学美学思想可以看出，其既对明王朝的封建统治不满，欲"掀翻天地"，又对封建统治者抱有幻想，反对使用暴力，主张"易天"而非"革天"；既对未来社会提出审美乌托邦式的设想，又找不到实现审美理想社会的正确路径。总之，尽管颜钧的思想格局已非传统儒学所能规范，但其本质仍未能摆脱传统儒学的价值观念。其思想对何心隐影响较大。

第三节 何心隐论"中""和"

何心隐（1517—1579），原名梁汝元，字夫山，号柱乾，江西吉安府永丰县瑶田梁坊人。其从小就天资聪颖，才思敏捷。嘉靖二十五年（1546），在江西省试获第一名，本可以入仕做官，但是他仰慕王艮"良知"之学，于是放弃科举考试，拜王艮的弟子颜钧为师，这使得何心隐的人生轨迹发生了根本性的转变[①]。虽然颜钧视为得

[①] 邹元标《梁夫山传》：梁夫山讳汝元，字柱乾，而何心隐其更号也。少补弟子员，治壁经。幼时颖异拔群，潜心经史，辄以远大自期，凡耳而目之，皆知其为伟器也。嘉靖丙午年，督学蔡公拔首冠郡。时本邑右渠张公勉学署邑，校士，得公卷，拊掌叹曰："天下奇才。"由是远迩知名。及闻王心斋先生良知之学，竟芥子衿，乃慨然曰："道在兹矣。"遂师颜山农，即以继孔孟之传。见容肇祖整理《何心隐集》，中华书局1960年版，第120页。

意弟子的是程学颜、罗汝芳二人，何心隐不在其列。颜钧于言语中亦略见对何心隐之不满，称之为"旧徒"。但何心隐系颜钧弟子，是不争的事实。也不仅仅是事实，何心隐在某些方面确实能继承颜钧之衣钵。不过，自立宇宙，不傍人门户，自是泰州家风，何心隐也不例外。讲学成为他一生的主要活动，而讲学的目的则在美风化俗。可以说，他的全部活动和人生选择都是围绕这一中心展开的。在何心隐看来，人不可不学，学不可不讲，只有讲学才能明道，才能使人成为真正的人，从而使社会成为"和"的社会。何心隐平生致力于交友讲学，又因为躲避迫害而行踪飘摇、流离失所，一生坎坷艰辛，所以其著作不多。距其遇害四十六年时，即明天启五年（1625）张宿校订刻印了何心隐的《爨桐集》，另外还有一部《梁夫山遗集》。在1959年，容肇祖先生把《爨桐集》《梁夫山遗集》校订整理成《何心隐集》，于1960年9月由中华书局出版，1981年再次校订。何心隐的其他遗作，据永丰县志记载，尚有《重庆会稿》；据邹元标《梁夫山传》记载，另有《四方究正注解》《聚和堂日新记》等。可是，到目前为止，均未发现原著。

一 论"中"

何心隐认为，作为哲学本体的"中"即"仁"，"仁"即"太极"。因为"仁"乃人之为人的根本特征，是人与动物的本质区别。其云："仁义之人，人不易而人也。人则仁义，仁义则人。不人不仁，不人不义。不仁不人，不义不人，人亦禽兽也。"[1] 在何心隐看来，"仁"作为人的本质特征，作为区别于禽兽的标志，是绝对的，是"不易"的。那么，什么是何心隐所理解的"仁"呢？那就是"人心"。而此"人心"乃指"太极""中"，唯有此才可以作为"天

---

① 何心隐：《原人》，容肇祖整理《何心隐集》卷二，中华书局1960年版，（以下所引《何心隐集》均据此版，不再出注），第26页。

地心"。《礼记·中庸》说:"喜怒哀乐之未发,谓之中。"这种"不偏不倚"的"中",有其活水源头,这个活水源头就是"仁"。仁是心本来的德性,孟子称之为"善端",王阳明称之为"良知","心作为仁之体,只有保持自性明觉,毫无私欲之萌,才能与仁合一,求得理得心安"①。先儒认为,"仁"与"中"异名同实,都是指心理的归寂、平衡状态。人们只要时时保持这种平常的心态,循守自然的法度,即存心守仁,就能自然中节。朱熹曾引程子的话说:"仁者,天下之正理,失其正,则无序而不和。"传统儒家认为这种使人不失其中的"仁"就是忠恕之道:"己欲立而立人,己欲达而达人","己所不欲,勿于施人"。② 传统儒家认为,坚守忠恕之仁,能推己及人、不偏不倚,就能实现人与人之间的和谐统一,"中"即"仁"。

何心隐认为,一方面,"仁则人也,有乾坤而乃有人也,而乃有仁也"。另一方面,"不有人,则不有天地矣。惟人而不有仁,则不有人矣"③。而这两者的成立即在于"仁",也就是"太极"。其云:

> 夫人,则天地心也。而仁,则人心也。心,则太极也。太极之所生者,两仪也。而乾乎其乾,坤乎其坤者,非乾坤其仪而两耶?两仪之所生者,四象也。而乾乎其乾,坤乎其坤者,非乾坤其象而四耶?四象之所生者,八卦也,而乾乎其乾,坤乎其坤者,非乾坤其卦而八耶?是故卦而八者,莫非象之四而四也;象而四者,莫非仪之两而两也。仪而两者,莫非极之太而太也。太者大也,大莫大于仁,而太乎其极也。用九用六,于元于贞者,始以大而终以大也。大莫大于仁,而终乎其始,于贞乎其元,以用乎其六,于用乎其九也。九则九乎,其奇而

① 转引自王甦《中道探微》,台北:文史哲出版社1994年版,第25页。
② 孔子:《论语·卫灵公》,见朱熹《四书集注》,(怡府藏版影印本),巴蜀书社1985年版。
③ 何心隐:《原学原讲》,《何心隐集》卷一,第17页。

奇乎其奇者也。六则六乎，其耦而耦乎其耦者也。奇则奇乎其
乾，而乾乎其乾者，其阳纯也。纯莫纯于仁，以纯乎其阳之纯
而生阴；而乾乃乾乎其乾，则姤则坤也。耦则耦乎其坤，而坤
乎其坤者，其阴纯也。纯莫纯于仁，以纯乎其阴之纯而生阳，
而坤乃坤乎其坤，则复则乾也。而原乾坤其原，不原于乾乎其
乾、坤乎其坤于仁，其原又奚原耶？①

　　从以上论述可知，何心隐认为，"人，则天地心也。而仁，则人
心也。心，则太极也"。"太极"是化生两仪、四象、八卦，乃至乾
坤万物的本原，而"太极"就是"仁"。因为人是天地之心，没有
人，乾坤万物仅仅是孤立自在之物，缺乏灵魂生气。而"仁"则是
人之心，没有"仁"的精神，人便与世间其他生命存在了无差别，
而不能独尊于天地间成为万物之灵长，也就是说，何心隐认为，
"仁"即"心"，而"心"即"中"，其云："中亦心也，心之心也；
象身也，身立乎天地之中，中也；中也者，主也。主乎身者，中也、
心也。以身主乎人之心者，中也，心也。身以主于人之心者，中也，
心也。"② 何心隐认为，"中"即"心"，此其一。

　　其二，"仁"即"太极"。人作为天地之心，实则"仁"乃天地
之心。"天生烝民，有物有则"③，作为人，就有做人的"则"。则什
么？"则天"，因而叫作"天则"。而人们如何则"天"呢？何心隐
回答，"莫大于仁"。人只有效法天地，仁民爱物，才可以上达于天，
下通于地，与日月齐辉、天地同寿。因此，"仁"决定了人成为纯粹
意义上的人，人则决定了天地成为完整意义上的天地，天地则决定
了天地成为真正意义上的乾坤。那么，正是在这个意义上，何心隐

　　① 何心隐：《原学原讲》，《何心隐集》卷一，第17页。
　　② 何心隐：《论中》，容肇祖整理《何心隐集》卷二，中华书局1960年版，第31页。
　　③ 《诗·大雅·烝民》，见（清）阮元校刻《十三经注疏》，中华书局1980年版。

认为，"仁"与化生万物的"太极"合一，从而化生出宇宙万物、天地乾坤。"仁"就是宇宙的本体，是世界的真相。

其三，"仁"即"中"，"中"即"仁"。何心隐说："知苗知莠莫不欲并生于天，而后可以知苗之乱于莠，不可以并生于人。"① "仁"作为"太极"，当以爱民生物为心。但是有苗必有莠，有善就有恶。所以孔子说，"唯仁者能好人，能恶人。"② 其极力反对一味讨好的"乡愿"之流。也正是基于此，何心隐认为，人必须做到"中"，唯有这样人才可能作为天地之心。因为，"中也者，天生物之大本也"。何心隐对"中"分外重视，提出了自己的独到见解。在何心隐看来，"中"也就是"道"，也就是"心"。其云："中亦心也，心之心也；象身也，身立乎天地之中，中也；中也者，主也。主乎身者，中也、心也。以身主乎人之心者，中也，心也。身以主于人之心者，中也，心也。心乎道以道人，而人乎心者，亦自不容不贯而道其心也。心于道，中也。尧则允执此中以为君。君者，中也，象心也。心在身之中，中在心之中，故名中。"③ 在其看来，"身立乎天地之中"，"心在身之中"，而"中在心之中"，那么"中"究竟为何物？以下这段话可以说作出了回答。"莫非心也，心而主则中心，而贯则道心。人于人则不贯，不贯则比而无所主。既不能主乎人，又不能主于人人也，人亦禽兽也。人其心也，非道心也。心以贯心，而主于一人，以主乎亿兆无算之人，道其心也，非人心也。人心非有减也，道心非有加也。人聚而道，道散而人，莫非心也。"④ "仁"作为人区别于禽兽的一个具体要求，其含义即"中存于心""道聚于心"。它既强调人的自主意识，又要求人做到不自私。自主

---

① 何心隐：《精析心髓匡廓以辩孔子之于正卯》，容肇祖整理《何心隐集》卷三，中华书局1960年版，第49页。

② 孔子：《论语·里仁》，见朱熹《四书集注》，（怡府藏版影印本），巴蜀书社1985年版。

③ 何心隐：《论中》，容肇祖整理《何心隐集》卷二，中华书局1960年版，第31页。

④ 何心隐：《论中》，容肇祖整理《何心隐集》卷二，中华书局1960年版，第31页。

而不自私才是真正的"中",才能做到"仁"而不愧为人。也就是说,"仁"即"中","中"即"仁"。

其四,作为审美范畴的"中"即"仁"。"仁"是何心隐美学思想的核心审美范畴,继承与发展了传统儒家"仁"的思想。"仁"发端于恻隐之心,表现为亲亲之情,拓展为"凡有血气之莫不亲莫不尊"之大爱情怀。何心隐认为,"仁"是世界上最为广阔、最为纯粹的本体存在,其云:"大莫大于仁""纯莫纯于仁"。"仁"范畴具有"中"的审美特征,具有放之四海而皆准的普适性,具有海纳百川的包容性,从而使其呈现无所不畴、纯粹无瑕的美。可以说,"仁"正是以其至大至纯的功利性与超功利性、现实性与理想性的统一,展现本体之美①。

在何心隐的哲学美学思想中,一方面,"仁"作为宇宙万物的本体,呈现至大至纯之美;另一方面,"仁"作为人的本体,在人的日常生活中呈现平凡朴素的美。其云:

> 仁义之人,人不易而人也。人则仁义,仁义则人。不人不仁,不人不义;不仁不人,不义不人,人亦禽兽也。仁义之人,人不易而人也。必以仁为广居,而又必广其居以象仁。自旦至昼,必好仁,必为仁,必恶不仁,必不牿亡于旦昼所为之不仁。必以义为正路,而又必正其路以象义。自旦至昼,必好义,必为义,必恶不义,必不牿亡于旦昼所为之不义。人之情则然也,人之才则然也,人之良心则然也,人之远于禽兽则然也。斯仁人也,斯义人也。自旦至昼,自昼而夜,气自冲然而广,气而仁也,气自毅然而正,气而义也,非禽兽之气也,气而人也。气以充乎其才者也,才以干乎其情者也,情以畅乎其心者也。心以宅乎仁,由乎义,以仁义乎人者也。

----

① 参见姚文放主编《泰州学派美学思想史》,社会科学文献出版社2008年版,第268页。

人惟广其居以象仁，以人乎仁；正其路以象义，以人乎义；
以操其才，以养其情，以平其气，以存其心。于居之广，路之
正，以人乎仁义，则仁义其才也，仁义其情也，仁义其气也，
仁义其心也。仁义人也，人岂易易而人哉？①

何心隐认为，要理解"仁"，必须首先理解"义"，"义"是由
内在于人们灵魂深处的"仁"自然而然生发出来、表现在人们言行
举止中的正当恰切的行为准则和方式。或许用戴圣的话可以帮助我
们理解，其云："何谓人义？父慈、子孝、兄良、弟弟、夫义、妇
听、长惠、幼顺、君仁、臣忠，十者谓之人义。"② 何心隐将"仁"
比喻成广厦，"义"则被其形象地描述为"正路"。人们之所以能够
在行动间像走正路那样"由义"，归根结底还是因为人的内心能
"居仁"，有"仁"在灵魂深处为人们指明正确的方向，正所谓"仁
者，义之本也；顺之体也，得之者尊。义者，艺之分，仁之节也；
协以艺，讲以仁，得之者强"。③ "仁"是"义"的根本，"义"是
"仁"的表现，二者紧密联系不可分割。"仁"之本体美主要体现在
四个方面，其一，"才"；其二，"情"；其三，"气"；其四，"心"。

综上所述，从哲学美学本体论角度看，何心隐认为，"仁"即
"太极"，"仁"即"心"，"仁"即"中"，"中"即"仁"。

二 论"和"

（一）审美境界论："节而和"

何心隐立足明朝的社会现实，突破宋明理学的禁锢，倡导人们

---

① 何心隐：《原人》，容肇祖整理《何心隐集》卷二，中华书局1960年版，第26页。
② 戴圣：《礼记·礼运》，见（清）朱彬撰，沈文倬、水渭松校点《礼记训纂》，浙江大
学出版社2010年版，第339页。
③ 戴圣：《礼记·礼运》，见（清）朱彬撰，沈文倬、水渭松校点《礼记训纂》，浙江大
学出版社2010年版，第347页。

"始聚以和，和聚于心"。何心隐以"和"为主线，从人与自身的"和"、人与人之间的"和"、人与自然的"和"、人与社会的"和"等层面出发，以"育欲""寡欲""节而和"的审美境界，"凡有血气之莫不亲莫不尊"的审美人格平等观，"不以亲疏分厚薄"的审美教育观等为基本内容，以"聚和会"为审美实践形式，构建了其"和"的哲学美学思想体系。

在人与自身的关系层面，何心隐主张"尽天之性"和"有所节"相结合。"育欲""寡欲"的节欲观是何心隐"和"思想体系的核心价值观之一。他一方面主张物质欲望是人的本性，是合理之欲，要得到满足，要"育欲"；另一方面又主张"寡欲"，要节制那些非分之欲。可见何心隐的"育欲""寡欲"主张，就是要"尽天之性"，承认每人都有发展自己人欲的自然权利，但同时必须"有所节"；在节制自己人欲的前提下，尊重别人发展人欲的自然权利，这样才能"节而和"。"尽天之性"与"有所节"，两者统一起来，就是"和"。

何心隐继承了王艮的"人欲就是天理"的思想，肯定物欲是符合人的本性要求的合理欲望，是为了满足人的基本生存需要的，其云："性而味，性而色，性而声，性而安逸，性也。乘乎其欲者也，而命则为之御焉。是故君子性而性乎命者，乘乎其欲之御于命也，性乃大而不旷也。……命以父子，命以君臣，命以贤者，命以天道，命也，御乎其欲者也。而性则为乘焉。是故君子命以命乎性者，御乎其欲之乘于性也，命乃达而不堕也。"① 又说："声、色、臭、味、安逸之乘于耳目、鼻口、四肢，以乘乎父子、君臣、宾主、贤者、圣人，而乘乎仁义、礼智、天道者……尽乎其性于命之至焉者也。"② 何心隐认为，声色之欲、臭味之欲以及希望安逸等物质需求都是人的本性。人的本性中就存在听声、美色、知味、享受安逸等自然的

---

① 何心隐：《寡欲》，容肇祖整理《何心隐集》卷二，中华书局1960年版，第40页。
② 何心隐：《原学原讲》，容肇祖整理《何心隐集》卷一，中华书局1960年版，第19页。

生理和心理需求，人人都有这种物质享受的欲望，不应该也不可能加以禁绝，所以应该适当地满足这种要求。何心隐看到了人性自然的一面，主张尊重人性，承认人的物质欲望的合理性，要求"乘乎其欲"，对人的合理欲望做了充分的肯定。

何心隐把尊重自然本有的人性，合理地、适当地满足人类物质与精神需求的欲望，限制骄奢淫逸，以顺天合道，称之为"育欲"。其云："育欲在是，又奚欲哉？仲尼欲明明德于天下、欲治国、欲齐家、欲修身、欲正心、欲诚意、欲致知在格物、七十从其所欲而不踰平天下之矩，以育欲也。育欲在是，又奚欲哉？"[①] "育欲"的概念是跟"无欲"相对应的，何心隐对周敦颐的"无欲"观进行了辨析，提出了"心不能无欲"的主张，其云：

> 濂溪言无欲。濂溪之无欲也，其孟轲之言无欲乎？孔子言
> 无欲而好仁，似亦言无欲也。然言乎好仁，乃己之所好也。惟
> 仁之好而无欲也。不然，好非欲乎？孟子言无欲其所不欲，亦
> 似言无欲也。然言乎其所不欲，乃己之不欲也。惟于不欲而无
> 欲也。不然，无欲非欲乎？是孔孟之言无欲，孔孟之无欲也。
> 岂濂溪之言无欲乎？且欲惟寡则心存，而心不能以无欲也。欲
> 鱼欲熊掌，欲也。舍鱼而取熊掌，欲之寡也。欲生欲义，欲也。
> 舍生而取义，欲之寡也。能寡之又寡，以至于无，以存心乎？
> 欲仁非欲乎？得仁而不贪，非寡欲乎？从心所欲，非欲乎？欲
> 不逾矩，非寡欲乎？能寡之又寡，以至于无，以存心乎？抑无
> 欲观妙之无，乃无欲乎？而妙必妙乎其观，又无欲乎？抑欲惟
> 缴尔，必无欲乃妙乎？而妙必妙乎其无缴，又无欲乎？然则濂

① 何心隐：《聚和老老文》，容肇祖整理《何心隐集》卷三，中华书局1960年版，第72页。

溪之无欲，亦无欲观妙之无欲乎？①

　　何心隐此文，亦可用孟子的一句话来概括，即"可欲之谓善"。② 何心隐认为，孔子孟子所言的"无欲"与周敦颐所言的"无欲"，有着天壤之别，后者并不符合孔孟的原义。孔子是从"好仁"角度说的，孟子是从"己之不欲"角度说的。孔孟之"无欲"，并非主张人要消除欲望，而是不要一味地追求物欲，要有仁欲，并不是周主张的"无欲"。何心隐认为，"欲生欲义，欲也"，渴望生存是人的欲望，追求正义也是人的一种欲望，两者都是人的欲望表达；"欲鱼"是欲，"欲仁"是欲；"观妙"是欲，"无欲观妙"也是一种欲。实际上，何心隐是从不同层面来区分"欲"的：物质的"欲"，伦理的"欲"，心理的"欲"，生理的"欲"。从心理学的角度看，人们无论做什么都是一种心理意愿的表达，也就是"欲"的一种体现。因此，何心隐认为人总是有欲的，人不可能无欲。在其看来，无欲是不可能做到的，只是多寡不同而已："且惟寡则心存，而心不能以无欲也。""欲义"无非就是"寡欲"，而绝不是无欲。何心隐又问"好非欲乎""无欲非欲乎"，因为欲"无欲"本身也是有欲。

　　何心隐认为，适度的、合理的物质欲望是应当予以满足的，但过分的、不合理的物质欲望却必须加以节制。因为前者有利于人们的身心健康，后者则有害。其云：

　　　　凡欲所欲而若有所发，发以中也。自不偏乎欲于欲之多也，非寡欲乎？寡欲，以尽性也。尽天之性以天乎人之性，而味乃嗜乎天下之味以味，而色、而声、而安逸，乃又偏于欲之多者

---

① 何心隐：《辩无欲》，《何心隐集》卷二，容肇祖整理，中华书局1960年版，第42页。

② 孟子：《孟子·尽心上》，见朱熹《四书集注》，（怡府藏版影印本），巴蜀书社1985年版。

之旷于恋色恋声，而苟安苟逸已乎？乃君子之尽性于命也，以性不外乎命也。……凡欲所欲而若有所节，节而和也。自不戾乎欲于欲之多也，非寡欲乎？寡欲，以至命也。至天之命以天乎人之命，而父子乃定乎天下之父子，以父以子，而君臣，而贤者，而天道，乃又戾于欲之多者之堕于委君、委臣、委贤，而弃天弃道已乎？乃君子之至命于性也，以命不外乎性也。凡一臭，一宾主，亦莫非乘乎其欲于性，御乎其欲于命者，君子亦曷尝外之，而又不尽性至命于欲之寡乎？①

　　在某种程度上，何心隐所主张的"寡欲"，是对先秦时期"寡欲"论的继承与发展。老子说："五色令人目盲，五音令人耳聋，五味令人口爽，驰骋田猎令人心发狂，难得之货令人行妨"，"见素抱朴，少私寡欲"②。此意即色、声、味等容易让人眼花缭乱，使得人心永不知足。为了求得生命的本真，人就不能过度追求物质的享受，也不应追逐外在的名声。孟子曰："养心莫善于寡欲。其为人也寡欲，虽有不存焉者，寡矣；其为人也多欲，虽有存焉者，寡矣。"③意即修养心性的最好办法是减除欲望。一个人如果欲望很少，即便本性有所失去，那也是很少的；一个人如果欲望很多，即便本性还有所保留，那也是很少的。孟子又说："口之于味也，目之于色也，耳之于声也，鼻之于臭也，四肢之于安逸也，性也。有命焉，君子不谓性也。仁之于父子也，义之于君臣也，礼之于宾主也，知之于贤者也，圣人之于天道也，命也。有性焉，君子不谓命也。"④ 何心

---

① 何心隐：《寡欲》，容肇祖整理《何心隐集》卷二，中华书局1960年版，第40—41页。
② 老子：《道德经》第十二章、第十九章，见高亨注《老子注译》，河南人民出版社1980年版，第39—40页。
③ 孟子：《孟子·尽心下》，见朱熹《四书集注》，（怡府藏版影印本），巴蜀书社1985年版。
④ 孟子：《孟子·尽心上》，见朱熹《四书集注》，（怡府藏版影印本），巴蜀书社1985年版。

隐也认为欲是人的本性，在满足人们合理的物质需求的前提下，要节制那些非分之欲。可见何心隐的"寡欲"主张，就是要"尽之天性"，"不偏乎欲于欲之多"，顺应自然本有的人欲，但必须"欲所欲而若有所节"，因为"有所节"才能"节而和"。"尽天之性"，就是承认和尊重每个人都有顺应自己人欲的自然权利；而"有所节"就是希望人们在满足自己欲望的同时，要节制，防止过度的欲望给自己和他人带来伤害。"尽天之性"与"有所节"，二者是辩证统一的关系，何心隐认为，"寡欲"的境界就是"和"的境界。总而言之，何心隐讲"发以中""节而和"实与《中庸》"致中和"如出一辙，其目的同样在于"天地位，万物育"。本文认为，在某种程度上，其"和"的境界与其说是对欲的肯定，不如说是对"性"的张扬，对"命"的认同。这绝非贬低何心隐在思想史上的地位，而是从传统思想的一贯性来看，这毋宁说是对孔孟之学（即先秦儒学）的复归。

（二）审美人格论："莫不亲莫不尊"

在人与人的关系层面，何心隐主张建立一个以友朋之伦为基础的审美理想社会。这个审美理想社会的基本组织形式，不是以父母、昆弟、夫妇关系为基础的家庭，而是以师友关系为纽带连接起来的"会"。这表明何心隐超越了小家的概念，推出了以"会"为名的大家的范畴。何心隐主张"凡有血气之莫不亲莫不尊"，认为既然天地万物一体，那么人与人之间就应该是没有贵贱尊卑、亲疏远近之别，蕴含着人人平等的审美人格平等观。其云：

> 仁无有不亲也，惟亲亲之为大，非徒父子之亲亲已也，亦惟亲其所可亲，以至凡有血气之莫不亲，则亲又莫大于斯。亲斯足以广其居，以覆天下之居，斯足以象仁也。
>
> 义无有不尊也，惟尊贤之为大，非徒君臣之尊贤已也，亦惟尊其所可尊，以至凡有血气之莫不尊，则尊又莫大于斯。尊

斯足以正其路，以达天下之路，斯足以象义也。①

何心隐认为，传统的"仁"只限于亲人之间，这样的"仁"是狭隘的；真正的"仁"应该亲天下可亲之人，才"足以象仁"；传统的义也仅限于君臣之间，义应该不仅是尊贤，应该"尊斯足以正其路，以达天下之路"，要尊敬一切人，才"足以象义"。要达到"凡有血气之莫不亲、莫不尊"的程度，这样才是最大的"仁""义"，也就达到了"和"的境界。由此可见，何心隐"和"的境界就是期望天下平民百姓无论亲疏贵贱、男女老幼都能得到同样的关爱和尊重，使平民百姓都能"广其居、正其路"，都能生活在这样一个和谐的审美理想社会中。

何心隐"和"的理论对传统儒学进行了不同程度的改造，超越了君臣、父子、兄弟、夫妇的关系，把传统的"亲亲""尊贤"扩展到"凡有血气之莫不亲莫不尊"，纳入了平民百姓要求平等的思想，做到彼我无间，万物一体，世界大同。何心隐"和"的理论，不仅代表了下层平民百姓要求平等的呼声，更蕴含了为下层平民百姓争取人身平等权利的审美理想。何心隐"和"的理论，渊源于孟子"老吾老以及人之老，幼吾幼以及人之幼"②的泛爱观，并且打上了程颐的"仁者，以天地万物为一体"③的思想烙印，同时受到王阳明"亲吾之父以及人之父，以及天下人之父"④的思想影响，又依据王艮"以其无所不包故谓之仁"、"万物一体"论以及颜钧强调"自我"的思想而推导出来的。但是，王阳明的"亲吾之父以及人之父，以及天下人之父"，乃维系封建伦理关系的，是强调下亲

---

① 何心隐：《仁义》，容肇祖整理《何心隐集》卷二，中华书局1960年版，第27页。
② 孟子：《孟子·梁惠王上》，见朱熹《四书集注》，（怡府藏版影印本），巴蜀书社1985年版。
③ 程颢、程颐撰，朱熹编：《河南程氏遗书》，商务印书馆1935年版。
④ 王阳明：《大学问》，《王阳明全集》卷二十六，上海古籍出版社2015年版，第1067页。

上、卑尊贵，其目的在于要平民百姓有维护封建纲常名教的良知。何心隐则不同，"凡有血气之莫不亲莫不尊"的"和"的理论，包含着冲决君臣、父子等封建伦理关系，尊重普通平民百姓人格的意思，具有打破封建宗法关系的积极意义。何心隐"和"的理论已经超越了传统儒家"爱有差等"的传统思路，蕴含了人人平等的审美理想，实际上已经构成了对传统宗法等级制度的挑战。

何心隐主张以师友关系代替君臣、父子、兄弟、夫妇等伦常关系，这样人们"相交而友"、"相友而师"、人人平等、彼此尊重。其云：

> 天地交曰泰，交尽于友也。友秉交也，道而学尽于友之交也。昆弟非不交也，交而比也，未可以拟天地之交也。能不骄而泰乎？
>
> 夫妇也，父子也，君臣也，非不交也，或交而匹，或交而昵，或交而陵、而援。八口之天地也，百姓之天地也，非不交也，小乎其交者也。能不骄而泰乎？[1]
>
> 天地于易，易天而不革天，易地而不革地。师也，至善也。非道而尽道，道之至也。非学而尽学，学之至也。可以相交而友，不落于友也。可以相友而师，不落于师也。此天地之所以为大也。惟大为泰也，师其至乎！[2]

何心隐以友为尊，正是希望人与人的交往都能像天和地之间的关系，人人都无私心，遵道而行，这样就可以使天下各得其所、各尽其用。朋友是"五伦"之一，"五伦"为"君臣""夫妇""父子""兄弟""朋友"。在何心隐看来，"五伦"中最重要的两伦是

---

① 何心隐：《论友》，容肇祖整理《何心隐集》卷二，中华书局1960年版，第28页。
② 何心隐：《师说》，容肇祖整理《何心隐集》卷二，中华书局1960年版，第27—28页。

"君臣"与"朋友"，所以说："达道始属于君臣，以其上也；终属于朋友，以其下也。"① 但君臣关系是"交而凌、而援"，他们之间缺少平等之义，"未可以拟天地之交也"；何心隐推尊"朋友"一伦，以之法象于"天地交泰"，所谓"天地交曰泰，交尽于友也"。在何心隐看来，"五伦"中的其他四伦并非无"交"，如兄弟，"交而比"，如夫妇，"交而匹"，如父子，"交而昵"，如君臣，"交而陵、而援"，此四者是"百姓之天地"，是"小乎其交者也"。他认为这些伦常关系都不能成大气候，只有朋友之交尽乎天地之正大，是交之大者——"惟大为泰也"。只有朋友关系才是"交之尽"，师是"道之至，学之至"，因此"友"可拟天地之交，最为尊贵，朋友关系和师弟关系才是超越一切之上的关系。就抽象的意义上讲，"朋友"一伦似乎可以指普遍的社会关系，孔子的学生早就讲过："四海之内皆兄弟也。"我们也似乎可以就此说何心隐推尊"朋友"一伦是对社会交往中的普遍平等的一种审美理想追求。但问题并非如此简单，从何心隐在狱中所上《当道书》中看，可以称得上其友的，首推程学颜，次则钱怀苏、程学博，可以论交的为罗汝芳、耿定向，就是这么有限的几个人。而问题在于，何心隐所谓法象"天地交泰"的朋友一伦必须是"道而学"而交者，最好是介于师友之间："可以相交而友，不落于友也。可以相友而师，不落于师也。"何心隐此说可谓是惊世骇俗之论，与传统的观念相对立，在"五伦"中摈弃了父子、夫妇、兄弟、君臣"四伦"，直指几千年的封建传统中君君、臣臣、父父、子子的纲常名教，所以李贽说他"人伦有五，公舍其四，而独置身于师友贤圣之间，则偏枯不可以为训"②。黄宗羲称之为"掀翻天地，前不见有古人，后不见有来者"③。

---

① 何心隐：《与艾冷溪书》，容肇祖整理《何心隐集》卷三，中华书局1960年版，第66页。

② 李贽：《何心隐论》，《焚书》（中册），中华书局1978年版，第250页。

③ 参见容肇祖整理《何心隐集》，中华书局1960年版，第123页。

事实上，何心隐突出朋友一伦，亦没有舍弃其他几伦的意思。但是他抬高朋友一伦，无疑会对当时的社会秩序构成潜在威胁。所以何心隐对"五伦"的重新定位对当时社会冲击是最大的。因为"五伦"是古代中国社会必须严格遵守的人伦关系，而何心隐独尊"朋友"这一伦关系，把没有血缘关系的师友作为人伦的首要关系，试图构建以"朋友"为主要人际关系的"和"的审美理想社会，确实具有相当浓郁的个人主义色彩。何心隐被后人称之为一代狂儒，这也是其中原因之一。

何心隐主张建立以朋友之伦为基础的"和"的审美理想社会，这个社会的基本组织形式不是以父母、昆弟、夫妇关系为基础的家庭，而是以师友关系为纽带连接起来的"会"。"会"即"会讲"之"会"。"会讲"非肇端自何心隐，自王阳明及其门弟子始已大张其事，此亦儒者常为之事。照何心隐所讲，"会"可以"藏身""藏家"，也可以"显身""显家"。所藏之"身""家"即"身于士农工商其身"与"家于士农工商其家"。其云：

> 夫会，则取象于家，以藏乎其身；而相与以主会者，则取象于身，以显乎其家者也。不然，身其身者，视会无补于身也。家其家者，视会无补于家也。何也？视会无所显无所藏也。乃若天下国之身之家之，可以显可以藏乎其身其家者也。会岂小补于身于家已乎？不然，身其身者，身于士农工商其身已也。家其家者，家于士农工商其家已也。小补于身于家已也，可象天下国之身之家之所显所藏者乎？必身以主会而家以会，乃君子其身其家也，乃君子以显以藏乎士农工商其身其家于会也。乃仲尼其君子而身而家于国于天下，以显以藏以会也。会将成象而成形矣。又岂惟取象于家以显以藏，而小补以会已乎？[①]

---

① 何心隐：《语会》，容肇祖整理《何心隐集》卷二，中华书局1960年版，第28—29页。

从以上论述可知，在何心隐的"会"中，包含着士农工商，他们之间只有不同的职业分工，并无等级之分，"会"中成员之间都是朋友关系。在这个"会"中，人们的社会关系发生了显著的变化，"会"的最大特征就是维护了士农工商平等的生存权，并且"会"中的领导人物"主会"是其他人之师，但彼此之间也是平等的朋友关系。这就打破了封建伦理纲常对人民思想的束缚，是对等级森严的封建秩序的极大挑战和猛烈冲击。可以说，何心隐的"会"是在以往王学思想基础上创建的审美理想社会组织形式，因为他将朋友关系改造为审美理想社会组织的基础关系。这就表现其追求民主和平等的意识在逐渐萌发，同时，反映了下层平民百姓谋生存、求平等的心理需求。何心隐认为，"主会而家以会，乃君子其身其家也，乃君子以显以藏乎士农工商其身其家于会也。乃仲尼其君子而身而家于国于天下，以显以藏以会也。会将成象而成形矣。"其认为如果将"会"逐渐推广至全天下，那么整个天下也就是一个最大的"会"，也就是一个"和"的审美理想社会。何心隐这种创新的审美理想社会蓝图冲击着人们固有的生活方式和思维方式，打破了传统的封建等级制度，是泰州学派所主张的人己平等思想进一步在社会政治观念上的传承、演绎和落实。

何心隐追求这种"凡有血气之莫不亲莫不尊"的人性的平等、审美人格的平等，具有非常强烈的"平民意识"。它与传统士大夫的"精英意识"相对立，反对封建专制主义，这充分体现了何心隐以人为本的思想。必须指出的是，"和"这个审美社会理想具有幻想色彩，具有审美乌托邦性质。与此同时，何心隐"莫不亲莫不尊"这种人人平等的"和"思想与当时中国晚明时期出现的资本主义经济萌芽之间有着某种内在的联系。

（三）审美实践论："聚和"

何心隐认为，如果要达到"和"的审美理想境界，不仅要"明明德"，更要"亲民"；而且要推己及人，兼善天下。何心隐按照

《大学》中"修身、齐家、治国、平天下"先后次序的方略，在嘉靖三十二年（1553），以宗族为基础，建立了一个族会组织，来推行他"和"的审美理想社会模式，取名为"聚和会"（又称"聚和堂"），进行合族实验，并获得了初步的成功。据黄宗羲《明儒学案·泰州学案序》记载：何心隐"谓《大学》先齐家，乃构萃（原文如此，应为"聚"）和堂以合族，身理一族之政，冠婚丧祭赋役一切通其有无，行之有成。"① 何心隐的"聚和会""与颜山农所创的'萃和会'虽仅有一字之差，但旨意相同，都突出了'和'的精神，概指乡邻和睦之意。不过，颜山农突出了他个人的地位和作用，甚至以其母为该会的'慈母'，至于组织形式却无具体设计，随着其母的去世便很快消亡，而且会中众人须向其母'叩首'，他自己却以'随机点化'为手段，召集众人实践他的所谓'七日闭关法'，可见该会颇有些神妙气氛。何心隐所创的'聚和会'则全然不同。"② 但是何心隐"和"的审美理想社会实验受颜钧"萃和会"的影响是肯定的，颜钧本来就是其师。而且"聚和会"和"萃和会"有不少共通之处：其一，两者都以本族范围作为实验对象，只是何心隐的"聚和会"允许外族加入；其二，两者都倾自己之所能，对乡民进行教化，但何心隐比颜钧的更有组织性；其三，两者对审美理想社会的实验均受到泰州学派平民思想的影响，都带有某种审美理想主义的色彩。

何心隐建立的"聚和会"，是一个组织严密的机构，它集宗族、乡村自治于一体，同时集文化教育、生产劳动、社会救助等于一身。"聚和会"是何心隐进行审美理想社会实践的机构，带有强烈的社会改造目的，是一个将儒学民间化的典型。必须指出的是，虽然何心隐希望建立一个人人平等、"老安少怀"的审美理想社会，但其受王

---

① 何心隐著，容肇祖整理：《何心隐集》，中华书局1960年版，第123页。
② 吴震：《罗汝芳评传》，南京大学出版社2005年版，第58页。

艮"纣可伐，天下不可取"思想的影响，不想推翻封建社会制度。其认为汤武用革命的办法讨伐桀纣，是"未尽善也"，而"易天而不革天，易地而不革地"则是"至善"的。所谓"易天"就是改革现行的封建社会制度，其希望通过"聚和会"这样的审美理想社会实验来达到自己的"至善"目的。其云："革也，汤武之所以革天而后天，革地而后地。否也，未尽善也，未尽学也，未尽道也。……天地于易，易天而不革天，易地而不革地。师也，至善也。"① 以下主要论述"聚和会"在文化教育方面的审美实践。

据《梁夫山传》记载："爰谋诸族众，捐赀千金，建学堂于聚和堂之傍，设率教、率养、辅教、辅养之人，延师礼贤，族之文学以兴。计亩收租，会计度支，以输国赋。凡冠婚丧祭，以迨孤独鳏寡失所者，悉裁以义，彬彬然礼教行信义之风，数年之间，几一方之三代矣。"② 何心隐创立的"聚和会"在明代教育发展史上是具有创新意义的一种审美实践，在诸多方面进行了创新，这种创新一方面体现在其审美教育实践的规范化，即"率教"的管理模式。另一方面表现在审美教育职责的拓展与延伸，何心隐将"聚和会"审美教育管理的职责拓展、延伸到子弟的家庭中，要求家长协助对子弟进行道德素质的培养。

其一，"聚和会"的教育目标——"善治""善俗"。"聚和会"的审美教育实践有着明确的目的："上思君之所以善其治""下思民之所以善其俗"，且不"以亲疏分厚薄"。其云：

> 顾长少谬推率教，固辞弗获，乃勉强矢志，奋衰振朽，蚤夜以思。上思君之所以善其治者，以有国家之教也；下思民之所以善其俗者，以有乡学之教也。

① 何心隐：《师说》，容肇祖整理《何心隐集》卷二，中华书局1960年版，第27页。
② 邹元标：《梁夫山传》，见容肇祖整理《何心隐集》，中华书局1960年版，第120页。

自二月一日为期，在师长良能以此相劝，子弟可不以此相勉；父兄亦能以此相守，妻孥可不以此相顺。其在外姓父兄子弟，幸以相体，本姓决不敢以亲疏分厚薄也。……伏惟合族长少，同心体悉，以图成功。则不惟不负祖宗，亦且表率后嗣；不一世获庆，亦且永世有赖矣。①

何心隐摒弃了狭隘的封建宗族观念，准许外姓子弟到"聚和会"受教育，并不"以亲疏分厚薄"。何心隐"聚和会"的审美教育理想就是要建立一个以宗族或家族（包括本姓和外姓）为基本组织形式的，能够和平共处、持久繁荣的"和"的审美理想社会。这类似于先秦儒家所倡导的"大同"② 社会之理想。而为了实现这一理想，达到以孔孟之道为宗旨，为建立"和"的社会培养人才的目的，就要有教育制度的设计和安排，何心隐提出了"率教"的管理模式。

其二，"聚和会"的管理模式——"率教"。"聚和会"设立总馆制度，让各族子弟"总聚于祠"，也就是废除各个宗族或家族设立的私馆制度。其云：

本族乡学之教，虽世有之，但各聚于私馆，栋宇卑隘。五六相聚则寥寥，数十相聚则扰扰；为师者不得舒畅精神以施教，为徒者不得舒畅精神以乐学。故今总聚于祠者，正欲师徒之舒畅也。

况聚于上族私馆，则子弟惟知有上族之亲；聚于中族私馆，

---

① 何心隐：《聚和率教谕族俚语》，容肇祖整理《何心隐集》卷三，中华书局 1960 年版，第 68—69 页。

② 戴圣："大道之行也，与三代之英，丘未之逮也，而有志焉。大道之行也，天下为公，选贤与能，讲信修睦。故人不独亲其亲，不独子其子。使老有所终，壮有所用，幼有所长，鳏寡孤独废疾者，皆有所养。男有分，女有归，货恶其弃于地也，不必藏于己，力恶其不出于身也，不必为己。是故谋闭而不兴，盗窃乱贼而不作，故外户而不闭。是谓大同。"参见（清）朱彬撰，沈文倬、水渭松校点《礼记训纂》，浙江大学出版社 2010 年版，第 325—326 页。

则子弟惟知有中族之亲；聚于下族私馆，则子弟惟知有下族之亲。私馆之聚，私念之所由起。故总聚于祠者，正以除子弟之私念也。

且不惟可以除子弟之私念，凡为父兄者朝夕相顾，子弟亦因以相亲相爱。每月朔望，自率教以下十二人，同祠首相聚一坐，乐观子弟礼以相让，文以相助，灌如翕如，而相亲相爱之念亦油然而兴矣。故总聚于祠者，又以兴长上之亲爱也。[①]

何心隐认为，废除各族的私馆制度有许多益处，既"总聚于祠者，正欲师徒之舒畅也"，又"正以除子弟之私念"，而且还可以增强子弟们"相亲相爱"的感情。

其三，"聚和会"的生活模式——"总送馔""总宿祠"。也就是要求馆中子弟集中用餐，集体住宿，接受集体教育。其云：

夫教既总矣，然又各归各馔，则暑雨祁寒，子弟苦于驱驰，父兄心亦不安。故不分远近贫富，必欲总送馔，所以省驱驰，以安父兄之心也。馔既送矣，各归各宿，则晨出夜入，子弟袭以游荡，师长教亦不专，故不分远近长幼，必欲总宿祠者，所以防游荡，以专师长之教也。若贫者以人单力薄而有送馔之虑，是谓无远虑矣。独不闻孟氏寡母，尚不惮三迁之劳与费，以教其子，何虑一送馔耶？富者以溺爱姑息，而有宿祠之忧，是谓无大忧矣。亦不闻孟氏孤儿，而不顾三迁之近与远，以养其蒙，何忧一宿祠耶？[②]

---

① 何心隐：《聚和率教谕族俚语》，容肇祖整理《何心隐集》卷三，中华书局1960年版，第68页。

② 何心隐：《聚和率教谕族俚语》，容肇祖整理《何心隐集》卷三，中华书局1960年版，第68—69页。

凡是送到"聚和会"中接受教育的子弟，假如"各归各馔"，"则暑雨祁寒，子弟苦于驱驰，父兄心亦不安"。于是何心隐设定"总送馔"制度，不必由各家庭送馔，规定子弟入祠家庭，"不分远近贫富"，一律平等负担，实行集体用餐制。假如在"聚和会"中接受教育的子弟"各归各宿"，"则晨出夜入，子弟袭以游荡，师长教亦不专"。"故不分远近长幼，必欲总宿祠者，所以防游荡，以专师长之教也。""总宿祠"有点类似于当今学校的寄宿制度，目的是防止各家子弟的"游荡"。

其四，"聚和会"的管理制度——"审其轻重，处有常条"。何心隐特别规定，馆中子弟外出应实行严格的审批制度：

> 或者父母偶感，本身失调，审其轻重，处有常条。或者父母逢旬，本身初度，审其诞辰，处有常条。或者伯叔吉凶，外戚庆吊；审其亲疏，处有常条。子弟方婚聘者、婚娶者、婚毕者，既聚于祠，不许擅归。审其临期，处有常条。子弟旧业农者、工商者、僧道者，既聚于祠，不许擅往。审其缓急，处有常条。凡大小筵饮、公私杂会，不许擅赴。审其当否，处有常条。①

何心隐规定，"既聚于祠，不许擅归"，只有"父母偶感、本身失调"，"或者伯叔吉凶、外戚庆吊，"可以视具体情况，酌情处理，即"审其亲疏，处有常条"；至于"旧业农者、工商者、僧道者"，聚和会中接受集体教育的子弟不得"擅往"，需"审其缓急，处有常条"；并且"大小筵饮、公私杂会，不许擅赴"。应当"审其当否，处有常条。""聚和会"规定的教育制度非常细致，这些规定，在很多方面我们都可以从当时的太学和地方官学的管理条例中找到它的

---

① 何心隐：《聚和率教谕族俚语》，容肇祖整理《何心隐集》卷三，中华书局1960年版，第69页。

影子，如婚娶、处丧、筵饮等。也就是说，何心隐将当时明朝中央政府的一些教育政策运用到了“聚和会”的审美教育实践中。

其五，“聚和会”的家庭教育——“严外访之防”。何心隐将“聚和会”审美教育管理的责任拓展、延伸到子弟的家庭中，要求家长协助对子弟进行道德素质的培养，并且作了严格的规定：

> 为父兄者，勿怀浅近之虑，卑小之忧，以误子弟所学。勿听无稽之言，无根之谋，以乱师长之教。勿容闲人，私令小者，阴报家事杂词。勿狥妇人，私令婢者，潜送果品玩好。勿纵以子弟盛饰，勿快以子弟厚味。凡一语一默、一饮一食，皆欲父兄撙节之者，所以严外访之防也。①

何心隐非常重视家庭教育，其要求家长“凡一语一默、一饮一食”都要做出表率，不要去做任何对子弟道德素质的培养可能有不利的事情，并且制定了相应的激励措施：“况半年之后，试子弟有生意者，必有权宜之处；三年小成，又有通变之处；十年大成，则子弟不论贫富，其冠婚衣食，皆在祠内酌处。”② 其意思是，在“聚和会”接受集体教育的子弟，如果“半年以后”，没有犯规行为，学业稍有长进，则可以权宜处理；如果“三年后小成”，则又可另作“变通之处”；如果“十年大成，则子弟不论贫富，其冠婚衣食，皆在祠内酌处”。也就是说，何心隐希望在其创办的“聚和会”里，实现“敬老慈幼”“信友报君”的和美境界，达到古人梦寐以求的“大同”世界。

何心隐创立“聚和会”，从事审美理想社会的实验，打乱了几千

---

① 何心隐：《聚和率教谕族俚语》，容肇祖整理《何心隐集》卷三，中华书局1960年版，第69页。

② 何心隐：《聚和率教谕族俚语》，容肇祖整理《何心隐集》卷三，中华书局1960年版，第69页。

年封建社会的等级秩序，长期下去必然会危及当时封建统治者地位的稳固，在封建势力的打压下，"聚和会"短短六年就解体了。"聚和会"的创立表明何心隐对现存的封建制度的不满，企图改革不合理的封建制度，建立有利于平民百姓的新制度，这是"非为名教所能羁络"的"异端"思想，有其进步意义，它实际上是一种审美乌托邦的实验。①

三 "和"的审美意义

追求"和"，实现"和"，共建和谐社会的美好愿望，是人类亘古至今孜孜以求的审美理想。何心隐的审美社会理想就是渴望建立一个人人平等的"和"之世界，其所创办的"聚和会"就是一个短暂的尝试。在中国思想史上，何心隐的地位并不十分突出，许多人甚至不知其名字。有学者将其视为中国近代启蒙思想的开端，未免有溢美之嫌②；如果说何心隐作为泰州学派之一员，亦因泰州学派而为世人所关注，又未免过于狭隘。何心隐对儒家思想情有独钟，他的激进思想与言行正体现了儒家奋发有为、积极进取的一贯主张。其特立独行，出身当道，充分显示了泰州学派的进取精神；他的思想亦体现了泰州学派的世俗化、平民化特征，这一切均基于其对人类深深的爱以及对整个社会强烈的责任感。

我们研究何心隐，首先应该尝试着去理解他。应该说，何心隐的思想具有一定的启蒙意义。在人与自身的关系方面，其主张"育欲""寡欲"，达到自身的"和"；在人与人的关系方面，其主张"凡有血气之莫不亲莫不尊"的审美人格平等观；在官民关系方面，其主张为官者"与百姓同欲"；在人与社会的关系方面，其创立了"聚和会"。这些方面共同构成了其"和"哲学美学思想的伦理观、

① 林子秋、马伯良、胡维定：《王艮与泰州学派》，四川辞书出版社 2000 年版，第 287 页。
② 田文军：《何心隐新论》，《武汉大学学报》（社会科学版）1986 年第 5 期。

政治观、价值观等方面。综观其"和"哲学美学思想体系,其内在逻辑的要义,不仅要达到人与自身、人与人、人与自然之间的和谐,而且还要通过一定的社会机制凝聚人与社会的和谐。从某种意义上说,"聚和会"就是这样的一种机制,尽管带有审美乌托邦色彩,但至少是一种积极的、有意义的探索和尝试。"和"是何心隐哲学美学思想的精髓,对我们当前正在进行的社会主义和谐社会建设具有重要的现实启示意义。

"聚和会"既是何心隐哲学美学思想的一种审美实践形式,同时也是其重视和谐社会机制建设的一种体现,是其在"聚和"社会机制方面的一种探索和尝试。重视社会和谐机制建设,是我们可以从何心隐"和"哲学美学思想中得到的一个重要启示。在社会主义和谐社会建设中,只要形成了一种有效的社会主义和谐机制,这种机制就能有机地整合社会各种力量,自发搜寻、自觉调节、自动矫正乃至中和各种不和谐之因素,化解各种社会矛盾,使社会结构获得平衡,使社会自始至终在良性循环状态下运行。我们如果仅仅依靠市场机制,可能无法达致社会的和谐;应该在全社会形成"和"的机制,包括公平公正的利益协调机制、坚强有力的社会保障机制、顺畅通达的社会交流机制,等等。

"育欲""寡欲"是何心隐"和"哲学美学思想的核心概念之一。其一方面主张物质性欲望是人的本性,是合理之欲,要得到满足。另一方面又主张"寡欲",要节制那些非分之欲。可见何心隐的"育欲、寡欲"主张,就是要"尽天之性",承认每个人都有发展自己"人欲"的自然权利,但同时又必须"有所节",在节制自己"人欲"的前提下,尊重别人发展"人欲"的自然权利,这样才能达致"和"的审美人生境界。"尽天之性"与"有所节",二者联系起来,这就是"和"的审美意义。何心隐"育欲""寡欲"观所揭示的生活方式、处事原则与"和"的审美人生境界,对人类社会的生存状态的调节和改善具有重要的参考意义。何心隐在倡导"育欲"

的基础上，主张"寡欲"的生活方式，保持人自己内心的安宁平静。而当代社会的种种不和谐因素往往会导致人们心浮气躁，内心不得宁静，失掉自己的本真。与此同时，人们的这种心态在某种程度上又反过来加深了社会的不和谐。因此，从这个层面说，我们可以参照何心隐"育欲""寡欲""节而和"的原则，积极推进人与自身的和谐、人与人之间的和谐、人与社会之间的和谐。

在人与人的关系方面，何心隐主张建立一个以友朋之伦为基础的审美理想社会。这个社会的基本组织形式不是以父母、昆弟、夫妇关系为基础的家庭，而是以师友关系为纽带连接起来的"会"。这表明何心隐超越了小"家"的概念，推出了以"会"为名的大"家"的范畴。何心隐主张"凡有血气之莫不亲莫不尊"，认为人与人之间就应该是没有贵贱尊卑、亲疏远近之别，蕴含着人人平等的博大情怀与崇高的审美理想。

第四章 "中"即"庸"

第一节 "中"与"庸"

一 关于"中"

如前所述，"中"字的本义是事物的中点或中部，推而广之则为中央、中间。又由于"中"的重要特点是平衡，于是有了"正"的意思；正则不偏不倚，故常常"正中"连言。然后再由具体事物的"正中"推广到抽象的事物，则又有"中正"之意义。《周礼·地官·大司徒》："以五礼防万民之伪，而教之中。"贾公彦疏："使得中正也。"于是，"中"的意义遍及人们的生活与人类社会之中，而且中国古代社会最重视这个"中"，往往把它当作最高的形态和最理想的状态。《尚书》中就有不少"中"字，如《大禹谟》"人心惟危，道心惟微。惟精惟一，允执厥中"，《盘庚》"各设中于乃心"，《酒诰》"作稽中德"，《吕刑》"咸庶中正"，等等。《易经》也非常重视"中"。《易》最初为八卦，三画以成卦，中间一画表示中。八卦重叠为六十四卦之后，每六画以成卦，则以其中之第二画与第五画为"中"。八卦是由阳爻（一）与阴爻（--）所构成，阳爻为刚，阴爻为柔，刚柔各得其中，则事物大吉大利。如《乾》卦九二曰："见龙在田"，《文言》引："子曰：龙，德而正中者也。"又如《小过》卦，《象传》曰："柔得中。"这是兼指六二与六五而言，六二与六五皆为柔，居上下卦之中位，是为双柔得中。故《易经》曰：

"《小过》：亨。利贞，可小事，不可大事。飞鸟遗之音，不宜上，宜下，大吉。"再如《观》卦，《象传》曰："中正以观天下。"中正乃兼指六二与九五而言。六二为柔，居下卦之中位，又是居臣位，九五为刚，居上卦之中位，又是居君位，是为刚柔分中，象君臣各居其位，各守正中之道。先秦儒家的奠基人孔子除了引尧曰："允执厥中"①，还提出了"中庸之为德也，其至矣乎，民鲜久矣"②的观点，"中庸"成为一种道德，是一种最高的道德。

古人为何如此重视"中"？我们还是回到前面提及的《大禹谟》"人心惟危，道心惟微。惟精惟一，允执厥中"，这句话虽出自伪古文《尚书》，但其道出了"中"的深刻含义，即"中"是"精"和"一"，也就是"精一"。《老子》云："道生一，一生二，二生三，三生万物。""精一"，就是"道"之最初生成物，也就是"道"。董仲舒曰："德莫大于和，而道莫大于中。"又曰："阳之行始于北方之中而止于南方之中。阴之行始于南方之中而止于北方之中。阴阳之道不同，至于盛而皆止于中。其所始起，皆必起于中。中者，天地之大极也。"③"大极"就是太极。董仲舒在这里用"阳之行始于北方之中而止于南方之中，阴之行始于南方之中而止于北方之中"，这是就阴阳之道而言，其说过于抽象。我们还是举一个浅显的具体例子来说明。譬如任何一个圆，它必定以圆心为中心，这个圆就是由这个"中"点而产生的。从圆心向四周辐射，有无数的直线，而这无数的直线，它的最终点也就是这个"中"点（即射线的顶点），这就是"始于中"而又"止于中"。我们知道，世界上万事万物都是呈周期性的发展变化的，当发展到最高峰（极盛）的时候，物极必反，旧事物灭亡，新事物产生。这旧事物和新事物在这"极盛"

---

① 孔子：《论语·尧曰》，见朱熹《四书集注》（怡府藏版影印本），巴蜀书社1985年版。
② 孔子：《论语·雍也》，见朱熹《四书集注》（怡府藏版影印本），巴蜀书社1985年版。
③ 董仲舒著，（清）凌曙注：《春秋繁露·循天之道》，中华书局1975年版。

的"点"消失与产生，这最高峰极盛之处就是"中"或叫"太极"。拿自然现象来说，邵雍曰："天地之象，其起于中乎？是以乾坤屡变，而不离乎中。人居天地之中，心居人之中。日中则盛，月中则盈，故君子贵中也。"① 用现代的自然科学知识来解释天地之象，确实起乎"中"。比如"天"，我们居住的地球只是天体之中的一个行星。它围绕着太阳旋转，围绕太阳旋转的还有九大行星；而太阳又只不过是银河系中的一个普通的恒星，它和其他恒星又都围绕银河系的中心转动。还有比银河系更大的空间星系，但无论哪一级天体，都有一个中心，即使是太阳和银河本身，也有一个中心。不仅自然界如此，人类社会也如此。

"中"存在于世界万事万物之中。换句话说，万事万物都有自己的"中"，没有"中"就没有万事万物。而且，任何一个事物的性质、特点、规律都是来源于这个"中"。反过来说就是：事物"其所起也，皆必起于中"，"至于盛而皆止于中"。吕大临曰："中者，道之所由出也。"② 程颐则曰："中即道也。"③ 这两种说法的角度不同，其实是一样的："中"若非道，道则不能由"中"出；"道由中出"只是说明道产生于"中"，决定于"中"。朱熹解释说："中者，不偏不倚，无过不及之名。"用现代哲学话语来解释，"中"是事物矛盾双方处于相对的平衡与和谐状态。古人以"中"为产生万物的"太极"，原因即在此。古人虽没有现代化的科学技术知识，但他们能够从众多的感性认识中，领悟到"中"的重要性，这是难能可贵的。

总之，"中"的内涵就是事物的"道"，是事物产生的根源，又是事物存在的先决条件，属于哲学美学本体论范畴。没有"中"，事

① 邵雍：《皇极经世书·观物外篇上》，中州古籍出版社 2007 年版。
② 吕大临：《玉溪集》，见陈俊民辑校《蓝田吕氏遗著辑校》，中华书局 1993 年版。
③ 程颢、程颐：《论道篇》，见《河南程氏遗书》，商务印书馆 1935 年版。

物就不可能平衡、和谐，没有相对的平衡和谐的存在，也就没有事物。"中"是贯穿事物发生、发展、变化的全过程，是起决定作用的。我们在肯定这一点的基础上，再来谈"庸"。

二 关于"庸"

关于"庸"，汉、宋儒者主要有二种不同的解释。一是以"庸"为"用"，一是以"庸"为"常"。《礼记·中庸》孔颖达《疏》云："案郑《目录》云：名曰《中庸》者，以其记中和之为用也。庸，用也。"郑玄注《礼记·中庸》"君子中庸"句说："庸，常也，用中为常道也。"郑玄在注"执其两端，用其中于民"时说："两端，过与不及也。用其中于民，贤与不肖皆能行之也。"有人根据这一点说郑玄又兼取"庸，用也"与"庸，常也"二义，其实这是一种误解。郑玄在注解这后一句话时，先释"两端"，再释"用其中于民"，这"用其中于民"是《中庸》的原话，不是郑玄在解释"庸"字，不能误解"用中"就是"中庸"。在"庸，常也，用中为常道也"一句中，也有"用中"一词，但他明确说"庸"为"常"。因此，不能说"郑玄未能自圆其说"。至宋，程颐释"中庸"说："不偏之谓中，不易之谓庸。中者，天下之正道，庸者，天下之定理。"①朱熹说："中者，无过无不及之名也。庸，平常也。"② 又说："中庸者，不偏不倚，无过不及，而平常之理，乃天命所当然，精微之极致也。"③ 王夫之反对朱熹说："若夫'庸'之为义，在《说文》则云：庸，用也，《尚书》之言'庸'者，无不与'用'义同。自朱子以前，无有将此字作'平常'解者。……故知曰'中庸'者，言中之用也。"④ 现代研究者有从孔颖达的，也有从朱熹的。似乎以前

---

① 朱熹：《中庸章句》，见《四书集注》（怡府藏版影印本），巴蜀书社 1985 年版。
② 朱熹：《中庸章句》，见《四书集注》（怡府藏版影印本），巴蜀书社 1985 年版。
③ 朱熹：《中庸章句》，见《四书集注》（怡府藏版影印本），巴蜀书社 1985 年版。
④ 王夫之：《读四书大全说》卷二，中华书局 1975 年版。

者为更多。王夫之认为"庸"字只有"用"义而无"常"义，是片面的。《尚书·皋陶谟》："天秩有礼，自我五礼有庸哉。"郑康成注曰："五礼，天子也，诸侯也，卿大夫也，士也，庶民也。"孔安国《传》："庸，常自用也。天次秩有礼，当用我公侯伯子男五等之礼以接之，使有常。"孙星衍《疏》曰："秩者，《释诂》云：'常也'。《说文》作豑云：'爵之次弟也。''自'与'循'转相训。庸者，常也。俱见《释诂》。云'自我'者，《礼书》云：'圣人缘人情而制礼'。"① 《国语·齐语》："臣，君之庸臣也。"韦昭注："庸，凡庸也。"《墨子·亲士》："君子自难而易彼，众人自易而难彼。君子进不败其志，内究其情；虽杂庸民，终无怨心。""庸民"就是普通的"常人"。《庄子·德充符》："其与庸亦远矣。"成玄英《疏》："与凡常人固远矣。"《荀子·荣辱》："夫《诗》、《书》、《礼》、《乐》之分，固非庸人之所知也。""庸人"就是常人。又《不苟》："庸言必信之，庸行必慎之；畏法流俗，而不敢以其所独是；若是，则可谓悫士矣。"王先谦《荀子集解》："庸，常也。谓言常信，行常慎。"《易·乾卦·文言》亦有"庸言之信，庸行之谨"语。由此可见，先秦时期，"庸"作"常"讲的例证并不少。

而要说明"庸"为"常"义，还得考察"庸"字的本义。《说文》："庸，用也，从用庚；庚，更事也。《易》曰：'先庚三日'。"如果认为"用"是"庸"的本义，是不准确的说法，因为"用"的本义就是"用"。《说文》："用，可施行也。"如果把"庸，用也"看成是一种意义不完全等同的互训或音训，则尚可。《说文》释"庸"为"从用从庚"，这是正确的。

为了考察"庸"字的本义，我们先来考察"用"和"庚"二字的构字意义。先说"用"。《说文》："用，可施行也。从卜，从中。"

---

① 《尚书·皋陶谟》：《尚书今古文注疏》，孙星衍注，陈抗、盛冬铃点校，中华书局1986年版。

"卜"而得"中"，然后施行，故"用"为施行。在这里，"用"字本身就包含着"中"，也可以看出古人对"中"的重视。再看"庚"。《说文》："庚，位西方，象秋时万物庚庚有实也。……凡庚之属皆从庚。"段玉裁注："《律书》曰：'庚者，言阴气更万物。'《律历志》：'敛更于庚'，《月令》注曰：'庚之言更也，万物皆肃然更改秀实新成。'……"《说文》的这种解释是囿于庚的篆文字形，其说似迂曲而难以畅通。从字形来看，庚字和"用"字一样，与"中"字的关系极为密切。你可以看成是若干个"中"字串连在一起，也可以看成是"用"字的连续出现。《说文》段注以"更"释"庚"，是可取的。庚字是"中"字的串连也好，是"用"字的连续出现也好，都表示有一种变更。但是"庚"字的真正本义不是"更"而是"延续"。《诗·小雅·大东》："东有启明，西有长庚"，《毛传》："庚，续也。"由于"庚"为"续"义，故引申为"道路"。《诗·小雅·由庚·序》（按：此诗已亡）："《由庚》，万物得由其道也。"又，《左传·成公十八年》："以塞夷庚。"杜预注曰："夷庚，吴、晋往来之要道。"

以上我们考察了"用"和"庚"的本义，"庸"字的本义就比较清楚了："用"为施行，"庚"为继续，"庸"便是"连续施行"的意思。前引孔安国注解《尚书·皋陶谟》"自我五礼有庸哉"，最得"庸"字本义。其云："庸，常自用也。天次秩有礼，常用我公侯伯子男五等之礼以接之，使有常。""庸"就是"常自用"而重心落在"常"上，故最后说"使有常"，"有庸"就是使有常，而不能将"有庸"解释为"有用"。因为"中庸"是一个哲学或伦理学命题，就是"中常"或"中常之道"，是至高的道。故董仲舒说"德莫大于和，而道莫大于中"。"常"是说明和强调"中"或"中道"的普遍性和重要性，不能把"常"看成与"中"相并列。程颐以"不偏谓之中，不易谓之庸。中者天下之正道，庸者天下之定理"释"中庸"，就是将"中"和"庸"并列起来，以"正道"释"中"，以定理释"庸",那么"中"只是"正道"而没有"定理"了。其实，"中"既是正道，又是定理；这里应该以互文的方式来理解。朱熹虽以"平常"与"平常之理"释"庸"，但没有指明这"平常之理"是否就是说明"中"的。而如果以"用"释"庸"，认"中庸"为"用中"者，那么"中庸"首先便不能看成一个"概念"或"命题"，而只能看成是一种行为或动作。而如前所述，《中庸》中的"中庸"很明显是一个哲学或伦理学概念或命题。我们引几例来看看，其一，"子曰：天下国家可均也，爵禄可辞也，白刃可蹈也，中庸不可能也"。"中庸"与"天下国家"、"爵禄"、"白刃"连言。其二，"子曰：人皆曰予知，驱而纳诸罟擭陷阱之中，而莫之知辟也。人皆曰予知，择乎中庸而不能期月守也"。朱熹《集注》："择乎中庸，辨别众理，以求所谓中庸。""中庸"为"择"的宾语。其三，"子曰：素隐行怪，后世有述焉，吾弗为之矣。君子遵道而行，半途而废，吾弗能已矣。君子依乎中庸，遁世不见知而不悔，唯圣者能之"，朱熹《集注》："不为索隐行怪，则依乎中庸而已，不能半途而废，是以遁世不见知而不悔也。此中庸之成德，知之尽，仁之至，不赖勇而裕如者，正吾夫子之事，而犹不自居也。故曰唯圣者能之而已。""中庸"为"依"的宾语。

综上所述，本书以为"中庸"之"庸"当作"常"义来诠解。

三 关于"中庸"

"中庸"一词，最早见于《论语·雍也》："中庸之为德，其至矣乎！民鲜久矣。"何晏《集解》："庸，常也。中和，可常行之德也。""中庸"是"孔子的一大发现，一大功绩，是哲学的重要范畴，值得很好地解释一番。"[①] 孔子阐述"中庸"主要体现在以下这两段文字记载中："子贡曰'师与商也孰贤？'子曰'师也过，商也

---

① 毛泽东：《毛泽东书信选集》，人民出版社1983年版，第145页。

不及.'曰'然则师愈与?'子曰'过犹不及.'"① "不得中行而与之，必也狂狷乎? 狂者进取，狷者有所不为也."② 这是孔子对"中庸"的解释，其首先承认事物有两个极端的存在，即过与不及，其反对"过"与"不及"，认为"中行"最好。其云君子"矜而不争，群而不党""贞而不谅"③；"惠而不费，劳而不怨，欲而不贪，泰而不骄，威而不猛"④；"乐而不淫，哀而不伤，怨而不怒"⑤；"和而不同"⑥"周而不比"⑦。孔子以"中庸"为"至德"，这种"至德"就是有志于"道"的德，是审美人格修养的最高境界。

《荀子·王制》云："元恶不待教而诛，中庸民不待政而化"，王先谦《荀子集解》引郝懿行曰："中庸民，言中等平常之人。贾谊《过秦论》所谓才能不及中庸，义与此同，《史记》改作才能不及中人，亦得其意。"（按：此"中庸民"虽以"常"释"庸"，但与"中庸"的含义不同，"中庸"是一个哲学或伦理学命题）由上可知，以"中庸"之"庸"为"常"，是其来有自的。但是，"庸"在先秦时期，大量地被作为"用"字出现，此不待例举。

那么，我们究竟应该如何解释"中庸"才算比较接近历史真相呢? 本书认为，将"庸"理解为"用"比较肤浅，应当释"庸"为"常"，这其实是"庸"的本义。所谓"中庸"就是指"中道为事物之常道"。所谓"常道"即强调"中道"是贯穿事物始终、决定事物性质和命运的大道，世界万事万物概莫能外。"中庸"作为一个哲学或伦理学命题，就是"中常"或"中常之道"，是至高的"道"。

"中庸"为"中常"或"中常之道"，反映的是人们对客观事物

---

① 孔子：《论语·先进》，见朱熹《四书集注》（怡府藏版影印本），巴蜀书社1985年版。
② 孔子：《论语·子路》，见朱熹《四书集注》（怡府藏版影印本），巴蜀书社1985年版。
③ 孔子：《论语·卫灵公》，见朱熹《四书集注》（怡府藏版影印本），巴蜀书社1985年版。
④ 孔子：《论语·尧曰》，见朱熹《四书集注》（怡府藏版影印本），巴蜀书社1985年版。
⑤ 孔子：《论语·八佾》，见朱熹《四书集注》（怡府藏版影印本），巴蜀书社1985年版。
⑥ 孔子：《论语·子路》，见朱熹《四书集注》（怡府藏版影印本），巴蜀书社1985年版。
⑦ 孔子：《论语·为政》，见朱熹《四书集注》（怡府藏版影印本），巴蜀书社1985年版。

本质规律的认识，属于哲学上本体论与认识论范畴，是儒家思想的哲学基础。而如果只把它看成是道德论和方法论，这就局限和缩小了"中庸"的意义。也许人们会说，孔子不是讲"中庸之为德也，其至矣乎，民鲜久矣"吗？这里要注意"之为"二字，"中庸之为德"就是指用"中道"办事成为一种德行；"其至矣乎"是说这种德行是最高的德行，"民鲜久矣"是说人们缺少这种德行的时间很久了。而《中庸》则记载为："子曰：中庸其至矣乎！民鲜能久矣。"这里讲的是"中道"是最高的本体，人们很少去达到已经很久了，《论语》中无"能"字，而这一句"能"字不可少。"能"，本兽名，形似熊足似鹿，为动物中坚强而有力的，故有"能力""可能"之意，这里作"行"或"达到"讲。对于这种理解，我们可举《中庸》另一句为证："子曰：'道之不行也，我知之矣。知者过之，愚者不及也；道之不明也，我知之矣。贤者过之，不肖者不及也。人莫不饮食也，鲜能知味也。'"① 这里的"道之不行"就是指"中庸"之道，"民鲜能久矣"，不及则过之。诚然，把"中庸"看成是一种方法论，也不算错，但这种方法来自对事物本质规律"中道"的认识。"允执厥中"，无过与不及，以及"叩其两端而竭"等，其实都是对"中庸"的运用。

"中庸"作为"中常之道"，还有一个"时中"的问题。《中庸》说："仲尼曰：'君子中庸，小人反中庸。君子之中庸者，君子而时中，小人之中庸也，小人而无忌惮也。'"朱熹《集注》："君子之所以为中庸者，以其有君子之德，而又能随时以处中也。小人之所以反中庸者，以其有小人之心，而又无所忌惮也。盖中无定体，随时而在，是乃平常之理也。君子知其在我，故能戒谨不睹，恐惧不闻，而无时不中。小人不知有此，则肆欲妄行，而无所忌惮矣。"这其实就是告诉我们，"中"是随事物的不同而不同，随事物的变化而变

---

① 子思：《中庸》，见朱熹《四书集注》（怡府藏版影印本），巴蜀书社1985年版。

化，它不是静止不变的。但不同事物也好，事物的变化也好，"中"总是伴随事物而存在，并始终起决定作用，这是"中"的"常"。"中"随事物发展变化而发展变化，这是"中"的"易"。因此，既要"允执厥中"，又要"时中"。

有学者认为，"中庸"是折衷主义。其实所谓"折衷主义"，是指没有自己独立的观点，只把各种不同的思潮、观点、理论无原则地、机械地拼凑在一起的哲学观点。如 M. T. 西塞罗在世界的本源问题上，既主张水是万物的本源，又认为神用水创造了万物的精神。而"中庸"指的是一件事物内部存在着相互对立、相互依赖的两个方面，其所达到对立统一的平衡性与和谐性，是事物存在、发展、变化的基本规律。儒家强调的"允执厥中"，就是指要把握这个规律，使事物能正常和谐地发展与变化，对待自然如此，对待人也是如此。"不偏不倚"指的是"无过与不及"，这是把握事物矛盾的"度"，是中正之道，不是指将不能统一在一起的相互矛盾的东西加以调和。如刚柔相济、阴阳平衡是"中庸"，而把是非上的"好"和"坏"调和起来，既主张好，也不反对坏，那就是折衷主义。列宁批评布哈林时所说："'又是这个，又是那个'，'一方面，又一方面'——这就是布哈林在理论上的立场。这就是折衷主义。"① "叩其两端而竭焉"是把握对立统一的事物矛盾着的双方的性质、地位、状况而准确地认识事物。

总之，我们以为，"中庸"与折衷主义是性质完全不同的两回事。产生误解的原因是没有真正理解"中庸"的含义，同时也是对古代"折中"二字的误解。严格地说，不能把"折衷"当作"折中"，更不能把"折中"当成折衷主义，"折衷主义"不能写成"折中主义"。尽管中国古代"中"与"衷"相通，但作为一个哲学命题，是不能用通假字的，"衷"指的是内心、思想，"折衷主义"正

---

① 列宁：《列宁选集》第 4 卷，人民出版社 1972 年版，第 449 页。

是指思想上混淆是非、调和是非。这种"折衷主义"被孔子称作为"乡原"。

因为"折中"在先秦时期是个褒义词。"折"是判别并做出决断;"中"是中正,是判断是非的标准。"折中"即是判别是非曲直,做出正确的决断。如《韩诗外传》:"听狱折中者,皋陶也。"管仲曾说过:"决狱折中,不杀无辜,不诬无罪。"① 这里的"折中"是以"中正"原则来裁决狱讼,"折"是判决。汉初,判别取正的用法仍未变,如司马迁说:"自天子以至王侯,中国言'六艺'者,折中于孔子。"② 司马贞《索隐》引宋均云:"折,断也;中,当也。""中"作为标准,与"中庸"之"中"有一定继承关系,随着社会思想的发展,"折中"与"中庸"词义开始产生演化、讹变,渐趋相同。《后汉书·胡广传》引当时谚语已有"天下中庸属胡公",此"中庸"则与后世"折中"意近,被演化、讹化为"调和"。隋代王通所著《中说》,因对儒、道、释各家义理有所调和,故命其书为《中说》。此后,随时间推移,演化与讹变更加明显,逐渐成为不究曲直、模棱两可、平均折中、糊涂了事的同义语,且已约定俗成。另外,居于思想统治地位的后世所谓儒家正统派,出于某种误解,将"折中"的讹变义与孔子的"中庸"、子思的"中和"等同看待。实则说子思之"中和"具有调和折中尚可,而孔子之"中庸"则大不其然。孔子"中庸"所本标准为"仁"与"礼",具有严格的原则性和选择性,且爱憎分明,毫不含糊,并且其"好"与"恶"是以民之"好""恶"为转移,即曾子所谓"民之所好,好之;民之所恶,恶之"。③ 观孔子言行,也可知孔子之"中庸"绝非折中、调和,而是具有坚定明确的原则性。他对"乡原"表示愤恨,认为

① 管仲:《管子·小匡》,浙江人民出版社 1987 年版。
② 司马迁:《史记·孔子世家》,中华书局 1982 年版。
③ 《礼记·大学》,见朱熹《四书集注》(怡府藏版影印本),巴蜀书社 1985 年版。

"乡原，德之贼也"。孟子在《尽心下》对"乡原"做了确诂："孔子曰：过我门而不入我室。我不憾焉者，其惟乡原乎？乡原，德之贼也。曰：何如斯可谓之乡原矣？……阉然媚于世者也，是乡原也。""非之无举也，刺之无刺也；同乎流俗，合乎污世；居之似忠信，行之似廉洁；众皆悦之，自以为是，而不可语入尧、舜之道，故曰德之贼也。"① 朱熹说："夫子以其似德非德，而反乱乎德，故以为德之贼而深恶之。"孟子与朱子可谓深得孔子之旨。在行动上，孔子请鲁哀公讨伐齐之陈恒，鼓励弟子对为季氏聚敛殃民的冉求"鸣鼓而攻之。"② 这些事实均证明孔子之"中庸"绝非折中、调和。

而有学者认为"中庸"取消矛盾斗争和缺乏发展观念，同样也缺乏足够的历史事实依据。导致这样观点的产生，主要原因在于其对历史语境未能做辩证分析。人类社会历史的发展形式是多种多样的，除却矛盾激化、转化而产生巨变，使矛盾控制在一定"度"之内，保持"质"的相对协调、稳定，同样也可以促使人类社会历史向前发展。纵观古今中外人类社会历史发展实际，以阶级斗争的方式促使矛盾对立激化、转化的次数与持续时间毕竟只占整个人类社会历史发展的少部分；即使暂时打破平衡，激化、转化矛盾，而随之又必然进入更长时期的矛盾稳定与协调阶段，而此阶段在时间总量上又占据绝对多数。在此阶段，人类社会历史的发展是主要的，这早已被古今中外社会历史发展实际证明。应该承认，孔子的"中庸"思想，以及在此基础上而形成的儒家仁学文化，确有某些"妥协性"存在，这乃是受"士"阶层的地位、特点所决定的，但这仅仅是其次要的非主流的方面。另外，将"中庸"理解为"折中"或"调和"，确是历史的存在，今天仍然在影响一部分人的思想认识，这也是事实，但这属于"中庸"的演化与讹变所致，不可将其诿之

---

① 孟子：《孟子·尽心下》，见朱熹《四书集注》（怡府藏版影印本），巴蜀书社1985年版。
② 孔子：《论语·先进》，见朱熹《四书集注》（怡府藏版影印本），巴蜀书社1985年版。

于孔子的"中庸"思想，如是，则有诬古人，也正恰恰违背了"中庸"思想的本质精神。①

第二节 罗汝芳论"中""庸"

罗汝芳（1515—1588），字惟德，号近溪，门人私谥明德，江西建昌府南城县泗石溪人，曾从学颜钧等，其孙罗怀智曾有归纳："盖公十有五而定志于洵水，二十有六而征学于山农，三十有四而悟《易》于胡生，四十有六而受道于泰山丈人，七十而问心于武夷先生。其他顺风而拜者不计其数，接引友朋，随机开发者，亦不知其数"②。其一生不断拜师交友，其弟子杨起元（1547—1599，号复所）亦称罗汝芳"德无常师，善无常主"③。意谓罗汝芳学无常师，其思想常在不断完善变动之中。但我们大致可以确定，其26岁拜师山农，标志其思想完成了由理学向心学的转型，34岁悟《易》，其思想基本成熟。罗汝芳一生致力于平民百姓的教育启蒙活动。其在讲学中用通俗的语言、贴切的比喻来解释儒学思想，使平民百姓对儒学思想有更深刻的理解。其和王畿（1497—1582，字汝中，号龙溪）并称"二溪"，黄宗羲有"龙溪笔胜舌，近溪舌胜笔"④ 之评。梁漱溟对罗汝芳评价甚高，其云："陆王派里有两个造诣很深的人。在宋朝，名字叫杨简，号杨慈湖；在明朝，叫罗汝芳，号罗近溪。我最佩服这两人。其他一般的人，尽管他讲儒学、讲孔子，尊奉孔子，实际上是门外汉。"⑤ 牟宗三对罗汝芳也评价甚高，说："阳明后，唯王龙溪与罗汝芳是王学之调适而上遂者，此可说是真正属于

① 商国君：《"中庸"思想辨析》，《陕西范大学学报》（哲学社会科学版）1997年第3期。
② 罗怀智：《罗明德公本传》，见《罗明德公文集》卷首，第22—23页。
③ 杨起元：《罗近溪先生墓志铭》，《近溪子文集》卷十，第40页。
④ 黄宗羲：《参政罗近溪先生汝芳》，《明儒学案》卷三十四，中华书局1985年版，第762页。
⑤ 梁漱溟：《梁漱溟全集》卷八，山东人民出版社2005年版。

王学者。"认为"王龙溪较为高旷超洁，而罗汝芳则更为清新俊逸，通透圆熟。"① 罗汝芳对阳明心学以及泰州学派思想的传播起了重要的作用，乃泰州学派的中流砥柱。其主张以"赤子良心""不学不虑"去"体仁"，往往持见新奇，颇有创见，一扫宋明理学迂谨之腐气，故被誉为明末清初黄宗羲、顾炎武、王夫之等启蒙思想家的先驱。其著作今存有《近溪子文集》（明崇祯五年陈懋德序刻本）。

长期以来，学术界对罗汝芳的研究集中于思想特征、学术宗旨等方面，如钱明注重罗汝芳日用上的特点，把罗汝芳归为"日用派"，认为其思想已超出道德实践的范畴而贴近平民的日常生活。② 季芳桐从"赤子之心"与"生生"的角度来诠释罗汝芳的仁学思想。③ 陈来从"赤子之心""当下即是""顺适自然"的角度从整体上来认识罗汝芳④。张学智和鲍世斌认为罗汝芳学说突出的特点是"赤子良心"。⑤ 吴震对罗汝芳的思想研究较为全面深入，从"仁学思想""孝弟慈""良知说""身心观""天心观"等方面加以研讨⑥。吾师姚文放主编的《泰州学派美学思想史》从生命美学角度论述了罗汝芳美学思想的特征，认为从生命、生机、生存、生活中去寻找美可谓是泰州学派美学思想的特色之一，如王艮主张"百姓日用即道"，"愚夫愚妇与道能行，便是道"，往往经由社会生活层面寻找美的本原。⑦ 国外对罗汝芳思想研究主要集中在日本，据笔者有限的涉猎，仅荒木见悟的《明代思想研究》对罗汝芳的哲学思想有

① 牟宗三：《从陆象山到刘蕺山》，上海古籍出版社 2001 年版，第 211、204 页。

② 钱明：《阳明学的形成和发展》，江苏古籍出版社 2002 年版。

③ 季芳桐：《泰州学派新论》第四章，巴蜀书社 2005 年版，第 139 页。

④ 陈来：《宋明理学》，华东师范大学出版社 2004 年版。

⑤ 张学智：《明代哲学史》，北京大学出版社 2000 年版；鲍世斌：《明代王学研究》，巴蜀书社 2004 年版，第 212 页。

⑥ 吴震：《罗汝芳评传》，南京大学出版社 2005 年版；又见其《泰州学派研究》第六章，中国人民大学出版社 2009 年版，第 313—405 页。

⑦ 姚文放：《泰州学派美学思想史》第五章，社会科学文献出版社 2008 年版，第 190—255 页。

所介绍。从总体上看，国内学者对罗汝芳的研究逐渐趋于全面深入，但大部分学者都将"赤子良心说"作为研究重点，很少有人系统地论述罗汝芳的哲学美学思想。本书认为罗汝芳的哲学美学思想以"中（仁）""庸"为核心范畴，"中（仁）"为其哲学美学本体，"庸"为其哲学美学工夫。既考察其"求仁"的途径（工夫），同时又注重阐释其"仁（本体）"的内涵。对罗汝芳哲学美学思想的深入考察不仅可以了解传统儒家美学思想到明朝的发展状况，而且有助于理解传统儒家美学思想自罗汝芳之后的嬗变情况。

一 作为本体论的"中"

（一）"中"即"仁"

明儒讲学喜言"宗旨"，这是史家的一般看法。黄宗羲《明儒学案》的编撰便是"分其宗旨，别其源流"①，以各家宗旨作为重要的取舍标准。而罗汝芳哲学美学思想以何为"宗旨"呢？许敬庵认为，其学"大而无统，博而未纯"，意谓罗汝芳之思想显得杂乱无章，缺乏一贯宗旨。黄宗羲以为敬庵此说"已深中其病也"②。邹南皋对此则有不同意见："或疑先生（指罗汝芳）学'大而无统，博而未纯'者。先生云：'大出于天机，原自统；博本乎地，命亦自纯'，余读斯语，恍然如见先生。"③ 此外，时人对罗汝芳思想之宗旨也有具体的评述，以下依次出自王塘南、周海门、孟化鲤：

> 先生（指罗汝芳）平生学以孔孟为宗，以赤子良心，不学
> 不虑为的，以天地万物同体，撤形骸、忘物我，明明德于天下

---

① 黄宗羲：《明儒学案序》，《明儒学案》卷首，中华书局1985年版，第8页。
② 黄宗羲：《参政罗近溪先生汝芳》，《明儒学案》卷三十四，中华书局1985年版，第762页。
③ 罗汝芳：《罗明德公文集》卷首，引《近溪罗先生墓碑》，第26—27页。

为大。①

先生学以孔孟为宗，以赤子良心、不学不虑为的，以孝弟慈为实，以天地万物同体，撤形骸、忘物我，明明德于天下为大。②

《罗近溪集》大要以孔门求仁为宗旨，以联属天地万物为体段，以不学不虑、赤子之心为根源，以孝弟慈为日用。③

总的来看，三说非常接近，并有重叠之处，大致揭示了四层意思：其一，以孔孟"求仁"为宗；其二，以"赤子之心"为的；其三，以"孝弟慈"为实；其四，以"万物一体"为大。假如与阳明心学作一对照合观，则罗汝芳"赤子之心"意同阳明"良知"本心，"万物一体"亦是阳明心学题中应有之义，只是以"求仁"为宗、以"孝弟慈"为实践工夫这两条，应是罗汝芳的孤旨独发，与阳明之立言宗旨略有不同，由此亦可略窥罗汝芳思想之于阳明心学又有新的拓展。而其弟子杨复所从另一角度对罗汝芳之学说作了以下概括：

罗子之学。实祖述孔子而宪章高皇（指朱元璋）。盖自江门（指陈白沙）洗著述之陋，姚江揭人心之良，暗合于高皇而未尝推明其所自，则予所谓莫知其统者也。姚江一脉，枝叶扶疏，布散寰宇，罗子集其成焉。④

其中有三层意思：其一，认为罗汝芳直接传承孔子之学说，其甚至断言："窃谓孔子一线真脉，至我师始全体承受"⑤；其二，罗

---

① 王塘南：《近溪罗先生传》，见《近溪子文集》卷一〇附录，第13页。
② 周海门：《圣学宗传·罗近溪传》，见《近溪子文集》卷一〇附录，第23页。
③ 孟化鲤：《与孟我疆·六》，《孟云浦集》卷二，明万历二十五年刻本，第4页。
④ 杨起元：《论学书》，《太史杨复所先生证学编》卷三，第347—348页。
⑤ 杨起元：《焦漪园会长》，《太史杨复所先生证学编》卷二，第322页。

汝芳阐明了太祖"圣谕六言";其三,罗汝芳乃集阳明心学之大成者。杨复所欲从儒家道统之高度,赋予罗汝芳以孔孟之后第一人之地位。诚然,其说法乃是宋代以来儒家道统意识的一种反映,是否符合中国古代思想史之实际,则另当别论。不过客观地看,杨复所之说亦有留意之必要,至少反映了其对身处其中的思想状况的一种判断:在阳明后学的末流演变中,唯有罗汝芳能将阳明心学发扬光大。

罗汝芳在思想上曾有一段由迷惘于诸儒工夫进而"回归孔孟"的重要经历。据其回忆,自童蒙以来,"日夜想做个好人",却对《论语》《孟子》所言"孝弟"未有深切之体认,只是依循宋儒所说的各种工夫"东奔西走",刻苦实践,结果"几至亡身"。自从拜师山农以后,"从此回头",再来细读《论语》《孟子》,"更觉字字句句,重于至宝","更无一字一句,不相照应",最终得出结论:孔孟"极口称颂尧舜,而说其道孝弟而已"①。可见,罗汝芳之所以回归孔孟,事实上是因为其发现了孔孟宗旨之所在,即"孝弟"。另据记载:

> 《论语》一书,直是难读。芳初读时,苦其淡而无味,殊觉厌人。稍长从事孝弟,乃喜其一二条契合本心,然往往以近《易》目之。后养病居家,因究心《书》、《易》,至尧舜二典、乾坤二卦,间有悟处。乃通身汗浃,始知天生孔孟为万世定魂魄、立性命,从之则生,违之则死也。自此以后,非《语》、《孟》二书,辄厌入目。以至莅宦中外,随处施措,自然翕顺,愈久而愈益简要、愈益精纯也。②

---

① 罗汝芳:《语录》,《近溪子文集》卷五。
② 罗汝芳:《四书总论》,见《近溪罗先生一贯编》,《四库全书存目丛书》子部第86册,第212页。

罗汝芳"究心《书》、《易》"是指从胡宗正学《易》的一段经历，而罗汝芳"非《语》、《孟》二书，辄厌入目"，则表明其对孔孟宗旨已有深切的认同。其深信《论语》、《孟子》是儒家之经典，而两书所阐发的"求仁"思想正是孔孟宗旨。其云：

> 一切经书，皆必归会孔孟。孔孟之言，皆必归会孝弟。以之而学，学果不厌；以之而教，教果不倦；以之而仁，仁果万物一体、而万世一心也已。①
>
> 孔门之学，在于求仁。而《大学》便是孔门求仁全书也。故吾人不期学圣则已，学圣则必宗孔子。②
>
> 故孔门宗旨，惟是一个"仁"字。③

罗汝芳甚至认为，《论语》《孟子》"求仁""孝弟"已将《大学》《中庸》的义理阐发殆尽，其曰：

> 孔子谓"仁者人也，亲亲之为大焉。"其将《中庸》、《大学》已是一句道尽；孟子谓"人性皆善，尧舜之道，孝弟而已矣"，其将《中庸》、《大学》亦是一句道尽。④

正是基于对孔孟宗旨的这一认识，所以罗汝芳认为："一切经书，皆必归会孔孟"，而孔子的"一切宗旨，一切工夫"，皆"必归

---

① 罗汝芳：《近溪子集》卷乐，方祖猷等编校《罗汝芳集》，凤凰出版社2007年版，第53页。

② 罗汝芳：《近溪子集》卷礼，方祖猷等编校《罗汝芳集》，凤凰出版社2007年版，以上引文分见第8、23页。

③ 罗汝芳：《近溪子集》卷射，方祖猷等编校《罗汝芳集》，凤凰出版社2007年版，第92页。

④ 罗汝芳：《四书总论》，见《近溪罗先生一贯编》，《四库全书存目丛书》子部第86册，第220页。

孝弟"、必归"求仁"。

罗汝芳的上述"发现"是其经过一番人生磨难、求学体验而最终获得的,但若追溯其思想渊源,那么可以说,"求仁"及"孝弟"之被重新揭示和强调,其实在王艮、颜山农那里就已见种种端倪。如王艮强调"孝弟"乃是"天则""心之理",并强调"尧舜所为,无过此职"①。颜山农亦云:"夫孔孟之道,亦仁而已矣。""夫尧舜之道,帅天下以仁而已。"② 也可以说,重"仁"、重"孝",乃是泰州学派自王艮以来的一贯"家风",只是罗汝芳对此有更为集中的理论阐述。本书认为,罗汝芳哲学美学思想之基本格局"中"即"仁",也正是通过对"仁"这一孔孟宗旨的重新发现而得以形成的。

罗汝芳虽然将孔孟宗旨归结为《论语》《孟子》中的"仁"与"孝",但其认为,《论语》《孟子》未必在义理上高于《大学》《中庸》,后者特别是《中庸》具有十分重要的思想意义。其指出《中庸》在抽象义理上"浑融含蓄",《大学》在工夫问题上"次弟详明";就两书关系而言,"此今细心看来,《大学》一篇相似只是敷衍《中庸》未尽的意义"③。意谓二者在义理上是可以互补的,故说"《中庸》、《大学》当相连看"。与此同时,其认为"若论入德,倒先《中庸》",理由是:"合而言之,《中庸》则重天德,而《大学》则重王道也。"④ 这里以"王道""天德"来分别定位《大学》《中庸》,非常值得注意。在罗汝芳看来,若究极而言,《中庸》可成就内圣,《大学》则通向外王,"天德"较诸"王道"更具有本体论意义,所以《中庸》也具有实践(工夫)论意义。此一主张与朱熹和王阳明均看重《大学》的观点不同,显示罗汝芳思想的独创性。

罗汝芳对"中庸"这一核心范畴,有一个独到的理解视角:

---

① 王艮:《孝箴》、《孝弟箴》,见《明儒王心斋先生遗集》卷二。
② 颜钧:《明尧舜孔孟之道并系以跋》,见《颜钧集》,第19页。
③ 罗汝芳:《四书总论》,见《近溪罗先生一贯编》,第224页。
④ 罗汝芳:《近溪子集》卷数,第229页。

"中庸"两字可以概言，亦可分言。概言则皆天命之性也；分言则必喜怒哀乐。……细细看来，吾人情性俱是天命。"庸"则言其平平遍满，常常俱在也；"中"则言其彻底皆天，入微皆命也。故其外之日用，浑浑平常，而其中之天体，时时敬顺，乃为慎独，乃成君子。是"中"者，"庸"之精髓，"庸"者，"中"之肤皮。①

罗汝芳从"概言"和"分言"这两个角度来训释"中庸"范畴的含义。概言之，"中庸"讲的是天命之性；分言之，"中庸"讲的是喜怒哀乐之情。究极而言，则两者互为表里，性情是一，俱从天命。如果从语义学上看，"中""庸"则可互相训释，"中"是抽象义，"庸"是平常义；"中"指内在性体，"庸"指外在日用。总而言之，"中"构成"庸"之本质，"庸"赋予"中"以形式。罗汝芳以"仁"即"良知良能"释"中"，以"民生日用"② 释"庸"；质言之，其认为《中庸》一书既有"蕴藏无尽"③ 的义理阐发，又有贴近"民生日用"的具体实践。具体到罗汝芳的哲学美学思想体系，则是"仁"即"中"，"中"即"仁"。

（二）"仁"即"心"

如前所述，罗汝芳认为，"仁"即"中"，"中"即"良知"本性，其用形象的"赤子之心"来比喻"仁"。罗汝芳之"仁"继承了孔孟的"仁"说和王阳明的"良知"说。孟子云："人之所不学而能者，其良能也；所不虑而知者，其良知也。孩提之童，无不知爱其亲也；及其长也，无不知敬其兄也。亲亲，仁也；敬长，义也。无他，达之天下也。"④ "不学而能""不虑而知"是指人与生俱来的道德品质，是人人都具有的。人的"良能""良知"是人性善的萌

---

① 罗汝芳：《中庸》，见《近溪罗先生一贯编》，第 293 页。
② 罗汝芳：《中庸》，见《近溪罗先生一贯编》，第 287 页。
③ 罗汝芳：《四书总论》，见《近溪罗先生一贯编》，第 217 页。
④ 孟子：《孟子·尽心上》，见朱熹《四书集注》（怡府藏版影印本），巴蜀书社 1985 年版。

芽，在"良能""良知"的基础上可以发展成为"仁义"之性。孟子还说："大人者，不失其赤子之心者也。"① 其认为人应该保存生来具有的赤子良心。

王阳明继承了孟子的"良知"说，其云："知是心之本体，心自然会知。见父自然知孝，见兄自然知弟，见孺子入井自然知恻隐，此便是良知；不假外求，若良知之发，更无私意障碍，即所谓'充其恻隐之心，而仁不可胜用矣'。"② "自然知恻隐""不假外求"这说明良知不是外在的，而是天生自然存在的，是人生来便具有的。王阳明还说："良知者，孟子所谓'是非之心，人皆有之'者也。是非之心，不待虑而知，不待学而能，是故谓之良知。是乃天命之性，吾心之本体，自然灵昭明觉者也。"③ 王阳明不仅认为"良知"是不学不虑的，是人生来具有的，而且还把"良知"作为本体，这在孟子"良知"说的基础上更进了一步。

罗汝芳则继承了孔孟、王阳明对于"良知"的有关论说，同时在继承的基础上又提出了"仁"即"赤子之心"等富有新意的主张，强调"仁"具有本源性和本体性，其云：

> 问："既曰仁既是心，心即仁，如何却说'回也，其心三月不违仁'耶？"
>
> 罗子曰："是因学者心有不仁时说来，乃见颜子心不违仁也。如逐物以放其心，则此心之体，已化为物，物则不通不神矣。颜子克己复礼，便心不著物，即流通神妙，心又非仁如何？故不违仁者，正心即是仁，仁即是心处也。"④

① 孟子：《孟子·尽心上》，见朱熹《四书集注》（怡府藏版影印本），巴蜀书社1985年版。

② 王阳明：《传习录上》，《王阳明全集》卷一，上海古籍出版社2015年版，第6页。

③ 王阳明：《大学问》，《王阳明全集》卷二十六，上海古籍出版社2015年版，第1070页。

④ 罗汝芳：《近溪子集》卷数，方祖猷等编校《罗汝芳集》，凤凰出版社2007年版，第192页。

其又曰:

> 问:"今时谈学,皆有个宗旨,而先生独无。自我细细看来,则似无而有,似有而无也。"罗子曰:"如何是似无而有?"曰:"先生随言对答,然多归之赤子之心,便是似无而有。"罗子曰:"如何是似有而无?"曰:"才说赤子之心,便说不虑不学,却不是似有而无,茫然莫可措手耶?"①

有学者认为,罗汝芳的"赤子之心"是对"良知"的具象化。②这是有道理的,从本质上看,"仁"即爱,罗汝芳认为"赤子之心"是人与生俱来的品质、与生俱来的爱,是至善的,因此,"赤子之心"不仅是"仁"的本源,而且是"仁"本体。也就是说,罗汝芳以"赤子之心"作为人的本真存在(良知或本心),也即本体,其云:

> 圣如孔子,又对同得更加亲切,看见赤子出胎最初啼叫一声,想其叫时只是爱恋母亲怀抱,却指着这个爱根而名为仁,推充这个爱根以来做人,合而言之曰:"仁者人也,亲亲为大。"③

赤子出生时最初的啼叫是爱恋母亲的怀抱,这就是"仁",赤子的啼叫是与生俱来的,对母亲怀抱的爱恋也是与生俱来的。罗汝芳用"赤子之心"来表达未受污染、未被社会文化熏陶的自然本性,以凸显"仁"的本源性和本体性,此其一。

其二,"仁"具有先天性。罗汝芳把"仁"即"良知"形容为

---

① 罗汝芳:《近溪子集》卷乐,方祖猷等编校《罗汝芳集》,凤凰出版社2007年版,第35页。

② 翁绍军:《心学思潮》,《中国学术思潮史》卷六,上海社会科学院出版社2006年版,第355页。

③ 罗汝芳:《近溪子集》卷射,方祖猷等编校《罗汝芳集》,凤凰出版社2007年版,第74页。

"赤子之心"，强调其先天具足性，这和江右学派的罗念庵（1504—1564，名洪先）对"良知"的理解不同。罗念庵不相信"良知"现成地存在，其认为"良知"必须经过实践工夫锻炼才能得到。其云："世间哪有现成良知？良知非万死工夫断不能生也。不是现成可得，今人误将良知作现成看，不知下致良知工夫，奔放驰逐无有止息，茫荡一生有何成就？"①照其看来，"良知"的呈现必须通过实践工夫，否则便无从谈起。而罗汝芳认为"赤子之心"是天生的，并以此为出发点，以"不学不虑"的"赤子之心"来剖析"良知"心体之本质，并且反驳了罗念庵的观点，并以此作为挽救世道人心的灵丹妙药，其云：

> 心为身主，身为神舍，身心二端，原乐于会合，苦于支离。故赤子孩提欣欣，长是欢笑；盖其时身心犹相凝聚，而少少长成，心思杂乱，便愁苦难当了。世人于此随俗习非，往往持求外物，以图得遂安乐。不想外求愈多，中怀愈苦，甚至老死不克回头。惟是善根宿植、慧目素清的人，他却自然会寻转路；晓夜皇皇，如饥荤想食，冻露索衣；悲悲切切，于欲转难转之间，或听好人半句言语，或见古先一段训词时，则憬然有个悟处，所谓皇天不负苦心人。到此，方信大道只在此身，此身浑是赤子；又信赤子原解知能，知能本非虑学，至是，精神自来贴体，方寸顿觉虚明。②

> 我之初生，一赤子也。赤子之心，浑然天理，其知不必虑，能不必学。盖即莫之为而为，莫之致而至之体也。③

---

① 罗念庵：《松原志晤》，徐儒宗编校《罗洪先集》卷十六，凤凰出版社2007年版，第696页。

② 罗汝芳：《近溪子集》卷乐，方祖猷等编校《罗汝芳集》，凤凰出版社2007年版，第37页。

③ 罗汝芳：《盱坛直诠》，方祖猷等编校《罗汝芳集》，凤凰出版社2007年版，第431页。

罗汝芳认为，"赤子之心"等同于"良知"，"赤子之心"是不学而知，不虑而能的，"良知"心体当下现成，说明"赤子之心"就是"良知"，是不必经由学识知虑就能直接显明内心的实际。"赤子之心"具有先天性的特征，是人生来便具有的本性，人生来便拥有"仁"。

罗汝芳认为，"赤子之心"的不虑不学是"良知"的本来面目，是人的真性情之所在。其强调人们应该保存这与生俱来的"赤子之心"，因为"赤子之心"不仅是未涉人为的心体，是心体本来的面目，而且是至善的：

> 汝原曰赤子出世，是心知之萌动者也。然汝初出世做赤子时，孩之则笑，提之则动；见父母便爱，见哥子便敬；其心知了了，视听虽微，也未尝不条理；喜怒虽弱，也未尝不节奏。是则至卑至近之中，而至高至远的道理，何尝不悉寓于其内耶？①
>
> 若孩提初生，思虑未起，人也教不得他，他也学不得人，却浑然只靠他耳目知能，便自爱念父母，顷刻难离，何等的善良，又何等的吻合！②
>
> 夫赤子之心，纯然而无杂，浑然而无为，形质虽有天人之分，本质实无彼此之异。③

也就是说，罗汝芳认为，赤子出生时，没人教他，他也不知道去学，生来就懂得去爱父母，这种善良的天性，便是人生来即具有的"良知良能"。"赤子之心"具有至善的本能。"仁"即是爱，"赤

---

① 罗汝芳：《近溪子集》卷书，方祖猷等编校《罗汝芳集》，凤凰出版社2007年版，第157页。

② 罗汝芳：《近溪罗先生一贯编》，方祖猷等编校《罗汝芳集》，凤凰出版社2007年版，第360页。

③ 罗汝芳：《近溪子集》卷御，方祖猷等编校《罗汝芳集》，凤凰出版社2007年版，第124页。

子之心"的表现形式各有不同，但本质是相同的，"赤子之心"都是纯粹无瑕的，"赤子之心"的至善性也就是"仁"的体现。

其三，"仁"具有普遍性。罗汝芳认为"仁"即"赤子之心"是普遍存在的，这个观点与王阳明主张"良知"的普遍性是一致的：

> 问："良知一而已：文王作《彖》，周公系《爻》，孔子赞《易》，何以各自看理不同？"先生曰："圣人何能拘得死格？大要出于良知同，便各为说何害？且如一园竹，只要同此枝节，便是大同。若拘定枝枝节节，都要高下大小一样，便非造化妙手矣。汝辈只要去培养良知。良知同，更不妨有异处。汝辈若不肯用功，连笋也不曾抽得，何处去论枝节？"①

王阳明认为"良知"是普遍存在的，而且可以用不同的方式表现。罗汝芳认为即使"殴父骂娘之辈"，"良知"也未曾泯灭，如下面一段记载：

> 陈曰："既是人人皆晓得，如何却有殴父骂娘之辈？"子曰："此辈固是极恶，然难说其心便自家不晓得是恶也。"陈曰："虽是晓得，却算不得。"子曰："虽是算不得，却终是晓得。可见，吾人良知果是须臾不离也。"②

罗汝芳认为人人都有良知良能，"赤子之心"即"仁"是普遍存在的。即使是再恶的人他内心也有尚未泯灭的良知，他也知道自己的行为是恶的。从表面上看，罗汝芳的辩解似有牵强之意，但其

---

① 王阳明：《语录三》，《王阳明全集》卷三，上海古籍出版社 2015 年版，第 98 页。
② 罗汝芳：《近溪罗先生一贯编》，方祖猷等编校《罗汝芳集》，凤凰出版社 2007 年版，第 418 页。

实他是为了说明"赤子之心"即"仁"的无时无处不在。

其四，"仁"具有超凡性。罗汝芳认为"赤子之心"即"仁"具有无所不知、无所不能的超凡性。其云：

> 若有不知，岂得谓之良知？若有不能，岂得谓之良能？故自赤子即已无所不知，无所不能也。
>
> 诸君知红紫之皆春，则知赤子之皆知能矣。盖天之春，见于花草之间；而人之性，见于视听之际。今试抱赤子而弄之，人从左呼，则即眄左；人从右呼，则目即眄右；其耳盖无时无处不听，其目盖无时无处而不眄；其听其眄，盖无时无处而无不辗转；则岂非无时无处，而无所不知能也哉！①

罗汝芳认为，刚生下来的"赤子"之心所表现的"知"和"能"都是先天地存在于其心中的，"赤子之心"是无所不知，无所不能的。孟子的"赤子之心"是指至善之心，而罗汝芳的"赤子之心"在孟子的基础上进一步强调"赤子之心"有不学而知，不虑而能的本能。

罗汝芳甚至认为只要不失"赤子之心"就能"成圣"，就能实现"仁"。其云：

> 故只不失赤子之心，便可以名大人，而大人者，便可与天地合德，日月合明，四时合序，而鬼神合吉凶也。
>
> 其见既真，则本来赤子之心完养，即是大人之圣。人至大圣，便自然天地合其德，日月合其明，四时合其序，鬼神合其吉凶矣。②

---

① 罗汝芳：《近溪子集》卷御，方祖猷等编校《罗汝芳集》，凤凰出版社2007年版，第116页。

② 罗汝芳：《近溪子集》卷御，方祖猷等编校《罗汝芳集》，凤凰出版社2007年版，分别见第142、125页。

罗汝芳认为,人的"爱根"是不会消失的,因此不失"赤子之心",而"赤子之心"的完善,就可以与天地合德,就可以"成大人之圣",也就可以达至审美人格的最高境界。不失"赤子之心"是能成圣人的前提。罗汝芳说:

> 吾性与圣一般,此是从赤子胞胎时说,若孩提稍有知识,则已去圣远甚矣。故吾侪今日只合时时照管本心,事事归依本性,久则圣贤乃可希望。①
>
> 仁者,孩提之不学不虑,良知良能也,圣人之不勉不思,即不失其赤子之心也。②
>
> 今看人人孩提之初,皆知爱亲敬长,果是浑然本心,而仁不远人也。若此良心之知,莹然昭然于亲长之间,无所不爱,无所不敬,而又无所不条理正当,其人便明通而曰"圣人"也。仁岂远乎哉!术岂多乎哉!③

也就是说,罗汝芳认为,赤子出生时的本性和圣人是一样的,都拥有与生俱来的"赤子之心"。圣人即是"仁者","赤子之心"是不虑不学的良知良能;人如果能不失赤子之心就可以成为圣人,就能实现"仁"。赤子长大后"稍有知识",和圣人就相差很远了,因此假如一切事情均能按照"赤子之心"的本性去做,就有成圣的可能。"赤子之心"为成圣提供了基本前提。正如罗汝芳所说"人皆晓得去做圣人,而不晓得圣人即是自己"④。人人都有"赤子

---

① 罗汝芳:《近溪子续集》,方祖猷等编校《罗汝芳集》,凤凰出版社2007年版,第263页。

② 罗汝芳:《近溪罗先生一贯编》,方祖猷等编校《罗汝芳集》,凤凰出版社2007年版,第347页。

③ 罗汝芳:《近溪子集》卷射,方祖猷等编校《罗汝芳集》,凤凰出版社2007年版,第102页。

④ 罗汝芳:《近溪子续集》卷乾,方祖猷等编校《罗汝芳集》,凤凰出版社2007年版,第228页。

之心",因而人人皆有可能成为圣人,这与王阳明"满街都是圣人"的观点相一致。从中可以看出,罗汝芳强调赤子出生时的本心和本性,强调个体的本心和本性修养,而传统儒家中的"自己"是不可能和圣人相提并论的,这是罗汝芳对传统儒学世俗观点的超越。

综上所述,从孟子阐述"仁"(良知),到王阳明将"仁"(良知)作为本体,再到罗汝芳将"仁"(良知)进一步具体化为"赤子之心",本书认为,"赤子之心"与"良知""仁"的意思是相同的。罗汝芳用"赤子之心"来表达"良知""仁","仁"即"心"。表明其能用通俗易懂的话语让平民百姓理解抽象深奥的儒家概念,这既显示了其深厚的学术功底,同时也体现了其哲学美学思想的平民色彩。

(三)"仁"即"生"

以上从"仁"的本源与本性论述了"仁"即"心"的关系,下面从"仁"即"生"的关系来论述其本体内涵。罗汝芳云:"天地之大德曰生,夫盈天地间只一个大生,则浑然亦只是一个仁矣。中间又何有丝毫间隔,又何从而以得天地、以得万物也哉?故孔门宗旨,惟是一个'仁'字。"①

"生生"一词最早出自《易传》。《易》云:"有天地,然后有万物;有万物,然后有男女;有男女,然后有夫妇;有夫妇,然后有父子;有父子,然后有君臣;有君臣,然后有上下;有上下,然后礼义有所措。"② 天地在创化万事万物,这种创生性被称为"生生之德"或"生生之仁"。宋代理学兴起后,理学家对"生生"的理解不完全相同,如程颐以"仁为生生之理",认为"仁"是万物之所

---

① 罗汝芳:《近溪子集》卷射,方祖猷等编校《罗汝芳集》,凤凰出版社2007年版,第92页。

② 黄寿祺、张善文撰:《周易译注》,上海古籍出版社1989年版,第599页。

以化生的内在依据,而程颢则以"生生之易"的总体过程为"仁"。这两种不同的理解,直接导致了他们在"体道"上的不同态度:程颐要把握的是"生生"背后的原理,故偏于敬畏一途,而程颢则着眼于体验万物呈现给人的盎然生机与生命的气象,故偏向洒脱一途。后来王阳明又将"生生"与"良知"结合起来,赋予"良知"以生生不息的"自不容已"的精神特征,落实到人生的实践层面上,便是"使一物失其所",便是"吾仁未有尽处"的忧患意识及强烈的社会责任感。

罗汝芳的"生"继承了《易传》的说法,其从原始的意义上来解释"生",其把"生"解释为自然生命的创造过程,同时把传统儒家的"孝弟慈"等融入"生"之中。其云:

> 故予自三十登第,六十归山,中间侍养二亲,敦睦九族,入朝而遍友贤良,远仕而躬御魑魅,以至年载多深,经历久远,乃叹孔门《学》、《庸》,全从《周易》生生一语化将出来。盖天命不已,方是生而又生;生而又生,方是父母而己身,己身而子,子而又孙,以至曾而且玄也。故父母兄弟子孙,是替天命生生不已,显现个肤皮;天命生生不已,是替孝父母、弟兄长、慈子孙通透个骨髓,直竖起来,便成上下今古,横亘将去,便作家国天下。[①]

罗汝芳认为,天命生生不已,化育万物。父而子,子而孙,孙而曾而玄,这是天命生生不已的表现,在这里,"生"带着某种生物学意义。而人之所以要孝父母、悌兄长、慈子孙,正是此生生之天道的要求。不仅如此,他还认为宇宙的万事万物充满了生机,

---

① 罗汝芳:《近溪子续集》卷乾,方祖猷等编校《罗汝芳集》,凤凰出版社 2007 年版,第 233 页。

"仁"是普天普地、无处不在的生机，无论是时间上的无始无终，还是空间上的无边无垠，都是"仁"之本体美的体现。其云：

> 盖仁之一言，乃其生生之德，普天普地，无处无时，不是这个生机。山得之而为山，水得之而为水，禽兽得之而为禽兽，草木得之而为草木。①
>
> 夫仁，天地之生德也，天地之大德曰"生"，生生而无尽曰"仁"，而人则天地之心也。夫天地亦大矣，然天地之大，大于生；而大德之生，生于心。生生之心，心于人也。故知人之所以为人，则知人之所以为天；知人之所以为天，则知人之所以为大矣。②
>
> 夫仁，天地之生德也。天地之德也，生为大；天地之生也，人为大。是人之有生于天地也，必合天地之生以为生，而其生乃仁也；亦必合天地之仁以为仁，而其仁乃寿也，必曰"无期"，必曰"无疆"。……是以夫君子之生也，生吾之身，以及吾家，以及吾国，以及吾天下，而其生无外焉，而吾此身之生始仁也；生兹一日，以至于百年，以至于千年，以至于万年，而其生不息焉，而吾此日之生始仁也。③

罗汝芳认为，宇宙万事万物的生机和活力均是"仁"的体现，由君子之身推至一人、一家、一国乃至天下，由一日推至百年、千年、万年，也都生生不息，"生"是"仁"之本体美的体现，"生"是"仁"的重要子范畴。

---

① 罗汝芳：《近溪子集》卷书，方祖猷等编校《罗汝芳集》，凤凰出版社2007年版，第178页。
② 罗汝芳：《盱坛直诠》，方祖猷等编校《罗汝芳集》，凤凰出版社2007年版，第388页。
③ 罗汝芳：《近溪罗先生一贯编》，方祖猷等编校《罗汝芳集》，凤凰出版社2007年版，第374页。

罗汝芳认为，对万事万物，包括禽兽、草木，也要有悯恤不忍之心，这是因为"合天地万物之生以为生，尽天地万物之仁以为仁"。① 他认为"生"是"仁"最本质的含义之一，由"生"而产生对万物的爱，对社会对他人的爱，生生之仁的流行化育，使"良知"呈现，这样山峙川流、禽兽草木的"生"也不外乎"生生之德"的流行显露。人心之灵明不昧，给天地万物无限生机，从而天地万物与"良知"相感相通，由此可见"仁"的无处不在，体现一种大德、大美。所以，其言："善言心者，不如把个'生'字来替了他。则在天之日月星辰，在地之山川民物，在吾身之视听言动，浑然是此生生为机，则同然是此天心为复。故言下着一生字，便心与复即时混合，而天与地、我与物，亦即贯通联属，而更不容二也已。"② 此处之"心"即"赤子之心"，在罗汝芳的哲学美学思想体系中，"赤子之心"与"生"都是诠释"仁"的重要子范畴。"赤子之心"侧重人与自身的关系，"生"则侧重人与自然的关系；二者是辩证统一的关系，没有前者（即身心一致），"仁"就显得空虚无根；缺乏后者（人与自然和谐相处），"仁"就缺少一个崇高、宏大的境界。他把"心"视作"生"，既反映了人心之本质，又贯通了心与物（人与自然）之间的联系。换言之，只有用这两个范畴，才能完整地诠释出"仁"的思想内涵。③ 这种观点对后来的戴震也很有启发，其云："仁者，生生之德也；'民之质矣，日用饮食'，无非人道所以生生者。一人遂其生，推之而与天下共遂其生，仁也。"④

具体来说，罗汝芳"仁"即"生"之本体观念表现在个体、家庭、社会三个层面，体现为一种平凡朴素的社会生活之美。

---

① 罗汝芳：《盱坛直诠》，方祖猷等编校《罗汝芳集》，凤凰出版社 2007 年版，第 388 页。
② 罗汝芳：《近溪子集》卷书，方祖猷等编校《罗汝芳集》，凤凰出版社 2007 年版，第 179 页。
③ 季芳桐：《泰州学派新论》，巴蜀书社 2005 年版，第 139 页。
④ 戴震：《孟子字义疏证》卷下，中华书局 1982 年版，第 205 页。

首先，"生"体现为个体之"良知"本体美。这个"生"带有人的自然生命之色彩，"良知"即是"生"之本体；一切有利于人的生命的保存和发展的社会实践活动，都是"良知"的发用流行。这种对人的自然生命的强调，显然不同于宋明理学，甚至与一般所谓传统儒学也大异其趣。罗汝芳不仅认为宇宙万事万物的生机和活力是"仁"本体的体现，甚至日常生活中的进退、出处都可以在"生"的意义上被归结为"良知"本体的发用流行，都是"仁"之本体美的体现，其云：

> 纵步街衢，肆览大众车马之交驰，负荷之杂沓，其间人数何啻亿兆之多？品级亦将千百其异。然自东徂西，自朝及暮，人人有个归著，以安其生；步步有个防检，以全其命。窥觑其中，总是父母妻子之念固结维系，所以勤谨生涯，保护躯体，而自有不能已者。①

罗汝芳认为，人的一切出于自然的活动都不过是为了"勤谨生涯，保护躯体"，以实现"生生之德"。"归著安生""步步防检"乃是人的一种自我保护的本能，罗汝芳将其看作是天道流布。于是，道德伦理被泛化为一种生命之自我保护的律令，它们被世俗化、感性化，从而也被非理性化了。其又曰：

> 在会长幼，须各自加珍重，自知保守，将平素心上垢秽，痛自洗濯；将平素身上好事，尽力发挥，干净者益愈干净。又不止自家干净，且劝勉大家干净；敦厚者益愈敦厚，又不止自家敦厚，且劝勉大家敦厚。则人之过，我告之；我之过，人亦告之。人之美，我成之；我之美，人亦成之。则是合一会数百

---

① 黄宗羲：《参政罗近溪先生汝芳》，《明儒学案》卷三十四，中华书局1985年版，第783页。

人之心而为一心，亦将合一会数百人之善而为一善矣。①

罗汝芳认为，人的"生"即良知本体一旦推己及人，就可以达至"人之美，我成之；我之美，人亦成之"的"仁"之本体美境界。

其次，"生"表现为"孝弟慈"之实践（工夫）美。罗汝芳认为，"生"之实践工夫即"孝弟慈"，而"孝弟慈"能够促进家庭关系之和谐。孔子曰："君子务本，本立而道生。孝弟也者，其为仁之本与！"② 罗汝芳在其著作中多次论及"孝弟慈"，其云：

> "尧舜之道，孝弟而已矣"。孝也者，孩提无不知爱其亲者也；弟也者，少长无不知敬其兄者也。故以言其身之必具，则曰："仁者，人也，亲亲为大焉。以言其时之不离，则曰：一举足而不敢忘，一出言而不敢忘焉。"③
>
> 夫孝是孩提而知爱，弟是孩提而知敬，慈是未教而养子。④
>
> 夫孩提之爱亲是孝，孩提之敬兄是弟，未有学养子而嫁是慈。保赤子，又孩提爱敬之所自生者也。此个孝、弟、慈，原人人不虑而自知，人人不学而自能，亦天下万世人人不约而自同者也。⑤

也就是说，罗汝芳认为，孩子应当孝顺父母，尊敬兄长，父母应慈爱孩子；从内在的人心德性来看，"孝弟慈"也即不学不虑、天

---

① 罗汝芳：《盱坛直诠》，方祖猷等编校《罗汝芳集》，凤凰出版社 2007 年版，第 420 页。

② 孔子：《论语·学而》，见朱熹《四书集注》，（怡府藏版影印本），巴蜀书社 1985 年版。

③ 罗汝芳：《近溪子集》卷御，方祖猷等编校《罗汝芳集》，凤凰出版社 2007 年版，第 146 页。

④ 罗汝芳：《近溪子续集》卷乾，方祖猷等编校《罗汝芳集》，凤凰出版社 2007 年版，第 250 页。

⑤ 罗汝芳：《近溪子集》卷御，方祖猷等编校《罗汝芳集》，凤凰出版社 2007 年版，第 108 页。

生具足的"良知良能"，"孝弟慈"体现了"仁"之本体，同时"孝弟慈"也体现为"生"之实践工夫，因此，在某种程度上，"孝弟慈"既是本体又是工夫，不过侧重于后者而已。

关于"仁"与"孝"的关系问题，罗汝芳认为二者"亦无分别"。其指出："人固以仁而立，仁亦以人而成；人既成，则孝无不全矣。"也就是说，"仁"是人之所以为人的本体依据，"孝"是人之所以成就人的实践工夫，故而"在父母则为孝子"，必然同时意味着"在天地则为仁人"①，反之也如此。总之，罗汝芳认为，每个人都想成为"仁人""孝子"，必然是同时成就，更无分别。人而非"仁"，"仁"而非"孝"，这在理论与实践上是不可能的。不过，从哲学本体层面看，"仁"显然具有根本的地位，属于本体论范畴。按罗汝芳的看法，"仁"不仅是人类社会的存在之理，还是宇宙万物的生生之道，具有本体之美；"仁"是抽象原理，"孝"是具体实践。其云："仁义是虚名，而孝弟乃是其名之实也。……仁义是替孝弟安个名而已。"② 这显然是从概念的名实关系之角度而言的，其用了生动形象的比喻来形容二者之间的关系："古本仁作人最是，即如人言：树必有三大根始茂，本犹根也，夫人亦然，亦有三大根，一父母，一兄弟，一妻子。树之根，伐其一不荣，伐其二将槁，伐其三立枯矣，人胡不以树为鉴哉?"③ 罗汝芳用树做比喻充分解释了"孝弟慈"是"仁"之本，"孝弟慈"是仁的重要组成部分，缺一不可。总之，从哲学本体层面讲，"仁"与"孝"是有区别的，"仁"可以涵盖"孝"，反之，则不行；从实践工夫层面讲，"仁""孝"应当是合一的，而且是同时完成的。

---

① 罗汝芳：《中庸》，见《近溪罗先生一贯编》，《四库全书存目丛书》子部第86册，第72—73页。

② 罗汝芳：《近溪子集》卷御，方祖猷等编校《罗汝芳集》，凤凰出版社2007年版，第159页。

③ 罗汝芳：《盱坛直诠》，方祖猷等编校《罗汝芳集》，凤凰出版社2007年版，第379页。

罗汝芳认为，"孝弟慈"是普通百姓每天必做的工夫，"民间一家只有三样人，父母、兄弟、妻子；民间一日只有三场事，奉父母、处兄弟、养妻子"①。罗汝芳还认为"孝弟慈"是"仁"之"大道""善缘""功德"，从这个意义上讲，其将百姓日常伦理升华到了哲学美学本体之高度，与王艮的"百姓日用即道"相契合：

> 今只为民上者，实见得此孝弟慈三事是古今第一件大道、第一件善缘、第一件大功德。在吾身，可以报答天地、父母生育之恩，在天下，可以救活万物、万民、万世之命。现现成成，而不劳分毫做作；顺顺快快，而不费些子勉强；心心念念，言著也只是这个，行著也只是这个，久久守住也只是这个。②

罗汝芳认为，"孝弟慈"作为一种道德意识是每个人与生俱来的，没有任何做作和勉强，体现了"仁"即"生"的朴素自然之美。他一直强调"孝弟慈"的重要性，主要基于以下三方面原因。其一，"孝弟慈"之实践（工夫）能促进家庭关系和谐。其云：

> 曰："先生云：学在孝弟。某有继母，初虽不顺，后委曲事之，亦能得其欢心。至有一弟粗率，屡年化之，终不见从，须是何如用功？"罗子曰："君亦曾择好友与之处否？"曰："未也。"罗子曰："即此便见汝爱弟未至处。夫兄弟，手足也；若汝手伤血流，则呻吟号呼，求人问药，肯少停时刻哉？"此友感泣悟。③

---

① 罗汝芳：《近溪子集》卷书，方祖猷等编校《罗汝芳集》，凤凰出版社 2007 年版，第151 页。

② 罗汝芳：《近溪子集》卷书，方祖猷等编校《罗汝芳集》，凤凰出版社 2007 年版，第152 页。

③ 罗汝芳：《近溪子集》卷数，方祖猷等编校《罗汝芳集》，凤凰出版社 2007 年版，第205 页。

　　罗汝芳认为，某人没有与继母所生的弟弟处理好关系，是因为其没有用心去爱弟弟；兄弟如手足，如果能对弟弟多些关爱，定能和弟弟和睦相处。因此"孝弟"用在家庭中能更好地调节处理好家庭矛盾。有人说父亲有积蓄，儿子想去取，罗汝芳说"是则必须教之以正，而决不可从也"，就连鸟兽虫鱼都可以感化，更不要说是人了，"但教亦多术，须悉心尽力，乃得奇中而妙运也"，"必须与之同生死患难，感通化导，力有时而尽，心无时而解，乃是慈道之极也"①，"慈"能教导子女，感化子女，子女没有不可改变的理由。因此，"孝弟慈"能促进家庭关系和谐。其二，"孝弟慈"之实践（工夫）有利于国家的治理。其云：

> 　　由一身之孝弟慈而观之一家，一家之中未尝有一人而不孝弟慈者；由一家之孝弟慈而观之一国，一国之中未尝有一人而不孝弟慈者；由一国之孝弟慈而观之天下，天下之大，亦未尝有一人而不孝弟慈者。②

　　罗汝芳认为，由一个家的"孝弟慈"可以推及整个国家的"孝弟慈"，"孝弟慈"被其提升到了治国平天下的社会政治理想高度。"孝弟慈"这三件事，是"从造化中流出，从母胎中带来，遍天遍地，亘古亘今"，只有尧、舜、禹、汤、文、武知道用"孝弟慈"来治理国家，以后的帝王没有以"孝弟慈"来治理国家，因此得到的只是"小道""小康"，"却不知天下原有此三件大道理，而古先帝王原有此三件大学术也"③。"孝弟慈"有利于整个国家的治理，用

---

① 罗汝芳：《近溪子集》卷射，方祖猷等编校《罗汝芳集》，凤凰出版社2007年版，第77—78页。

② 罗汝芳：《近溪子续集》卷射，方祖猷等编校《罗汝芳集》，凤凰出版社2007年版，第232页。

③ 罗汝芳：《近溪子续集》卷御，方祖猷等编校《罗汝芳集》，凤凰出版社2007年版，第109页。

"孝弟慈"治理国家便能国泰民安，这也是尧、舜、禹、汤、文、武治国成功的原因。从某种意义上讲，这是罗汝芳的审美政治理想，虽然明显具有审美乌托邦性质。其三，"孝弟慈"之实践（工夫）能够超凡成圣。罗汝芳认为，孔子教育其弟子即通过《诗》《礼》来培育其"孝弟慈"之心性，"由诗歌，便可以和平心气；由礼立，便可以坚定德性。在父母前不改，便成孝，在兄弟前不改，便成弟。能孝能弟，终身不改，便叫圣人矣。"① 即如果能够终身奉行"孝弟慈"的人，就是圣人；这就说明"孝弟慈"和"赤子之心"是有共同之处的。其认为，如果普通百姓能够保有"赤子之心"，一直坚持"孝弟慈"，就能够超凡成圣，也即能实现"仁"。

罗汝芳对其师颜山农极为尊崇。当年颜山农被诬陷关进监牢之时，罗汝芳变卖田产，倾其所有去营救。颜山农被关押六年，其就伺候六年，而且六年不赴廷试。颜山农出狱之后，罗汝芳即把其接回家，依然亲自伺候。其实罗汝芳当时年事已高，儿孙们想替他伺候，他却说"吾师非汝辈所能事也"②，坚持要自己伺候。罗汝芳的言行所体现的"仁"之精神与审美人生境界令人感动和敬仰，后来，罗汝芳的弟子杨起元对其也十分虔敬。

最后，"生"体现为"仁"之社会政治理想美。罗汝芳"生"之主张也表现为其对"仁"的社会政治理想的推行等方面。

如前所述，罗汝芳生活的时代封建统治是极其残暴的，因而罗汝芳希望能借助"圣谕六言"来推行"孝弟慈"，希望明朝统治者能施行仁政。"圣谕六言"是明太祖朱元璋于洪武三十年（1397）颁行的六条行为准则，具体内容是："孝顺父母，尊敬长上，和睦乡里，教训子孙，各安生理，毋作非为。"这二十四个字对泰州学派的

---

① 罗汝芳：《近溪罗先生一贯编》，方祖猷等编校《罗汝芳集》，凤凰出版社2007年版，第374页。

② 黄宗羲：《参政罗近溪先生汝芳》，《明儒学案》卷三十四，中华书局1985年版，第761页。

影响较大，王艮、颜钧对"圣谕六言"都有所论述。罗汝芳作为阳明心学与泰州学派的继承者，他也有自己的看法。他认为孔子一生"求仁"，"于是取夫六经之中，至善之旨，集为《大学》一章"，"明有阳明先生见得当求诸良心，亦未先以古圣贤为法"，罗汝芳认为王阳明的"良知"并没有完全继承孔子的"仁"说，是不完善的。认为"惟居乡居官，常绎诵我高皇帝圣谕，衍为《乡约》，以作会规，而士民见闻处处兴起者，辄觉响应。乃知大学之道在我朝果当大明，而高皇帝真是挺生圣神，承尧舜之统，契孔孟之传，而开太平于兹天下，万万世无疆者也。"① 罗汝芳把朱元璋的圣谕概括为"承尧舜""契孔孟"，其认为圣谕是完全继承了孔孟的"仁"，"高皇帝"是悟得孔孟真谛的第一人，那么，修身齐家治国平天下只要按照"圣谕六言"就可以了。其希望把"高皇帝"神化，进一步提高《圣谕六言》的神圣性，从而为推行自己"仁"之社会政治理想张目。其云：

> 然未有如我太祖高皇帝圣谕，数语之简当明尽，直接唐虞之统，而兼总孔孟之学者也。②
> 惟我太祖却真是见得透彻，故教谕数言，即唐虞三代之治道尽矣。惜当时无孔孟其人佐之，亦是吾人无缘却见隆古太平也。③

从"直接唐虞之统，而兼总孔孟之学"，到"唐虞三代之治道尽"，我们可以看出罗汝芳对朱元璋赞誉极高。当怀智"问道""问工夫""请益"时，罗汝芳的回答是"《圣谕》六言尽之"，"《圣

---

① 罗汝芳：《近溪子集》卷礼，方祖猷等编校《罗汝芳集》，凤凰出版社 2007 年版，第 5 页。
② 罗汝芳：《近溪子续集》卷数，方祖猷等编校《罗汝芳集》，凤凰出版社 2007 年版，第 233 页。
③ 罗汝芳：《近溪子集》卷数，方祖猷等编校《罗汝芳集》，凤凰出版社 2007 年版，第 213 页。

谕》六言行之"，"《圣谕》六言达之天下"①。罗汝芳希望通过赞扬明太祖朱元璋的英明，颂扬"圣谕六言"的伟大，进而推行"孝弟慈"。罗汝芳认为圣谕"以孝弟慈为治"，王阳明以"良知良能为教"，希望劝导世人"做个真正好人，做个真正好官"。② 这充分表明罗汝芳具有封建忠君思想和希望推行"仁"的社会政治理想。

（四）"仁"之境界："万物一体"

如前所述，在罗汝芳看来，"赤子之心"是"仁"之发生、发展的本源与本性；而"赤子之心"是与生俱来、先天具足的，如能永葆"赤子之心"，则人我之心自能同然；又以"生"言"仁"，指出宇宙万物的生机与活力都是"仁"本体的体现。在罗汝芳的哲学美学思想中，其思想的最终旨趣都在"仁"的观照下指向人、物、我的相融相济。这种相融相济即其所言的"仁者，浑然与物同体"的审美人生境界。

程颢用"生生之理"来解释"万物一体"，认为人与物都根源于宇宙的"生生之理"，人们若能从万物的生长体验"万物一体"的意蕴，就能得到"仁"的本质，进而达到"至仁"的崇高境界。如前所述，这一思想被罗汝芳忠实地继承下来。但罗汝芳在论述"万物一体"的审美人生境界时，却是置"天地、物我"于"贯通联属""不容二"的关系来说的：

> 故言下着一"生"字，便心与复即时浑合，而天与地、我与物，亦即时贯通联属。而更不容二也。③

---

① 罗汝芳：《明德夫子临行别言》，方祖猷等编校《罗汝芳集》，凤凰出版社2007年版，第301页。

② 罗汝芳：《近溪子集》卷书，方祖猷等编校《罗汝芳集》，凤凰出版社2007年版，第150页。

③ 罗汝芳：《盱坛直诠》卷上，方祖猷等编校《罗汝芳集》，凤凰出版社2007年版。

罗汝芳认为，在无时不激荡的"生"的督催下，天地万物无不生生，故人与人、物与我，乃至天地万事万物，无不相感相应，无不贯通联属。在此种背景下，"生"成为宇宙万物随时而动的感应模式。由此可知，罗汝芳的"万物一体"论是基于其"仁"学思想基础的，并对其"仁"学思想有更进一步的提升。除此而外，王阳明的"万物一体"论对罗汝芳也产生了重要影响。王阳明曾言："仁者以天地万物为一体，莫非己也。"① 在王阳明看来，人不是作为孤立的个体，而是作为生存共同体的积极参与者出现的，自我的最终实现是一个具体的人持续通向共同体的历程。罗汝芳亦有类似之主张：

> 反而求之，则我身之目，诚善万物之色；我身之耳，诚善万物之音；我身之口，诚善万物之味；至于我身之心，诚善万物之性情也哉！故我身以万物而为体，万物以我身而为用。其初也，身不自身，而备物乃所以身其身；其既也，物不徒物，而反身乃所以物其物。是惟不立，而身立则物无不立；是惟不达，而身达则物无不达。盖其为体也诚一，则其为用也自周。此之谓君子体仁以长人，亦所谓仁人顺事而恕施也，岂不易简，岂非大乐也哉！其有未诚者，事在勉强而已，勉强云者，强求诸其身也；反求诸身者，强识乎万物之所以皆备焉尔也。果能此道，则虽愚必明，虽柔必强。物我相通之几，既体之信而无疑，则生化圆融之妙，自达之顺而靡滞矣。尚何恕之不可行，又奚仁之不可近也哉？故欲思近仁，惟在强恕；将图行恕，必务反身。然反身莫强于体物，而体物尤贵于达天，非孔门求仁之至蕴，而轲氏愿学之的矩也与哉！②

---

① 王阳明：《书王嘉秀请益卷》，《王阳明全集》卷八，上海古籍出版社 2015 年版，第 229 页。

② 罗汝芳：《近溪子集》卷书，方祖猷等编校《罗汝芳集》，凤凰出版社 2007 年版，第 200 页。

由上可知，罗汝芳"万物一体"观的重要特征是"我身以万物为体，万物以我身为用"。也就是说，以"我"之"目、耳、口、心"诚善万物，"我"便能通万物之"色、音、味、情"。因为按照罗汝芳的观点，我与物、身与心本来是互为体用、彼此涵摄的。此观点与王阳明相近，也和程颢有某种程度的一致。值得注意的是，罗汝芳特别强调了"反而求之"的工夫路径——"身"，即从"身"上做起、在"身"上落实的实践工夫，而且反复申明实践工夫的层级性。如此一来，其以实践工夫求取本体呈现的"求仁"途径已见端倪。

罗汝芳"以天地万物为一体"的"至仁"之审美人生境界，集中体现为"视天下犹一家，中国犹一人"，这一点在王阳明的《大学问》中也有生动的记载："大人者，以天地万物一体者也，其视天下犹一家，中国犹一人焉。"① 其《答顾东桥书》云："夫圣人之心，以天地万物为一体，其视天下之人，无外内远近，凡有血气，皆其昆弟赤子之亲，莫不欲安全而教养之，以遂其万物一体之念。"② 由此可知，王阳明的"万物一体"扩展到了一种更为现实的、体现人文关怀的社会政治领域。而这一观念模式，不仅为罗汝芳所延续、所强调，亦为其"仁"之审美人生境界带来无限生机，据记载：

> 问："圣人以天下为一家，中国为一人，何其耐烦如是也？"
> 罗子曰："圣人不是自欺的人，只见得人者天地之德，又见得人者天地之心。我既德天地之德，人亦德天地之德；我既心天地之心，人亦心天地之心。以天地之德为德，即欲人同天地之德；以天地之心为心，即欲人同天地之心。譬之，人家兄弟四五人，皆出一父，其中有一贤子，必曰'我四五人，我父俱

① 王阳明：《大学问》，《王阳明全集》卷二十六，上海古籍出版社 2015 年版，第 798 页。
② 王阳明：《传习录中》，《王阳明全集》卷二，上海古籍出版社 2015 年版，第 47 页。

是爱，如何令我明彼昏，我富彼贫；所以日夜皇皇，以求安父之心，成父之德也。'"故曰："中心安仁，天下是一个人。"又曰："吾非斯人之徒与而谁与！"不得不耐也，亦不忍不耐也。噫！仁以人之，扬子亦言之；不人则不仁，不仁则不人。未有人而不以天下为一家，以中国为一人也，故曰：非意之也，知人情也。①

其又曰：

> 仁者，人也；天地万物为一体者也。其中亲亲为大，人以天地万物为一体，则人而大矣。孔子志学，联属家国天下以成其身，所以学其大者也，亦欲行其大也。②

按照罗汝芳的观点，由于人人同具"赤子之心"，扩而大之，至于社会、国家、世界，就可以将其看成一个大家庭。人人俱是大家庭中必不可缺少的一员，人人视人如己，视国如家。在这样"万物一体"的大家庭里，我与他人共同构成价值的链条，相互依存。每一个体作为社会性的存在，总是与他人处于同一社会空间，形成共存的关系。而这种关系本质上是仁爱原则的体现，它要求以仁爱原则对待万物生灵，并真诚地关心、友爱他人，达到天下一家的审美理想境界。正是从这一意义上讲，罗汝芳的"仁"学思想已从单纯的个人层面（"仁"即"心"）扩而及于整个社会国家（"仁"即"生"），就其思想理论来说是逻辑层次的跨越与升华，就其审美人生价值来说，更是一种审美人生境界的提升。

---

① 罗汝芳：《近溪罗先生一贯编》，方祖猷等编校《罗汝芳集》，凤凰出版社2007年版，第330—331页。
② 罗汝芳：《近溪罗先生一贯编》，方祖猷等编校《罗汝芳集》，凤凰出版社2007年版，第347页。

冯友兰将人的生命存在从低到高分为四个层级：自然境界、功利境界、道德境界和天地境界①。自然境界的人按照本能或习性来做事，功利境界的人则追求个人私利，道德境界的人则遵循道德原则办事，天地境界的人则渴望与万物合为一体。在这四种人生境界中，自然境界、功利境界的人，即现实存在着的人；道德境界、天地境界的人，即理想境界中的人，是应该成为的人。前两者是自然的产物，后两者是精神的创造。而境界的差别是人的觉解程度不同引起的，其中天地境界的人所具备的觉解最大。无论冯先生的这种划分是否适用于对罗汝芳审美人生境界论的分析，但这种划分在一定程度上是可以作为一种参照系，借用到我们对罗汝芳"仁"之审美人生境界的讨论之中。实际上，罗汝芳"仁"之审美人生境界，体现的与其说是对自然的价值关怀，不如说是一种高度的社会责任感，它不仅以对自我的道德体验为把握标准，更以"仁"的现实回归作为最高诉求。

在罗汝芳看来，仁者之所以能达至"万物一体"的审美人生境界，是因为"赤子之心"的本性即是如此，即"万物一体"之仁是心体的本然状态，这种人人所固有的"仁"心，就是"良知"。因此，其还从"良知良能"的角度来论述"万物一体"："天之于人，其体原是一个，则所知所能，其执亦原是一般。今且于人的知能讲得明白，便造化知能，不愁无入处也。"② 这与王阳明所认为的"良知"遍在、周知万事的观点是一致的。由此也可以看出，罗汝芳的"仁"之思想并未从根本上超脱阳明学的范围。

以上从哲学美学本体论的角度阐述了罗汝芳的"中"即"仁"之思想，并对"仁"之内容作了翔实分析，其"中"即"仁"之思想可以从两个层面来认识，其一，从人与自身的关系来看，"仁"即

---

① 冯友兰：《三松堂全集》卷四，河南人民出版社1986年版，第556页。
② 罗汝芳：《盱坛直诠》卷上，方祖猷等编校《罗汝芳集》，凤凰出版社2007年版。

"心",或者说"仁"即"赤子之心";其二,从人与自然、人与社会的关系而言,"仁"即"生"。而其"中"即"仁"又是通过什么途径实现的呢?以下拟从哲学美学工夫论的角度来论述之。

二 作为工夫论的"庸"

如前所述,罗汝芳认为,"中"者,"庸"之精髓;"庸"者,"中"之肤皮;"中"指内在性体即"仁"本体,"庸"指外在日用工夫,即求"仁"工夫。"仁"本体需要工夫来呈现,工夫是指主体通过自身道德实践,接近、契入本体,以实现生命的价值和意义的行为。牟宗三认为罗汝芳的工夫是"无工夫的工夫,亦即吊诡的工夫。此若说是轨辙,则乃是吊诡的轨辙,而非分解的轨辙也。对此而言,那一切分解的纲维皆成外在的,表面的,只是立教之方便也。真实切要之工夫唯在此一步"①。而龚鹏程不认同牟宗三的观点,他认为罗汝芳的工夫是"敬畏""戒慎",其云:"故其用心处,不在指点良知,不在描述道体流行境界;不在消化有关良知的系统分解,更不在教人全体放下、浑沦顺适眼前即是。而是要人切切实实地去'致'此良知,且非返归自心,逆觉体证式地致,而是在日常行事上祛除游气之杂扰、避免耳目嗜欲之牵滞,做戒慎恐惧的工夫,而表现出一种合理也合礼的伦理生活。"②

本书以为,在罗汝芳哲学美学思想工夫论方面,牟宗三之观点有可取之处,龚鹏程的见解也有一定道理。罗汝芳的"求仁"工夫固然有"以无工夫为工夫"即自然"求仁"工夫的特点,同时也有"戒慎"之工夫存在。罗汝芳认为,"良知"已经存在于人之内心深处,"良知"本体时时呈现,不需要任何思索、人为安排。"无工夫之工夫"就是不刻意为之,即遵循天命本性,自然而然,真情流露。

---

① 牟宗三:《从陆象山到刘蕺山》,上海古籍出版社2001年版,第207页。
② 龚鹏程:《晚明思潮》,商务印书馆2005年版,第40—41页。

其云：

> 殊不知天地生人，原是一团灵物，万感万应而莫究根原，浑浑沦沦而初无名色，只一心字，亦是强立。后人不省，缘此起个念头，就会生个识见，露个光景，便谓吾心实有如是本体，本体实有如是朗照，实有如是澄湛，实有如是自在宽舒。不知此段光景，原从妄起，必随妄灭。及来应事接物，还是用着天生灵妙浑沦的心。心尽在为他作主干事，他却嫌其不见光景形色，回头只去想念前段心体，甚至欲把捉终身，以为纯亦不已，望显发灵通，以为宇泰天光。用力愈劳，违心愈远。①

罗汝芳用"朗照""澄湛""宽舒"等来描述"仁"本体的存在，而真正存在的"仁"是无法作为对象来把握的，往往是不可言说的。人只是就"仁"显露处直道而行，按赤子本心去做，这就是工夫。它自自然然，毫无造作，因此要做工夫就必然是不识不知，顺其自然的无工夫为工夫，这就是实现"仁"的基本途径。其云：

> 汝若果然有大襟期，有大气力，又有大识见，就此安心乐意而居天下之广居，明目张胆而行天下之达道。工夫难得凑泊，即以不屑凑泊为工夫；胸次茫无畔岸，便以不依畔岸为胸次；解缆放船，顺风张棹，则巨浸汪洋，纵横任我，岂不一大快事也耶？②

罗汝芳用"解缆放船，顺风张棹"来比喻人不需刻意去做工夫，

---

① 黄宗羲：《参政罗近溪先生汝芳》，《明儒学案》卷三十四，中华书局1985年版，第768页。

② 罗汝芳：《近溪子集》卷乐，方祖猷等编校《罗汝芳集》，凤凰出版社2007年版，第62页。

顺适自然，率性而行才能获得真正的自由，实现"仁"之审美人生境界。其认为，"圣人之学，工夫与本体，原合一而相成也。时时习之，于工夫似觉紧切，而轻重疾徐，终不若因时之为恰好"①。工夫与本体是合一而成的，本体即是工夫，工夫即是本体。其云：

> 问："本体何如？"罗子曰："无体之体，其真体乎！"问："工夫何如？"曰："无功之功，其真功乎！"问："体可见乎？"曰："仁者见之，止谓之仁；智者见之，止谓之智。不见之见，乃真见也。"②

罗汝芳认为顺适自然，率性而行，无特定的目标，无预期的希望，无工夫之工夫才是真正的工夫。综上所述，其"无工夫之工夫"即自然"求仁"工夫包括"放下""戒慎""反求"等三方面的工夫。

（一）"无工夫之工夫"——"放下"

在宋明理学中，"欲"与"理"是相对立的，如朱熹极力宣扬禁欲主义，把"人欲"看作"天理"的对立物，其道德修养论集中体现在对"存天理，灭人欲"的系统论述方面。其云："孔子所谓'克己复礼'，《中庸》所谓'致中和'，'尊德性'，'道问学'，《大学》所谓'明明德'，书曰：'人心惟危，道心惟微，惟精惟一，允执厥中'；圣贤千言万语，只是教人明天理，灭人欲。"③ 朱熹主张用纲常名教来压抑人们正当的生活欲求。罗汝芳的"放下"是对宋明理学的突破，其反对压制个体欲望，注重个体内心的自我觉悟。

---

① 罗汝芳：《近溪子集》卷数，方祖猷等编校《罗汝芳集》，凤凰出版社2007年版，第80页。
② 罗汝芳：《盱坛直诠》卷下，方祖猷等编校《罗汝芳集》，凤凰出版社2007年版，第390页。
③ 朱熹著，（宋）黎靖德编：《朱子语类》卷十二，中华书局1986年版，第207页。

其"放下"是在总体上论述"无工夫之工夫"的"求仁"途径。

罗汝芳的"放下"直接继承了颜山农"放心体仁"的观点，并且经历了一个复杂的过程。其十七岁的时候读到薛瑄（1389—1464）的《读书录》，其中有一段话使其深有感触："万起万灭之私，乱吾心久矣。今当一切决去，以全吾澄然湛然之体。"于是其决心效法，在临田寺闭关，"置水镜于几上，对之默坐，使心与水镜无二，久之而病心火"①他想在静坐上下功夫没能成功，反而给他带来身体和心灵上的痛苦。这时罗汝芳的父亲让他读《传习录》，罗汝芳看完之后心情愉悦，心病得到了缓解。罗汝芳二十六岁时参加乡试落第，此时颜山农作《急救心火榜文》在南昌同仁祠举行讲会。罗汝芳见榜前去求救心火之法：

> 芳具述："昨遘危疾，而生死能不动心，今失科举，而得失能不动心。"先生俱不见取。问之，曰："是制欲，非体仁也。"芳问："克去己私，复还天理，非制欲，安能以遽体乎仁哉？"先生曰："子不观孟氏之论四端乎？知皆扩而充之，如火之始燃、泉之始达。如此体仁，何等直截！故子患当下日用而不知，勿妄疑天性生生之或息也。"芳时大梦忽醒，乃知古今天下，道有真脉，学有真传，遂师事之。②

罗汝芳对颜钧讲了其所患的"心火"与在乡试中的落第，其也能做到生死得失不动心。颜山农认为罗汝芳是强行克制心中的欲念，这种强行克制根本不是体认孟子之"仁"，真正的"体仁"应该要扩充"良知"，要做到"放心"。罗汝芳听后如梦初醒，即拜山农为

---

① 黄宗羲：《参政罗近溪先生汝芳》，《明儒学案》卷三十四，中华书局1985年版，第760页。

② 罗汝芳：《近溪子续集》卷乾，方祖猷等编校《罗汝芳集》，凤凰出版社2007年版，第231—232页。

师。之后，立志回归孔孟原典，领悟孔孟之“仁”。颜山农并不否认理学家所言的“人欲”的危害，即“欲之病在肢体”，但是山农反对理学家克制欲望的方法。他认为“欲之病在心”，“欲之病在心”甚于“欲之病在肢体”，因此他提出“体仁之妙，即在放心”。“放心体仁”，是主体在摆脱外界的束缚和限制的前提下，才能率性而行，才能实现“仁”。

罗汝芳在继承颜山农“放心体仁”工夫的基础上，提出了“放下”的“体仁”工夫。其云：

> 问：“求放心，即是致良知否？”
>
> 罗子曰：“虽是一个工夫，然用处稍有不同。如求放心，是未尝知学之人，须要发愤操持，以立其志相似，故曰：‘将已放之心，使反复入身来，则知体精明，方可下手致去；即所谓气质清明，义理昭著也。’大约求放心，是外以约之于中；致良知，是中以出之以外也。其中愈精明，则其发愈详密；其发愈详密，则其中愈精明矣。”①

又云：

> 朱子云：明德者，虚灵不昧。虚灵，虽是一言，却有二义。今若说良知是个灵的，便苦苦地去求他精明，殊不知要他精，则愈不精；要他明，则愈不明。岂惟不得精明，且反致坐下昏睡沉沉，更支持不过了。若肯反转头来，将一切都且放下，到得坦然荡荡，更无戚戚之怀，也无憧憧之扰。此却是能从虚上用工了，世岂有其体既虚，而其用不灵者哉？但此段道理，最

---

① 罗汝芳：《近溪子续集》卷御，方祖猷等编校《罗汝芳集》，凤凰出版社 2007 年版，第 138—139 页。

要力量大，亦要见识高，稍稍不如，难以骤语。①

"赤子之心"是"虚灵不昧"的，如果总是苦苦地去求"良知""精明"，这是有意地做工夫；说明心中还有执着，还不能将心"放下"；只有将一切"放下"，才能使心坦坦荡荡。这就是从虚灵上用工，才能实现"仁"。有人问，如果全"放下"，圣人和常人有什么区别？罗汝芳说：没有区别。又问，既然没有区别，为什么要学圣？罗汝芳说："圣人者，常人而肯安心者也；常人者，圣人而不肯安心者也。故圣人即是常人，以其自明，故即常人而名为圣人矣；常人本是圣人，因其自昧，故本圣人而卒为常人矣。"② 只要将一切放下，不执着，圣人就和常人没有区别了；也就是说，常人一切"放下"能"仁"，也能成为圣人。其云："善求者，一切放下，放下，胸目中更有何物可有耶？愿同志共无惑、无惑焉！盱江七十四翁罗汝芳顿首书。"③ 罗汝芳在弥留之际的绝笔中写到"一切放下"，希望其弟子们都能一切放下，顺适自然，不必刻意去追求某个目标，不必去符合某种规范。如果觉得任何事情、任何工夫难做，就一切"放下"，这是罗汝芳对人生的一种彻底了悟，也希望其弟子们能够理解与践行。

（二）"无工夫之工夫"——"戒慎"

如前所述，罗汝芳的"放下"之法，从总体上阐述了其"无工夫之工夫"的"求仁"路径。那么，人们在日常生活中具体如何才能实现"仁"呢？罗汝芳从"赤子之心"（即"良知"）当下现成的角度提出了"戒慎"之主张。罗汝芳的"戒慎"并非龚鹏程所说的

---

① 罗汝芳：《近溪子续集》卷御，方祖猷等编校《罗汝芳集》，凤凰出版社2007年版，第115—116页。

② 罗汝芳：《近溪子续集》卷御，方祖猷等编校《罗汝芳集》，凤凰出版社2007年版，第143页。

③ 罗汝芳：《明德夫子临行别言》，方祖猷等编校《罗汝芳集》，凤凰出版社2007年版，第299页。

"切切实实地去'致'此良知"，去做戒慎恐惧的工夫，而是一种以"无工夫为工夫"的"求仁"途径。其云：

> 问："吾侪昨日请教，或言观心，或言行己，或言博学，或言守静。先生皆未见许，然则谁人方可以言道耶？"罗子曰："此捧茶童子，却是道也。"众皆默然有顷，一友率尔言曰："终不然此小仆也能戒慎恐惧耶？"余（罗子）不暇答，但徐徐云："茶房到此，有几层厅事？"众曰："有三层。"余叹曰："好造化！过许多门限阶级，幸未打破一个盅子。"其友方略省悟曰："小仆于此果也似解戒慎，但奈何他却日用不知？"余又难之曰："他若是不知，如何会捧茶，捧茶又会戒惧？"其友语塞。
>
> （余）徐为之解曰："汝辈只晓得说知，而不晓得知有两样。故童子日用捧茶，是一个知；此则不虑而知，其知属之天也。觉得是知能捧茶，又是一个知；此则以虑而知，而是知属之人也。天之知只是顺而出之，所谓顺，则成人成物也；人之知却是返而求之，所谓逆，则成圣成神也。故曰：'以先知觉后知，以先觉觉后觉。'人能以觉悟之窍而妙合不虑之良，使浑然为一而纯然无间，方是睿以通微。"①

罗汝芳以捧茶童子"过许多门限阶级，幸未打破一个盅子"这种特定情境中的小心、谨慎，来指点良知当下的意识状态是戒慎恐惧、不睹不闻的。罗汝芳认为当下的意识状态就是良知本体，不需要人有意识地去做工夫。其又云：

> 生曰："戒谨恐惧，相似用功之意，或不应如是现成也。"

---

① 罗汝芳：《近溪子续集》卷乐，方祖猷等编校《罗汝芳集》，凤凰出版社2007年版，第44—45页。

予曰："诸生可言适才童冠歌诗之时，与吏胥进茶之时，全不戒谨耶？其戒谨又全不用功耶？盖说做工夫，是指道体之精详处；说做道体，是指功夫之贯彻处。道体既人人具足，则岂有全无功夫之人？道体既时时不离，则岂有全无功夫之时？故孟子云：'行矣而不著，习矣而不察。'所以终身在于道体、功夫之中，尽是宁静，而不自知其为宁静；尽是戒惧，而不自知其为戒惧。天下古今，盖莫不皆然也。"①

罗汝芳多次提到童子捧茶、吏胥进茶，就是为了说明"戒慎"是顺适自然，无工夫的真工夫。童子捧茶、吏胥进茶都是日常生活中很普通的事情，不论是童子捧茶，还是吏胥进茶，都是带着"戒慎"之心。这种"戒慎"之心就是当下的意识，是不需要刻意去做工夫的，正如"试举杯辄解从口，不向鼻上耳边去。饮已，即置杯盘中，不向盘外"②。因此，"戒慎"工夫是平民百姓人人都能做的，只不过百姓日用而不知，"尽是宁静，而不自知其为宁静；尽是戒惧，而不自知其为戒惧"。平民百姓的日常生活中到处都有工夫，"学问与做人一般，须要平易尽情，不可着手太重。如粗茶淡饭，随时遣日，心既不劳，事亦了当，久久成熟，不觉自然有个悟处。盖此理在日用间，原非深远，而工夫次第，亦难以急迫而成，学能如是，虽无速化之妙，却有隽永之味也"③。罗汝芳认为，平民百姓在日常生活中带着"戒慎"之心，这种当下的状态已经在做工夫，不需要花时间和精力刻意去做；只要顺着"良知"的自然本性，就是真工夫，便能实现"仁"。

---

① 罗汝芳：《近溪子续集》卷书，方祖猷等编校《罗汝芳集》，凤凰出版社 2007 年版，第 171 页。

② 罗汝芳著，方祖猷等编校：《罗汝芳集》，凤凰出版社 2007 年版，第 427 页。

③ 罗汝芳：《近溪子续集》卷射，方祖猷等编校《罗汝芳集》，凤凰出版社 2007 年版，第 95 页。

人们往往说到"戒慎"，便会联想到"慎独"，《中庸》中说："道也者，不可须臾离也，可离非道也。是故君子戒慎乎其所不睹，恐惧乎其所不闻。莫见乎隐，莫显乎微，故君子慎其独也。"① 这句话的意思是，君子即使在别人看不见的地方也总是小心谨慎，即使在别人听不见的地方也总是小心翼翼。世界上再隐蔽的事情也会显现，再秘密的事情也会露出端倪，所以君子独自行事时也特别谨慎。其实此处的"慎独""戒慎"就是传统儒家修身的重要方法（本书第二章有详细论述）。"慎独"作为修养方法，特别强调在没有外在监督的情况下，始终不渝地、更加小心地坚持自己的道德信念，自觉按道德要求行事，不会由于无人监督而肆意妄行。而罗汝芳对"慎独"又是如何认识的呢？有一段对话记载了他的观点：

> 问："平日在慎独上用工，颇为专笃，然杂念纷扰，终难止息，如何乃可？"
>
> 罗子曰："学问之功，先须辨别源头分晓，方有次第，且言如何为独？"
>
> 曰："独者，吾心独知之地也。"
>
> 罗子曰："又如何为慎独？"
>
> 曰："吾心中念虑纷杂，或有时而明，或有时而昏，或有时而定，或有时而乱，须详察而严治之，则慎也。"
>
> 罗子曰："即子之言，则慎杂，非慎独也。盖独以自知者，心之体也，一而弗二者也。杂其所知者，心之照也，二而弗一者也。君子于此，因其悟得心体在我。至隐至微，莫见莫显，精神归一，无须臾之离散，故谓之慎独也。"
>
> 曰："所谓慎者，盖如治其昏而后独可得而明也，治其乱而后独可得而定也。若非慎其杂，又安能慎其独也耶？"

---

① 子思：《中庸》，见朱熹《四书集注》，（怡府藏版影印本），巴蜀书社 1985 年版。

罗子曰："明之可昏，定之可乱，皆二而非一也。二而非一，则皆杂念，而非所谓独知也。独知也者，吾心之良知，天之明命而于穆不已者也。明固知明，昏亦知昏，昏明二而其知则一也；定固知定，而乱亦知乱，定乱二而其知则一也。古今圣贤，惓惓切切，只为这些子费却其精神，珍之重之，存之养之，为天地立心，为生民立命，总在此一处致慎也。"①

罗汝芳的"慎独"不是说在无人监督的情况下依照道德原则办事，罗汝芳的"独"是"心之体"，"慎独"就是体认本心，按照"当下"去做，无须特意做工夫，这是实现"仁"的途径。在此处，"慎独"和"戒慎"的意思基本是一致的。此乃罗汝芳对《中庸》中"慎独"观念的创造性诠释。

（三）"无工夫之工夫"——"反求"

如前所述，人之"赤子之心"固然是至善的，不虑不学的。但随着年岁的增长，人之耳目口腹之欲也随之增长；人往往就会变得"自私"，"不近人情"，因而"赤子之心"就会逐渐丧失。人们如何才能长期保存"赤子之心"，实现"仁"之审美人生境界呢？罗汝芳从"赤子之心"的无所不知、无所不能的角度提出了当下"反求"的工夫论主张。其云：

我起初做孩子时，已曾有一个至静的天体；又已曾发露出许多爱亲敬长，饥食渴饮，停当至妙的天则。岂如今年长，便都失去，而不可复见也耶？要之，物感有时而息，则天体随时而呈；不惟夜气清明，方才发动，即当下反求。若人言我是好人，便生喜乐；言我是禽兽，便生哀怒。明明白白，停停当当，

① 罗汝芳：《近溪子集》卷射，方祖猷等编校《罗汝芳集》，凤凰出版社2007年版，第99页。

原不爽毫发分厘也。①

罗汝芳认为，假如别人说我是好人，便生喜乐；别人说我是禽兽，便生哀怒；正好说明“赤子之心”并未丧失。而人们逐渐丧失的“赤子之心”则要通过当下“反求”的方式重新恢复。又说：“此处有段学问吃紧工夫。《道德经》云‘谷神不死’，何谓‘谷神不死’？即汝辈应声处也。夫有声则应，途人不殊于圣贤，此时无异于太古。故晓得‘谷神不死’，便晓得虚灵不昧，亦便晓得寂然不动，感而遂通也。推之四书五经，只是此个道理；推之修身齐家治国平天下，亦只是不失此个体段。故圣贤之道，原非高远，不能反求，便觉得高远耳。学问之事，亦无重难，但离却当下，便觉重难耳。”② 也就是说，“圣贤之道”如果不能反求，便觉得高远；学问如果离开了当下，便会觉得繁难。因此当下“反求”是成圣和为学的重要途径。

也许有人会认为，“反求”与“无工夫之工夫”似乎有矛盾，认为当下“反求”就是做工夫。但罗汝芳在其哲学美学思想中将“反求”和“无工夫之工夫”紧密地结合在一起，并不矛盾。其云：“反而求之，又不外前时孝弟之良，究极本源而已。”③ 罗汝芳的“反求”是指“赤子之心”本身的要求，是“赤子之心”无所不知、无所不能的本能反应，在“人言我是好人，便生喜乐，言我是禽兽，便生哀怒”中，“赤子之心”便会通过无所不知、无所不能的本能反应而逐渐得到恢复。在这过程中只是“赤子之心”的本能，无须刻意去做工夫，这和“无工夫之工夫”恰好是相吻合的。

综上所述，罗汝芳“无工夫之工夫”即自然“求仁”工夫从总

①　罗汝芳：《近溪子集》卷御，方祖猷等编校《罗汝芳集》，凤凰出版社 2007 年版，第125 页。
②　罗汝芳：《近溪罗先生一贯编》，方祖猷等编校《罗汝芳集》，凤凰出版社 2007 年版，第370 页。
③　罗汝芳：《近溪子集》卷乐，方祖猷等编校《罗汝芳集》，凤凰出版社 2007 年版，第53 页。

体上表现为"放下",其"仁"之思想的本源是"赤子之心",而其在日用中的自然"求仁"工夫"戒慎"、"反求"与"赤子之心"的当下现成、无所不能性相对应。

三 对罗汝芳哲学美学思想的评价

作为泰州学派的重要代表人物之一,罗汝芳的哲学美学思想从多方面继承了泰州学派学术传统的基本精神。如其"中"即"仁"的思想展现独特甚至是矛盾的一面,此乃其"中"即"仁"的思想在泰州学派乃至整个阳明后学中的特色。一方面,其"中"即"仁"的思想突破了宋明理学的樊篱,成为近代启蒙思想的先导。另一方面,其"中"即"仁"的思想又有继承孔孟传统儒家精神、维护名教价值的地方。其云:

> 一切经书,皆必归会孔孟;孔孟之言,皆必归会孝弟。以之而学,学果不厌;以之而教,教果不倦;以之而仁,仁果万物一体、而万世一心也已。①
>
> 故吾人不期学圣则已,学圣则必宗孔子。而宗孔子则舍《大学》奚以哉?此格物所以为古人一大关键。②
>
> 则孔门宗旨,浑然只是一个仁字。此"仁"字,溯其根源,则是乾体纯阳,生化万类,无一毫之间,无一息之停,无一些子昏昧,贯彻民物,而名之曰:"天命之性也。"本其发端,则人人不虑而知孝,不学而自能弟,不教而养子,自心求而中,默顺帝则,莫识莫知,名曰:"率性之道也。"③

----

① 罗汝芳:《近溪子集》卷乐,方祖猷等编校《罗汝芳集》,凤凰出版社2007年版,第53页。

② 罗汝芳:《近溪子集》卷礼,方祖猷等编校《罗汝芳集》,凤凰出版社2007年版,第23页。

③ 罗汝芳:《近溪子集》卷书,方祖猷等编校《罗汝芳集》,凤凰出版社2007年版,第157页。

从上所引可知，罗汝芳深切认同孔孟以"仁"为宗旨，希望能够恢复传统儒家之精神。因此，罗汝芳"中"即"仁"哲学美学思想的意义可以从积极与消极两方面来认识。

首先，从积极方面来看，罗汝芳在继承传统儒家精神"仁"与王阳明"良知现成"说的基础上，提出了普通百姓均能理解的"仁"即"赤子之心"说。罗汝芳在讲学中尽量用通俗易懂的形象语言去代替抽象化的理论语言，用"赤子之心"等生动贴切的比喻来解释"仁"，让陌生化的深奥理论变得平易近人，使普通百姓对"仁"有更深刻的理解，其讲学活动深得平民百姓的认同和喜爱。而且罗汝芳努力提升"愚夫愚妇"的地位，主张圣凡平等，力求为更多的平民百姓争取平等的思想实属难能可贵。罗汝芳"孝弟慈"的功利性则顺应了时代的发展，罗汝芳一再强调"孝弟慈"是为了统治阶级能施仁政。其要求回归孔孟，重整社会秩序，拯救天下苍生。从这个角度来讲，罗汝芳的"中"即"仁"学思想具有积极意义。

但是，当时社会政治黑暗腐败，刑罚残暴，罗汝芳却将明朝社会描述得极为繁荣昌盛，其云：

乃幸天笃我太祖高皇帝，神武应期，仁明浴日，浊恶与化俱徂，健顺协时通泰。孔孟渴想乎千百余年，而《大易》、《春秋》竟成故纸；大明转移于俄顷呼吸，而大统真脉皎日当天。况兹圣子神孙，方尔振振绳绳，则我臣庶黎元，亦可暤暤熙熙。芳自弱冠登第以逮强壮，观京师近省，其道德之一、风俗之同，不须更论。及部差审录而宣、大、山、陕，取道经由，至藩臬屯田而云、贵、川、广，躬亲巡历，不惟东南，极至海崖，且西北直临塞外。每叹自有天地以来，惟是我明疆土宏廓，至尊君亲上，孝父从兄，道德虽万里而无处不一，衣冠文物，廉耻内外，风俗虽顷刻而无时不同。故前谓皇极之世，自尧舜三王以来，惟我明足称独盛。①

罗汝芳赞扬明太祖朱元璋英明神武，将后来的明朝皇帝称为"圣子神孙"，为明朝疆域的宏阔而感到自豪，认为自尧舜以来，只有明朝可以称为太平盛世。这在当时的历史语境中是能理解的，评价历史人物的思想要将其放入相应的历史视域中，如余英时所言，我们决不能以现代的观点看待理学家的"得君行道"的政治活动，"讥笑他们对'君'抱着太多的幻想"。罗汝芳"得君行道"的思想继承了传统儒家的思想，从这个意义上说，其"中"即"仁"的思想并没有超出传统儒学的范畴。

罗汝芳自然"求仁"之工夫是以"放下""戒慎""反求"的无工夫为特色的。其自然"求仁"工夫论冲破了宋儒"存天理，灭人欲"的樊篱，反对压制个体欲望，注重个体心性的自我觉悟，反映了明朝新兴市民阶层的愿望以及市民阶层的现实功利要求。罗汝芳这种胆识和勇气，在当时是难能可贵的。与以往的儒家学者相比较，罗汝芳不受传统儒家经典的限制，凭自我之体悟对儒家经典进行随意发挥，并以此来立身处事，其思想对推动明代社会发展和个性解放做出了积极的贡献。

其次，从消极方面来看，罗汝芳的"仁"即"赤子之心"说在继承王阳明"良知现成"说的同时，在某种程度上又发展了王阳明的思想，如罗汝芳认为"赤子之心"的无所不知，无所不能，"赤子之心"随着岁月的增长会逐渐消失，而丧失的"赤子之心"只要按照本心、按照当下的意识去做就能恢复。但是其一切"放下"与率性而行相结合的时候，很可能导致纵欲主义，也模糊了道德理性和人的感性欲望的界线，而不是恢复"赤子之心"即恢复"仁"本

---

① 罗汝芳：《近溪子续集》卷坤，方祖猷等编校《罗汝芳集》，凤凰出版社 2007 年版，第 255 页。

体。罗汝芳对"良知现成"说大力发挥，认为"良知"本体当下呈现、不犯做手、无污坏而具足。后世学者对此多有批评，认为强调"良知现成"会造成不需要道德修养工夫的流弊。罗汝芳对王阳明的"良知"说是肯定的，同时对王阳明"只单说个良知"而未能回到孟子本身又曾表示不满。

总之，罗汝芳的"中"即"仁"哲学美学思想有显著的泰州学派风格，对王阳明的"良知"说也有自己的见解。其思想虽然有一部分已经冲破了传统儒学的樊篱，但仍属于传统儒学的价值观念范围之内。罗汝芳的哲学美学思想对研究明代思想史、社会史以及研究明末清初的启蒙主义思潮具有重要的意义。

第三节 小结

本章在梳理辨析传统儒家哲学范畴"中"、"庸"与"中庸"之含义及其演变的基础上，对"中""庸"范畴在泰州学派重要思想家罗汝芳之处的具体嬗变情况进行了论析，认为罗汝芳哲学美学思想以"中（仁）"、"庸"为核心范畴，"中即仁"为其哲学美学本体论，其"仁"即"赤子之心"、"仁"即"生"、"仁"即"万物一体"之审美人生境界；而"庸"为其哲学美学工夫论，乃其自然"求仁"之工夫，包括"放下"、"戒慎"与"反求"等"求仁"工夫。罗汝芳"中"即"仁"的思想对传统儒家、泰州学派的思想既有继承又有发展，其哲学美学思想在明代思想史上占有重要的一席之地。罗汝芳一生讲学不怠，一生致力于宣传"仁"即"赤子之心"、"仁"即"孝弟慈"，其"求仁"工夫是"放下""戒慎""反求"等自然工夫，其认为平民百姓在日常生活中就如"捧茶童子"带着"戒慎"之心，这种当下的状态已经在做工夫，不需要花时间和精力刻意的去做，这就是以"无工夫为工夫"的自然工夫。罗汝芳取消了圣人的神圣性，直接将圣人和常人等同起来，为平民百姓争取更多平等的地位，为"愚夫愚妇"争取更多的平等权利。

其哲学美学思想具有以下特点，其一，平易性。平民儒学是宋明理学特别是王学展开过程中出现的，明代的讲学活动已非常流行，泰州学派的弟子在王艮的影响下四处讲学，罗汝芳为儒学的平民化做出了重要的贡献。平民儒学是将传统儒家的理论通过浅显易懂、生动活泼的讲学方式，让普通的平民百姓能够理解和接受。而讲学要做到既通俗易懂又保持原汁原味的传统儒家精神，这并非易事。罗汝芳的讲学就非常受平民百姓欢迎，具有平易近人的特点。黄宗羲云："（罗汝芳）所至弟子满座，而未尝以师席自居。"[1] 前来听其讲学的有商人、官员、耕夫、樵子、道士、僧人等。其常用简单通俗的语言向平民百姓传播儒家思想。如罗汝芳用"赤子之心"来表达"良知"和"仁"，使平民百姓能通过通俗的"赤子之心"来理解比较抽象的"良知"和"仁"。其用捧茶童子和吏胥进茶来说明"赤子之心"即"良知"本性是与生俱来的，人人都有"戒慎恐惧"的心等，因而在日常生活中不需要特意做修养工夫，顺着良知的自然本性就可以了。

其二，平等性。罗汝芳初任太湖知县时，有两兄弟为继承父辈财产争执不休，互不相让，甚至斗殴。罗汝芳认为兄弟本是同根生，兄弟之间的纠纷是骨肉之争；只要教化引导，沟通人性，就可以找到解决争端的办法。于是，其不高坐公堂，不摆弄威风，而是和颜悦色地将两兄弟招呼在一起，待他们同自己的兄弟一般。其用谆谆细语，深入浅出地阐述"亲亲为大"的道理，云"人人亲其亲，长其长，而天下太平也"；"若做人的常是亲亲，则爱深而其气自和，气和而其容自婉"[2]。并且动之以情，晓之以理，说到激动处，罗汝

---

[1] 黄宗羲：《参政罗近溪先生汝芳》，《明儒学案》卷三十四，中华书局 1985 年版，第760 页。

[2] 罗汝芳：《近溪罗先生一贯编》，方祖猷等编校《罗汝芳集》，凤凰出版社 2007 年版。

芳竟不禁潸然泪下。而反目成仇的两兄弟触景生情，大为感动，忍不住相对而泣，深感惭愧。于是自撤诉讼，和睦离庭。罗汝芳终于化仇恨为亲亲，使相持不下的争执得到和解。从中我们可以看出，罗汝芳对于平民百姓的一片真实之情，这也是其"圣凡平等"思想的具体表现。而宋代理学家朱熹则人为地设置了圣凡之间的鸿沟，认为"圣贤"的言行举止与个人气质都达到了人生修养的最高境界，甚至提出了"圣贤气象"说。罗汝芳则认为，世上没有什么"圣贤气象"，圣即是凡，凡即是圣，"自古以来，人皆晓得去做圣人，而不晓得圣人即是自己，故凡说做圣人，便去寻作圣人门路，殊不知门路一寻，即去圣万里"①。自古以来，人们一直认为圣凡之间是不可逾越的，罗汝芳取缔了圣人的神圣性与神秘性，主张圣凡是可以互相转化的，二者之间并无不可逾越的鸿沟。其云："试看，今闾阎之间，愚蠢之妇，无时不抱着孩子嬉笑，夫嬉笑之语言最是浅近。闾阎之村妇，最为卑下，殊不知赤子之保，孩提之爱，倒反是仁义之实而修、齐、治、平之本也。"② 在封建社会，村妇地位是最为卑下的，而罗汝芳认为，"愚夫愚妇""抱着孩子嬉笑"本身就是"良知"本体的自然流露，即在用浅近的言行来实践"仁义"，这就是修身、齐家、治国、平天下的根本。罗汝芳这种圣凡平等的思想观念提升了"愚夫愚妇"的地位，其实这也客观上反映了明末新兴市民阶层要求平等的愿望。

其三，功利性。泰州学派哲学美学思想对后世的影响之一，就是在明朝社会转型时期的功利思想，泰州学派功利思想的主要代表是王艮和李贽③。罗汝芳所处的时代是明末社会转型时期，市民阶层刚刚兴起，其作为泰州学派思想的继承者，反对忽视人的私欲，肯

---

① 罗汝芳：《近溪子续集》卷乾，方祖猷等编校《罗汝芳集》，凤凰出版社 2007 年版，第 228 页。
② 罗汝芳：《近溪子集》卷书，《罗汝芳集》，第 149 页。
③ 季芳桐：《泰州学派新论》，巴蜀书社 2005 年版，第 200 页。

定人性对于私欲的要求。其"中"即"仁"思想中就包含了功利性，如认为"仁"即"孝弟慈"能够"光大门户"："由一身之孝弟慈而观之一家，一家之中未尝有一人而不孝弟慈者；由一家之孝弟慈而观之一国，一国之中未尝有一人而不孝弟慈者；由一国之孝弟慈而观之天下，天下之大，亦未尝有一人而不孝弟慈者；又由缙绅士夫，以推之群黎百姓；缙绅士夫，固是要立身行道，以显亲扬名，光大门户，而尽此孝弟慈矣。而群黎百姓，虽职业之高下不同，而供养父母，抚育子孙，其求尽此孝弟慈，亦未尝有不同者也。"① 罗汝芳认为"仁"即"孝弟慈"不仅是"供养父母""抚育子孙"等传统内容，而且可以"显亲扬名""光大门户"，罗汝芳肯定了"仁"即"孝弟慈"的功利性价值。"盖孝弟之人，一举足而不敢忘父母，一出言而不敢忘父母，便谨而信也。爱亲者，不敢恶于人；敬亲者，不敢慢于人，便是泛爱众而亲仁也。立身行道，斐然成章，其为父子兄弟足法，便是余力学文，以显亲扬名于天下后世也。"② "仁"即"孝弟慈"能"显亲扬名于天下后世"，这带有明显的功利思想。

---

① 罗汝芳：《近溪子续集》，方祖猷等编校《罗汝芳集》，凤凰出版社 2007 年版，第 232—233 页。

② 罗汝芳：《近溪罗先生一贯编》，方祖猷等编校《罗汝芳集》，凤凰出版社 2007 年版，第 334 页。

第五章 "中"的审美特征

关于"中"的审美特征，国内学术界长期以来关注不多、涉及未深。据中国知网检索发现，1978 年至 2022 年间只有 10 篇论文以"中"作为论述对象，且均从哲学、伦理学、政治学、历史学、文字学等角度切入，未见论及审美特征的文章。大多数学者往往把"中""和"结合起来研究，以"中和"作为研究对象的文章比较多。比如杨明、丁瑞莲在《"中和"思想的伦理内涵及其现代价值》一文中认为"中和"是目的善和手段善的有机统一。"和"作为价值观，表征事物存在的最佳状态，它所具有的和谐、协调、平衡、秩序、协同、和合等性质体现了中华民族的价值取向和追求，这种取向和追求对人类而言，是终极意义的"至善"；"中"作为方法论，表征事物存在的最佳结构、最佳关系和最佳行为方式，是中华民族建构和协调主客体关系的最一般方法论原则。中国传统的"中和"思想与亚里士多德所说的"对中间的命中，在过度与不及两种恶之间"，即所谓"最高的善和极端的美"不谋而合。"中和"思想蕴含着丰富而深刻的伦理内涵。① 夏静在《"中和"思想流变及其文论意蕴》中认为，在古人的文化视野中，"中和"首先是作为一种宇宙观和世界观出现的，其次才是作为一种价值观和方法论来看待的。它广泛地存在于古代思想文化的各个领域中，并通过"天人合一"这一核心命题的融合，贯通在古人关于天、地、人三界的理解中，成为中

---

① 杨明、丁瑞莲：《"中和"思想的伦理内涵及其现代价值》，《唯实》2007 年第 1 期。

国古代知识体系中一个根本理念与致思方式乃至价值核心，中国古代文学思想从内容到形式都呈现浓郁的"中和"色彩。① 迟成勇《儒家"中和"思想与社会主义核心价值体系建构》一文认为儒家"中和"思想作为中华民族独特的文化精神，其合理内核为社会主义核心价值体系构建提供了方法论借鉴、伦理智慧和可资利用的思想文化资源。②

但曾繁仁提出"作为中国学者应更多关注长期未得到应有重视的古代'中和论'美学智慧，予以深入的发掘整理，将之介绍于世界，发挥于当代。"而且长期以来，在中国古代美学研究中采取"以西释中"的方法，将中国古代"中和论"美学思想与西方古代"和谐论"美学思想混淆，导致诸多误读。其实，中国古代"中和论"美学思想是建立在"天人合一"的哲学基础之上，包含着"保合大和"、"元亨利贞"、"中庸适中"与"和实相生"等特殊的美学内涵，与西方古代建立在"天人相分"实体论哲学基础上的"和谐论"美学一样在当代具有特殊的价值。③ 曾繁仁是从美学角度来论述"中和"的美学意蕴与西方古代"和谐论"的美学内涵的不同价值。这样的文章实在太少，所以曾繁仁认为对中国古代"中和论"的美学智慧发掘与探讨不够，其实对于"中"的审美特征，也是长期未得到应有的重视与关注。本章试图在前贤筚路蓝缕的基础上，尝试解读"中"的审美特征，不妥之处，尚祈方家指正。

"中"的审美特征可以从以下三个方面来考察。其一，"尚中"："中"的审美逻辑起点；其二，"时中"："中"的审美本质；其三，"中和"："中"的审美理想境界。

---

① 夏静：《"中和"思想流变及其文论意蕴》，《文学评论》2007 年第 3 期。
② 迟成勇：《儒家"中和"思想与社会主义核心价值体系建构》，《新东方》2011 年第 3 期。
③ 曾繁仁：《中西比较视野中的中国古代"中和论"美学思想》，《文史哲》2012 年第 2 期。

第一节 "尚中"："中"的审美逻辑起点

正如前文所述，"中"的起源很早，"尚中"意识可以追溯到三代甚至更早的时期，从知识谱系考察，"尚中"源于古人天地自然之宇宙意识以及社会存在之秩序体验感受，渗透到古代宇宙观、政治伦理观、原始哲学思想及原始宗教意识等方面，是包括地理、政治、文化的同一性在内的早期华夏民族认同感的重要组成部分。"尚中"观念在三代已经很流行，广泛地体现在天文历法之北斗"天枢"意识、建国建都之"土中"意识、建筑之中轴意识、礼器之天圆地方、乐教之中正平和等方面。① 比如早在原始氏族社会，帝喾就"溉执中而遍天下，日月所照，风雨所至，莫不从服"。② 这段话虽然出自司马迁之手，但是他也是根据先秦文献中的有关论述写成的。据此推断，帝喾时期已经有了"执中"一说。在这里，"执中"有两层含义：一是指掌握"中"的行为标准，二是指掌握最高政治权力。后者是由前者引申出来的，意在强调最高统治者处世行事一定要符合"中"的标准。

有材料证明，尧舜时期"允执其中"的思想已经形成。《论语》记载"尧曰：'咨！尔舜！天之历数在尔躬，允执其中。四海困穷，天禄永终。'舜亦以命禹。"③ 据此可知，尧把帝位禅让给舜、舜把帝位禅让给禹的时候，都强调一定要坚持"允执其中"这样一个行为准则。这就充分说明"允执其中"这一思想在尧帝时期已经形成，并且被奉为最高行为准则。尧舜时期"允执其中"一词的含义与帝

---

① 夏静：《"中和"思想流变及其文论意蕴》，《文学评论》2007年第3期。

② 司马迁：《五帝本纪》，《史记》，中华书局1982年版，第13—14页。《史记集解》引徐广语曰："古'既'字作水旁。'遍'字一作'尹'。"《史记索隐》解释"溉执中"一语曰："即《尚书》'允执厥中'是也。"《史记正义》解释"溉执中而遍天下"一语曰："言帝喾治民，若水之溉灌，平等而执中正，遍于天下也。"

③ 孔子：《论语·尧曰》，见朱熹《四书集注》，（怡府藏版影印本），巴蜀书社1985年版。

喾时期"执中"一词的含义是一脉相承的，尧和舜不仅完全继承了帝喾时期的"执中"思想，而且添加了"允""其"二字。由"执中"到"允执其中"，"尚中"思想得到了强化，强调最高统治者一定要牢牢地"执中"，即把握"中"的标准。

"尚中"思想在成书于殷周之际的《周易》中得到一定程度的理性升华，在《易经》的爻序、爻位及爻辞中，"尚中""用中"意识屡屡可见。如《周易》六十四卦中，直接使用"中"概念的有"讼""师""泰""复""家人""益""夬""丰"等卦，而被《易传》及后来的易学称为"中爻"的二、五两爻吉辞最多，合计占比近一半达47.06%，凶辞仅占13.94%。[①] 历代易学家们解《易》崇尚中爻。中爻，即处中位之爻。"中位"的说法，首先是由《易传·象传》提出来的。它在解释《易》经时，以爻象在全卦象中所处的地位来说明爻辞的意义，从而创立了"当位""应位""中位"等爻位说，并被《易传》中的《象传》《系辞传》等采用。

《易经》中的卦象是由阳爻（—）与阴爻（--）所构成，《象传》称阳爻为刚，阴爻为柔，并以"刚、柔"的术语来概括卦象和爻象的对立。所谓"当位"，是说《易经》一卦六爻，各有其位，一（初）、三、五是奇数，为阳位；二、四、六（上）是偶数，为阴位。《象传》认为，凡阳爻居阳位，阴爻居阴位，就是"当位"，反之，阳爻居阴位，阴爻居阳位，就是不当位。一般来说，当位则吉，不当位则凶。所谓"应位"，是说一卦的初与四、二与五、三与六（上），其位能够互相呼应，凡阳爻和阴爻相应则为有应，如初爻为阳爻，四爻为阴爻，就为有应。凡阳爻遇阳爻或阴爻遇阴爻则为无应，如二爻为阴爻，五爻也为阴爻，或二爻为阳爻，五爻也为阳爻，就为无应。一般说来，有应则吉，无应则凶。所谓"中位"，指二、五两个爻位，二居下卦之中，五居上卦之中。居于二、五之位

---

① 黄沛荣：《易学乾坤》，台湾：大安出版社1998年版，第146页。

的爻象称为中爻。居于二、三、四、五之位的爻象，《系辞传》有时也称其为中爻。

《彖传》认为，"中"则无不正，故"中"又称为"中正，正中，中道"。"中正"，其义为"无过，无不及"，"无偏，无邪"。在一般情况下，中爻往往吉利。如《彖传》释《解》卦说："'其来复吉'乃得中也。""中"，指九二爻。九二处解卦的"中正之道"，"来复"都吉。释《离》卦说："柔丽乎中正，故亨"，"中正"指六二与六五两爻，它们都附着于二阳刚之间，又居上、下两卦的中正之位，这即是柔丽附于中正之道，因此能发挥其柔中作用，该升则升，该降则降，总是通达无阻。释《升》卦说："刚中而应，是以大亨。"这是说，九二爻以刚中而应六五爻柔中，相应则相得，九二可以上升而亨通。这种有应可以亨通，正与"应位"原则相符合。但九二是阳爻居阴位，六五是阴爻居阳位，按"当位"原则考察，它们都不当位，应是凶、不通；然而由于它们居中，彼此相应，所以吉利、亨通。即使爻位既不"当位"，又彼此不相应，只要居于"中位"，也吉利、亨通。上述诸例，足可见出《彖传》对中爻的崇尚，进而强调了"尚中"的观念。[1]

春秋时期，老子《道德经》第五章曰："多闻数穷，不若守中。"[2]"守中"即"执中"。这句话的大意是，各种各样的意见人们如果听得过多，就难免犯糊涂，不知所措，难以做出决断。与其这样，人们还不如牢牢地把握"中"的标准，只要把握"中"的标准，就不难做出决断。可见，老子也是崇尚"中"的。不过，孔子的"尚中"思想尤为突出。孔子继承了传统的"尚中"观念，以此为出发点并且使之系统化，成为"中"的审美逻辑起点。也就是说，"中"的审美逻辑起点是传统的"尚中"观念。从《论语》记录的

---

① 李兰芝：《易学的"尚中"思想》，《南开学报》（哲学社会科学版）1994 年第 3 期。
② 陆元炽：《老子浅释》，北京古籍出版社 1987 年版，第 20 页。

孔子的言行可以发现，"中"是孔子为人处世与自我修养的行为准则。如：

> 子贡问："师与商也孰贤？"子曰："师也过，商也不及。"
> 曰："然则师愈与？"
> 子曰："过犹不及。"①
> 子曰："不得中行而与之，必也狂狷乎？狂者进取，狷者有所不为也。"②

从中可以看出，"中"是孔子臧否人物、为人处世的标准之一，也是其自我修养的行为准则。《论语·先进》篇记载的是孔子衡量其弟子优劣的标准为"中"，即"无过无不及"。"过犹不及"意即"过"和"不及"都不符合"中"的标准。《论语·子路》篇记载的是孔子为人处世的原则，他认为，如果得不到合乎"中行"之人与他交往，只好不得已而求其次，也一定要交到激进的人或狷介的人。因为"狂者"有进取精神，"狷者"也不会做坏事。孔子依据"中行"原则，积极培养学生的"中行"品质。其具体办法是针对学生的实际情况分别采取抑"过"扬"不及"，即抑"狂"扬"狷"。如他的学生冉有举止过分退缩谨慎，孔子就积极鼓励他大胆进取（"求也退，故进之"），而子路办事有鲁莽过激的毛病，孔子就往往劝告他退让（"由也兼人，故退之"），从而使俩学生各归"中行"。

"中"也是成就君子人格的行为准则与行动指南。《论语·雍也》篇记载"子曰：质胜文则野，文胜质则史；文质彬彬，然后君子"。"文质彬彬"就是前文所指的"中行"，《论语·颜渊》篇中一段对话正好可作注脚："棘子成曰：'君子质而已矣，何以文为？'子

---

① 孔子：《论语·先进》，见朱熹《四书集注》（怡府藏版影印本），巴蜀书社 1985 年版。
② 孔子：《论语·子路》，见朱熹《四书集注》（怡府藏版影印本），巴蜀书社 1985 年版。

贡曰：'惜乎，夫子之说君子也，驷不及舌。文犹质也，质犹文也。虎豹之鞟，犹犬羊之鞟。'"卫国大夫棘子成认为君子只要内在的精神品质好就行，不一定要重视外在的礼仪形式。而子贡认为，内在的精神品质与外在的礼仪形式这两方面，对君子来说同等重要，因为如果把两张兽皮的毛全部拔去，就分不出哪张是虎豹的皮，哪张是犬羊的皮了。因此，对一个人而言，美好的内在精神品质与合乎礼仪的外在行为都是不可偏废的。

孔子本人也是以"中"为自己的思维方法和行为准则的，其云："吾知乎哉？无知也。有鄙夫问于我，空空如也，我叩其两端而竭焉。"[1]"叩其两端"是孔子在认识事物、获取知识、解疑释惑的过程中体会到的一种思维方法，此种方法的核心就是"用其中"。在道德修养方面，孔子强调要克服四种毛病即"意""必""固""我"，"毋意"就是不悬空揣测、胡思乱想；"毋必"就是不主观武断、意气用事；"毋固"就是不拘泥固执、目光短浅；"毋我"就是不唯我独尊、刚愎自用。意即人不能主观（我）臆测（意）地、固执（必）不变（固）地看问题、想办法、办事情，而应该随机应变处理问题。孔子"四毋"的核心仍是"中"，也即"允执其中"。

总而言之，作为一种普遍的思维倾向，"尚中"在诸子言论中广泛存在，尤其是墨子以"天志"为"中"，有着明确的"尚中"意识，这与孔子的"尚中"精神是不同的。老庄一派也是"尚中"思想的诠释者，老学之"守中"，庄学之"养中"、"环中"与"敬中"，与《尚书》之"皇极"、《周易》之"中行"等在价值取向上大体相当，与三代以来的"尚中"意识在精神品格上也是一脉相承的。先秦时期"执中"的"中"字有时指适度、恰如其分，有时指事物的本质、规律，有时指解决问题的正确方法等，含义不明确，

---

① 孔子：《论语·子罕》，见朱熹《四书集注》（怡府藏版影印本），巴蜀书社1985年版。

可以作多种理解，难以把握，容易引起人们的误解。秦汉以后，文字表述方式发生了很大的变化，一词多义的现象逐渐减少，词的含义越来越明确，不仅如此，由两个单字组成的词也逐渐增多，这些词的含义比较明确。由于这些原因，秦汉以后人们一般不再用"中"字表达上述含义。①

综上所述，"尚中"即"中"的审美逻辑起点。"尚中"即推崇中正不偏，其主要包括三层含义：其一是"执两用中"，把握两端，取用中间；其二是"以礼制中"，使"用中"具有鲜明的原则性；其三是"因时而中"，使"用中"的原则性和灵活性有机地结合起来。关于"时中"问题，我们下面再详细论述。

第二节 "时中"："中"的审美本质

一 "时""中"的含义

"时中"是"中"的审美本质。首先，我们来看"时"的含义，"时"的观念产生甚早，其产生及意义，显然与原始社会自然界的时令、气候、物候以及生产力低下的原始农业社会关系密切。其时，整个自然气候的正常与否，对仰求自然恩赐的人们的生产与生活，有着至关重要的意义。于是，人们很早便认识到了天地自然"时"的重要性。"天地之道，寒暑不时则疾"，"化不时则不生"②，寒暑若不随时令的交替而正常地往来，就会酿成灾祸，大自然对万物的哺育化养若不能应时而行，亦会遭到失败，这是天地间的一条规律。所以，人们总是希望"风雨时至"③。在与自然气候、时令关

---

① 吉成名、雷建飞：《论先秦时期"尚中"思想》，《湘潭大学学报》（哲学社会科学版）2014年第6期。

② 戴圣：《礼记·乐记》，见（清）朱彬撰，沈文倬、水渭松校点《礼记训纂》，浙江大学出版社2010年版。

③ 左丘明：《国语·郑语》，上海书店1987年版。

系密切的人事中，人们也认识到要尽量顺应自然之"时"来行事。譬如尧帝"乃命羲和，钦若昊天，历象日月星辰，敬授民时"①。孔子也一向重视"时"，孔子论"时"多指时间、光阴、季节、时候等意义，如"道千乘之国，敬事而信，节用而爱人，使民以时""行夏之时""少之时，血气未定"等②。孟子"不违农时，谷不可胜食也"③ 等说法，即表现这样的认识。这里的"时"，主要是人们期望大自然能够按照其自身的规律运行变化，并要求某些人事要尽量地适其"时"而动，以获得尽可能好的社会效果。此处"时"的含义是当之应当时刻，此其含义之一。

其二，"时"引申为各种外在的客观条件，不同时间、不同地域、不同情境等，人与人交往要采取不同的方式方法。随着人们社会实践与思想认识的丰富，"时"的观念更多地运用到了社会生活的各个方面。不仅是农业生产这样的事情，平时为人处世也要注意"时"的问题。譬如孔子"时然后言"④，其还主张"言不当其时，则闭慎而观"；孔子还特别强调"君子务时"⑤，孟子称孔子是"圣之时者"⑥，荀子认为"君子……与时屈伸"⑦，他们都用"时"来褒扬人物与人品。而商鞅则用"时"来表达其法治主张："礼法以时而定，制令各得其宜。"⑧ 这里的"时"是指社会历史方面的时代、时

① 《尚书·尧典》，见孙星衍注，陈抗、盛冬铃点校《尚书今古文注疏》，中华书局1986年版。
② 孔子：《论语·学而》、《论语·卫灵公》、《论语·季氏》，见朱熹《四书集注》，（怡府藏版影印本），巴蜀书社1985年版。
③ 孟子：《孟子·梁惠王上》，见朱熹《四书集注》，（怡府藏版影印本），巴蜀书社1985年版。
④ 孔子：《论语·宪问》，见朱熹《四书集注》，（怡府藏版影印本），巴蜀书社1985年版。
⑤ 孔子：《论语·二三子》，见朱熹《四书集注》，（怡府藏版影印本），巴蜀书社1985年版。
⑥ 孟子：《孟子·万章下》，见朱熹《四书集注》，（怡府藏版影印本），巴蜀书社1985年版。
⑦ 荀子：《荀子·不苟》，见（清）王先谦撰《荀子集解》，中华书局1988年版。
⑧ 商鞅：《商君书·更法》，见石磊译注《商君书》，中华书局2009年版。

期。到了《易传》，更对"时"作了哲学上的概括与肯定："损刚益柔有时，损益盈虚，与时偕行"①；"时止则止，时行则行，动静不失其时，其道光明"②。这里的"时"，显然具有高度的哲学抽象性与概括性，它除了可以具体化为自然时令、社会历史时代、时期，还可以指事物运动过程中的时段。就人类社会而言，时代、环境、事物等都在发展变化，人们的一切动静行止，只有与时势际遇紧密结合，前途才会光明。人们只有根据各个历史时段的具体情况而去适时地损刚益柔，才能获得良好的效果。

其三，"时"蕴含着变化不息之"时运、时命"的内涵。孔子将"时运、时命"的观念用"时"来表述。如"色斯举矣，翔而后集。曰：'山梁雌雉，时哉时哉！'子路共之，三嗅而作"。③ 这段文字的大概意思是说，山梁上一群雌雉看见有人在窥望它，就赶紧飞翔盘旋到空中，等见到人们没有恶意，才又飞回来，齐聚在一处。孔夫子说："山梁上的那些雌雉，它们很懂得'时'呀！很懂得'时'呀！"子路朝这些雌雉拱手致意，抛投食物让它们吃，但它们只是三番五次地嗅一嗅，终于不敢吃那些食物，这才飞走。此处的"时"，虽然可以解释为"时候"，但距离孔子之意恐较远。钱穆以"时宜"解之④，本书认为应当是比较准确的。这里"时"字的含意，应当指的是"时运"。山梁上的雌雉发现有危险就飞翔而起，后来又待感觉平安了才集于一处，地上有了食物嗅而不食，以防被擒。这些都是雌雉掌握"时运"的结果。也许我们还可以更进一步说，正因为雌雉遇到了孔子及其弟子这些善良的人，才可能免遭被擒杀的噩运。说明雌雉的"时运"不错。所以说孔子的"时"应当蕴含着"时运、时命"等意蕴。

---

① 《损卦·象传》，见刘大均、林忠军《易传全译》，巴蜀书社2006年版。
② 《艮卦·象传》，见刘大均、林忠军《易传全译》，巴蜀书社2006年版。
③ 孔子：《论语·乡党》，见朱熹《四书集注》，（怡府藏版影印本），巴蜀书社1985年版。
④ 钱穆：《论语新解》，巴蜀书社1985年版，第256页。

综上所述，"时"的三层含义，在美学上可以概括为：人们要时刻认识变化发展的审美情境，审美主体在审美原则、审美手段、审美方法的选择上要采取相应灵活的措施适应这种变化。

而关于"中"的观念，如前所述，其产生亦早。"中"字在甲骨文中就已经出现。据考证，"中"在甲骨文中本为旗帜之类，后引申为中间之义。① 至晚在西周时期，"中间""中央"之义已上升为一种美德，成为"中道"，是礼教思想当中一个具有独特内涵的范畴。《尚书》便多次提到"中""中正"等概念。《尚书》里"中"的含义，基本上都可以在"正确""准确得当"的基础上统一起来。而在《周易》经文中也多次出现"中"，其中"中行"这个词共出现五次：

《泰·九二》：包荒，用冯河，不遐遗；朋亡，得尚于中行。

《复·六四》：中行独复。

《益·六三》：益之用凶事，无咎；有孚中行，告公用圭。

《益·六四》：中行告公从，利用为依迁国。

《夬·九五》：苋陆夬夬，中行无咎。②

参考西周初年的其他一些文献，这里的"中行"应该含有伦理的意义。"中行"即"中道"，依"中正之道而行"的意味。这样来看待"中"、使用"中"，在古代乃属常见。如《易·系辞下》有云"其旨远，其辞文，其言曲而中"。高亨注解为"中谓合于事实，如射之中的也。或曰'中正也'"③。又如荀子说"曷谓中？礼义是也"④，"中"就是正确或事物中的正确规律，"中"就是不偏不倚，

---

① 唐兰：《甲骨文字释林》，中华书局1979年版，第82页。

② 刘大均、林忠军：《易传全译》，巴蜀书社2006年版。

③ 高亨：《周易大传今注》，齐鲁书社1979年版，第581页。

④ 荀子：《礼论》，见（清）王先谦撰《荀子集解》，中华书局1988年版。

无过而无不及，恰到好处，也就是符合礼义的要求，因此古代的人们常常执着地追求它。"执中""用中"在《尚书》《论语》《孟子》《中庸》等典籍中都有实际运用。"允执其中"实质上就是对正确事物或事物中正确规律的追求、把握与运用。

综上可知，"时"与"中"，一开始就存在着紧密的内在联系。人们对"时"的肯定，已包含着对"中"的追求。讲"时"的目的，就是要顺应变化着的情况以便在因时而异的种种事件中取得正确的、最佳的效果。同样，对"中"的追求，本也包含着对"时"的重视，因为一时一事的"中"，不等于一切时事的"中"，要执一切时事的"中"，就不能不适时而动，与时偕行。于是，随着社会历史的发展，一个明确揭示出二者各自理论内涵并熔二者于一炉的概念——"时中"，便合乎自然地出现了。

二 "时中"的理论内涵

值得我们关注的是，"时中"是并列结构的范畴，而非通常理解的偏正结构范畴。孔子第一次将"时"与"中"两个概念联系起来，形成了"时中"概念。其云："君子中庸，小人反中庸。君子之中庸，君子而时中，小人之中庸，小人而无忌惮。"① "时中"即"随时而处中"，用孔子的话说就是"无可无不可"："子曰：'不降其志，不辱其身，伯夷、叔齐与！'谓'柳下惠、少连，降志辱身矣。言中伦，行中虑，其斯而已矣。'谓'虞仲、夷逸，隐居放言，身中清，废中权。我则异于是，无可无不可。'"② 这段话记载了孔子对那个时代公认的几位贤人的评价，说明自己与他们的不同之处乃在于"无可无不可"。

如何理解孔子的"无可无不可"？《孟子·公孙丑上》的一段对

---

① 子思：《中庸》第二章，见朱熹《四书集注》（怡府藏版影印本），巴蜀书社1985年版。
② 孔子：《论语·微子》，见朱熹《四书集注》（怡府藏版影印本），巴蜀书社1985年版。

话正好可以帮助我们理解："（公孙丑）曰：'伯夷、伊尹何如?'（孟子）曰：'不同道。非其君不事，非其民不使；治则进，乱则退，伯夷也。何事非君，何使非民；治亦进，乱亦进，伊尹也。可以仕则仕，可以止则止，可以久则久，可以速则速，孔子也。'"又《孟子·万章下》载："孟子曰：孔子之去齐，接淅而行；去鲁，曰：'迟迟吾行也，去父母国之道也!'可以速而速，可以久而久，可以处而处，可以仕而仕，孔子也。"由孟子的评论可知，孔子的"无可无不可"就是"可以仕则仕，可以止则止，可以久则久，可以速则速"。或者"可以速而速，可以久而久，可以处而处，可以仕而仕"。从中不难看出，孔子与其他诸人的区别在于，其他人都固守一节，而孔子则"无可无不可"。所以孟子说："伯夷，圣之清者也；伊尹，圣之任者也；柳下惠，圣之和者也；孔子，圣之时者也。孔子之谓集大成。""圣之时者"即"随时而处中"。除此之外，《易传》也明确谈到过"时中"："蒙，亨，以亨行，时中也。"王弼注曰："时之所愿，惟愿亨也，以亨行之，得时中也。"高亨亦注云："卦辞云'亨'者，以人有亨美之行，进止得其时又得其正也。"①

综上所述，"时中"即"随时而处中"，其理论要义在变通，而变通的本质在"时"新而得"中"。因为时间、环境、条件变动不居，人们所要把握的客观对象并非一成不变，客体与主体之间的关系也在变动，因此，人们只有主动地去认识并适应这一切变化，使自己的行动做到"进止得其时又得其正"，才能把握客观对象中的规律或正确地解决所要解决的问题。概而言之，"中"是人们始终不渝的追求目标，"时"则是求取"中"的不可或缺的必要条件，二者相辅相成。②

---

① 高亨：《蒙卦·象传》，《周易大传今注》，齐鲁书社 1979 年版。
② 张国庆：《儒家的时中精神及其在古代文艺理论中的意义》，《思想战线》1988 年第 2 期。

三 "时中"的理论特征

（一）"时中"是历史传承与时代变异的统一。"时中"作为一个抽象的思想原则，当它表现为一种社会历史发展观时，常常既不是只讲时变而毫不讲传承，也不是只讲传承而毫不讲时变，而是历史的传承与时代的变异相统一。此即"时中"的基本理论特征之一。[①]

孔子说："殷因于夏礼，所损益，可知也；周因于殷礼，所损益，可知也。其或继周者，虽百世，可知也。"[②] 孔子认为，三代不同时，后代对前代之礼制均有损益，又大体上是因袭的。不过，这样的损益亦非无足轻重。孔子又说："周监于二代，郁郁乎文哉！吾从周。"[③] 孔子的这种态度和观点，明显体现"时中"的精神。"时中"在社会历史发展观方面表现历史的传承与时代的变异相统一的特征，并非偶然。我们知道，社会历史的发展总是既有连续性又有变异性的，事物总是在继承与变化中发展的。人们要在不同之"时"去求事物之"中"，就不能不讲变化，也不能尽弃往古。"时中"，正是这二者的统一，当然它的理论重点，乃是对于继承基础之上创新的肯定。

（二）"时中"是局部得"中"与整体和谐的统一。当"时中"将事物的发展作为一个相对完整的运动过程来看待时，其着眼点，既在于这一过程中的局部或时段相对自身而言的得宜适中，但更在于这一过程的整体和谐。关于局部得"中"与整体和谐的关系，先秦儒家的思想家们是进行过较深入研究的。在他们看来，二者间可以是一致性的关系，也可以是不一致的关系。前一种关系较简单，可不深论；后一种关系则较复杂，庞朴是这样理解的："这里却允许

---

① 张国庆：《儒家的时中精神及其在古代文艺理论中的意义》，《思想战线》1988年第2期。

② 孔子：《论语·为政》，见朱熹《四书集注》，（怡府藏版影印本），巴蜀书社1985年版。

③ 孔子：《论语·八佾》，见朱熹《四书集注》，（怡府藏版影印本），巴蜀书社1985年版。

此一时'柔从若蒲苇'，彼一时'刚强靡不伸'，就是说它允许在各个具体时段上，或柔或刚，或左或右，'或近或远，或去或不去'，即允许流于一偏，出现所谓'此一时也，彼一时也'的情况。这种做法，在儒家看来，并不是走向偏激，背离了中庸之道，而是走向高明，是更中庸的中庸之道。因为它预期着整个发展过程中的亦柔亦刚、亦左亦右、亦近亦远、亦去亦留的状态，就是说，从时间和过程的全体看，这也是用中。"[1] 也就是说，在孟子、荀子等看来，局部并不必时时处处都要得其相对自身而言的"中"，它有时也不妨走向相对自身而言的一偏或说极端，而这常常是整体和谐所必不可少的有机构成。亦即从局部自身看来的一偏，有时从整体和谐看来，却正是得"中"。

总而言之，局部相对自身而言的得"中"与整体和谐之间，存在着既相一致又不相一致的关系。当二者之间存在着不一致的关系时，它们仍然必须统一，但这种统一必须而且只能以整体的和谐作为其最终目标和决定性的根据。换言之，"时中"在这里的主要着眼点在"时间和过程的全体"。

四　"时中"的审美价值

（一）"时中"与孟子"今乐犹古乐"说

齐宣王告诉孟子，他本人所喜好的音乐并非"先王之乐"，而是"世俗之乐"，他感觉非常惭愧。孟子却说，只要大王您很喜爱音乐，齐国就会很不错了，因为"今之乐犹古之乐也"[2]。孟子为什么这样说呢？朱熹《四书集注》引范氏注云："其实今乐古乐，何可同也？但与民同乐之意，则无古今之异耳。""今乐"与"古乐"，在具体

---

[1]　庞朴：《儒家辩证法研究》，中华书局 1984 年版。

[2]　孟子：《孟子·梁惠王下》，见朱熹《四书集注》（怡府藏版影印本），巴蜀书社 1985年版。

的音乐形式和内容等方面当然不可能完全相同，但在令人快乐，使君、臣、民同乐这一审美功能上，却又无异。朱熹又引杨氏注云："乐以和为主，使人闻钟鼓管弦之音而蹙额，则虽奏《咸》、《英》、《韶》、《濩》，无补于治也。故孟子……始正其本而已。"意思是说，音乐的本质与主要功能是审美和娱乐，是使民心和乐、人心凝聚；如果音乐能够实现这一本质功能，"今乐"也值得肯定。反之，即使演奏"古乐"也不值得称颂。也就是说，在孟子看来，音乐的本质与审美娱乐功能应该是古今一致的，而其具体形式和内容等则可以古今不尽相同。其"今乐犹古乐"说，肯定了后代艺术在对前代艺术有所继承的基础上的发展变化。关于这一点，可以参见范仲淹的《今乐犹古乐赋》。

总之，孟子"今乐犹古乐"说肯定了音乐艺术在保持自身质的相对稳定性、传承性的同时所表现的历史进步性，显然是一种进步的艺术发展观，其中明显地闪耀着"时中"审美精神的光芒。

（二）"时中"与《乐记》

汉代的《乐记》所体现的"时中"审美精神，则更为明晰。《乐记》说"礼、乐之情同，故明王以相沿也。故事与时并，名与功偕"①。对于"礼、乐之情同"，我们可以从以下角度来理解，其一，礼敬乐和，表现虽异，但"致治是同"（孔颖达疏）。其二，礼敬乐和，二者各自的特殊本质（"情"）是古今相同的。正由于"礼、乐"的特殊本质与社会功能都有古今相通之处，故"明王以相沿也"。但是，"礼""乐"的具体内容与形式，却不必相沿。孔颖达疏"事与时并"云："谓圣人所为之事与所当时而并行。若尧舜揖让之事与淳和之时而并行，汤武干戈之事与浇漓之时而并行。"意即圣人行事因时而异，却同样正确而值得称颂。《乐记》又说"五帝殊

---

① 戴圣：《礼记·乐记》，见（清）朱彬撰，沈文倬、水渭松校点《礼记训纂》，浙江大学出版社2010年版。

时，不相沿乐；三王异世，不相袭礼"①。意即"殊时""异世"，"礼、乐"必因而变之。然而前面既说"明王相沿"，则这里之所变者，只可能是具体的内容与形式。也就是说，"明王相沿"侧重于强调继承，"不相沿乐、袭礼"则强调发展变化。

综而观之，由于社会的时运推移，"礼、乐"不变中有变，变中有不变，其普遍的本质、主要的审美教育功能有较为一致的稳定性，而其具体的内容和形式则有更多的适应性与变异性。这一"礼、乐"继承发展观，颇具辩证色彩，也鲜明地体现了"时中"的审美精神。《乐记》这样描绘具有审美理想的音乐：

> ……奋至德之光，动四气之和，以著万物之理。是故清明象天，广大象地，终始象四时，周还象风雨。五色成文而不乱，八风从律而不奸，百度得数而有常。小大相成，终始相生。倡和清浊，迭相为经。故乐行而伦清，耳目聪明，血气和平，移风易俗，天下皆宁。故曰："乐者，乐也。"君子乐得其道，小人乐得其欲。以道制欲，则乐而不乱；以欲忘道，则惑而不乐。是故君子反情以和其志，广乐以成其教。乐行而民乡方，可以观德矣。②

从艺术风格论的角度看，这段论述告诉我们，阳刚清扬，阴柔浊降，各种艺术风格都须得自身的"和"气，各自的出现又都须恰逢其"时"，彼此间互济互生，此起彼应，彼响此和，变化而又联系。这是构成音乐艺术风格整体和谐美的必不可少的条件。我们从上引的这段话，还可以得出这样的看法：作为艺术创造与审美鉴赏

① 戴圣：《礼记·乐记》，见（清）朱彬撰，沈文倬、水渭松校点《礼记训纂》，浙江大学出版社2010年版。

② 戴圣：《乐记·乐象》，见（清）朱彬撰，沈文倬、水渭松校点《礼记训纂》，浙江大学出版社2010年版。

对象的音乐艺术作品，它的形成或展现，可以看作一个在时间中流动着的相对完整的运动过程（"终始象四时"）。这一运动过程的整体和谐美，是音乐艺术创造的重大追求目标；由此出发，音乐艺术创造就要求其内部的每一时段或局部都按照"时"的要求各显其特征，充分表现，互相联属而又交替变化，共同来构成这一整体和谐美，从而达到艺术美的境界。此其一。

其二，上述引文中的"动四气之和"还表明，音乐运动过程中每一具体时段上的艺术表现，正有如一年中四季的气候，若能得自身之正（如夏热冬寒），同时也就能构成音乐的整体和谐美（"乐者，天地之和也"）；若不能得自身之正，同时也就破坏了音乐的整体和谐美。由此可见，这里的"时"，是整体和谐美的要求与具体时段得其相对自身而言的"中"的统一。也就是说，整体的和谐美与具体时段、局部的得其"时"，得其"性命之正"，存在着一致性亦即同向的关系。在这里，音乐作品的整体和谐美是通过乐曲的各具体时段按照"时中"精神的调节来表现、变化、组合而达到的，因此，"时中"显然就成了音乐艺术整体和谐美的内在调节机制。"时中"的审美意义也就不言自明了。

（三）"时中"与《文心雕龙》

《文心雕龙》的《通变》篇集中体现了刘勰的文学继承发展观。不少学者认为，刘勰之"通"即继承，"变"即发展变化。本书认为，"变"固应作如是观，而"通"却并非继承。刘勰是在严格按照《易传》"通变"精神的情况下来谈"通变"的。《易传》与刘勰的"通"，均含"通晓"与"开通"之义。二者谈"通变"，都主要指"通晓事物（文学）的变化"；二者言"变通"，都主要指"通过变化使事物行路畅通，流布久远"。既然"通"不是继承，那么《通变》篇又何以要大谈继承问题呢？此中的一个重要原因，就在于刘勰之"通变"与《易传》及刘勰本人的"时中"审美观念有关。在《易传》作者看来，"变通者，趋时者也"，"变通莫大乎四时"，

"通变"与"时"的关系甚深，后者甚至就是前者的根本要旨。而"刚柔以立体，变通以趋时""变则可久，通则不乏。趋时必果，乘机无怯"等主张表明，在刘勰《通变》篇这里，"变通"和"时"、"时中"的关系与此两者在《易传》中的关系是完全一致的。既然这样，而"时中"又常常从历史的传承与时代的变异相统一的角度看问题，那么，刘勰论"通变"而每言继承，也就是情理之中的事情。刘勰的"通变"观也就是他的"时中"审美精神的具体显现。

刘勰《文心雕龙·附会》篇说："故宜诎（屈）寸以信（伸）尺，枉尺以直寻；弃偏善之巧，学具美之绩；此命篇之经略也。"这里"寸"与"尺"是较小和较大的局部，"寻"是整体。"寸"与"尺"都具有小大不等的艺术容量、结构及各自的艺术风格，然而这一切都只具有相对的意义，它们的具体实现都必须以"寻"的整体和谐美为最终依归，"寻"之"具美"才具有绝对的意义。这就决定了"寸"与"尺"不能离开"寻"而作绝对的自我发展与完善，因为这种发展与完善，虽然可能使"寸"与"尺"（局部）孤立地看起来是极尽其美的，但置之"寻"（整体）内，却往往成为有害于整体和谐美的"偏善"。所以，人们有必要对这种"偏善"加以"枉屈"，使"寸"与"尺"这些局部在整体和谐美的要求和总体规范下去因"时"之宜，而出条藏迹，或显或隐，相对地完善自我。如果孤立地看，这样的"寸"与"尺"并非尽美；但是如果置之整体里面再加以观照，却恰能得其"时"之"中"之"正"，正符合整体和谐美的特定要求。因为在刘勰看来，整体和谐美与局部自身的美存在着既一致又不一致的关系；如果处于整体之中而又无视整体的和谐美，而绝对地、孤立地发展完善自身之美的"局部美"，只是一种不可取的"偏善"。只有以整体和谐美为前提和最终依归，"因时""随时""趋时""适会"地去完善自身相对之美的"局部美"，才是真正可取的"局部美"。局部艺术表现的自我发展完善与作品整体和谐美对它的要求之间存在着不一致的亦即异向的关系，这一关系的解决亦即两者的统一，只能通过每一具体时段在整体和谐美的规范制约下，对自身"偏善"扬弃后的相对的自我发展与完善来实现。这才真正做到了局部的得"时"之"中"，也才保证了整体和谐美的真正完成。"弃偏善之巧，学具美之绩"就是刘勰提出的"局部服从整体"的"时中"审美原则。

（四）"时中"与袁枚"性灵说"

"时中"审美精神曾作为儒家"诗教"的一个特定的理论对立面而存在，起到相当积极的作用。自《礼记·经解》篇提出"温柔敦厚，诗教也"的说法以后，"温柔敦厚"便作为儒家"诗教"而在中国文学理论和实践中产生了积极与消极两个方面的巨大影响。从后一方面的影响来看，它以一种特定的伦理要求和风格要求而居"诗教"之尊，在岁月的前行和情境的变迁中始终作为一面不变的旗帜高悬于诗界之上，于是时代越是前进，它就越来越显示其保守的面目。这样一来，它就与强调既继承又发展的"时中"审美精神产生了难以避免的对立。而这种对立往往突出地表现在封建社会末期的诗学思想中。如袁枚在《答沈大宗伯论诗书》中对沈德潜说：

> 至所云：诗贵温柔，不可说尽，又必关系人伦日用。此数语有褒衣大袑气象，仆口不敢非先生，而心不敢是先生。何也？孔子之言，戴经不足据也，惟《论语》为足据。子曰"可以兴，可以群"，此指含蓄者言之，如《柏舟》、《中谷》是也。曰"可以观，可以怨"，此指说尽者言之，如"艳妻煽方处""投畀豺虎"之类是也。曰"迩之事父，远之事君"，此诗之有关系者也。曰"多识于鸟兽草木之名"，此诗之无关系者也。仆读书常折衷于孔子，故持论不得不小异于先生。①

---

① 袁枚著，王英志校点：《袁枚全集》（第2册），江苏古籍出版社（凤凰出版社）1993年版，第284页。

袁枚在这里否认"诗教"的至尊地位, 其最直接的理由, 一是"孔子之言, 戴经不足据"; 二是"诗教"与孔子本人"兴观群怨"的诗歌主张相抵牾。其实袁枚这一主张有其更深层次的原因, 是因为"温柔敦厚"的"诗教"主张与他诗学的"性灵"主张和"时中"的审美精神存在着尖锐对立。

而且就在同一篇文章中, 他论述了充满"时中"审美精神的诗学观。其云:"今之丝竹, 岂古之丝竹乎? 然而不得谓今无丝竹也。天籁一日不断, 则人籁一日不绝。孟子曰'今之乐犹古之乐。'""故枚尝谓变尧舜者, 汤武也; 然学尧舜者, 莫善于汤武。莫不善于燕哙。变唐诗者, 宋、元也; 然学唐诗者, 莫善于宋、元, 莫不善于明七子。何也? 当变而变, 其相传者心也; 当变而不变, 其拘守者迹也。鹦鹉能言而不能得其所以言, 夫非以迹乎哉?"① 在袁枚看来, "温柔敦厚"拥有笼罩群言而规矩百代的至尊地位, 当然是无法容忍的。这是袁枚的"性灵说"与沈德潜的"格调说"直接交锋的一次论战。袁枚并不完全否定学习古人的格律, 但他认为"性情遭际, 人人有我在焉", 如果人们只是袭古人之貌, 拘古人之变, 就会湮没"性灵", 扼杀个性, 成为"能言而不能得其所以言"的鹦鹉。因而他倡导既继承又发展的"时中"审美精神, 要求人们在继承中孕育着创新的因素, 才能自抒襟抱, 显示无穷的创造力。所以"唐人学汉魏变汉魏, 宋人学唐变唐", 乃"风会所趋", "不得不变", 谁也阻挡不了这种"变"的趋势。这就是一种"时中"审美精神, 也是一种辩证的进步的诗学观。

(五)"时中"与《艺概》

刘熙载《艺概·文概》云:"言辞者必兼及音节, 音节不外谐与拗。浅者但知谐之是取, 不知当拗而拗, 拗亦谐也; 不当谐而谐,

---

① 袁枚著, 王英志校点:《袁枚全集》(第2册), 江苏古籍出版社 (凤凰出版社) 1993年版, 第285页。

谐亦拗也。"[①] 一般而言，文辞章句的音节，"谐"与"拗"泾渭分明，"谐"佳而"拗"不可取，不存在"当拗"与"不当谐"，甚至"拗亦谐"和"谐亦拗"的问题。刘熙载提出这样的问题，显然是在追求文辞章句音节的整体和谐美。因为只有在这一前提下，文辞章句处于局部与整体关系之中的"谐"与"拗"，才会因其所处的特殊地位或来自这特定关系的规范，进而产生"当拗"与"不当谐"乃至"拗亦谐"和"谐亦拗"的问题。也就是说，我们如果从文辞章句的音节的总体和谐美着眼，既不要求其中一切时段的音节就其自身而言都是"谐"的，也不完全排斥就局部而言是"拗"的音节，这里就有个"时中"审美精神的问题。

譬如当文辞章句的音节之流进行到某一时段，需要局部的"拗"音来与之配合，从而构成整个文辞章句音节过程的总体和谐美时，这就是"当拗"之时，这时若出之以"拗"音，就是得"时"之"中"，这样的"拗"从整个文辞章句音节过程来看恰恰是"谐"。而这时，就是所谓"不当谐"之时，若出之以"谐"音，就不能与其他音节相配合，从而构成音节全过程的整体和谐美，这样的局部的"谐"恰恰不能得"时"之"中"，恰恰成了整个音节过程中的"拗"。

刘熙载这个观点，不仅是理论上的创新，而且的确道出了诗歌创作中实际存在的状况。我们就以近体诗的"拗"与"救"为例来加以说明。大家知道，近体诗在声律方面的平仄格式构成了近体诗整个音调节奏的和谐美，但这种格式又并非绝对不变，而是可以根据诗人创作中的具体情况作适当调整的，"拗"与"救"就属于这种情况。近体诗声律格式的"拗"与"救"，表现为诗句的某个地方用了不合平仄格式的字（这就是"拗"），诗人便在诗句相应的另一个地方也改变通常格式，而用另一"拗"字来进行补救（这就叫

---

① 刘熙载：《艺概·文概》，见《艺概》，上海古籍出版社 1979 年版，第 2 页。

"救"），从而使平仄字声在诗句中的分配仍维持一种均衡状态，仍保持着诗歌音调节奏的整体和谐美。譬如杜甫《促织》一诗中的"促织甚微细，哀音何动人"一联，按一般诗歌的平仄格式，上句第三字当用平声，而下句第三字当用仄声。但是现在上句第三字已"拗"为仄声，于是下句第三字杜甫就随之"拗"为平声以"救"。我们如果单独去看，下句现在的"平平平仄平"有违于"平平仄仄平"的原格式要求，在平仄分配上也不如原格式和谐均衡；但我们如果结合上句来看，它却与用了"拗"字的上句"仄仄仄平仄"格式正好相对称。也就是说，诗人通过下句第三字的变动，补救了因上句第三字之"拗"而导致的声律均衡的破坏，重新达到了上下两句间音调节奏的和谐均衡。在老杜的诗这里，因为上句第三字既"拗"之后，下句第三字就成了刘熙载所谓"当拗"而"不当谐"，虽"拗亦谐"或"谐亦拗"，非"拗"不可的音节了。其之所以如此，是因为它受到诗歌音节整体和谐美的制约。

刘熙载将诗歌的音节看作一个有机的整体或运动过程，将局部、具体时段相对自身而言的否定性因素看作特殊情况（"时"）下整体、全过程和谐美的肯定性因素；又将局部的肯定性因素视为特殊情况下整体和谐美的否定性因素，这就不仅让人们看到了局部自身的"中"与整体和谐美之间存在着一致性关系，更揭示出其间存在着相反的亦即逆向的关系，这才是二者间的深层关系。刘熙载认为，二者间的这种对立统一关系，必须而且只能统一在文艺作品的整体和谐美上。

综上所述，在《乐记》《文心雕龙》《答沈大宗伯论诗书》《艺概》等诗学著作中，"时中"审美精神都确曾表现为一种艺术整体和谐美的内在调节机制。作者们对这一调节机制的认识，既不断发展深入，又始终保持着本质的一致。艺术整体内的各具体时段均应得"时"之"中"，是这一调节机制最为基本的要求。对于这些具体时段来说，"时中"实际上具有两层含义。

其一，是相对于具体时段自身而言的"时中"。这是因为每一具体时段都有它相对独立的艺术内涵与评价标准，因此有一个就它自身来看是否得其"时"之"中"的问题。

其二，是相对于整体和谐美而言的"时中"。这是因为局部只能是整体的局部，具体时段也只能是作为艺术品完整运动过程的有机构成而存在，那么它们是否得其"时"之"中"，就同时还有一个从整体和谐美角度加以评价的问题。

"时中"的这两层含义，既互相区别，又密切联系。《乐记》的作者看到并肯定二者之间的一致性关系亦即同向关系；《文心雕龙》的作者则指出了二者之间存在着不一致的关系亦即异向关系；《答沈大宗伯论诗书》《艺概》的作者则进一步深刻揭示出存在于二者之间的对立关系亦即逆向关系。这一方面说明二者之间的关系具有相当的复杂性与深刻性，同时也表明中国古代文艺理论家们对其看法的逐步深入与发展。但他们的主张又始终有根本一致之处，即二者必须统一，统一的最终根据和依归，便是艺术的整体和谐美。

在他们看来，艺术整体高于局部，艺术全过程的和谐美高于具体时段的"偏善"，局部永远只是整体艺术生命之中的有机分子，虽然这分子也自有其相对独立的艺术生命。因此，"时中"的第一层含义只具有相对的意义，而其第二层含义则具有绝对的意义。他们并不轻视或忽略各具体时段相对独立的艺术表现和艺术个性，而只是突出地强调着艺术整体和谐美的终极意义，以及它对具体时段所具有的规范制约作用。这种规范制约，不仅不会真正损害各局部的艺术表现与艺术个性；相反，却能使它们在整体中获得各自崭新的艺术生命与意义，使它们彼此呼应、珠联璧合、交相辉映，构成完美和谐的艺术统一体。艺术作品的一个个局部，正是按照艺术整体和谐美的要求与局部自身的要求，既一致又不一致乃至对立，然而最终必将统一在整体和谐美这一审美原则上，来摆正自身的位置，调节自身的表现，从而最终构成艺术的整体和谐美的。显然，儒家的

"时中"审美精神进入艺术领域之后，曾作为艺术整体和谐美的颇具辩证色彩的内在调节机制而在中国古代诗学理论中占有相当独特而重要的地位。

综上所述，"时中"无论是作为中国古代诗学的继承发展原则，还是作为中国古代艺术整体和谐美的内在调节机制，"时中"审美精神都在中国古代诗学理论中发生了重大的影响，具有重要的意义。"时中"审美精神是"中"的审美本质。

第三节 "中和"："中"的审美理想境界

一 "中和"的含义

有学者指出："'中'、'和'观念自商周起已经逐渐形成一个较为丰满和完整的观念体。这之中，'中'观念比较侧重于个人德行的培养，而'和'则更偏重于社会，尤其是在于突出和强调和谐环境的构建。因此，从这时起，无论是'中'，还是'和'，都已经成为中国社会或文化所崇尚与依托的基本原则与理想。"[1]

关于"中"的基本含义，本书绪论部分有详细论述，此处不赘。但有学者认为，至少可以从以下两个层面来理解"中"。[2] 其一，作为名词性的"中"。它所表征的是每一种事物内在所固有的贯穿始终的属性和规律性，即朱熹所言的"天然自有之中"是指事物之理[3]。除此之外，作为静态的、名词性的"中"，它还表征了每一种事物按照其内在固有的属性和规律性而呈现的一种最佳的存在状态，即"不偏不倚，无过无不及"的"恰到好处"。这也就是本书第一章所论述的"中"的本体论层面的内涵。其二，作为动词性的"中"。

---

① 吾淳：《中国哲学的起源：前诸子时期观念、概念、思想发生发展与成型的历史》，上海人民出版社2010年版，第401页。

② 杨明：《儒家"中和"理念及其现代价值》，《道德与文明》2010年第2期。

③ 朱熹著，（宋）黎靖德编：《朱子语类》卷十八，中华书局1986年版。

它所表征的是人们为了使每一种事物呈现它的最佳存在状态，按照其内在固有的属性和规律性，并结合具体的时间、地点等条件而采取的一种最为适宜的手段或行为，即朱熹所言的"当其时合如此做，做得来恰好"①，也就是孔子所谓的"时中"和"用中"。这就是本书第一章所论述的"中"的工夫论层面的内涵，二者可以参照互读。

关于"和"的基本含义，本书第三章第一节亦有详细论述，我们还可以从以下两个层面来理解。

一是作为名词性的"和"。它所表征的是多种不同事物或者同一事物中的不同构成要素之间，在保持自身属性和规律性不变的前提下，所形成的一种圆融和谐的关系和状态，即《中庸》所言的"万物并育而不相害，道并行而不相悖"的"太和"景象。只有在这种各事物及事物各要素之间"并育而不相害""并行而不相悖"的和谐共处的状态下，才涉及了"和"在另一个层面上的含义。

二是作为动词性的"和"。它所表征的是各事物及事物各要素在各得其所、各尽其性，达至和谐共处的状态时，这种状态所具有的一种创造新事物和新生命的生发过程。即《国语·郑语》记载周朝史伯所言的"和实生物"，或《中庸》所言的"致中和，天地位焉，万物育焉"。

从上述"和"的这两层含义可见，"和"与"同"有本质的区别，这种区别在史伯看来就是"夫和实生物，同则不继。以他平他谓之和，故能丰长而物归之，若以同裨同，尽乃弃矣"②，也就是说"以他平他"的"和"是以各事物及事物各要素间的相异为前提，通过事物和要素间的相互认同、补充、协调与成全而完成的，正因如此它才具有了生命力，才能生发出新的事物；而"以同裨同"的"同"则忽略了各事物及要素间的相异性，它仅仅是通过同一事物或

① 朱熹著，（宋）黎靖德编：《朱子语类》卷六十二，中华书局1986年版。
② 左丘明：《国语·郑语》，上海书店1987年版。

要素之间的简单堆积或叠加而完成的，其结果自然只能是窒息了事物发展的生机。

春秋时期齐国的晏婴以烹饪和鼓乐为例，生动地阐释了"和"与"同"之间的差异："和如羹焉，水火醯醢盐梅以烹鱼肉，燀之以薪。宰夫和之，齐之以味，济其不及，以泄其过。君子食之，以平其心，君臣亦然。……若以水济水，谁能食之？若琴瑟之专一，谁能听之？同之不可也如是。"① "济其不及，以泄其过"，实际上也就是"中"。从这个意义上说，"中"与"和"在本质上是相通的。如果我们用现代哲学术语来表示，"和"就是多样性的统一。"同"则如同"以水济水"，"若以水济水，谁能食之？若琴瑟之专一，谁能听之？"意思是说，如果用清水来给清水调剂味道，谁能喝得下去？如果只是用一琴或一瑟来奏乐，谁能听得下去？如果用现代哲学术语来说，"同"就是没有差别的绝对的同一。"和"与"同"，表面上看很相似，实质上则大异其趣。"同"是绝对的一致，既无变动也没有多样性，因此，它代表了单调、沉闷和死寂。而"和"如"和羹"（为羹汤调味），必须齐之以味，它代表了丰富、生动与活泼，是多样性的统一。

孔子对"和"的价值和意义有自己的独特体会。其曰："君子和而不同，小人同而不和。"② 如果我们以上下级关系为例来理解"和"与"同"：上所谓是，是中有非；下言其非，以成其是，为"和"；上之所是，下必是之；上之所非，下必非之，为"同"。"和而不同"就是求同存异，恰到好处；"同而不和"就是盲从附和而不讲原则。

虽然我们没有充分的材料证明孔子已经形成了相当成熟的"中

---

① 杨伯峻：《晏子春秋·外篇第七》，见杨伯峻编注《春秋左传注·昭公二十年》，中华书局1990年版。

② 孔子：《论语·子路》，见朱熹《四书集注》（怡府藏版影印本），巴蜀社1985年版。

和"观念，但如果检索相关文献也不难发现，孔子的思想是包含着"中和"观念的，其云："政宽则民慢，慢则纠之以猛。猛则民残，残则施之以宽。宽以济猛，猛以济宽，政是以和。"① 这是孔子评论子产的一段话，据《左传》记载，子产临终前，曾告诉他的接班人子大叔说，统治者为政的关键，就在于针对不同的对象，或宽或猛，宽猛适中。孔子称这种"宽猛相济"所达到的适中状态为"和"，并引《诗经·商颂·长发》"不竞不絿，不刚不柔。敷政优优，百禄是遒"② 的诗句，称赞子产的为政之道是"和之至也"。其大意是说，子产的为政之道既不懈怠也不急躁，既不强硬也不柔软，施政行令温和宽厚，百千福禄就会聚集。孔子以此形容子产的"宽猛"之论，认为这是达到了"和"的极点。孔子用"和"概括子产的"宽猛"之论及《商颂·长发》中所表现的"适中"思想，表明孔子已经意识到了"中"与"和"的内在关系。如孔子在齐国听到《韶》乐的演奏，竟"三月不知肉味"。这种境界的获得，恐怕与他对"中和"之美的独特体认不无关系。又如其评价《关雎》说："《关雎》，乐而不淫，哀而不伤。"③ 孔子所运用的评价标准与"中和"之美相近似，只是他没有明确提出"中和"的概念而已。

"中和"这一概念最早见于《中庸》："喜怒哀乐之未发，谓之中；发而皆中节，谓之和。中也者，天下之大本也；和也者，天下之达道也。致中和，天地位焉，万物育焉。"④ "大本"者，指最高的终极存在，是万事万物得以和谐存在的最终本源；"达道"者，指最高的生成之道，用来指称万事万物得以和谐发展的最终道理。"中和"不是"中"与"和"的简单联结，而是动与静、内与外、体与用的有机统一，是一种至高至善至美的和谐状态。所谓"中和"，就

---

① 杨伯峻编注：《春秋左传注·昭公二十年》，中华书局1990年版。
② 程俊英：《诗经译注》，上海古籍出版社1985年版，第681页。
③ 孔子：《论语·八佾》，见朱熹《四书集注》（怡府藏版影印本），巴蜀书社1985年版。
④ 子思：《中庸》，见朱熹《四书集注》（怡府藏版影印本），巴蜀书社1985年版。

是以"中"为度而达到"和"，保持事物的发展稳定在和谐的最佳状态。① 本书认为，"中和"是指天与地、天与人、人与人、人与己之间所达到的和谐的审美理想境界。

二 "中和"："中"的审美理想境界

在古代中国，儒家、道家、释家都普遍追求一种天地之间、天人之间、人人之间、人己之间的和谐的审美境界。对儒家而言，这种和谐的审美境界就是"中和"，"中和"指天与地、天与人、人与人、人与己之间所达到的和谐的审美理想境界。而"中和"又是"中"的审美理想境界，人们如何才能达到"中和"的审美理想境界呢？先秦儒家提出要遵循以下基本原则。

（一）守"仁"保"中"。如前所述，先秦儒家认为，"仁"是"中"的本体，是达至"中和"审美理想境界的源头活水。《中庸》云："喜怒哀乐之未发，谓之中；发而皆中节，谓之和。中也者，天下之大本也；和也者，天下之达道也。"② 这个未发的"中"就是人心本来的德性——"仁"，也就是孟子所谓的"善端"或王阳明所谓的"良知"（泰州学派王艮的"良知说"据此生发而来）。朱熹曾引程子的话说："仁者，天下之正理，失其正，则无序而不和。"③由此可见，守"仁"对于实现"中和"审美理想境界是多么的重要。人们如果守住了这个人心（"仁"或"良知"），也就守住了天理，他的一言一行也就能自然而然地做到"中节"，就能够实现"中和"的审美理想境界。然而"心作为仁之体。只有保持自性明觉，毫无私欲之萌，才能与仁合一，求得理得心安"④。因而人们如果只

---

① 迟成勇：《儒家"中和"思想与社会主义核心价值体系建构》，《新东方》2011 年第 3 期。

② 子思：《中庸》，见朱熹《四书集注》（怡府藏版影印本），巴蜀书社 1985 年版。

③ 朱熹：《论语集注》，见《四书章句集注》，中华书局 1983 年版。

④ 王甦：《中道探微》，台北：文史哲出版社 1994 年版，第 25 页。

有这个"仁"之"心"还不够，还必须使它们在实践中合二为一，这就涉及为人处世中的修养工夫。在儒家看来，这个使人不失其"仁"的修养工夫就是"忠恕之道"，即积极意义上的"己欲立而立人，己欲达而达人"和消极意义上的"己所不欲，勿施于人"①。只有这样，人们才能守住这个"仁"本体，言行才能做到"中节"并达到"中和"的审美理想境界。

（二）持"义""时中"。先秦儒家认为，如果说"仁"是"中"的本体，那么，"义"就是"中"的修养工夫，成为规范人们言行的准则。《中庸》云："义者，宜也。"心得其宜，行得其中，表里都做到恰到好处，便是"义"之工夫。由于世上理无定在、事有时宜，故人们必须"时中"，也就是说，要人们根据具体的时间、地点、条件的变化而做出判断，以使自己的言行表现得最为恰当，这就显得非常重要。所以《中庸》云："君子之中庸也，君子而时中。"②可见，"时中"也就是"义"之工夫。按照先秦儒家的解释，"义"之工夫可以有多方面的内涵。第一，顺势而为。如孔子所言的"危邦不入，乱邦不居；天下有道则见，无道则隐"③。"可以仕则仕，可以止则止，可以久则久，可以速则速"④。"狂"则志存高远、积极进取，"狷"则气质脱俗、自有所守，等等。第二，是非得当。正如王阳明所言："只是非就尽了万事万变"，"是非两字是个大规矩，巧处则存乎其人"⑤。这里的"巧处"指的是人们要在是非曲直中做到公正公平，而非乡愿式的不分是非的简单折中。第三，"过"与"不及"。如孔子曾批评微生高"掠美市恩"⑥是"过"，臧文仲"知

---

① 孔子：《论语·卫灵公》，见朱熹《四书集注》（怡府藏版影印本），巴蜀书社1985年版。
② 子思：《中庸》，见朱熹《四书集注》（怡府藏版影印本），巴蜀书社1985年版。
③ 孔子：《论语·泰伯》，见朱熹《四书集注》（怡府藏版影印本），巴蜀书社1985年版。
④ 孟子：《孟子·公孙丑上》，见朱熹《四书集注》（怡府藏版影印本），巴蜀书社1985年版。
⑤ 王阳明：《语录三》，《王阳明全集》卷三，上海古籍出版社2015年版，第97页。
⑥ 孔子：《论语·公冶长》，见朱熹《四书集注》（怡府藏版影印本），巴蜀书社1985年版。

贤不举"① 是"不及"，二者在为人处世方面都有违"中"道，都不合"义"之修养工夫。而"义"之修养工夫正是人们达至"中和"审美理想境界的舟楫。

（三）以"礼"制"中"。如前所述，"时中"就是变通趋时，而这种"变"，并非没有原则，其原则就是"礼"，"礼"是孔子中庸思想的规范原则。其云："君子之于天下也，无适也，无莫也，义之与比。"② 朱熹《集注》引谢氏曰："适，可也。莫，不可也。"③ "无适""无莫"正是"无可无不可"。然而"无可无不可"必须服从一个原则，这个原则就是"礼""义"。这也正是孔子所说的："礼乎礼，所以制中也。"④ "以礼制中"就是把"礼"作为"中"的规范准则，或者可以说，孔子讲"中"，其尺度就是"礼"。而其讲"礼"，目的也是为了达到"中和"。也就是说，孔子认为，守"仁"、合"义"的内在原则对于达至"中和"的审美理想境界固然重要，但由"仁""义"外化而成的社会行为规范之"礼"对于"中和"审美理想境界的实现同等重要。如孔子说："恭而无礼则劳，慎而无礼则葸，勇而无礼则乱，直而无礼则绞。"⑤ 意思是说，一个人如果过分恭敬，而不约之以礼，就未免劳倦；如果过分谨慎，而不约之以礼，就难免流于胆怯懦弱；如果过分敢作敢为，而不约之以礼，就难免盲动闯祸；而如果过分直率，而不约之以礼，就难免尖酸刻薄。恭敬、谨慎、勇敢、直率，本来都是人的好品德，但孔子认为人如果发挥不当，或不用礼来约束，其结果往往适得其反。很明显，这里"礼"是成就人之"恭、慎、勇、直"四德而使之适

---

① 孔子：《论语·卫灵公》，见朱熹《四书集注》，（怡府藏版影印本），巴蜀书社 1985 年版。

② 孔子：《论语·里仁》，见朱熹《四书集注》（怡府藏版影印本），巴蜀书社 1985 年版。

③ 朱熹：《四书章句集注》，中华书局 1983 年版，第 71 页。

④ 孔子：《论语·仲尼燕居》，见朱熹《四书集注》（怡府藏版影印本），巴蜀书社 1985 年版。

⑤ 孔子：《论语·泰伯》，见朱熹《四书集注》（怡府藏版影印本），巴蜀书社 1985 年版。

"中"的内在规范原则。《礼记》说"富贵而知好礼，则不骄不淫；贫贱而知好礼，则志不慑。"① "故君子有礼，则外谐而内无怨"②，这说明"礼"具有致"中"的作用。这正如荀子所说："先王之道，仁之隆也。比中而行之。曷为中？曰：礼义是也。"③ 而朱熹对此则有更进一步的阐释："礼者，天理之节文，人事之仪则也。"④ 朱熹认为，"礼"虽外显于人事，却根源于天理，人们在现实生活中对"礼"的遵循、对"仁""义"的践行，实质上也就是对天理的遵循。天理即中道，中道即和谐，所以对外在礼仪规范的遵循所导致的最终结果便是"中和"审美理想境界的实现，所以说："礼之用，和为贵。先王之道斯为美，小大由之。有所不行，知和而和，不以礼节之，亦不可行也。"⑤

孔子特别重视"礼"在"中"内的意义和作用，要求"君子之行也，度于礼"⑥。"度于礼"即是"就有道而正焉"。从这个意义上说，合于"礼"就是"正"。孔子很强调"正"，如"其身正，不令而行；其身不正，虽令不从"。"苟正其身矣，于从政乎何有？不能正其身，如正人何？"⑦ "身正"就是指人的言行合乎"礼"。孔子由"正身"而进一步提出了"正名"的主张，即"君君，臣臣，父父，子子"⑧。也就是说，孔子要以"礼"作为规范原则，来衡量人们的等级名分，以使人们的等级与其名分相当。而人们的名分相当，就合乎"礼"，也就是"正"。其实，孔子所说的"正身"也好，"正

---

① 戴圣：《礼记·曲礼上》，见（清）朱彬撰，沈文倬、水渭松校点《礼记训纂》，浙江大学出版社 2010 年版。

② 戴圣：《礼记·礼器》，见（清）朱彬撰，沈文倬、水渭松校点《礼记训纂》，浙江大学出版社 2010 年版。

③ 荀子：《儒效》，见（清）王先谦撰《荀子集解》，中华书局 1988 年版。

④ 朱熹：《论语集注》，见《四书章句集注》，中华书局 1983 年版。

⑤ 孔子：《论语·学而》，见朱熹《四书集注》（怡府藏版影印本），巴蜀书社 1985 年版。

⑥ 孔子：《论语·哀公十一年》，见朱熹《四书集注》（怡府藏版影印本），巴蜀书社 1985 年版。

⑦ 孔子：《论语·子路》，见朱熹《四书集注》（怡府藏版影印本），巴蜀书社 1985 年版。

⑧ 孔子：《论语·颜渊》，见朱熹《四书集注》（怡府藏版影印本），巴蜀书社 1985 年版。

名"也好，其实质都是为了"以礼制中"。而"以礼制中"也是为了让人们更好地实现"中和"的审美理想境界。

（四）以"智""执中"。如前所述，人们无论是守"仁"合"义"，还是循"礼""执中"，其实都需要一定的知识即要用"智"。人们首先要知道什么是"中"，以及如何"用中"？因此"智"就构成了"中"的认知前提。然而，人们要知道"中"在哪里，以及如何实现"中"？这其实并非是一件容易的事情。一方面，正如《尚书·大禹谟》所言："人心惟危，道心惟微；惟精惟一，允执厥中"①，意思是说，人们的心灵由于"生于行气之私"，容易被人的各种欲望遮蔽；而道心虽发于义理，却精微难见，且又因理在气中，容易被气左右，使微者更微；而要让被遮蔽的人心与微弱的道心合二而一，使之处于"中"之审美人生境界就变得难上加难。另一方面，"中"要求人们随时随事而变，没有固定的模式与规律可循，这就要人们懂得如何去"权"。正如孔子所说"可与共学，未可与适道。可与适道，未可与立。可与立，未可与权"②。由此可见，"权"又要求人们必须具有相应的智慧才有可能把握"中和"之审美理想境界。

"惟精惟一，允执厥中"中的"惟精"指的是人们要"知善"，要具备德性之知，懂得"择乎中庸"的道理；人们要善于在事物的千变万化中做出准确的预测和判断，选择最恰当的行动时机和行为方式。"惟一"指的是人们要"行善"，在身体力行中坚持守"中"不动摇。因此，人们只有把"知善"和"行善"统一起来，才可能拥有"执中"的大智慧，才有可能实现"中和"之审美理想境界。

三　"中和"的审美价值

"贵和尚中"，是中华传统文化的基本精神之一，在中华传统文

---

① 《尚书·大禹谟》，见孙星衍注，陈抗、盛冬铃点校《尚书今古文注疏》，中华书局1986年版。

② 孔子：《论语·子罕》，见朱熹《四书集注》（怡府藏版影印本），巴蜀书社1985年版。

化的发展过程中曾起非常重要的作用。尽管这一观念有其不足之处，但其中所蕴含的积极、合理的思想元素仍然值得发掘与弘扬。"中和"思想作为中华民族独特的文化精神和审美生存智慧，其合理的思想内核为新时代中国式现代化社会的构建与人类命运共同体的构建提供宝贵的思想资源与理论智慧，具有重要的审美价值。

其一，"中和"观念为新时代中国式现代化社会人与己之间、人与人之间、不同社会阶层之间的和谐共处提供了审美生存的智慧。"中和"观念在社会层面强调整体和谐，但并不否认社会各要素之间存在的差异和矛盾，而矛盾斗争的最终结果是指向和谐。"中和"观念所追求的"和谐"境界可以为解决新时代中国社会人与己、人与人、人与自然、人与社会之间的矛盾，为构建社会主义和谐社会提供丰富的思想文化资源。我国实行改革开放四十多年来，在国民经济快速增长、综合国力不断增强和人民生活水平不断提高的同时，我国的社会发展却出现一系列矛盾冲突乃至多种危机，即人与自身心灵的冲突（精神危机），人与人的冲突（信任危机），人与自然的冲突（生态危机），人与社会的冲突（社会危机），经济发展与社会发展的冲突（发展危机）。面对如此之多的矛盾冲突和危机，早在2004年9月，中共十六届四中全会明确提出了构建"社会主义和谐社会"的伟大战略，而构建"社会主义和谐社会"是一个不断化解社会矛盾的持续过程。

因为在当今社会，人与己之间、人与人之间、不同社会阶层之间的和谐是全社会和谐的基础。人的所有行为都与各种利益密切相关，人与人之间的关系说到底是利益关系。人们在追求自己各种利益的过程中，由于受到各方面因素的影响，人们利益占有的多少是有差别的，而这种差别就有可能发展为人与己之间、人与人之间、不同社会阶层之间的矛盾冲突。当然，在社会主义社会（包括其他社会阶段比如资本主义社会）这种差别和矛盾应该是社会发展的正常现象，从某种意义上说，在我国建设社会主义和谐社会也不是要取消社会差别与矛盾；相反，一定程度的社会差别与矛盾运动正是社会发展的动力和源泉。但是这种社会差别与矛盾，在自发的状态下有可能尖锐与激化，从而发展成为对抗性的社会矛盾，进而导致社会动荡。因此，社会利益的差别与矛盾就使得社会发展出现两种可能：一是和谐社会；二是动乱社会。

据国家统计局 2021 年发布的数据，我国人均 GDP 达到 80976 元，按年平均汇率折算达 12551 美元，超过世界人均 GDP 水平。但我国仍然是一个发展中国家，而且我国东、中、西部地区的发展不平衡，正在向第二个百年奋斗目标即全面建设中国式现代化社会迈进。习近平总书记在党的十九大报告中明确指出："中国特色社会主义进入新时代，我国社会主要矛盾已经转化为人民日益增长的美好生活需要和不平衡不充分的发展之间的矛盾。"许多国家和地区的现代化发展历程表明，这一阶段正是出现社会发展两种可能的"临界点"。因此，我们以"中和"观念来思考新时代中国式现代化的发展道路就显得尤为重要。我们要建设中国式现代化社会，首先，我们要承认我国东、中、西部地区的发展有差距，承认新时代中国社会各阶层之间、人与人之间有利益差别，否则中国社会发展就可能停滞不前。其次，我们要正确对待与保持适度的社会差别，力争使之达至和谐状态，注重社会矛盾的统一和均衡。再次，新时代中国社会的发展要在多样中求得统一。东、中、西部地区的发展要在动态中求得平衡，在互利中求得共赢。具体来说，我们要承认我国在东、中、西部地区的内部和外部的各要素之间存在着一定的差别，而且这诸多的差别正是新时代中国社会充满活力的源泉；这种差别的展开就是我国东、中、西部地区的社会内、外部的各种矛盾运动，但是这些矛盾运动都保持在社会统一体容许的范围、程度之内，从而实现新时代中国社会人与己之间、人与人之间、不同社会阶层之间的和谐共处。有学者指出："今天，我们也可根据孔子'执两用中'的方法来化解现实生活中的矛盾及道德价值的冲突，采取'无过无不及'的方式，适度地有分寸地来处理，以引导事物向着最佳方面发展。"① 也就是说，"中和"观念注重客观事物矛盾对立的统一，使矛盾两端都可以同时存在，都可以保持各自的特性，促进两端彼此互动、兼容、转化。如果我们把"中和"观念引申、拓展并广泛地应用于新时代中国社会的各个领域，使和谐思想涵盖社会政治、经济、文化等领域，体现在人与己、人与人、人与社会等诸多方面，那么新时代中国式现代化的建设进程就会更加顺畅。这就是"中和"观念的审美价值之所在。

其二，"中和"观念为人与自然之间的和谐共生提供了审美生存智慧。自然界是人类社会的起点和归宿，也是人类社会之根本，人与自然之间的和谐共生是社会和谐的前提。在世界漫长的物种进化史上，人的精神意识的诞生，促使人类从与自然浑融一体的状态中脱颖而出，人类从野蛮走向文明，成为当之无愧的"万物之灵"。而人类从野蛮走向文明就意味着人与自然有了巨大的差别，但是这种差别丝毫不能改变人类来源于自然界并将永远依存于自然界这一事实，所以这种差别并不意味着人在自然面前可以为所欲为，换言之，人是"万物之灵"，但并非"万物之主"。生产力作为人类征服与改造自然的能力，它的不断发展是人类社会不断前进的必由之路，但是征服与改造自然需要一个合理的度，就像贫瘠的土地长不出好庄稼一样，在日益恶化的自然环境中也不可能有社会生产力的持续发展。因此，我们不要盲目夸大人与自然的差别，而是要将这种差别保持在合理的限度内，实现人与自然之间的和谐共生。

20 世纪 80 年代以来，中国社会步入了一个长期经济高速增长的时期，不自觉地走了一条高耗能、高污染、粗放型的经济增长之路，人与自然的差别演化为尖锐激烈的矛盾。水土流失、环境污染、物种灭绝等一系列生态失衡问题，经常困扰着我们。人类赖以生存和

① 程静宇：《中国传统中和思想》，社会科学文献出版社 2010 年版，第 367 页。

发展的自然环境面临着深刻的危机，近三年来的全球新冠疫情也给中国社会带来重重挑战与危机。作为中国古代生存智慧的"中和"观，对我们重新认识和深刻反思当今社会的发展之路，无疑具有十分重要的启发意义。我们在建设中国式现代化社会的进程中，如果要真正实现人与自然之间的和谐，就应当高度重视人与自然之间的相互关系。我们不仅要维护人类自身的利益，追求社会生产力的持续发展，还要维护自然界的生态平衡、善待自然。我们在对自然资源进行合理开发和利用的同时，更要注重保护自然资源，始终秉承"民胞物与""仁民爱物"的"中和"之道，进而使人类社会与自然生态系统之间能够和谐相生、协调发展。孔子就曾经用自然的和谐相生的道理来强调以德治国的重要性，其云："为政以德，譬若北辰，居其所而众星共之。"① "北辰"即北极星，在地球自转和公转所反映的恒星运动中，北极星是不动的，其他恒星则绕之旋转，故古人称北辰为"天枢"。孔子认为，统治者如果能够以德治国，就会使自己像北极星一样，处在一定的位置上，别的星辰都围绕着它运转。由此可见，"德政"所体现的和谐，犹如天体运行之和谐，自然而然。也许正是基于这层体认，孔子曾对其弟子子贡说："予欲无言。"孔子不想说话的原因是："天何言哉，四时行焉，百物生焉，天何言哉！"② 我们不难想象，当年孔子说这段话时，正是基于其对天人和谐的深刻感受。《周易·乾卦·文言》曰："大人者，与天地合其德，与日月合其明，与四时合其序，与鬼神合其吉凶。先天而天弗违，后天而奉天时。"张载《正蒙·乾称篇》所强调的"天人合一""民胞物与"观念，以及程颢《识仁篇》概括的"仁者浑然与物同体"的"万物一体"思想，这些论述都是强调人与自然的整体和谐观念，值得我们珍视。本书认为，强调人与自然的和谐共生，

---

① 孔子：《论语·为政》，见朱熹《四书集注》（怡府藏版影印本），巴蜀书社 1985 年版。
② 孔子：《论语·阳货》，见朱熹《四书集注》（怡府藏版影印本），巴蜀书社 1985 年版。

正是"中和"观念的审美价值之所在。

其三,"中和"观念为我国社会主义核心价值观的构建提供了思想资源、理论智慧与方法论。

从文化传承与创新的角度看,"中和"观念作为儒家思想的核心价值观,与社会主义核心价值观的构建有着不可分割的内在联系。"中和"观念作为中华民族独特的文化精神和审美生存智慧,其合理内核为社会主义核心价值观的构建提供了可资利用的思想资源、理论智慧与方法论的借鉴①,具有重要的现实价值与审美意义。

"中和"观念在中国古代社会的历史进程中深刻地影响了中华民族的思维方式、文化心态乃至生存方式,"中和"观念已经内化为中华民族的一种文化意识,成为中华民族文化——心理结构的主体。"中和"所蕴含的"和谐"观,是指以"和谐"价值取向为旨趣的辩证思维方法,即认为均衡、协调是世界的本质。"中和"主张用"和谐"的原则处理人类社会的一切事务,"和谐"原则体现了世界多样性的辩证统一。"中和"作为一种思维方式,要求我们以一种辩证的、相对的和全局的观点来看待中华民族的文化价值观与其他民族的文化价值观、主流价值观与非主流价值观之间的差异、冲突与融合、共生。有学者认为"儒家所谓'和',不是不承认矛盾对立,而是主张存异求和,在多样性的矛盾差异中实现统一;也不是绝对地排斥斗争,而是主张争之以礼,在和谐有序的关系中展开竞争"。②也就是说,"中和"涉及人生、社会、宇宙等各个方面,其中所蕴含的"和而不同"的"中和"境界、"过犹不及"的理性精神、"随时而中"的生存智慧等合理元素,对社会主义核心价值体系构建、新

---

① 参见迟成勇《儒家"中和"思想与社会主义核心价值体系建构》,《新东方》2011年第3期;李煌明《儒家传统价值观对建构社会主义核心价值观体系的启示》,《科学社会主义》2008年第5期;吴光《儒家核心价值观在构建和谐世界中的重要意义》,《孔子研究》2006年第6期。

② 赵馥洁:《中国传统哲学价值论》,人民出版社2009年版,第452页。

时代中国式现代化建设乃至对人类命运共同体的构建发展具有启示意义，或提供有现实价值的思想资源、理论智慧与方法论的借鉴。

从适应新时代中国社会的深刻变化来看，我国正处在第二个百年奋斗目标即中国式现代化社会建设的开启阶段，在前所未有的改革、发展和开放进程中，各种价值观念和社会思潮纷繁复杂。国际敌对势力正加紧对我国实施西化、分化战略，思想文化领域是他们长期渗透的重点领域。面对世界范围内思想文化交流、交融、交锋形势下价值观较量的新态势，面对改革开放和发展社会主义市场经济条件下思想意识多元、多样、多变的新特点，迫切需要我们积极培育和践行社会主义核心价值观，扩大社会主义主流价值观念的影响力，提高我们国家的文化软实力。2006 年 10 月，中共十六届六中全会通过《中共中央关于构建社会主义和谐社会若干重大问题的决定》，第一次鲜明地提出："坚持以社会主义核心价值体系引领社会思潮，尊重差异，包容多样，最大限度地形成社会思想共识。"2012年 11 月，中共十八大明确提出"三个倡导"，即"倡导富强、民主、文明、和谐；倡导自由、平等、公正、法治；倡导爱国、敬业、诚信、友善；积极培育社会主义核心价值观"，这是对社会主义核心价值观的最新概括。"富强、民主、文明、和谐"是中国社会主义现代化国家的建设目标，是从国家价值目标层面对社会主义核心价值观的概括。"自由、平等、公正、法治"是对中国美好社会的生动表述，是从社会治理层面对社会主义核心价值观的凝练。它反映了中国特色社会主义的基本属性，是中国共产党矢志不渝、长期实践的核心价值观。"爱国、敬业、诚信、友善"是社会公民的道德规范，是从个人行为层面对社会主义核心价值观的概括。它覆盖社会道德生活的各个领域，是每一位社会公民必须恪守的基本道德准则，也是评价社会公民道德行为选择的基本价值标准。2013 年 12 月，中共中央办公厅印发《关于培育和践行社会主义核心价值观的意见》，明确提出以"三个倡导"为基本内容的社会主义核心价值观，与中国特色社会主义发展要求相契合，与中华优秀传统文化和人类文明优秀成果相承接，是中国共产党凝聚全党、全社会价值共识作出的重要论断。

社会主义核心价值观的提出和发展，是中国共产党人对社会主义先进文化的认识的抽象与升华，既凸显民族的、科学的、大众的理论特色，又体现出面向现代化、面向世界和面向未来的价值取向。社会主义核心价值观作为社会主义先进文化的重要组成部分需要不断发展，而文化发展的关键在于创新，从而确保政治上的统一、社会的和谐稳定。有学者认为，儒家的"和"作为价值观不仅具有开放性的特征，而且具有保守性的特征。从开放性特征看，"正因为'和'包容事物的多样性，所以它能不断地接纳新的事物、新的价值观念，可以涵盖众多的价值观念"。从保守性特征看，传统的"和"是一种整体的、动态的和谐，体现了恰到好处的"中庸"精神。"正因为传统儒家提倡的是恰到好处、'执两用中'的'中庸'精神反对极端，所以就成为各种价值观念的桥梁与纽带，能实现价值观念矛盾性和多样性的统一，所以具有凝聚力。"① 由此可见，"中和"观念所蕴含的开放性与保守性、多样性与包容品格，为我们正确处理马克思主义一元指导思想与多元化社会思潮、主导价值观与多元化价值观的关系提供理论智慧与方法论的参考，即在尊重差异中扩大社会认同，在包容多样中增进思想共识。

与此同时，"中和"观念为我们正确处理国与国之间的关系提供了理论智慧与思想资源。在当今世界，生活在同一地球的人们日益认识到和平发展的重要性，认识到和平共处对于世界发展的重要意义。和平、发展与合作已成为世界各国人民的理想追求与共同主题。而中国传统的"中和"观为这一世界共识提供了有益的历史诠释与

---

① 李煌明：《论儒家传统核心价值观体系的结构》，《云南师范大学学报》（哲学社会科学版）2009 年第 2 期。

思想资源支持。英国哲学家罗素认为："中国至高无上的伦理品质中的一些东西，现代世界极为需要。这些品质中，我认为和气是第一位的"，"若能被全世界采纳，地球上肯定会比现在有更多的欢乐、祥和"①。"中和"理念所倡导的"和为贵"的价值取向与协和万邦的相处原则，充分体现了中国古代思想家对和谐、秩序、仁爱的向往和追求。今天，我们在努力维护和实现世界和平、发展与合作的进程中，坚持和平共处、相互尊重、兼爱宽容等基本准则，一定有助于世界上民族与民族之间、国家与国家之间的和谐，从而有力地推进人类命运共同体的建设。

综上所述，"中和"是"中"的审美理想境界，而人们要如何才能达到"中和"的审美理想境界呢？先秦儒家认为要遵循以下原则：第一，守"仁"保"中"；第二，持"义""时中"；第三，以"礼"制"中"；第四，以"智""执中"。人们只有做到"知""行"统一，才可能拥有"执中"的大智慧，才有可能实现"中和"之审美理想境界。"中和"观念作为中华民族独特的文化精神和审美生存智慧，具有重要的审美价值：其一，"中和"观念为人与己之间、人与人之间、不同社会阶层之间的和谐共处提供了审美生存的智慧；其二，"中和"观念为人与自然之间的和谐共生提供了审美生存智慧；其三，"中和"观念为我国社会主义核心价值观的构建提供了思想资源、理论智慧与方法论。

通过以上论述，我们不难发现，"中"的审美特征有一个内在的逻辑结构，中国传统文化的"尚中"观念为其审美逻辑起点，"时中"是其审美精神本质，"时中"使传统的"尚中"观念由静态单一的结构（"无过无不及"），发展成为动态变化的系统（"无可无不可"）。而且使"无可无不可"的动态变化的系统始终遵循着"中

---

① ［英］罗素：《中国问题》，转引自中国人权研究会编《东方文化与人权发展》，东方出版社 2004 年版，第 197 页。

和"之审美理想境界而展开，并由此直契"天人合一"之美，使"中"上升为一种对"天人和谐"之境界美的体认与追求，即"中和"是"中"的审美理想境界。概言之，"中"既是一种本体论，又是一种工夫论，更是一种审美理想境界。

结　语

　　本书通过五章内容的概述，对泰州学派哲学美学范畴"中"的基本含义、基本特征及其嬗变的子范畴"道""诚""和""庸"等进行了梳理与论析。我们认为，以"中"即"道"、"中"即"诚"、"中"即"和"、"中"即"庸"，以及"尚中""时中""中和""中庸""中道"等核心概念构成的"中"的哲学美学思想体系，发轫于先秦时期，而后在儒、道、释三家思想体系中分别占据中心地位并且循着各自路径嬗变发展。儒家"用中"，道家"守中"，佛家"观中"，共同创造聚合成独具中国特色的"中"之哲学美学思想体系。虽然三家之学的旨趣迥乎不同，使得"中"在这三家的相关阐释中有着明显不同的理路指向，但如果我们仔细推究却可发现，在不同的理路指向背后，这三家之论"中"亦有显著的共同立足点，即主体之心对事物本质规律的思辨与体悟，对"无过、不及"的把握，对不落二边的超越。中国历代哲学家、美学家孜孜以求的就是这种具有"中"之道的人生境界或审美境界，从而使"中"成为中国古代哲学美学观的集中体现，影响和决定中国古代哲学美学的发展，形成积淀在中华民族文化心理结构中的思维定式。中华民族文化的精髓就是这种生生不息的"中"之道。中华民族生生不已、绵绵不绝、博厚广大、物物化育的强大生命力正根植于"中"之精神。中华民族的伟大复兴正源于与时俱进的创新精神，而与时俱进的创新智慧就是建基于中国古代哲学美学的"时中"精神。

　　由此可见，"中"无论从本体论与价值论，还是从认识论和工夫论（方法论）来看，都是人类社会认识世界改造世界之根本维度。无独有偶，西方哲学家对"中"也情有独钟，古希腊毕泰戈拉认为：一切事情，中道是最美好的。近代哲学家帕斯卡尔说："脱离了中道就是脱离了人道。人的灵魂的伟大就在于懂得把握中道；伟大远不是脱离中道，而是决不要脱离中道。"① 最典型的是亚里士多德在《尼各马科伦理学》中所阐述的"黄金中道"思想。亚里士多德也把"中道"视为一种至善的美德，但他把这一至善建立在理性的基础上。其云："中道是有理性的人所追求的目标。"② 亚里士多德认为，事物有三种性格：过度、不足和中间。"德性为过度和不及所破坏，而为中道所保存。""德性是一种使人成为善良，并使其出色运用其功能的品质。事物有过度、不及和中间，德性的本性就是恰得中间。"③ 亚里士多德的伦理观以"中道"为核心，特别强调适度或适中，如鲁莽与怯懦之间的中道是勇敢，放纵和冷漠之间的中道是节制，财物的给予和接受之间的中道是慷慨。其甚至认为，人的德性是一种凭选择所得的习性，它的特点在于适度，或遵循各人的适度。亚里士多德对德性为何应是适度作了如下解释。其一，德性是两恶性之间的中点。一恶在过度的一边，一恶在不及的一边。其二，恶性是由于在感情或行为上超过或达不到适当的量。而德性则能发现或选择这个适当的量或中道。其还把置于理性基础上的中道视为真理，"德性就是中道，是最高的善和极端的正确"，"对于真的东西来说，中道就是真，中间性就是真理性"④。亚里士多德认为，既然

---

　　① ［法］帕斯卡尔：《思想录》，何兆武译，商务印书馆2000年版，第169页。

　　② ［古希腊］亚里士多德：《尼各马科伦理学》，苗力田译，中国人民大学出版社2003年版，第114页。

　　③ ［古希腊］亚里士多德：《尼各马科伦理学》，苗力田译，中国人民大学出版社2003年版，第27、32页。

　　④ ［古希腊］亚里士多德：《尼各马科伦理学》，苗力田译，中国人民大学出版社2003年版，第32、35页。

"中道"是至善和至真，那么要实现"中道"也决非易事。"伦理德性是对情感和行为中间的命中，这是一种需要技巧和熟练的工作，首先要避开与中间对立最大的极端，两者之间取其小。命中中间要有知识，在个别情况下寻求中间更加困难，因为感觉的东西总是在个别情况下，而决定又是在感觉之中"①。亚里士多德把"中道"视为至善、至真、黄金法则，虽然是建立在理性分析的基础上，却与中国先秦儒家的"中庸"思想殊途而同归。因此，虽然"中"的哲学在中国古代特别发达，但并非中国古代哲人所独有。

我们以为，"中"的哲学美学观念是人类生命智慧的圆通，"中"是一切生命存在的根本属性，是人与天地万物相通的最高境界。"中"既是天道，也是人道，更是人们认识宇宙万物与为人处事的原则与方法。冯友兰说："人的生活所依照的本然规律，《中庸》名之曰道。这个道是人本来即多少照着道行，而且不得不多少照着行的。……可以不照着行者，一定不是人的生活所依的规律。……人虽多少照着道行，但完全照着道行，却不是容易的。""人对于道虽多少都有点知识，但对道的完全知识，却不是容易得到的。"② 事实上，不管人们对"中"有觉解还是没有觉解，觉解得多抑或少，宇宙万物都是循着"中"道在运行。人们对"中"的体悟需要一个学习的过程。而人在学习的过程中，思维方式的转变便是一个非常重要的问题，"中"的观念在这方面也不无启迪意义。

我们知道，由于事物的诸多联系中最本质的联系，是此一事物与彼一事物正相对立之间的联系，是一种既相反又相成的联系。而所谓事物的对立，通常指的是事物的质的对立。但正相对立的事物之间，当其显现为质的对立的同时，也还存在着量的可比性。存在

---

① ［古希腊］亚里士多德：《尼各马科伦理学》，苗力田译，中国人民大学出版社2003年版，第38页。

② 冯友兰：《三松堂全集》，河南出版社1986年版，第267页。

着一条由此及彼的逐步递增或递减的某种量的连线，既然是量的连线，便有一个相对于两端而言的"中"。而这个相对于两端而言的"中"，由于它超脱了两端的范围，不属于两端中的任何一端，它便因之而成为一种新的质，一种相对于两端而存在的质。这种质，一般谓之曰"中"，正如亚里士多德所说的，"在鲁莽和怯懦中间是勇敢，在放纵和冷漠之间是节制"。有了两端，又有了"中"，事物便成了三分的事物。而人们由于长期受到"二分法"思维教育的影响，人们的思维方式也习惯于把任何事物均看成二元结构的事物，"非此即彼，非彼即此"；而不习惯"亦此亦彼"或"非此非彼"。事实上，现实事物都是由"中"一统两端，"亦此亦彼"或"非此非彼"也是现实事物的一种客观存在。这就要求人们尽可能突破长期以来"二分"思维模式的樊篱，承认事物也是三分的，从而实现思维方式由二维向三维乃至多维的跨越。因为人们的学习，从根本上来说，只不过是一种思维方式的学习而已。正如海德格尔所说："真理就在于是对存在者的去蔽，通过这种去蔽，敞开状态显现出来。"① 而这种去蔽的过程正是人的思维方式发生根本改变的过程。

如果我们再进一步深究的话，关于"中"，还有几个值得我们思考的问题。其一，"天地之中"与"未发之中"如何具有一致性、相通性？其二，传统儒家为什么要标举"中"这样的人格境界？其三，传统儒家"中"之观念是否仍具有现实意义？

首先，我们来思考第一个问题："天地之中"与"未发之中"如何具有一致性、相通性？换言之，传统儒家如何解决由自然宇宙之"中"向人之道德理性之"中"的转换？自《中庸》以降，传统儒家学者言"中"几乎无不兼及"天人"。但是如果我们仔细思考：为何"喜怒哀乐之未发"这个纯属道德理性之"中"，会成为"天下

---

① ［德］海德格尔：《论真理的本质》，见《路标》，孙周兴译，商务印书馆 2000 年版，第 219 页。

之大本"呢？其已发之"中"作为纯粹的情感表现，何以堪为"天下之达道"呢？因为在传统儒家心目当中，天地万物无不各有其"中"，这个"中"是指事物自身的"客观合目的性"，即物之所当是、所当有。但它如何内化为人的道德理性呢？吕大临说："非中不立，非和不行，所出所由，未尝离此大本根也。达道，众所出入之道。极吾中以尽天地之中，极吾和以尽天地之和，天地以此立，化育亦以此行。"① 朱熹也说："盖天命之性，纯粹至善，而具于人心者，其体用之全，本皆如此，不以圣愚而有加损也。……惟君子自其不睹不闻之前，而所以戒谨恐惧者，愈严愈敬，以至于无一毫之偏倚，而守之常不失焉，则为有以致其中，……致焉而极其至，至于静而无一息之不中，则吾心正，而天地之心亦正，故阴阳动静各止其所，而天地于此乎位矣……"② 他们之所言，大致可代表传统儒家的一般观点。其理论逻辑是这样的：人察天命而生，天命在人身上便成为人之性，而人之性也即"人之中"。也就是说，"人之中"是"天地之中"在人身上的体现。"天地之中"默而化之，是万物之本根，但它仅有客观自在性而不具主观性与价值性。而如果"天地之中"具之于人，成为"人之中"，其便具有了主观性与价值性，这便是"仁义礼智信"等伦理道德准则。在传统儒家看来，天地运演、乾坤变化、万物化育都是自然而然、顺理成章之事；人的恻隐之心、羞恶之心、是非之心、辞让之心以及忠孝仁义也就是吾性具足、自然而然、顺理成章之事，二者均可视为"中"之显现。这一逻辑貌似贯通，实则不然。因为人之仁义礼智及忠孝等并非事物之本然自在性，而是人为之产物。因此"人之中"（人世间的"应该原则"）并非"天地之中"（自然法则的表现形式）。"天""人"其

---

① 吕大临：《礼记解·中庸第三十一》，见陈俊民辑校《蓝田吕氏遗著辑校》，中华书局1993年版。

② 赵顺孙纂疏：《四书纂疏·中庸纂疏》，华东师范大学出版社1992年版。

实并非一体。如此，则所谓"极吾之中"亦不能导致"尽天地之中"，而"吾心正"，亦不能必然使"天地之心亦正"。

那么，传统儒家如何破解这一难题呢？他们找到了生命的相似性。在儒家看来，天地万物之"中"亦即"客观合目的性"，是宇宙生命的运动法则，是事物自身的合理性。因此合乎"天地之中"则"天地位焉，万物育焉"。那么"人之中"也同样是人自身之合理性，即主观合目的性，即是善。其本质是人伦关系的和谐有序，是人的生命力的充分展开。如此一来，作为生命个体的人就应该通过主观努力去维护世间人伦关系的和谐秩序，以契合宇宙万物的和谐秩序。其中隐含有反对暴虐，反对征战，重生贵生，向往和平公正的崇高动机。而这又是传统儒家思想之精华与合理之处。"中"要求传统儒家时时戒慎，以道德自律，要求他们时时正确，无丝毫偏差。《中庸》所谓"君子而时中"就是要求"君子"时时而"中"即在任何条件下、在任何事情上，都要求找到最合理的行为路线。其实"中"是一种伟大的独立精神，它要求传统儒家"中道而立"：一切都按自己的判断与标准行事，绝不蝇营狗苟、见风使舵。

其次，我们来思考第二个问题。传统儒家为什么要标举"中"这样的人格境界？这大约有三个原因。其一，传统儒家是先秦士人阶层中最有社会责任感和历史使命感的精英人士，他们力图以自己的力量重新安排社会，建构理想的社会政治秩序与价值观念体系。诸如"士不可不弘毅，任重而道远"[1]"如欲平治天下，当今之世，舍我其谁也？"[2] 这些论述都是这种崇高使命感的流露。传统儒家以"中"作为自己人生最高的人格境界，实质上是一种极严格的自我约束、自我规范，以便让自己能够去完成这一崇高使命。其二，传统

---

[1]　孔子：《论语·泰伯》，见朱熹《四书集注》，（怡府藏版影印本），巴蜀书社1985年版。

[2]　孟子：《孟子·公孙丑下》，见朱熹《四书集注》，（怡府藏版影印本），巴蜀书社1985年版。

儒家士人阶层是一个具有独立意识与主体精神的知识分子群体。他们心中有一个根深蒂固的愿望，那就是通过教育君主、影响君主，从而让君主成为自己一系列社会价值观念的推行者。"格君心之非"①，"致君尧舜上"②，这是中国古代知识阶层对封建君权所采取的一种文化制衡策略。其实质是用形上之"道"去规范社会现实之"势"。而传统儒家正是实行这一文化制衡策略最为有力的代表。他们标举"中"，其实也就是高扬"道"，目的是规范、制约现实的君权。其三，传统儒家士人自先秦以至宋明，其处世态度与价值取向有一个演变的轨迹：由直接宣传其政治理想，直接向封建君王提出政见，转变为替封建君王做具体工作，成为封建君权序列中一个微不足道的人物。而其表现在文化层面上，则有不断"向内转"的趋势。特别是宋明儒学，其核心乃是心性之学，是一种真正意义上的"为己之学"。尽管宋明儒者依然主张要"治国平天下"，但实际上他们除做一个恪尽职守的官吏以外，全部精神都用在内心世界的自我营构上了。他们需要追寻一种能够超越自我的人格境界，以便应付现实社会的种种荣辱、得失之冲击。而"中"之人格境界，正是传统儒家士人理想人格境界的表征。

再次，我们来思考第三个问题。对新时代中国社会而言，传统儒家"中"之观念是否仍具有现实意义？而要回答这一问题，首先必须弄清楚新时代中国人有着怎样的精神需求。如果说社会主义核心价值观、科学与文明进步是当今国人所追求的最高价值的话，那么传统儒家的"中""诚""和""时中"等思想观念对此有无裨益？回答是肯定的，这是五千多年的中华文明史所证明了的。那么，除此而外，我们是否还缺少点什么呢？回答同样是肯定的。精神上的

---

① 孟子：《孟子·离娄上》，见朱熹《四书集注》，（怡府藏版影印本），巴蜀书社1985年版。

② 杜甫：《奉赠韦左丞丈二十二韵》，见《全唐诗》卷二一六，中华书局1999年版。

独立意识、创新意识、人格境界，道德上的自律意识、公德意识恰恰是作为个体的当今国人最需要具备的东西。而在这些方面，传统儒家士人是为我们做出了表率的。传统儒家"中"之观念告诉我们，人与动物究竟有什么不同？这是一个在当今不少国人那里已疏于思考并有些模糊其界限的问题。孟子告诉我们人能"中道而立"①，在任何情况下人都能自觉遵守"中"之道，即用理性、精神来支配自己的言行，而不是让感性与肉体来支配自己的言行，动物则恰恰相反。传统儒家告诉我们，人之心灵可以栖息于一个超越物欲的境界上，享受真正的精神自由之快乐。诚然，人并非是不食人间烟火的神仙，其必须为了维持自己的生存需要而去学习、工作、劳动等，但人们在从事这些社会实践活动时亦要遵循"中"之道，即以不损害他人利益为前提，并且能够做到"不以物喜、不以己悲"，不将一己之忧乐全然系于是非成败、荣辱得失之上。人们只要竭尽全力去做，即使不成功，亦能泰然处之，而不至于"放僻邪侈，无不为已"②。也就是说，"中"是一种道德理性，是一种人格境界，是对人之为人所必不可缺少之良知本体的维护，而这对于社会主义和谐社会的核心价值观建设同样具有重要的现实启迪意义。

---

① 孟子：《孟子·尽心上》，见朱熹《四书集注》，（怡府藏版影印本），巴蜀书社 1985 年版。

② 孟子：《孟子·梁惠王上》，见朱熹《四书集注》，（怡府藏版影印本），巴蜀书社 1985 年版。

附论　泰州学派韩贞的人格美学思想[*]

韩贞，字以中，号乐吾，江苏兴化县韩家窑人，世业陶。正德四年（公元1509年）十月二十四日生，万历十三年（公元1585年）卒。《韩乐吾先生遗集》是韩贞死后由其门弟子编辑而成的。集中仅存诗，无文，是研究韩贞思想的重要材料。此外，集内尚有后人编订的《韩乐吾先生行略》，辑录韩贞生平事迹颇详，也很有价值。韩贞是明代泰州学派中比较著名的人物，许多思想史著作都提到他，以证明泰州学派的人民性和它的异端色彩。但是，韩贞的思想究竟是怎样的"庐山真面目"，却很少有人去研究，见之于报刊的研究韩贞的论文很少，专题研究韩贞的著作更是缺乏。目前见到的论著，一是杨天石在《光明日报》发表的《韩贞的保守思想》一文，对韩贞的思想从政治学、社会学与哲学的角度进行了研究，认为韩贞的思想是保守的，"基本上不曾超出王阳明的主观唯心主义学说的范畴"，并且得出结论说："陶匠出身的思想家，并不一定反映陶匠或劳动者阶级的利益。统治阶级的思想毕竟是一个时代的统治思想，韩贞的思想还是为当时统治阶级服务的。"① 杨天石对韩贞思想的研究有鲜明的时代烙印。二是林子秋、马伯良、胡维定撰写的《王艮

---

　　* 该文以《论"乐"：泰州学派韩贞美学思想的审美模式》之题名发表于《扬州大学学报》（人文社会科学版）2011年第4期；收录于《文学理论前沿问题研究》，河南大学出版社2011年版。

　　① 杨天石：《韩贞的保守思想》，《光明日报》1962年10月26日。

与泰州学派》一书，简要介绍了韩贞的生平和平民教育思想，认为"韩贞安于贫困，歌咏自然，不与统治阶级为伍，固然反映了他的思想的某些进步性，但也说明他缺乏反抗封建压迫的斗争精神。他曾奉官府之命去水灾地区感化'乱民'、宣扬'安贫死节'一类封建糟粕，这与颜钧、何心隐一派'赤手以搏龙蛇'、'不受名教羁络'的反抗精神相比，是大为逊色的，这也反映了他的思想局限性。但他不是泰州学派的主要思想代表者"①。林子秋、马伯良、胡维定主要还是从政治学、社会学的层面来分析韩贞的思想，对韩贞思想的评价与杨天石的观点略有不同。三是蔡文锦的《泰州学派中的平民哲学家——论陶匠哲学家韩贞》，蔡文锦主要从哲学角度来剖析韩贞的思想，认为韩贞"以倡道化俗为己任，其哲学思想很有特色"。而且他对杨天石的观点"不敢苟同"，"以为论评哲学家的哲学思想是否进步，其标准应当是比前人有无发展，对国家对人民有无益处"。②四是冯契主编的《哲学大辞典》"韩乐吾"条云："明兴化（今属江苏）人。名贞，字以中，号乐吾。陶匠。曾慕朱恕而从之学，后卒业于王艮之子王东厓。其学以化俗为任，常于秋成农隙之时，聚徒讲学，农、工、商、贾从之者千余。坚持泰州学派'百姓日用即道'的学旨。为学主当下理会，从心悟入手，反对寻章摘句，搬弄陈言。"③本文对韩贞思想的分析主要从哲学美学的视域出发，依据泰州市图书馆藏明刻本《韩乐吾先生遗集》（万历戊戌本），尽可能符合原典精神去解读韩贞的人格美学思想。

《韩乐吾先生遗集》总共收录韩贞诗歌七十九题八十六首，韩贞以倡道化俗为己任，其主要思想可以概括为人格美学思想。所谓人

---

① 林子秋、马伯良、胡维定：《王艮与泰州学派》，四川辞书出版社1999年版，第200—201页。

② 蔡文锦：《泰州学派中的平民哲学家——论陶匠哲学家韩贞》，《盐城师范学院学报》（人文社会科学版）2004年第2期。

③ 冯契：《哲学大辞典》，上海辞书出版社2001年版，第508页。

格，是指人在社会实践活动中形成的一种具有相对稳定的心理特征和行为方式。人格作为一种精神价值，是指人对自身存在的地位、意义、作用、包括权利与责任的认识、评估。马克思认为"人是最名副其实的政治动物，不仅是一种合群的动物，而且是只有在社会中才能独立的动物"①。也就是说，人只有在社会生活中，才能形成具体的权利、责任、义务等精神人格，这些人格特征随着社会生活的变化而变化，而且在阶级社会中往往又打上阶级的烙印。健全的理想人格应该包含智性人格、德性人格与审美人格三方面，它与人类所固有的求真、向善、爱美的精神品格相吻合，构成人格美学思想的德性模式、智性模式与审美模式。本文认为泰州学派韩贞的人格美学思想是对传统儒家的人格美学思想的继承与发展，其人格美学思想主要包括"圣凡同类"的德性模式、"明德新民"的智性模式与"乐"的审美模式三个层面。

一 "圣凡同类"：人格美学思想的德性模式

韩贞《与王中和》云："乐中寻乐在箪瓢，天理常明欲自消。风月四时随玩赏，圣凡同类要熏陶。人如离道鱼无水，士若希贤凤起霄。切莫苦难毁大志，遵尧言行即为尧。"② 韩贞在诗中构建了"圣凡同类"人格美学思想的德性模式，认为一个人如果能够达到像颜回一样的道德境界和认识水平，"天理常明"、心中有"道"，那他随时随地都会感受到快乐，不会有许多的烦恼与欲望；人在任何时候任何情况下都不要因为"苦难毁大志"，心中要常明"天理"，心中要常有"道"，这样的话，你就可以为圣为贤即"为尧"。韩贞在诗中表达了一种朴素的道德人格平等的审美理想，他认为人无论贤愚、贫富、贵贱，只要"遵尧言行即为尧"。"人人天地性，个个圣

---

① ［德］马克思：《马克思恩格斯全集》第 46 卷，人民出版社 1979 年版，第 21 页。
② 韩贞：《韩乐吾先生遗集》（万历戊戌本），泰州市图书馆藏，第 11 页。

贤心。"韩贞认为他们的道德人格是平等的，这种思想在其诗文中有多处体现，如《自在吟》"万事无心妙，浮云任去来。天机原自在，何用力安排? 一人一个性，一性一天机。天机即太极，太极岂人为。人人天地性，个个圣贤心。原不少些子，何须向外寻?"① 也就是说，他认为每一个人都具有成为"圣贤"的本性本心即道德人格，无论贤愚、圣凡、贵贱与贫富，其道德人格都是平等一致的。他这种思想在《勉朱平夫》一诗里表达得更加鲜明："一条直路本天通，只在寻常日用中。静坐观空空亦物，无心应物物还空。固知野老能成圣，谁知江鱼不化龙? 自是不修修便得，愚夫尧舜本来同。"② 他认为"愚夫"和"尧舜"的道德人格本来就是平等、相同的，没有什么区别。如果说《与王中和》揭示了韩贞的道德人格平等审美理想的话，那么《自在吟》与《勉朱平夫》则告诉了人们实现这个审美理想的途径与方法。他认为圣贤的境界存在于每个人的心中："人人天地性，个个圣贤心。"只要认真地修行践履，普通人的道德人格境界也可以达到圣贤的道德人格境界，"野老能成圣"，"江鱼"可"化龙"。以上三首诗都揭示了一种近代性的平民意识与人格平等审美理想，韩贞这种人格平等美学思想在当时是对封建思想的大突破，有利于当时从事手工业和商业的工商阶层的发展，有利于民族精神的发展与个性解放，有利于平民意识的大觉醒。

韩贞作为泰州学派的平民弟子，时时处处守持着平民意识与人格平等审美理想，具体而微地推进平民主义思想的现实转化，在韩贞的诗文与具体的行为中，我们都能鲜明地感受到。韩贞在讲学时，县令程鸣伊曾设乡饮，虚左以待他。他致书谢道："某鄙夫也，自责不遑，安敢妄列衣冠，有负大典。唯愿明府（唐以后专指县令）爱某一心推及万家，使人人知孝知悌，则人人乡饮，政平讼息，其恩

① 韩贞:《韩乐吾先生遗集》（万历戊戌本），泰州市图书馆藏，第 1 页。
② 韩贞:《韩乐吾先生遗集》（万历戊戌本），泰州市图书馆藏，第 14 页。

奚啻（何止）一鄙俗之夫受明府之宠渥耶?"① 韩贞从不自高自大，时刻牢记并且贯彻王艮的"百姓日用即道"的根本宗旨，韩贞希望县令"爱某一心推及万家"，进而达到"人人知孝知悌""圣凡同类"的审美人生境界。据《韩乐吾先生行略》记载："一日有直指某者闻先生贤，造其庐。先生送之及门而止，直指恶其简，心殊不快。遣一吏伺之，见先生鹄立门内，吏问其故。先生对曰：'予分民也，不敢以主人自居，以客礼送大人，今特心送耳。'吏还白，直指为之益敬。"由此可见他对自己的清醒认识和准确定位——一介平民、平凡人物。也许正是由于他时时处处守望着平民意识与平等人格的审美理想，他对社会、人生的认识才有可能与众不同。

从历史的渊源看，韩贞这种人格平等美学思想来源于先秦儒家，孟子认为"人皆可以为尧舜"，《孟子·告子下》记载："曹交问曰：人皆可以为尧舜，有诸? 孟子曰：然。……尧舜之道，孝悌而已矣。子服尧之服，诵尧之言，行尧之行，是尧而已矣。"② 这是儒家关于人格平等思想的最早论述。

从就近的渊源看，韩贞的人格平等美学思想深得王阳明与王艮精神的真髓，他认为"道""只在寻常日用中"，他时时处处不忘宣扬"百姓日用即道"。而人格平等美学思想在泰州学派那里最鲜明的表达，便是王艮所原创的"百姓日用即道"的命题。"百姓日用即道"是泰州学派寄寓其人格平等美学思想与平民主义意识的一个核心概念，它原来是先秦儒家提出的一个命题，其相关的表述见于《论语》《中庸》《周易·系辞》等典籍，尤以《中庸》"君子之道费而隐。夫妇之愚可以与知焉，及其至也，虽圣人亦有所不知焉。夫妇之不肖，可以能行焉，及其至也，虽圣人亦有所不能焉"③。这

----

① 韩贞：《韩乐吾先生遗集》（万历戊戌本），泰州市图书馆藏，第7页。
② 孟子：《孟子·告子下》，见朱熹《四书集注》，（怡府藏版影印本），巴蜀书社1985年版。
③ 子思：《中庸》，见朱熹《四书集注》，（怡府藏版影印本），巴蜀书社1985年版。

一论述受到泰州学派创始人王艮的高度重视，正是对其的阐发，形成了泰州学派"百姓日用即道"的基本观点。王艮说："圣人之道，无异于百姓日用，凡有异者，皆谓之'异端'。""圣人经世只是家常事"，"百姓日用条理处，即是圣人之条理处"①，所谓"百姓日用"，即指平民大众的日常生活。王艮以平民大众的日常生活为最高道德本体，突出了其在社会系统中的地位、价值，明确了平民生活作为一种本体存在的现实合理性，从而奠定了人格平等思想与平民主义意识的理论基础，进而成为先儒的民本思想向近代的人格平等思想与平民意识转换的标志。

"百姓日用"观的提出与王阳明"良知"说有千丝万缕的关联。王阳明与门人关于童子习道的一段对话云："洒扫应对就是一件物，童子良知只到此，便教去洒扫应对，就是致他这一点良知了。又如童子之畏先生长者，此亦是他良知处。……我这里言格物，自童子以至圣人，皆是此等功夫，但圣人格物，便更熟得些，不消费力。如此格物，虽卖茶人亦是做得，虽公卿大夫以至天子，皆是如此做。"②此处指的童子、卖茶人属于百姓范围，他们与圣人良知相同，故格物的功夫也相同，即在最为一般的日用活动中即可致知，从而与道相通。也有学者认为王阳明学说中的"日用"处下功夫的提法对王艮的"百姓日用"说有重要的影响，但二者同样是有区别的。事实上，在理学包括心学中所使用的"日用"概念，大多数情况下并非专指"百姓日用"，主要是指一般意义上的日常道德践行。而泰州学派王艮主要是以平民大众的日常生活作为最高道德本体来对待的，心学其他各派重视"日用"的提法，跟王阳明倡导的"知行合一"论有关，还不是在"百姓日用"的意义上来予以陈述的。

---

① 王艮：《明儒王心斋先生遗集》卷一，见《王心斋全集》，江苏教育出版社 2001 年版，第 10 页。

② 王阳明：《语录三》，《王阳明全集》卷三，上海古籍出版社 2015 年版，第 105—106 页。

　　泰州学派王艮对王阳明思想的继承与发挥，突出表现之一便是对于民本思想的近代性转换。在孔孟所处的先秦时代，民众的地位固然有不同程度的提升，但圣凡之间的固有等级差别在他们看来则是不能混淆的。如孔子说"未有小人而仁者也"①，孟子也说"位卑而言高罪也"②。王阳明尽管肯定了平民应该具有与圣贤相同的道德伦理地位（同其先天良知），但他并不否定现实中的圣愚之分。而维护封建等级制度，正是先儒提出民本思想的直接目的。由此看来，王阳明对于平民的态度，尽管其所处的社会历史条件与先儒已发生很大变化，但其民本思想的实质与先儒并无根本区别。由民本思想转化为近代性的平民意识，其根本标志是平等人格原则的确立。而这一原则的确立应该肇始于王艮。据徐樾《王心斋先生别传》记载："遂言及天下事。夫子（王阳明）曰：'君子思不出其位。'师曰：'某草莽匹夫，而尧舜其君民之心，未能一日而忘。'夫子曰：'舜耕历山，忻然乐而忘天下。'师曰：'当时有尧在上。'夫子曰：'足见所学。'出，夫子谓弟子曰：'吾擒取宸濠，一无所动，今为斯人动'。"虽然王艮对儒家上古理想心仪不已，但从他对"君子思不出其位"的不以为然来看，王艮对精神桎梏的反对，对思想自由的向往，无不从特定角度表现出他基于平等人格原则的平民意识。当时，王艮所具有的平等人格原则与平民意识尽管主要还限于哲学层面，但其思想中却也流露出要推向政治或经济层面的意图。如他对"下"的着力赞颂、"均分草荡"的经济主张③等都表现出上述倾向。这表明王艮的平民意识不仅越出了先儒民本思想的轨迹，而且初步展开了民本思想向平等人格意识转换的现实化进程。

_____

① 孔子：《论语·宪问》，见朱熹《四书集注》，（怡府藏版影印本），巴蜀书社 1985 年版。
② 孟子：《孟子·万章下》，见朱熹《四书集注》，（怡府藏版影印本），巴蜀书社 1985 年版。
③ 王艮：《明儒王心斋先生遗集》卷一，见《王心斋全集》，江苏教育出版社 2001 年版，第 66 页。

总之，我们可以发现，韩贞人格平等思想直接来源于王艮的"百姓日用即道"，反映了当时杰出的平民思想家对下层价值的重新认识过程以及对明中后期社会变动与文化下移趋势所作的积极回应。韩贞在接续的思路上对王艮所涉的相关命题有不同程度的关注与表述，从而构成了具有相对连贯性、系统性的人格平等美学思想。韩贞人格平等美学思想具有现实化、具体化、行动化的特点，不同于先儒人格平等思想的理想化、抽象化、神秘化的特点。如他认为圣贤的人格境界存在于每个人的心中，通过自己的努力便可以实现："凡圣总由心，松泉莫外寻"。"万理具在人心，人心本有天则。天则即是良知，良知不用思索"。① 他认为圣贤人格的实现主要体现为"良知"的自觉，而不在于外部环境的影响："妻不贤兮子不肖，不妨孔子不妨尧。个中消息难言语，就里真机岂画描。"② 他在诗中具体阐述了由凡入圣的实践途径，具有较强的可操作性，不同于先儒人格平等思想的抽象化、神秘化。如"此心无多术，从容养我真。有私难入道，无欲始凝神"。③ 他认为首先要保"真"，其次，要去私寡欲，这样才能"入道"。而"道"是什么呢？他以为"道即是心心即道，事中求道莫他寻"④。这就为广大民众成就圣贤人格指明了前进的道路。

二　"明德新民"：人格美学思想的智性模式

宋明理学的基本宗旨就在于向生命处用心，以人格培养为基本旨归。宋明理学在人格追求上不但持极端的动机论，而且持极端的体验论，因此在人格培养上除强调"仁学"修养外，还强调以"乐"来消融渣滓的工夫，通过情感愉悦体验的中介，引导人们自觉地进

① 韩贞：《韩乐吾先生遗集》（万历戊戌本），泰州市图书馆藏，第 2 页。
② 韩贞：《韩乐吾先生遗集》（万历戊戌本），泰州市图书馆藏，第 5 页。
③ 韩贞：《韩乐吾先生遗集》（万历戊戌本），泰州市图书馆藏，第 2 页。
④ 韩贞：《韩乐吾先生遗集》（万历戊戌本），泰州市图书馆藏，第 14 页。

入至善境界，由此消融殊相与共相的矛盾达到天人合一，这就是宋明理学的人格美学思想。韩贞继承和发展了这一传统，韩贞人格美学思想既是对宋明理学人格美学思想的继承，又是对宋明理学人格美学思想的超越。它继承宋明理学人格美学思想的"仁学"内核，又吸取了佛、道理论的本体思维，这就使其在人格美学理论上超越了宋明理学的"仁学"视界，为人格美学理论找到了本体论的依据，并使这种人格美学理论更为精致化、具体化，建立了"明德新民"人格美学思想的智性模式。韩贞企图通过这种模式来拯救明朝江河日下的世风，从而实现"齐家治国平天下"的人生抱负。这就是韩贞在人格美学理论上的主要贡献之一。韩贞《上太师李相国》："纷纷车马簇江城，上相初旋昼锦旌。麟凤实关天下望，鹓鸘空负海边名。齐家治国道无异，明德新民业早成。剩有残膏携满袖，愿分梓里润苍生。"① 这既是一位陶匠出身的平民教育家向担任宰相的政治家李春芳所提出的"齐家治国"的殷切期盼，也是他人格美学思想的直接表达。作为一位平民教育家的他面对"世风日下谁能挽"② 的时局，他不仅寄希望于"居庙堂之高"的政治家"明德新民"，而且试图通过自身的人格完善与努力讲学，让自己的弟子"立起中流砥柱身"，切实承担"民风日下凭君挽"的历史责任，最终实现"甘露洗清千狱怨，和风荡散万家愁"③ 的升平景象。余尚友《乐吾先生集序》云："韩先生家世业陶，当为陶时，辄会悟曰：'陶必有型，而后成完器。况心陶也者！岂独无型乎？海上东崖先生，余心陶型也！'于是负笈从学"，向王东崖学习。据我理解，后两个"型"字实际就是指做人的规范、范型，或者说人格范型。也就是说，韩贞在其一生的平民教育实践中，人格的培

---

① 韩贞：《韩乐吾先生遗集》（万历戊戌本），泰州市图书馆藏，第19页。
② 韩贞：《韩乐吾先生遗集》（万历戊戌本），泰州市图书馆藏，第18页。
③ 韩贞：《韩乐吾先生遗集》（万历戊戌本），泰州市图书馆藏，第17页。

养是其非常注重的一个方面，"明德新民"是其人格美学思想的核心内容。

"明德新民"出自《大学》："《大学》之道，在明德，在新民，在止于至善。"意即一个人要成为圣贤之人，首先自己要具有高尚的道德人格，其次要将自己的道德人格推己及人，让其他人受到自己道德人格的感召，"以去其旧染之污也，"从而提升广大民众的道德人格素养，进而达到"齐家治国"的目的。韩贞一生的平民教育实践就是其"明德新民"人格美学思想的智性模式。

韩贞虽然无力救民于水火，但他能够洁身自好、独善其身，只要在可能的情况下，他都会力倡善良，身体力行，以自己的人格魅力去感染教育别人。其《归来》诗就是他洁身自好、独善其身的人格写照："归来日日对羲皇，岂为浮名薄利忙？我倚衡门看失马，人从歧路觅亡羊。有书悟道贫何害？无病伤身瘦不妨。三聘不移耕叟志，圣贤出处岂寻常。"① 韩贞曾经三次坚拒朝廷的礼聘，淡泊名利，他以聚徒讲学、明道化人为己任，显示了一代平民教育家所特有的抱负与节操。据《韩乐吾先生行略》记载，韩贞"有一邻人，饥饿二日，至昏借米于先生，适先生亦乏米，所遗不过二升余而已，先生慨然应之。其妻颇有难色，曰：米无几，今晚与彼，余夫妇明晨奈何？先生曰：吾之饿死犹在明晨，他之饿死乃在今晚矣！遂与之。"在邻居有困难急需帮助而自己也面临困窘的情况下，韩贞能够慷慨相助，就凸显了其人格的高尚。又如，有一乡下老人问韩贞："良心是何物？"韩贞并不解释，却要他脱衣服。老人把衣服一件件脱了，最后脱到裤子，对韩贞说："愧不能矣！"韩贞便对他说："即此便是良心。"从中我们可以发现，作为平民教育家的韩贞的生动活泼的教育方法以及其对儒家思想的透彻理解。

黄宗羲说韩贞从学王襞以后"久之觉有所得，遂以化俗为任，

---

① 韩贞：《韩乐吾先生遗集》（万历戊戌本），泰州市图书馆藏，第6页。

随机指点农工商贾，从之游者千余。秋成农隙，则聚徒谈学，一村既毕，又之一村，前歌后答，弦诵之声，洋洋然也"①。由此可看出韩贞在民间讲学传道的生动画面和惊人效果，同时说明韩贞在真切地实践"明德新民"的主张。其《出游》诗云："跳出樊笼打破空，一身飘泊太虚中。心忘物我先天合，性悟鸢鱼造化同。两袖清风挥宇宙，一肩明月任西东。轻轻展足乾坤内，踏遍千山兴未穷。"② 这诗明显继承了王艮"愚夫愚妇与知能行，便是道，与鸢飞鱼跃同一活泼泼地，则知性矣"③ 的宗旨，而且他亲身实践了王艮在《鳅鳝赋》所宣扬的"大丈夫以天地万物为一体，为天地立心，为生民立命"④ 的思想。隆庆三年（公元 1569 年）兴化发大水，田庐俱没，人心滔滔思乱，他驾一小舟在水乡泽国四处安抚人心，并赋诗劝喻："养生活计细思量，切勿粗心错主张。鱼不忍饥钩上死，鸟因贪食网中亡。安贫颜子声名远，饿死伯夷姓字香。去食去兵留信在，男儿到此立纲常。"⑤ 万民为之感，全县没有出现动乱。韩贞自觉实践王艮思想，以至仁至善之心完善自我人格，从我做起，从身边做起，并企图感化周围的平民百姓。其《与孙玉峰》云："此身寄世若浮沤，底事朝愁与暮愁。名利两关吾打破，圣贤一脉孰能修？十分善处十分乐，百万财来百万忧。能进不如能退好，一瓢陋巷更何求？"⑥ 韩贞认为，不被名利困惑仅仅是人格修养的前提之一，要想达到圣贤的境界，必须付出艰苦的个人努力，要正确对待"忧"与"乐"、"进"与"退"。在诗中他不仅寄希望于他的弟子，而且希望普通的

---

① 黄宗羲：《明儒学案》，中华书局 1985 年版，第 720 页。
② 韩贞：《韩乐吾先生遗集》（万历戊戌本），泰州市图书馆藏，第 9 页。
③ 王艮：《明儒王心斋先生遗集》卷一，见《王心斋全集》，江苏教育出版社 2001 年版，第 6 页。
④ 王艮：《明儒王心斋先生遗集》卷一，见《王心斋全集》，江苏教育出版社 2001 年版，第 55 页。
⑤ 韩贞：《韩乐吾先生遗集》（万历戊戌本），泰州市图书馆藏，第 10 页。
⑥ 韩贞：《韩乐吾先生遗集》（万历戊戌本），泰州市图书馆藏，第 11 页。

平民百姓也能够通过自身努力成为"圣贤"。其《元旦》诗就是这种心境的真实写照："阖辟乾坤万万秋，渊源道脉古今流。一元造化三阳泰，满眼天机百草头。富贵久知非我想，圣贤端的在人修。假仁为霸千年陋，真伪关头仔细求。"① 兴化县孙本元夫妇不幸英年早逝，韩贞抚养其遗孤视若已出，让妻子分奶喂养遗孤，遗孤长大后又将女儿许配与他。韩贞这样的至善之举不胜枚举。

综上，韩贞通过亲身讲学活动来实践其"明德新民"的主张，构建了人格美学思想的智性模式。

三　"乐"：人格美学思想的审美模式

《韩乐吾先生遗集》关注、探索的是人自我存在的价值、生命的存在意义，追寻的是一种理想的人格境界，以人和人的价值作为中心议题。这种对于人的生命存在的诗性之思的结晶，便是由"乐"这个美学范畴所凝聚而成的人格美学思想的审美模式。可以说，"乐"这一范畴所体现的美学精神实质，代表着韩贞对人的生命存在价值的一种理解，是对人生根本问题的一种审美解答。

有学者认为，宋明理学中有两种人生境界，一种是如周敦颐的光风霁月、邵雍的逍遥安乐、程颢的吟风弄月，属于"洒落"的境界，另一种是程颐和朱熹式的庄敬严肃，属于"敬畏"的境界。其实两者虽在表现形式上有所侧重，内在精神还是互通的，他们最崇尚的还是敬畏中有洒落或洒落中有敬畏的境界，即所谓"从心所欲不逾矩"的境界。② 本文认为韩贞在其诗文中所体现的人格境界属于"从心所欲不逾矩"的境界，也可以说韩贞追求的是一种审美的人格境界，也就是其人格美学思想的审美模式的具体呈现。这种人格美学思想的审美模式具体可以用其核心范畴"乐"来概括。"乐"在

---

① 韩贞：《韩乐吾先生遗集》（万历戊戌本），泰州市图书馆藏，第6页。
② 潘立勇：《宋明理学的人格美育思想及其现代意义》，《文艺研究》2000年第1期。

《韩乐吾先生遗集》中共出现 14 次，"乐"这种人格美学思想的审美模式可以从以下两个层面来理解。

一是"乐"的审美人格境界。人们通常把理学家追求的人格境界仅仅看成是一种敬畏的道德境界，其实，在理学家那里，最高的人格境界不仅是道德的，而且是审美的。韩贞追求的正是这样一种审美的人格境界，如《次东厓王师韵》："今古兴亡流水过，汉唐勋业竟如何？自知道大千钟小，谁识心空一芥多？碧月光中同鹤舞，白云影里听渔歌。我家原在光天住，不落尧天十二窠。"① 韩贞在诗中将历史与现实人生进行对照，表现一种超越历史、超越生命、超越功名的人格境界，认为"汉唐勋业"就像"流水"一样一去不返，"尧功舜业浮云过"②。如果一个人参透了这些身外之物，那么你就可以"看破古今成一笑"③、"碧月光中同鹤舞，白云影里听渔歌"。而这种人格境界与宋儒所追求的人格境界有惊人的相似。

首先，这种相似表现在道德人格本体与审美体验工夫的合二为一方面。程颢曾说："昔受学于周茂叔，每令寻仲尼、颜子乐处，所乐何事。"又说："某自再见茂叔后，吟风弄月以归，有'吾与点也'之意。""周茂叔窗前草不除之，问之，云：'与自家意思一般'"。这表明作为理学开山祖的周敦颐已开始从心性本体和情感体验合二而一的角度提到具有审美因素的人格境界说，并引导后学反复体味这种精神境界。程颐、程颢对周敦颐的"孔颜乐处"深有体会，程颢有诗云："闲来无事不从容，睡觉东窗日已红。万物静观皆自得，四时佳兴与人同。道通天地有形外，思入风云变态中。富贵不淫贫贱乐，男儿到此是豪雄。"④ 这正是一种充满审美趣味的人格境界，其精神实质在于通过"静观"，即审美直觉思维和超

---

① 韩贞：《韩乐吾先生遗集》（万历戊戌本），泰州市图书馆藏，第 19 页。
② 韩贞：《韩乐吾先生遗集》（万历戊戌本），泰州市图书馆藏，第 8 页。
③ 韩贞：《韩乐吾先生遗集》（万历戊戌本），泰州市图书馆藏，第 12 页。
④ 程颐、程颢：《二程集》，中华书局 1981 年版，第 482 页。

神体验，感受到人与天地万物的"浑然一体"，达到超神入化的人格境界。程颐云："所谓化者，入于神而自然，不思自得，不勉而中之谓也。"① 在这里，人的道德精神与自然界的化者之道合而为一。朱熹也有诗云："纷华扫退吾性情，外乐如何内乐真。礼义悦心衷有得，穷通安分道常伸。曲肱自得宣尼趣，陋巷何嫌颜子贫。此意相关禽对语，濂溪庭草一般春。"② 可以说是朱熹对"孔颜之乐"的生动体会和形象写照，这是一种融道德精神与审美体验为一体的人格境界，他常用"襟怀""气象""胸次"等形容这种飘逸洒落、超然物外的人格境界，已超出了一般的道德评价，而进入了道德人格的审美评价。

其次，这种相似表现在道德实践工夫与审美体验工夫的合二为一方面。韩贞《寄江爱君》"圣贤工夫在括囊，时时精一细端详。七情不动心猿泰，一念才萌意马狂。竹径风清孤月皎，松窗雪化早梅香。良知孔孟传心诀，千古遗人入道方。"③ 韩贞在追求圣贤道德人格的过程中将实践工夫与审美体验工夫合而为一，即将致"良知"、"入道"的圣贤工夫与"竹径风清、松窗雪化"的审美体验过程统一起来。韩贞在内心深处向往洒落自得、浑然至乐的人生体验、人格风范和人格境界，认为这种"乐"的人格风范和人格境界是人生的极致，而且只有通过"乐"的人生体验才能达到这种人生极致。韩贞《寄王云衢》云："率性工夫本自然，自然之外别无传。闲携童冠歌沂上，静对沙鸥狎水边。物物性空无内外，人人心廓自方圆。清宵散步林泉外，满眼光风霁月天。"④ 其中"闲携童冠歌沂上，静对沙鸥狎水边"就是融审美体验与道德实践为一体，意即韩贞闲暇时欲效仿先师孔子乐山乐水，陶冶性情，砥砺人生，完善人格。韩

---

① 程颐、程颢：《二程集》，中华书局1981年版，第578页。
② 朱熹著，郑端辑：《朱子学归》卷二十三，中华书局1985年版，第89页。
③ 韩贞：《韩乐吾先生遗集》（万历戊戌本），泰州市图书馆藏，第12页。
④ 韩贞：《韩乐吾先生遗集》（万历戊戌本），泰州市图书馆藏，第13页。

贞是以孔子的大弟子颜渊自况自励的①，他在诗中寄托了其高远的人生志向和所追求的人格境界。余尚友《乐吾先生集序》称韩贞诗："大都一焯澡性窍，撷吐真机，洋洋洒洒，流于天籁，咏其词想见其人，殆行戡胶葛，而衷罗纬象者乎？是以型东厓氏者，世世为弟子型也。"余尚友对韩贞诗歌的评价可谓一语中的，认为读韩贞诗如见其人，真切自然。他认为韩贞不仅天资聪颖，善于悟道求真，而且善于学习，可以成为后世学习的典范。

二是"乐"的审美人生态度。韩贞《勉刘守恒》"道即是心心即道，事中求道莫他寻；有人唤我随开口，无事观书又养心。悟得天机原寂静，肯随流俗任浮沉；纵然日应千头事，只当闲弹一曲琴。"② 韩贞用心悟道，认为"道即是心心即道"，道即良知，如果能在任何事情中领悟良知，那就是一种快乐，可谓得心学真谛，此其一；其二，韩贞主张"事中求道莫他寻""无事观书又养心"，他认为悟道是在做事的时候，又显示了其主践履、知行合一的务实作风；其三，"纵然日应千头事，只当闲弹一曲琴"更昭示其"乐"的审美人生态度，因为他从日常生活事件中能够领悟到常人所不能明白的道理。

韩贞之"乐"源于先秦儒家，《论语·为政》中记载了孔子的一段话，"吾十有五而志于学，三十而立，四十而不惑，五十而知天命，六十而耳顺，七十而从心所欲不逾矩。"这段话高度概括了孔子一生的求索之路，它充分体现了孔子对真、善、美境界的理解和追求。在五十岁以前，孔子是认识天命的过程，这可以看作"求真"的阶段，距"同于天"的境界尚有一段距离。"六十而耳顺"，诸家解释不一，汤一介先生在《再论中国传统哲学中的真善美问

---

① 韩贞：《韩乐吾先生遗集》中有 9 首诗即《渔樵歌》《与葛槐录》《与王中和》《与孙玉峰》《与任复轩》《寄王云衢》《答王东厓师》《答问三教》《答宗子相》等涉及颜渊或与颜渊有关的典故。

② 韩贞：《韩乐吾先生遗集》（万历戊戌本），泰州市图书馆藏，第 14 页。

题》一文中，认为朱熹《四书集注》的注解最近于孔子的原意，朱熹说："声人心通，无所违逆，知之之至，不思而得。"汤先生认为他说明了孔子达到的一种"不思而得"的超越经验的直觉感悟。六十岁可以按照自然规律辨明是非、善恶、美丑等，这种境界比"知天命"境界为高，它超越一般知识，所得到的是直觉意象，是一种审美境界。"七十而从心所欲不逾矩"，朱熹注曰："矩，法度之器，所以方者也，随心所欲而不过于法度，安而行之，不勉于中。"也就是说，孔子在七十岁时就无论做什么都能自然而然地符合"天命"的要求，能在天命原则下从心所欲，这就是最高境界了。人与天地万物已浑然一体，是在"求真""得善"而后达到的一种圆满的审美境界。①

韩贞之"乐"是一种思维方式，就是朱熹所阐释的："声人心通，无所违逆，知之之至，不思而得。"韩贞之"乐"更是一种审美人生态度，他不仅希望自己"清风高节异凡流"②，更盼望"固守茅庐六十春，忧民忧道不忧贫。囊中合得四生药，世上寻施惜命人。肯服一丸跻圣域，能超千古出凡尘。愿期天下归王化，尧舜为君尧舜民。"③ 他认为贫穷并不可怕，忧虑的是"道"没有人继承与发扬光大。他认为人们只要努力践行"道"，有朝一日"能超千古出凡尘"，从而获得人生的快乐。韩贞诗中流露的立志为圣贤，众人皆可以为圣贤的平等人格美学思想，是近代民主思想的一种启蒙。

韩贞之"乐"是一种知行合一的行动方式。其《出游》云："跳出樊笼打破空，一身飘泊太虚中。心忘物我先天合，性悟鸢鱼造化同。两袖清风挥宇宙，一肩明月任西东。轻轻展足乾坤内，踏遍千山兴未穷。"④ 韩贞在出游的时候虽然"轻轻展足乾坤内，踏遍千

---

① 钟宏志：《论儒家真善美理想之特色》，《中国哲学史》1996 年第 4 期。
② 韩贞：《韩乐吾先生遗集》（万历戊戌本），泰州市图书馆藏，第 14 页。
③ 韩贞：《韩乐吾先生遗集》（万历戊戌本），泰州市图书馆藏，第 5 页。
④ 韩贞：《韩乐吾先生遗集》（万历戊戌本），泰州市图书馆藏，第 5 页。

山兴未穷"。他表面上似乎"心忘物我"，但实际上"性悟鸢鱼"，仍然想着"挥宇宙""肩明月"的崇高理想。韩贞之"乐"就体现在知行合一的行动之中。

韩贞之"乐"是一种人格境界。其《渔樵歌》云："东海渔樵万事休，更无半点愧心头。开怀天上一轮月，适性沙边几队鸥。卧月眠霜真自在，披蓑顶笠也风流。古今立志皆如此，饮水甘心不世求。"① 韩贞在诗中描述了其追求的理想人格境界："饮水甘心不世求"，在明月沙鸥相伴的地方过着自食其力的日子，无怨无悔，风流自在。诗中抒发与营造的正是一种洒落自得、浑然至乐的审美人生体验和审美人格境界。《渔樵歌》其三说得更直白："年老家贫子尚娇，适遭荒岁岂辞劳。不如伊尹轻三聘，且学颜渊乐一瓢。带月樵山随野鹿，披云钓雪看风潮。胸中无价明珠在，谁道吾家不富豪。"② 韩贞在诗中以伊尹、颜渊之"乐"为乐，视富贵功名为身外之物，以安贫乐道的高尚人格为"无价明珠"，显示一种高尚的审美人格境界，是一种得"道"之乐。

"穷则独善其身、达则兼济天下"是先儒的一种价值观，而韩贞并没有受此束缚，而是有所超越。其《答周合川》云："望道忧民得几人，乾坤独立老师身。胸中得失浑无虑，腹内经纶别有神。天地早知成大块，功名真见等微尘。随时用舍心何与，鱼跃鸢飞处处春。"③ 他希望自己像先师一样"望道忧民"，满腹经纶，把所谓的"功名""得失"置之度外。他希望"道"能够在平民大众中得到实现，认为"道"如果符合平民大众的利益，就能实现"鱼跃鸢飞处处春"的美好理想。也就是说，韩贞追求的不是独善其身的人格境界，而是兼济天下的人格境界。王东厓云："古今人人有至近至乐之

① 韩贞：《韩乐吾先生遗集》（万历戊戌本），泰州市图书馆藏，第 7 页。
② 韩贞：《韩乐吾先生遗集》（万历戊戌本），泰州市图书馆藏，第 8 页。
③ 韩贞：《韩乐吾先生遗集》（万历戊戌本），泰州市图书馆藏，第 15 页。

事于其身，而皆不知反躬以自求也。迷闭已久，则临险阻以弗悟，至枯落而弗返，重可悲也夫！"① 韩贞可谓谨记乃师教诲，做到了知行统一，"立己立人行孝悌，希贤希圣度春秋"②。正如前面所述，韩贞在其日常施教中、在人际交往中，时时处处注重自己的品行，既注意感悟人生，又重视启迪众生。其《勉顾朝元》云："莫教虚过容春去，且要修身入圣来。寄语昭阳（春秋时兴化为楚昭阳邑地）诸弟子，千年绝学细心裁。"③ 这些诗篇都透出这位陶匠美学家、平民教育家的天机灵心与立圣贤之志的审美人生态度。

　　总之，"乐"标志着韩贞对于人生的诗性领悟，是韩贞一种审美的人格境界与审美生存方式。它表明韩贞强调人生需要艺术化，艺术不仅仅是一种人的精神需求的满足，更重要、更根本的在于它是一种审美生存方式，一种审美人生观，一种审美的人生境界。而在中国古典美学中，"乐"这一美学范畴的内涵之一，便是反映着、体现着中国传统的审美人生理想境界，它体现着人的精神修养与人性完美所能够达到的一种审美的境界，一种人的精神自由与诗性领悟所能够达到的最高审美人生境界。

---

① 王襞：《明儒王东厓先生遗集》卷一，见《王心斋全集》，江苏教育出版社 2001 年版，第 214 页。
② 韩贞：《韩乐吾先生遗集》（万历戊戌本），泰州市图书馆藏，第 9 页。
③ 韩贞：《韩乐吾先生遗集》（万历戊戌本），泰州市图书馆藏，第 14 页。

参考文献

（按：参考文献以出版或发表的时间为序排列）

一 著作

（一）原典

王艮：《心斋先生全集》（明万历刻本），泰州市图书馆善本。

罗汝芳：《近溪子文集》（明万历刻本），泰州市图书馆善本。

王艮、王栋、王襞：《淮南王氏三贤全书》（明崇祯刻本），泰州市图书馆善本。

罗汝芳：《罗明德公文集》（明崇祯刻本），泰州市图书馆善本。

王艮：《王文贞公集》（清嘉庆刻本），泰州市图书馆善本。

王畿：《龙溪全集》（清刊本），泰州市图书馆藏。

王世贞：《弇洲史料后集》（清刊本），泰州市图书馆藏。

罗汝芳：《近溪先生语要》，陶望龄辑，清光绪二十年江宁重印，泰州市图书馆藏。

袁承业编：《王心斋先生全集》，民国二十一年铅印本，泰州市图书馆藏。

王士纬编：《心斋先生学谱》，民国三十一年铅印本，泰州市图书馆藏。

耿定向：《耿天台先生文集》，泰州市图书馆藏。

罗汝芳：《近溪罗先生一贯编》，《四库全书存目丛书》子部第86册，明长松馆刻本。

杨起元：《太史杨复所先生证学编》，《四库全书存目丛书》子部第
　　90册。

程颢、程颐著，朱熹编：《河南程氏遗书》，商务印书馆1935年版。

何良俊：《四友斋丛说》，中华书局1959年版。

李贽：《藏书》、《续藏书》，中华书局1959年版。

司马迁：《史记》，中华书局1959年版。

何心隐著，容肇祖整理：《何心隐集》，中华书局1960年版。

王畿：《王龙溪全集》，华文书局1970年版。

张廷玉等：《明史》，中华书局1974年版。

李贽：《初潭集》，中华书局1974年版。

李贽：《焚书·续焚书》，中华书局1975年版。

罗汝芳：《盱坛直诠》，台北：广文书局1977年版。

（清）阮元校刻：《十三经注疏》，中华书局1980年版。

陆九渊：《陆九渊集》，中华书局1980年版。

杨伯峻：《论语译注》，中华书局1980年版。

程颢、程颐：《二程集》，中华书局1981年版。

朱熹：《四书章句集注》，中华书局1983年版。

普济著，苏渊雷点校：《五灯会元》，中华书局1984年版。

朱熹、吕祖谦：《近思录》，中华书局1985年版。

朱熹：《四书集注》（怡府藏版影印本），巴蜀书社1985年版。

朱熹著，（宋）黎靖德编：《朱子语类》，中华书局1986年版。

陈献章：《陈献章集》，中华书局1987年版。

管仲：《管子》，浙江人民出版社1987年版。

荀子著，（清）王先谦撰：《荀子集解》，中华书局1988年版。

罗汝芳：《近溪子明道录》，齐鲁书社1995年版。

颜钧著，黄宣民点校：《颜钧集》，中国社会科学出版社1996年版。

李贽：《李贽文集》，燕山出版社1998年版。

谢开宠：《两淮盐法志》，书目文献出版社1998年版。

陆九渊：《象山语录》，上海古籍出版社 2000 年版。

王阳明：《传习录》，上海古籍出版社 2000 年版。

王艮：《王心斋全集》，江苏教育出版社 2001 年版。

罗汝芳著，方祖猷等编校：《罗汝芳集》，凤凰出版社 2007 年版。

周右等：《嘉庆东台县志》（影印本），凤凰出版社 2008 年版。

陈世熔等：《道光泰州志》（影印本），凤凰出版社 2008 年版。

梁园棣等：《咸丰重修兴化县志》（影印本），凤凰出版社 2008 年版。

李存信等：《泰州志》，凤凰出版社 2014 年版。

王阳明：《王阳明全集》，上海古籍出版社 2015 年版。

（二）泰州学派研究

杨天石：《泰州学派》，中华书局 1980 年版。

黄宣民：《中国古代著名哲学家评传——王艮》，齐鲁书社 1980 年版。

蒙登进等主编：《中国古代著名哲学家评传——何心隐》，齐鲁书社
　　 1980 年版。

黄宗羲：《明儒学案》，中华书局 1985 年版。

泰州市图书馆：《泰州学派学术讨论会纪念论文集》，1986 年。

泰州市图书馆：《纪念王艮逝世四百五十周年学术讨论会论文集》，
　　 1991 年。

徐朔方：《汤显祖评传》，南京大学出版社 1993 年版。

鄢烈山、朱健国：《李贽传》，时事出版社 1993 年版。

左东岭：《李贽与晚明文学思想》，天津人民出版社 1997 年版。

李剑雄：《焦竑评传》，南京大学出版社 1998 年版。

林子秋、马伯良、胡维定：《王艮与泰州学派》，四川辞书出版社 1999
　　 年版。

龚杰：《王艮评传》，南京大学出版社 2001 年版。

胡维定：《泰州学派的主体精神》，南京出版社 2001 年版。

许建平：《李卓吾传》，东方出版社 2004 年版。

蔡文锦、杨呈胜：《泰州学派通论》，江苏人民出版社 2005 年版。

吴震：《罗汝芳评传》，南京大学出版社 2005 年版。

季芳桐：《泰州学派新论》，巴蜀书社 2005 年版。

姚文放主编：《泰州学派美学思想史》，社会科学文献出版社 2008年版。

胡学春：《真：泰州学派美学范畴》，社会科学文献出版社 2008 年版。

吴震：《泰州学派研究》，中国人民大学出版社 2009 年版。

宣朝庆：《泰州学派的精神世界与乡村建设》，中华书局 2010 年版。

周群：《泰州学派研究》，商务印书馆 2022 年版。

（三）宋明理学研究

沈善洪、王凤贤：《王阳明哲学研究》，浙江人民出版社 1981 年版。

蒙培元：《理学的演变：从朱熹到王夫之戴震》，福建人民出版社 1984年版。

张立文：《宋明理学研究》，中国人民大学出版社 1985 年版。

侯外庐、邱汉生、张岂之主编：《宋明理学史》，人民出版社 1987 年版。

蒙培元：《理学范畴系统》，人民出版社 1989 年版。

马积高：《宋明理学与文学》，湖南师范大学出版社 1989 年版。

杨国荣：《王学通论》，上海三联书店 1990 年版。

陈来：《有无之境：王阳明哲学的精神》，人民出版社 1991 年版。

赵士林：《心学与美学》，中国社会科学出版社 1992 年版。

张岂之：《儒学·理学·实学·新学》，陕西人民教育出版社 1994年版。

姜广辉：《理学与中国文化》，上海人民出版社 1994 年版。

吴雁南：《心学与中国社会》，北京中央民族学院出版社 1994 年版。

杨国荣：《心学之思——王阳明哲学的阐释》，生活·读书·新知三联书店 1997 年版。

黄卓越：《佛教与晚明文学思潮》，东方出版社 1997 年版。

韩经太：《理学文化与文学思潮》，中华书局 1997 年版。

赵士林：《心灵学问：王阳明心学》，云南人民出版社 1997 年版。

周明初：《晚明士人心态及文学个案》，东方出版社 1997 年版。

［日］沟口雄三：《中国前近代思想的演变》，索介然、龚颖译，中华书局 1997 年版。

许总：《宋明理学与中国文学》，百花洲文艺出版社 1999 年版。

周群：《儒释道与晚明文学思潮》，上海书店出版社 2000 年版。

［美］成中英主编：《本体与诠释》，生活·读书·新知三联书店 2000 年版。

［日］冈田武彦：《王阳明与明末儒学》，吴光、钱明、屠承先译，上海古籍出版社 2000 年版。

左东岭：《王学与中晚明士人心态》，人民文学出版社 2000 年版。

莫砺锋：《朱熹文学研究》，南京大学出版社 2000 年版。

陈文新：《明代诗学》，湖南人民出版社 2000 年版。

钱明：《阳明学的形成与发展》，江苏古籍出版社 2002 年版。

张晶：《审美之思——理的审美化存在》，北京广播学院出版社 2002 年版。

宋克夫、韩晓：《心学与文学论稿》，中国社会科学出版社 2002 年版。

吴震：《阳明后学研究》，上海人民出版社 2003 年版。

郑晓江主编：《江右思想家研究》，中国社会科学出版社 2003 年版。

邓志峰：《王学与晚明师道复兴运动》，社会科学文献出版社 2004 年版。

陈来：《宋明理学》，华东师范大学出版社 2004 年版。

鲍世斌：《明代王学研究》，巴蜀书社 2004 年版。

龚鹏程：《晚明思潮》，商务印书馆 2005 年版。

钱明：《浙中王学研究》，中国人民大学出版社 2009 年版。

徐儒宗：《江右王学通论》，中国人民大学出版社 2009 年版。

吴光：《阳明学综论》，中国人民大学出版社 2009 年版。

刘宗贤、蔡德贵：《阳明学与当代新儒学》，中国人民大学出版社 2009 年版。

陈永革：《阳明学派与晚明佛教》，中国人民大学出版社 2009 年版。

［韩］崔在穆：《东亚阳明学》，朴姬福、靳煜译，中国人民大学出版社 2009 年版。

陈来：《宋明儒学论》，复旦大学出版社 2010 年版。

（四）哲学与美学研究

［俄］列宁：《列宁选集》，人民出版社 1972 年版。

陈兆荣：《中庸探微》，台北：正中书局 1977 年版。

［德］马克思：《马克思恩格斯全集》，人民出版社 1979 年版。

任继愈：《中国哲学史》，人民出版社 1979 年版。

侯外庐主编：《中国思想史纲》，中国青年出版社 1980 年版。

［德］黑格尔：《美学》，朱光潜译，商务印书馆 1981 年版。

张岱年：《中国哲学大纲》，中国社会科学出版社 1982 年版。

方克立：《中国哲学史上的知行观》，人民出版社 1982 年版。

叶朗：《中国小说美学》，北京大学出版社 1982 年版。

刘纲纪、李泽厚主编：《中国美学史》，中国社会科学出版社 1984 年版。

吴怡：《中庸诚的哲学》，台北：东大图书有限公司 1984 年版。

叶朗：《中国美学史大纲》，上海人民出版社 1985 年版。

梁启超：《中国近三百年学术史》，中国书店 1985 年版。

钱穆：《中国近三百年学术史》，中华书局 1986 年版。

冯友兰：《三松堂全集》，河南出版社 1986 年版。

高柏园：《中庸形上思想》，台北：东大图书有限公司 1988 年版。

敏泽：《中国美学思想史》，齐鲁书社 1989 年版。

张岱年：《中国古典哲学概念范畴要论》，中国社会科学出版社 1989 年版。

张立文等：《道》，中国人民大学出版社 1989 年版。

陈满铭：《中庸思想研究》，台北：文津出版社 1989 年版。

［美］陈慰中：《中庸辩证法》，学苑出版社 1989 年版。

曾为惠：《老子中庸思想》，台北：文史哲出版社 1990 年版。

[俄] 舍斯塔科夫：《美学范畴论》，理然译，湖南文艺出版社 1990 年版。

朱义禄：《儒家理想人格与中国文化》，辽宁教育出版社 1991 年版。

李泽厚：《中国古代思想史论》，安徽文艺出版社 1994 年版。

王甦：《中道探微》，台北：文史哲出版社 1994 年版。

成复旺主编：《中国美学范畴辞典》，中国人民大学出版社 1995 年版。

张国庆：《中和之美——普遍艺术和谐观与特定艺术风格论》，巴蜀书社 1995 年版。

谭宇权：《中庸哲学研究》，台北：文津出版社 1995 年版。

陈少峰：《中国伦理学史》，北京大学出版社 1996 年版。

冯友兰：《中国哲学简史》，北京大学出版社 1996 年版。

张皓：《中国美学范畴与传统文化》，湖北教育出版社 1996 年版。

嵇文甫：《晚明思想史论》，东方出版社 1996 年版。

萧兵：《中庸的文化省察——一个字的思想史》，湖北人民出版社 1997 年版。

刘锋：《伦理美学：真善美研究》，百花文艺出版社 1998 年版。

姚文放：《当代审美文化批判》，山东文艺出版社 1999 年版。

冯友兰：《中国哲学史》，华东师范大学出版社 2000 年版。

张学智：《明代哲学史》，北京大学出版社 2000 年版。

牟宗三：《从陆象山到刘蕺山》，上海古籍出版社 2001 年版。

胡适：《中国哲学史大纲》，河北教育出版社 2001 年版。

董根洪：《儒家中和哲学通论》，齐鲁书社 2001 年版。

邢建昌：《世纪之交中国美学的转型》，河北教育出版社 2001 年版。

仵荣本：《文艺美学范畴研究》，南京大学出版社 2002 年版。

王振复：《中国美学的文脉历程》，四川人民出版社 2002 年版。

李书增等：《中国明代哲学》，河南人民出版社 2002 年版。

梁漱溟：《中西文化及其哲学》，商务印书馆 2003 年版。

刘方：《中国美学的基本精神及其现代意义》，巴蜀书社 2003 年版。

毛宽伟：《中庸集义评释》，台北：文史哲出版社 2003 年版。

徐儒宗：《中庸论》，浙江古籍出版社 2004 年版。

于建福：《孔子的中庸教育哲学》，中央编译出版社 2004 年版。

汪晖：《现代中国思想的兴起》，生活·读书·新知三联书店 2004
　　年版。

龚鹏程：《晚明思潮》，商务印书馆 2005 年版。

黄宗羲著，沈善洪主编：《黄宗羲全集》，浙江古籍出版社 2005 年版。

修建军：《中华伦理范畴：和》，中国社会科学出版社 2006 年版。

唐君毅：《中国哲学原论·导论篇》，中国社会科学出版社 2006 年版。

陈赟：《中庸的思想》，生活·读书·新知三联书店 2007 年版。

周纪文：《和谐论美学思想研究》，齐鲁书社 2007 年版。

李民：《中庸精义》，吉林大学出版社 2007 年版。

萧天石：《大学中庸贯义》，华夏出版社 2007 年版。

杨润根：《发现中庸》，华夏出版社 2008 年版。

杜维明：《〈中庸〉洞见》，段德智译，人民出版社 2008 年版。

师为公：《中庸深解》，作家出版社 2009 年版。

赵馥洁：《中国传统哲学价值论》，人民出版社 2009 年版。

夏可君：《〈中庸〉的时间解释学》，黄山书社 2009 年版。

吾淳：《中国哲学的起源》，上海人民出版社 2010 年版。

晁乐红：《中庸与中道》，人民出版社 2010 年版。

程静宇：《中国传统中和思想》，社会科学文献出版社 2010 年版。

二　论文

（一）博士学位论文

马晓英：《颜钧思想研究》，博士学位论文，中央民族大学，2003 年。

许建平：《李贽思想演变史》，博士学位论文，复旦大学，2003 年。

胡学春：《“真”：泰州学派美学范畴研究》，博士学位论文，扬州大学，2006 年。

童伟：《论"狂"——泰州学派与明清美学范畴研究》，博士学位论文，扬州大学，2006 年。

邵晓舟：《泰州学派美学范畴研究——论"百姓日用"》，博士学位论文，扬州大学，2006 年。

张路园：《王艮思想研究》，博士学位论文，山东大学，2007 年。

王宝峰：《李贽儒学思想研究》，博士学位论文，西北大学，2007 年。

王振华：《见心与践心——罗汝芳哲学思想研究》，博士学位论文，陕西师范大学，2011 年。

韩建夫：《个体与真——李贽哲学研究》，博士学位论文，华东师范大学，2013 年。

周素丽：《耿定向与李贽论争研究》，博士学位论文，北京大学，2013 年。

李云涛：《李贽"童心"说与阳明心学》，博士学位论文，云南大学，2014 年。

（二）硕士学位论文

周志文：《泰州学派对晚明文学风气的影响》，硕士学位论文，"国立"台湾大学，1977 年。

杨梅：《真心、真性、真文——论李贽之"真"的心学渊源及文论》，硕士学位论文，四川大学，2005 年。

刘建如：《一代狂儒何心隐的思想意蕴》，硕士学位论文，河北大学，2005 年。

刘苏：《中和思想的历史形态及其现代意义》，硕士学位论文，哈尔滨工业大学，2006 年。

刘海英：《颜钧哲学思想研究》，硕士学位论文，南昌大学，2006 年。

付晓琳：《绝假纯真——从李贽生平看其崇尚自然的文艺美学观》，硕士学位论文，吉林大学，2007 年。

郑建钟：《试论李贽人性论思想及其局限》，硕士学位论文，西南大学，2007 年。

胡雪琴：《何心隐聚和思想研究》，硕士学位论文，南昌大学，2007 年。

周荣华：《颜钧"放心体仁"思想研究》，硕士学位论文，华东师范
　　　大学，2008 年。

谢艳花：《李贽小说美学思想研究》，硕士学位论文，湖南师范大学，
　　　2008 年。

袁彦博：《建立在"日用"哲学基础上的李贽文论》，硕士学位论文，
　　　陕西师范大学，2008 年。

汪吉珍：《颜钧儒学思想研究》，硕士学位论文，南昌大学，2008 年。

朱洁：《罗汝芳仁学思想研究》，硕士学位论文，湖南师范大学，
　　　2009 年。

黄漫远：《明中后期儒学平民化进程中书院教师角色研究——以明儒
　　　罗汝芳为例》，硕士学位论文，江西师范大学，2010 年。

吕诗尧：《论明末儒学的民间转向》，硕士学位论文，首都师范大学，
　　　2011 年。

王国凤：《王艮的"百姓日用即道"思想及其影响》，硕士学位论文，
　　　河南大学，2011 年。

赵桂萍：《王艮道德教育思想探析》，硕士学位论文，河北师范大学，
　　　2011 年。

唐新林：《王艮对内圣与外王的双重追求》，硕士学位论文，陕西师
　　　范大学，2011 年。

杨丽华：《耿定向的思想变化及其原因探析》，硕士学位论文，华中
　　　师范大学，2011 年。

赵维：《何心隐的心理学思想研究》，硕士学位论文，上海师范大学，
　　　2011 年。

刘佳：《王艮哲学思想研究》，硕士学位论文，湘潭大学，2012 年。

曲长海：《晚明儒学的宗教转向》，硕士学位论文，中南民族大学，
　　　2012 年。

张慕良：《刘宗周哲学思想研究》，硕士学位论文，吉林大学，2012 年。

盛晶：《道家思想对李贽哲学思想的影响》，硕士学位论文，湖南师范大学，2012 年。

李霖：《试论泰州学派"百姓日用即是道"思想之发展》，硕士学位论文，山西大学，2012 年。

王冰：《王艮教育思想研究》，硕士学位论文，陕西师范大学，2012 年。

王少佳：《何心隐伦理思想的"启蒙"性质研究》，硕士学位论文，河南大学，2012 年。

王维国：《试论何心隐人格美思想》，硕士学位论文，山西大学，2013 年。

钱丽佳：《赵贞吉心学思想研究》，硕士学位论文，华东师范大学，2013 年。

王强：《王艮思想研究》，硕士学位论文，陕西师范大学，2013 年。

李倩倩：《颜钧伦理思想研究》，硕士学位论文，江西师范大学，2014 年。

姚龙生：《王艮心学研究》，硕士学位论文，南开大学，2014 年。

刘静：《王艮思想研究》，硕士学位论文，西南大学，2014 年。

纪蔷：《李贽"童心说"美学思想研究》，硕士学位论文，河北大学，2014 年。

陈诗师：《何心隐伦理思想研究》，硕士学位论文，湖南师范大学，2014 年。

杨婷：《异端、启蒙与回归——以王艮、李贽为例论泰州学派思想的三重性》，硕士学位论文，湖南师范大学，2014 年。

向鹏：《阳明心学与中晚明审美意识的变迁》，硕士学位论文，四川师范大学，2014 年。

杨斌：《罗汝芳哲学思想探究》，硕士学位论文，安徽大学，2014 年。

　　（三）学术期刊论文

杨天石：《关于王艮思想的评价》，《新建设》1960 年第 9 期。

杨天石：《韩贞的保守思想》，《光明日报》1962 年 10 月 26 日。

华山：《论泰州学派——与侯外庐先生商榷》，《山东大学学报》（社会科学版）1964 年第 1 期。

方祖猷：《评王艮的哲学思想》，《浙江学刊》1981 年第 2 期。

方祖猷：《我国封建社会后期人道主义先驱——王艮》，《江海学刊》1982 年第 2 期。

夏瑰琦：《略论王艮的哲学思想》，《杭州大学学报》1983 年第 2 期。

钱明：《阳明学派分化的思想基础》，《浙江学刊》1986 年第 4 期。

张显清：《明代社会思想和学风的演变》，《中国哲学史研究》1986 年第 2 期。

吴震：《王艮与王畿合论》，《浙江学刊》1986 年第 4 期。

蒙培元：《从王畿看良知说的演变》，《哲学研究》1986 年第 10 期。

谭邦君：《浅评王艮的"淮南格物"说》，《南昌大学学报》（人文社会科学版）1987 年第 1 期。

钱宪民：《王艮的"明哲保身"论》，《复旦学报》（社会科学版）1987 年第 5 期。

张国庆：《儒家的时中精神及其在古代文艺理论中的意义》，《思想战线》1988 年第 2 期。

杨国荣：《泰州学派：王学向唯意志论的演变》，《江海学刊》1988 年第 2 期。

方祖猷：《淮南三王：王艮、王襞、王栋——兼论泰州学派的分化》，《江海学刊》1990 年第 6 期。

张克伟：《泰州王门学派一代宗师王心斋哲学思想论粹》，《吉林大学学报》（社会科学版）1992 年第 4 期。

赵士林：《泰州学派的平民意识》，《哲学研究》1992 年第 2 期。

陈海钟：《王艮"百姓日用之学"的哲学思想特色》，《江苏社会科学》1993 年第 3 期。

黄宣民：《颜钧及其"大成仁道"》，《中国哲学》第十六辑，岳麓书社 1993 年版。

陈寒鸣：《论明代中后叶的平民儒学》，《河北学刊》1993 年第 5 期。

马伯良：《略论泰州学派的人文主义倾向》，《南京大学学报》（哲
　　学·人文科学·社会科学）1993 年第 3 期。

李兰芝：《易学的"尚中"思想》，《南开学报》（哲学社会科学版）
　　1994 年第 3 期。

黄宣民：《明代平民儒者颜钧的大中哲学》，《哲学研究》1995 年第
　　1 期。

郭德茂：《儒道释论"中"》，《暨南学报》（哲学社会科学版）1996
　　年第 1 期。

李春青：《论儒学体系中的"乐"范畴》，《广东社会科学》（社会科
　　学版）1996 年第 3 期。

李春青：《论"中"在儒学思想中的核心位置》，《北京师范大学学
　　报》1996 年第 2 期。

钟宏志：《论儒家真善美理想之特色》，《中国哲学史》1996 年第
　　4 期。

张克伟：《泰州王门巨擘——王一菴哲学思想抉微》，《南昌大学学
　　报》（社会科学版）1996 年第 2 期。

杨国荣：《晚明心学中的本体与工夫之辨》，《江淮论坛》1997 年第 1 期。

张克伟：《颜山农理学思想研究》，《台州师专学报》1997 年第 2 期。

颜学恕、颜煜开：《明代平民思想家颜钧的理想追求》，《中国史研
　　究》1997 年第 2 期。

陈寒鸣：《〈颜钧集〉与明代中后叶的平民儒学》，《中州学刊》1997
　　年第 3 期。

胡维定：《从王艮的"大成仁学"到颜钧的"大成仁道"》，《南京师
　　范大学学报》（社会科学版）1997 年第 3 期。

商国君：《"中庸"思想辨析》，《陕西范大学学报》（哲学社会科学
　　版）1997 年第 3 期。

陈来：《颜山农思想的特色》，《中国传统哲学新论——朱伯崑教授七十五寿诞纪念文集》，九州图书出版社 1998 年版。

胡维定：《王艮"百姓日用之道"中的人性自然观》，《南京理工大学学报》（哲学社会科学版）1998 年第 1 期。

方祖猷：《论牟宗三先生评王畿》，《宁波大学学报》（人文社会科学版）1998 年第 1 期。

张琏：《何心隐的社会思想论析》，《史学集刊》1998 年第 1 期。

陈奇：《论王艮的"身"本心学》，《贵州文史丛刊》1998 年第 2 期。

张克伟：《论泰州王门学派对晚明思潮之影响》，《齐鲁学刊》1998 年第 6 期。

易耀秋：《近代启蒙变革的"酵母"：略论以王艮为代表的泰州学派的历史作用》，《唯实》1998 年第 12 期。

方国根：《王艮心学思想发微——兼论王艮与王阳明、王畿心学的异同》，《中国哲学史》1999 年第 3 期。

诸焕灿：《王阳明弟子杂考》，《浙江学刊》1999 年第 5 期。

张国庆：《再论中和之美》，《文艺研究》1999 年第 6 期。

胡维定：《王艮的"中正之道"对古典儒学的复归》，《南京师范大学学报》（社会科学版）1999 年第 9 期。

钟彩钧：《泰州学者颜山农的思想与讲学——儒学的民间化与宗教化》，《中国哲学》第十九辑，岳麓书社 1999 年版。

刘宗贤：《试论王阳明"心学"的圣凡平等观》，《哲学研究》1999 年第 11 期。

潘立勇：《宋明理学的人格美育思想及其现代意义》，《文艺研究》2000 年第 1 期。

左东岭：《顺性、自适与真诚——论李贽对心学理论的改造与超越》，《首都师范大学学报》（社会科学版）2000 年第 1 期。

王冬：《古代"中和"观及其现实意义》，《天津师范大学学报》2000 年第 2 期。

雷庆翼：《"中"，"中庸"，"中和"平议》，《孔子研究》2000 年第
　　3 期。

胡家祥：《乐：中国美学的重要范畴》，《江西师范大学学报》（哲学
　　社会科学版）2001 年第 3 期。

胡维定：《泰州学派的人文主义精神》，《南京理工大学学报》（社会
　　科学版）2001 年第 6 期。

李承贵：《颜钧的平实之学》，《中国哲学史》2002 年第 1 期。

刘振华：《泰州学派的人学启蒙思想》，《江苏行政学院学报》2002
　　年第 1 期。

季芳桐、蒋民：《泰州学派的归属——兼评黄宗羲的儒佛观》，《学
　　海》2002 年第 2 期。

黄卓越：《泰州学派平民主义思想之演进》，《中国文化研究》2002
　　年第 3 期。

陈科华、杨自群：《中庸之道及其现实意义——"时中"精神与市场
　　经济》，《求索》2002 年第 3 期。

古清美：《罗近溪悟道之义涵及其工夫》，《台湾大学中文学报》2002
　　年第 16 期。

陈望衡：《论孔子的礼乐美学思想》，《求索》2003 年第 1 期。

陈良运：《论中国古代美学中的社会美与人格美》，《新疆大学学报》
　　（社会科学版）2003 年第 2 期。

左东岭：《二十世纪以来心学与明代文学思想关系研究述评》，《文
　　学评论》2003 年第 3 期。

董根洪：《儒家真精神——"时中"》，《孔子研究》2003 年第 4 期。

杨庆中：《论孔子中庸思想的内在逻辑》，《齐鲁学刊》2004 年第 1 期。

刘清、欧阳杰：《浅说儒家时中观的理论内涵和现实意义》，《黄冈师
　　范学院学报》2004 年第 1 期。

宋克夫：《论晚明文学思潮的消歇》，《文学评论》2004 年第 2 期。

马晓英：《从放心体仁到戒慎涵养——明儒颜钧的体仁工夫论探析之

一》，《中国哲学史》2004 年第 4 期。

胡维定：《颜钧的简易儒学——大中之学》，《南京师范大学学报》（社会科学版）2004 年第 4 期。

姚文放、沈玲：《游走在心学与文学之间的诗歌创作——泰州学派王氏三贤诗歌研究》，《江苏社会科学》2005 年第 1 期。

马晓英：《明儒颜钧的七日闭关工夫及其三教合一倾向》，《哲学动态》2005 年第 3 期。

季芳桐：《浅析泰州学派王艮的"乐"说》，《南京理工大学学报》（社会科学版）2005 年第 4 期。

胡学春：《论泰州学派人物的出位之思》，《学习与探索》2006 年第 1 期。

童伟：《纵横任我，生意活泼——罗汝芳对"狂禅"的整合与改造》，《扬州大学学报》（人文社会科学版）2006 年第 2 期。

李伟哲：《儒家〈四书〉中的"时中"智慧——基于伦理学角度的分析》，《石家庄学院学报》（社会科学版）2006 年第 2 期。

鲍宇：《中庸思想及其现代意蕴》，《湖北经济学院学报》（人文社会科学版）2006 年第 3 期。

姚文放、童伟：《狂：泰州学派的审美归趋》，《学术月刊》2006 年第 3 期。

季芳桐：《明代思想家王栋修养理论初探》，《南京理工大学学报》（社会科学版）2006 年第 3 期。

童伟：《作为践履之美的狂侠——从王艮、王襞、王栋、颜钧到何心隐》，《学习与探索》2006 年第 3 期。

向艳：《论儒学思想与中国和谐社会构建的契合》，《理论界》2006 年第 4 期。

姚文放：《"须道尊身尊，才是至善"——论王艮的"尊身论"》，《江苏社会科学》2006 年第 4 期。

张刚：《"孔颜之乐"与道德修养境界》，《齐鲁学刊》2006 年第 5 期。

吴光：《儒家核心价值观在构建和谐世界中的重要意义》，《孔子研究》2006年第6期。

姚文放：《鱼化为龙：王艮的平民主义美学思想》，《学术月刊》2006年第9期。

杨明、丁瑞莲：《"中和"思想的伦理内涵及其现代价值》，《唯实》2007年第1期。

郭小强：《汉字"中"的社会文化心理——"尚中"观念的探讨》，《三峡大学学报》（人文社会科学版）2007年第2期。

徐春林、方桃华：《儒学民间化的内在理路——以泰州学派"百姓日用即道"思想的演进为轴线》，《江西社会科学》2007年第2期。

夏静：《"中和"思想流变及其文论意蕴》，《文学评论》2007年第3期。

姚文放：《李贽的自然人性论美学思想》，《学习与探索》2007年第6期。

姚文放：《宋明思想大潮中的泰州学派美学》，《学术月刊》2007年第12期。

黄石明：《试论泰州学派王襞诗歌的内美》，《扬州大学学报》（人文社会科学版）2008年第1期。

邵晓舟：《论泰州学派美学中的"下"范畴》，《中国文化研究》2008年第3期。

李煌明：《儒家传统价值观对建构社会主义核心价值观体系的启示》，《科学社会主义》2008年第5期。

晁福林：《"时命"与"时中"：孔子天命观的重要命题》，《清华大学学报》（哲学社会科学版）2008年第5期。

徐春林、方桃华：《罗汝芳的儒学思想与生命精神》，《东华理工大学学报》（社会科学版）2009年第1期。

常康：《李贽美学思想渐进历程及其渊源多元化探秘——兼论泰州学派审美哲学思想成因及其三次大跨越》，《小说评论》2009年第

2 期。

李煌明：《论儒家传统核心价值观体系的结构》，《云南师范大学学报》
（哲学社会科学版）2009 年第 2 期。

王强芬：《王心斋的"良知"、"格物"与"乐学"》，《黑龙江史志》
2009 年第 10 期。

蔡桂如：《泰州学派王艮民本思想述论》，《湖北社会科学》2009 年
第 12 期。

刘鹏飞：《阳明学派国际学术研讨会综述》，《浙江学刊》2010 年第
1 期。

沈玲：《试论罗汝芳"圣贤精神不离当下"的实践美学思想》，《华
侨大学学报》（哲学社会科学版）2010 年第 1 期。

沈玲：《颜钧的审美人格论》，《南昌大学学报》（哲学社会科学版）
2010 年第 1 期。

张树俊：《论王襞的易简之道与他的日用之学》，《陕西教育学院学
报》2010 年第 2 期。

张树俊：《王襞自然人性思想概述》，《盐城工学院学报》（社会科学
版）2010 年第 3 期。

郑晓江：《论罗汝芳的生命之学》，《南昌大学学报》（哲学社会科学
版）2010 年第 3 期。

李丕洋：《体道之乐与出处之节——略论泰州学派诸圣贤的安身立命
之道》，《江西社会科学》2010 年第 4 期。

姚文永：《〈明儒学案〉百年研究回顾与展望》，《北京理工大学学
报》（社会科学版）2010 年第 5 期。

杨明：《儒家"中和"理念及其现代价值》，《道德与文明》2010 年
第 2 期。

迟成勇：《儒家中和思想与社会主义核心价值体系建构》，《新东方》
2011 年第 3 期。

黄石明：《论"乐"：泰州学派韩贞美学思想的审美模式》，《扬州大

学学报》（人文社会科学版）2011 年第 4 期。

沈玲：《颜钧"孔仁颜乐"的审美境界论》，《扬州大学学报》（人文社会科学版）2011 年第 4 期。

邵晓舟：《论泰州学派美学的"身"范畴》，《扬州大学学报》（人文社会科学版）2011 年第 4 期。

周建标：《中庸之道是辩证法还是形而上学》，《南京医科大学学报》（社会科学版）2011 年第 5 期。

倪秀英：《西方文化中的"中庸之道"》，《绍兴文理学院学报》（哲学社会科学版）2011 年第 5 期。

周建标：《中庸之道的积极性与局限性》，《重庆交通大学学报》（社会科学版）2012 年第 1 期。

沈玲：《高扬的赤子本真之美——论罗汝芳的"赤子之心"说的美学意蕴》，《华侨大学学报》（哲学社会科学版）2012 年第 1 期。

王乐、张溢木：《中庸之作为一种"常态"理想的证成性研究》，《理论月刊》2012 年第 3 期。

季芳桐：《泰州学派何心隐思想初探》，《扬州大学学报》（人文社会科学版）2013 年第 1 期。

沈玲：《王艮"义利"思想研究》，《扬州大学学报》（人文社会科学版）2013 年第 1 期。

黄石明：《论"质美"：泰州学派王栋的人格美学思想》，《扬州大学学报》（人文社会科学版）2013 年第 1 期。

童伟：《颜钧平民主义美学的"身"视角》，《扬州大学学报》（人文社会科学版）2013 年第 1 期。

季芳桐、聂鑫：《教化民众与修养心性——泰州学派与浙中学派，江右学派之比较》，《扬州大学学报》（人文社会科学版）2014 年第 6 期。

吉成名、雷建飞：《论先秦时期"尚中"思想》，《湘潭大学学报》（哲学社会科学版）2014 年第 6 期。

黄石明:《泰州学派王襞的审美人格思想》,《扬州大学学报》(人文社会科学版)2014 年第 6 期。

管勇:《欲与情:"以自然之为美"——李贽自然人性论哲学美学思想的逻辑结构》,《扬州大学学报》(人文社会科学版)2014 年第 6 期。

袁玉立:《尚中、中道、中庸:自古就有的普遍观念》,《学术界》2014 年第 12 期。

黄石明:《论"修身慎德":泰州学派王栋的哲学美学思想》,《南京晓庄学院学报》(哲学社会科学版)2015 年第 2 期。

黄石明:《论先秦时期中华美学元范畴"中"的内涵》,《中国文学批评》2019 年第 2 期。

陈来:《泰州学派开创民间儒学及其当代启示》,《江海学刊》2020 年第 1 期。

杨国荣:《中国思想中的泰州学派》,《江海学刊》2020 年第 1 期。

童伟:《任道与任情共生——审美现代性视域下泰州学派的"身""道"两难》,《江苏社会科学》2021 年第 1 期。

后　记

　　本书系由吾师姚文放教授悉心指导、严格督促，在博士学位论文基础上历经多年打磨而成，谨此深表谢忱。由于本人生性驽钝，学识才力有限，在职读博期间，常常如履薄冰，如临深渊，虽欲效仿古人之十年磨一剑，仍恐有东施效颦之嫌，个中错谬与不足之处，敬请各位方家批评指正为盼！

　　关于本书的由来，本人此前曾参与吾师主持的江苏省重点高校建设项目"扬泰文化与两个率先"子项目"泰州学派美学思想研究"（编号：04YT0101A）的工作，撰写了《泰州学派美学思想史》（社会科学文献出版社 2008 年版，2011 年获江苏省第十一届哲学社会科学优秀成果三等奖）的第二章王栋的修身论美学思想、第三章王襞的人格美学思想共两章约 6 万字，原本欲以之与论韩贞、林春的哲学美学思想部分提交作为学位论文，但因后半部分不成熟、不厚重而作罢。在"山重水复疑无路"之情形下，吾师建议改作范畴研究，认为"中"范畴在泰州学派哲学美学思想中地位特殊、极为重要，而前贤涉及未深。在吾师精心指导下，重新收集资料，布局谋篇，凝练观点，形成了《论"中"：泰州学派美学范畴研究》之思路，并以之为题名先后申请获得了 2009 年江苏省高校哲学社会科学基金项目（编号：09SJB750016）与 2009 年国家哲学社会科学基金一般项目（编号：09BZX061）的资助，2011 年通过博士学位论文答辩，2015 年国家项目顺利结项，鉴定等级为良好（证书编号：

20160461)。本书在 2009 年国家社科基金项目《论"中"：泰州学派美学范畴研究》结项成果的基础上进行了认真修改，增加了《第五章"中"的审美特征》等近六万字内容。

其间，也曾经整理出部分内容以《试论"中"的意义流变》《论"乐"：泰州学派韩贞美学思想的审美模式》等论文形式分别参加 2009 年江苏省美学学会年会暨"当代审美文化与艺术传统"学术研讨会、2010 年中国中外文艺理论学会年会暨"文学理论前沿问题"学术研讨会与江苏省哲学社会科学界第四届学术大会（文史专场）的学术交流。《论"乐"：泰州学派韩贞美学思想的审美模式》获得了 2010 年江苏省哲学社会科学界第四届学术大会颁发的优秀论文二等奖。《论"中"：泰州学派王艮美学思想的核心范畴》被 2014 年江苏省哲学社会科学第八届学术大会（文史专场）评选为优秀论文一等奖。《论"修身慎德"：泰州学派王栋的哲学美学思想》获 2015 年江苏省哲学社会科学第九届学术大会优秀论文二等奖。《论"内美"：泰州学派王襞诗歌的情感体验》获 2019 年江苏省哲学社会科学第十三届学术大会文史专场优秀论文二等奖。《论"道"：泰州学派王襞的人格美学思想范畴》获 2020 年江苏省哲学社会科学第十四届学术大会文史专场优秀论文二等奖。

在本书即将付梓之际，感恩吾师姚文放教授、张孝评教授、佴荣本教授、古风教授、陈学广教授、徐德明教授、钱宗武教授、黄强教授、许建中教授、柳宏教授、徐林祥教授、肖淑芬教授、杨维中教授、季芳桐教授、周群教授、钱明研究员、苏保华教授、王定勇教授、张堂会教授等人的传道、授业、解惑、关怀与厚爱，谨此深表谢忱！

文章千古事，得失寸心知！刘勰云："方其搦翰，气倍辞前；暨乎篇成，半折心始！"文中仍有许多未尽之处，容待日后弥补。本书的出版感恩扬州大学文学院出版基金的慷慨资助，感恩中国社会科学出版社郭晓鸿主任、责任编辑的鼎力支持、细心修改，特此鸣谢！